宋代吏部尚书研究

惠鹏飞 著

河南人民出版社

序

程民生

从前,有两位老先生。甲老先生将自己的论文集整理出来,准备出版,想请老朋友乙老先生写一序。乙老先生很著名,很严肃,很重友情,觉得自己现在没有精力把全书认真阅读一遍,所以无法写序,只好推辞。

讲这个故事,是想强调写序难。强调写序难,是想说明序难写。书之有序,源于古代,如人之戴帽。正如人不必都戴帽一样,并不是说凡书必须有序。但如果一本书有序、有后记,结构上是可以称作完美的,也就是说虽非必须,却是标配。学生出书,总是请先生写序,似乎是当然的;无序也就罢了,如请别人写,反倒别扭。而先生给学生写序,让人高兴又紧张,高兴的是学生的成长,且义不容辞,没理由拒绝;紧张的是勉为其难,须煞费苦心。

鹏飞是我的学生,这本书是他的硕士论文。读者诸君,至此明白了吧?无论如何,这篇序我必须写。

史学著作,历来是小众;其中的职官制度,更是小众中的小众;若只研究一个朝代的一个官职,那就小之又小;而又多表格、考证,更是小得不能再小了。物极必反,正因为如此细小的内容而作出如此厚重的成果,其精深便有了学术价值。尤其是出自一个年轻的硕士研究生之手,在浮躁的社会和研究生质量大滑坡的现实中,更属难能可贵。

宋代历史近年颇受社会关注,且多是赞赏,一改过去的鄙视。这是宋史研究发展的结果,也是推进的动力。不过由于长期受冷落,宋史研究的莽莽荒地依然一眼望不到边。开荒一般都是粗放作业,到一定程度、在一定领域,也需要打上几眼水井,以便种植。这个题目就是一眼小井,内容包括:吏部尚书源流与宋代吏部组织结构,宋代吏部尚书的类别与职掌,宋代吏部尚书籍贯,宋代吏部尚书入仕途径与起家官,宋代吏部尚书仕履,宋代吏部尚书最高官职与致仕官、宋代吏部尚书迁入迁出官、兼官与任期，等等。可以说，比较彻底地将其梳理了一遍。当然，这是表面、是数量，具体内容质量，可以肯定地说，还有较大的提高空间。

好在鹏飞同学年轻，而且坚毅沉潜，不惮繁琐，善下笨功，刻苦钻研，是个历史学的好苗子，有此基础，受此鼓励，定会有更大的进步。二三十年以后，倘若他决心重写此书，想必定是高端精品，倘若承蒙不弃仍请我作序，何尝不是一段佳话？嗯，单是想想，也就醉了！

为我一个博士生的硕士论文出版写序，不辛苦，很欣慰，或者说苦也甘心。德不孤，必有邻，前此已有先例，此为第二。一之已幸，居然再乎，于是雄心顿起：期盼着再三、再四……想想就又激动了！

2016年4月27日于河南大学

目　录

绪　论

在中国古代社会，三省六部制形成之后，六部即发挥着重要的作用，而六部又以吏部为首，可见吏部在中国古代六部职官系统中地位甚为重要，其涉及选官、考课、封爵、勋赠等多个制度范畴，都与中国古代官僚制度密切相关。自从吏部出现之后，几乎一直处于尚书六部的首位。在实行宰相制时，吏部尚书多为宰相的后备人选；在不实行宰相制时，吏部尚书一般为首辅大臣。因此，研究吏部尚书的选任和管理等内容，对于认识中国古代社会的国体、政体，都是具有重要意义的。

在吏部尚书存在的历史长河中，宋代情况极为特殊。从唐中后期开始，官制逐渐开始紊乱，宋朝初期延续了唐末、五代紊乱的官制，北宋元丰改制前，"三省、六曹、二十四司互以他官典领，虽有正官，非别敕不治本司事，事之所寄，十亡二三"，"至于仆射、尚书、丞郎、郎中、员外，居其官不知其职者，十常七八"。[①]北宋元丰改制后，吏部尚书才逐渐官复其职，发挥实际作用。南宋伊始，三省出现合一的趋势，吏部尚书的职能也再次发生变化，不过没有元丰改制时的变化那么显著。宋朝不仅对官制进行了改制，而且在很大程度上厘定了唐末五代以来紊乱的官制，并且官制中的诸多方面为后代所承袭，影响深远。

与此同时，中国政治制度史的研究论著中，对宋代吏部尚书这一研究课题，除马晓菲的《唐宋吏部尚书沿革探析》对北宋的吏部尚书做了一定的研究，[②]其他没有专门、具体、全面的研究。因此，学界对宋代吏部尚书的研究还远远不够，拥有较大的研究空间。大体而言，学界已有的相关研究可分为制度与人事两个方面。

学界涉及宋代吏部尚书制度方面的研究，又可分为著作与论文两个方面。

---

① （宋）马端临：《文献通考》卷四十七《职官考一・职官总序》，中华书局2011年版，第1361页。

② 马晓菲：《唐宋吏部尚书沿革探析》，山东大学2009年硕士学位论文。

著作方面,宋代相关研究有20余部,大多对此略有提及,并无专门研究。

张其凡先生的《宋代史》,第二章政治制度第二节中央行政体制中论述了三省六部二十四司的职能分工、变化及机制运转方式;第八节行政人事管理制度则论述了官员的品阶、加官和俸禄以及官员铨选、回避等制度,从制度层面对宋代吏部尚书进行了一定的研究。[①] 张希清先生的《宋朝典章制度》,第二章职官设置制度部分以元丰新制将宋朝分为两个部分,并且分别论述了前后的三省六部二十四司;第三章职官管理制度对寄禄官、职事官、附加性官爵等内容进行了论述;官员的录用制度则对除授、考课、磨勘、俸禄、致仕等进行了详细的阐述。这些内容都涉及了吏部尚书。[②] 祝丰年与祝小惠先生的《宋代官吏制度》,第十章对官员的退休年龄、退休条件、退休手续、退休待遇、官员落致仕等进行了研究,其中包括吏部尚书在内,对于研究吏部尚书诸方面有很大参考价值。[③]

龚延明先生的《宋史职官志补正》对《宋史·职官志》中的吏部、吏部尚书等相关内容进行了校订补充。[④] 其后,龚先生作《宋代官制辞典》,这是供查阅宋代官制的大型工具书,该著作对吏部尚书的职源沿革、职掌、品位、简称等都作了详尽的解释,并对整个吏部的门类进行了归纳。[⑤] 朱瑞熙先生的《中国政治制度通史·宋代卷》主要从宋代整个制度的整体层面进行了考察,没有具体到某一制度,对三省六部二十四司的编制、人选、职能分工及其变化和机制运转方式等进行了考察[⑥],不过具体到吏部尚书研究就相对薄弱了,没有进行深入的探讨。苗书梅先生的《宋代官员选任和管理制度》第二章官员除授制度对吏部差除制度进行了论述,其他也对如官员任用、考课、磨勘、叙迁、黜降、俸禄、致仕等制度进行了阐述。[⑦]

诸葛忆兵先生的《宋代宰辅制度研究》第二章宋代的三省制尚书省部分,对恢复尚书省的要求与付诸实践、职掌和职官、机构设置等进行了探讨,这其中就包括了吏部尚书的职掌、机构设置等。[⑧] 游彪先生的《宋代荫补制度研究》对宋代的荫补情况进行了详实的论述,其中谈到了个别吏部尚书荫补的情况,[⑨]这对于研究吏部尚书的家族、恩荫等情况是有帮助的。邓小南先生的《宋代文官选

---

① 张其凡:《宋代史》,澳亚周刊出版有限公司2004年版。
② 张希清等:《宋朝典章制度》,吉林文史出版社2001年版。
③ 祝丰年、祝小惠:《宋代官吏制度》,中国社会出版社2007年版。
④ 龚延明:《宋史职官志补正》,浙江古籍出版社1991年版。
⑤ 龚延明:《宋代官制辞典》,中华书局1997年版。
⑥ 朱瑞熙:《中国政治制度通史·宋代卷》,人民出版社1996年版。
⑦ 苗书梅:《宋代官员选任和管理制度》,河南大学出版社1996年版。
⑧ 诸葛忆兵:《宋代宰辅制度研究》,中国社会科学出版社2000年版。
⑨ 游彪:《宋代荫补制度研究》,中国社会科学出版社2001年版。

任诸层面》叙述了宋代官、职、差遣的分离制度,介绍了负责铨选的部门和官吏,涉及了部分吏部和吏部尚书的内容。[①]

杨树藩先生的《宋代中央政治制度》以现代政治学的构架为主,讨论的问题也以现代行政学的问题取向为主,谈及了寄禄官、馆职、差遣等制度,第二章政务机关第一节尚书省对吏部进行了阐述;[②]杨先生的《中国文官制度史》第四篇《宋》,分总论、考选、任用和退休制度,着重在文官的选拔和任用,对推动宋代职官、铨选、科举等制度的深入研究作出了贡献,书中部分内容涉及了吏部尚书。[③]

陈振先生的《宋史》第四章谈到了宋初三省六部的破坏与当时的实际中央政府机构,第八章则谈到了元丰改制和改制后官制的变化,尤其讲到"将诸多机构归并为六部,是此次官制改革取得的最重要成果",[④]这是对元丰改制后吏部极大的肯定,这也凸显了宋代元丰改制后吏部和吏部尚书的重要性,该书还涉及了吏部尚书的部分内容。[⑤]

邓广铭先生、程应镠先生主编的《中国历史大辞典·宋史卷》一书由徐光烈主撰官制、朱瑞熙先生撰写铨选,研究达到了当时的最高水平,其中阐述了吏部、吏部尚书的一些内容。[⑥] 由中国历史大辞典编纂委员会编纂的《中国历史大辞典》对吏部、吏部尚书等进行了解释,并且不仅仅论及宋代的情况,对前后代都有所论述,这对吏部尚书的研究不无裨益。[⑦] 卫文选先生的《中国历代官制简表》对宋代元丰改制前后的中央官制列出了简表,尤其对宋代六部分司职掌也做了简表,[⑧]这对直观地了解包括吏部、吏部尚书在内的宋代官制很有助益。

台湾方豪先生的《宋史》初步探讨了宋代政治制度中的职官、科举、兵制、学校等单项制度,不过并未深入,其中第一册第三章《宋代之官制》,探讨了吏部、吏部尚书的一些内容。[⑨] 日本日中民族科学研究所编的《中国历代职官辞典》是一本解释说明中国古代各类重要职官的工具书,对宋代的吏部尚书进行了阐释。[⑩]

---

① 邓小南:《宋代文官选任诸层面》,河北教育出版社 1993 年版。
② 杨树藩:《宋代中央政治制度》,台湾商务印书馆 1982 年版。
③ 杨树藩:《中国文官制度史》,台湾黎明文化事业股份有限公司 1982 年版。
④ 陈振:《宋史》,上海人民出版社 2003 年版,第 329 页。
⑤ 陈振:《宋史》,上海人民出版社 2003 年版。
⑥ 邓广铭、程应镠主编:《中国历史大辞典·宋史卷》,上海辞书出版社 1983 年版。
⑦ 中国历史大辞典编纂委员会编纂:《中国历史大辞典》,上海辞书出版社 2000 年版。
⑧ 卫文选:《中国历代官制简表》,山西人民出版社 1987 年版。
⑨ 方豪:《宋史》,台湾中华文化出版事业委员会 1954 年版。
⑩ 日中民族科学研究所编:《中国历代职官辞典》,日本东京国书刊行会出版 1980 年版。

此外，周宝珠先生与陈振先生的《简明宋史》、[①]贾玉英先生的《唐宋时期中央政治制度变迁史》、[②]何忠礼先生的《宋代政治史》、[③]吴宗国先生主编的《中国古代官僚政治制度研究》、[④]张晋藩先生的《中国官制通史》、[⑤]王超先生的《中国历代中央官制史》、[⑥]台湾林瑞翰先生的《宋代政治史》、[⑦]日本学者梅原郁先生的《宋代官僚制度研究》[⑧]等著作，都或多或少地涉及了吏部、吏部尚书等内容，对宋代吏部尚书的研究都有一定的意义。

论文方面，学界涉及宋代吏部尚书的论文较多，不过多从具体制度的某一或者某些方面出发，稍有论及，并无系统的论述。

朱瑞熙先生的《宋代政治制度史研究评述》一文，分时间段对关于宋代政治制度史研究的文章和著作进行了梳理，总结了20世纪以来学者的研究情况，不过对吏部尚书的研究情况并未论述。[⑨] 关履权先生的《两宋职官制度》一文对中枢官制的变化进行了论述，这其中包括吏部尚书的基本情况。[⑩]

范建民的《北宋前期流内铨制度研究》，对北宋前期的流内铨从设置原因及其沿革、职责和运作程序、官员的选任和管理等方面进行了探讨，在整体上简要论述了流内铨在北宋前期的地位和作用。而流内铨在北宋前期恰恰发挥了原吏部的许多职能，文章中也谈到了北宋初期吏部长官（尤其是吏部尚书）职权被侵夺，逐渐变成寄禄官阶的问题。[⑪] 这对北宋前期吏部尚书的研究具有一定的意义，不过北宋前期吏部尚书职能到底如何，还需要进一步探讨。

杨超的《北宋前期审官院制度研究》，从审官院设置的原因及其沿革与废罢，审官院的职权范围、管理制度及其相关职责，审官院各级官员的选任和管理等方面进行了探讨，作为北宋元丰改制前吏部铨选的重要机构，审官院在元丰改制后成为吏部的尚书左选、尚书右选。[⑫] 黄毛的《宋代官告院及官告研究》，对宋代的官告院进行了深入的研究，宋代官告院在大多时间内属于吏部，由吏

---

① 周宝珠、陈振：《简明宋史》，人民出版社1985年版。
② 贾玉英：《唐宋时期中央政治制度变迁史》，人民出版社2012年版。
③ 何忠礼：《宋代政治史》，浙江大学出版社2007年版。
④ 吴宗国主编：《中国古代官僚政治制度研究》，北京大学出版社2004年版。
⑤ 张晋藩：《中国官制通史》，中国人民大学出版社1992年版。
⑥ 王超：《中国历代中央官制史》，上海人民出版社2005年版。
⑦ 林瑞翰：《宋代政治史》，台湾正中书局1989年版。
⑧ 梅原郁：《宋代官僚制度研究》，日本同朋舍出版1985年版。
⑨ 包伟民主编：《宋代制度史研究百年（1900—2000）》，商务印书馆2004年版。
⑩ 关履权：《两宋史论》，中州书画社1983年版。
⑪ 范建民：《北宋前期流内铨制度研究》，河南大学2005年硕士学位论文。
⑫ 杨超：《北宋前期审官院制度研究》，河南大学2007年硕士学位论文。

部尚书全面负责。①

马晓菲的《唐宋吏部尚书沿革探析》通过对唐宋吏部尚书职权的变化以及各阶段事例的探析，反映了这段历史时期变革的某些方面。关于宋代吏部尚书的论述方面，该文阐述了北宋前期铨曹四选与吏部职权的架空以及吏部尚书阶官化问题，论述了元丰改制后吏部主要机构及其人员设置等问题，搜集了北宋吏部尚书的籍贯出身等方面的内容并加以比较，从而得出一定的结论。该文可谓是笔者所见论述宋代吏部尚书比较详实的论文，对唐宋吏部尚书的沿革进行了较为清晰的探析。不过该文的侧重点是唐宋变革问题，吏部尚书的论述也是围绕这个主题而论的，所以文章的着重点并不在北宋的吏部尚书，更没有论及南宋吏部尚书的情况。尽管如此，这对于进一步全面研究两宋吏部尚书还是提供了很大的借鉴意义。

人事方面，李之亮、王瑞来等先生的相关研究成果涉及了较多的宋代吏部尚书的诸多方面，其他学者的相关研究则大多侧重宋代某一或者某些吏部尚书的具体方面。

李之亮先生的《宋代京朝官通考》对宋代历任吏部尚书的姓名、任职、罢免时间等进行了考证。② 此书篇幅浩大，难免有遗漏错误的地方，但仍对宋代吏部尚书具体人员、任职、罢免时间等研究有很大的参考价值。王瑞来先生的《宋史宰辅表考证》对宋代宰辅集团的迁转进行了辨误、补正、补遗，这其中包括了许多吏部尚书，特别是部分吏部尚书任后迁入执政，而王先生正是对这些迁转的时间和具体的官职进行的考证，纠正了部分对吏部尚书迁转中时间、官职等的错误认识。③

方星移先生的《李光传笺证》，对《宋史·李光传》中的不当之处进行了考证，避免了在对吏部尚书李光进行人事研究时的偏颇。④ 白金先生的《南宋诗人许及之生平事迹考补》，对吏部尚书许及之的起家官进行了详实的考证。⑤ 徐海松先生的《南宋李鸣复抗蒙策略评析》，对吏部尚书李鸣复的抗蒙策略进行了论证，认为李鸣复在抗蒙战争中有着深刻不凡的见地。⑥ 陈裕荣先生的《崔與之年

---

① 黄毛：《宋代官告院及官告研究》，河南大学 2012 年硕士学位论文。

② 李之亮：《宋代京朝官通考》，巴蜀书社 2003 年版。

③ 王瑞来：《宋史宰辅表考证》，中华书局 2012 年版。

④ 方星移：《李光传笺证》，载于刘锋焘主编：《2010 年词学国际学术研讨会论文集》，西安出版社 2014 年版。

⑤ 白金：《南宋诗人许及之生平事迹考补》，《河南教育学院学报（哲学与社会科学版）》，2012 年第 3 期。

⑥ 徐海松：《南宋李鸣复抗蒙策略评析》，《杭州师范学院学报（社会科学版）》，1989 年第 4 期。

表(1158—1239年)》[①]、尹波先生的《江万里年谱》[②]、刘云军先生的《吕颐浩年谱》[③]、高文先生的《新编王安石年谱》[④]、日本学者池泽滋子的《丁谓年谱》[⑤]、吴自力的《陆佃研究》[⑥]、李玲的《李清臣研究》[⑦]等文章分别对崔舆之、江万里、李清臣、陆佃、吕颐浩、王安石、丁谓等吏部尚书的生平事迹进行了详细的考证,包括他们各自的籍贯、入仕途径、吏部尚书的迁转等情况。

杨计国的《宋代工部研究》,对宋代工部尚书、工部侍郎进行了专门的统计,还对这些官员的迁转做了研究,其中孙永、王襄、刘拯、李棁、时彦、何执中、王时雍、胡直孺、谢克家、胡松年、席益、钱象祖、颜棫、汪逵、任希夷、李鸣复、吴潜、杜杲、史宅之、徐清叟、刘黻等官员不仅担任过工部尚书,同时他们也是吏部尚书的担任者。[⑧] 杨计国的研究对本书研究宋代吏部尚书迁转与任期等问题有很大帮助,不过对这些官员迁转的研究相对于宋代将近两百位吏部尚书的迁转而言是惊鸿之一瞥,仍有很大的研究空间。

王瑞的《北宋官员任期制度研究——以宰相与知州、知府为重点》,对北宋72位宰相的任期进行了分析,而这72位宰相中,有相当一部分人曾经担任过吏部尚书,[⑨]从而为本书分析宋代吏部尚书的任期方面提供了一定的借鉴。徐红的《北宋太平兴国五年进士研究——以精英分子为中心》[⑩],从太平兴国五年进士的地理分布、家世、婚姻等方面探讨宋初政治和社会的某些变化,寻找宋代新型士大夫形成的轨迹和路径。该文研究的太平兴国五年进士群体中包括了王旦、向敏中和寇準三位曾经担任过吏部尚书的人员,这对于宋代吏部尚书的研究有一定的帮助。

陈朝阳的《北宋熙丰时期的两府研究》,以熙宁、元丰时期的中书和枢密院为研究对象,对熙丰时期两府官员的研究涉及了北宋部分曾经担任吏部尚书的人员:曾公亮、王安石、文彦博、韩绛、曾孝宽、吴充、吕公著、李清臣等。[⑪]崔英超

---

① 陈裕荣:《崔舆之年表(1158—1239年)》,《岭南文史》,1993年第3期。

② 尹波:《江万里年谱》,载于《宋代文化研究》第4辑,四川大学出版社1994年版。

③ 刘云军:《吕颐浩年谱》,载于《齐鲁文化研究》第9辑,泰山出版社2010年版。

④ 高文:《新编王安石年谱》,《河南大学学报(社会科学版)》,1992年第5期。

⑤ (日)池泽滋子:《丁谓年谱》,载于《宋代文化研究》第6辑,四川大学出版社1996年版。

⑥ 吴自力:《陆佃研究》,暨南大学2006年硕士学位论文。

⑦ 李玲:《李清臣研究》,河北师范大学2012年硕士学位论文。

⑧ 杨计国:《宋代工部研究》,上海师范大学2013年博士学位论文。

⑨ 王瑞:《北宋官员任期制度研究——以宰相与知州、知府为重点》,河北大学2010年硕士学位论文。

⑩ 徐红:《北宋太平兴国五年进士研究——以精英分子为中心》,山东大学2007年博士学位论文。

⑪ 陈朝阳:《北宋熙丰时期的两府研究》,首都师范大学2012年博士学位论文。

的《南宋孝宗朝宰相群体研究》，考察了宋孝宗朝的宰相群体，这其中包括了陈康伯、叶颙、魏杞、陈俊卿、周必大、留正等几位曾经担任过吏部尚书的官员。[①]此外，张霞的《宋代致仕官生活研究》，从社会生活角度对宋代致仕官员进行了探讨。[②] 李旦与张传亮的《宋代官吏的致仕制度研究》、[③]吴擎华的《北宋官员致仕制度浅探》、[④]景北记的《北宋的致仕制度和冗官冗费》[⑤]等文章均涉及了包括吏部尚书在内官员的致仕情况。

宋代政治制度史研究一直是宋史研究的热点，所取得的成就越来越大，这为本课题的研究提供了良好的空间和平台。然而，具体到宋代吏部尚书，笔者尚未发现专门的论文或著作对其进行详细、全面的研究。总体来看，诸位专家、学者的文章或者著作或多或少地提到或是涉及了宋代吏部与吏部尚书的部分内容。不过，这些文章和著作要么是提及，要么是一概而论，要么是一笔带过，要么也研究了北宋的吏部尚书但是侧重点是在唐宋变革，没有专门对宋代吏部尚书进行研究，这就使得本课题的研究空间较为宽阔，具有进一步研究的价值。

本书的主要研究方法为传统的史学研究法，同时兼有历史地理学、政治学、统计学等学科方法。制度层面，本书主要考察宋代吏部的组织结构和宋代吏部尚书的职掌；人事层面，本书主要考察宋代吏部尚书的籍贯、仕履、迁转等情况。有鉴于此，本书在考察宋代吏部的组织结构时，运用的仍然是传统的史学研究方法，即通过《汉书》《隋书》《唐六典》《通典》等正史，探讨宋代之前吏部尚书的演变情况，继而通过《宋史·职官志》《职官分纪》《文献通考》《古今合璧事类备要》等史籍对宋代元丰改制前后吏部的组织结构进行阐述。考察宋代吏部尚书职掌时，运用传统的史学方法和归纳法，即通过宋代吏部尚书的兼官情况，归纳出吏部尚书在本部职掌之外的其他职掌。考察宋代吏部尚书的籍贯、仕履、迁转等情况时，运用传统史学方法，并结合历史地理学、政治学、统计学等学科方法，采用统计、列图表、比较等方式，通过对《宋史》《东都事略》《隆平集》《宋会要辑稿》《续资治通鉴长编》《建炎以来系年要录》和大量的宋人文集以及地方志等史料进行梳理，同时也运用了考证法，对宋代部分吏部尚书科举中第时间进行了考证，特别是对宋代部分吏部尚书的迁入时间、迁出时间的确定，都进行了考证。同时，本书还运用了比较法，在此特别感谢董劭伟先生，其《唐代吏部

① 崔英超：《南宋孝宗朝宰相群体研究》，暨南大学 2004 年博士学位论文。
② 张霞：《宋代致仕官生活研究》，河南大学 2012 年硕士学位论文。
③ 李旦、张传亮：《宋代官吏的致仕制度研究》，《玉溪师范学院学报》，2006 年第 9 期。
④ 吴擎华：《北宋官员致仕制度浅探》，《文史杂志》，2005 年第 6 期。
⑤ 景北记：《北宋的致仕制度和冗官冗费》，《求是学刊》，1984 年第 4 期。

尚书研究》[1]对唐代吏部尚书籍贯、迁转等情况的考察与研究是一项巨大的工程,董先生的力作对本书唐宋两代吏部尚书之比较颇有助益。

可以说,本书是首次全面、详细、深入地对两宋吏部尚书进行研究,对涉及宋代吏部尚书的史料进行了较为全面的调查,尽可能多地从各种史籍,包括宋代的笔记小说、文集、诏令等资料中收集史料,扩大史料的来源。总之,本书力求运用多种研究方法对宋代吏部尚书进行较为全面的论述,从而进一步揭示宋代吏部尚书的基本情况。

---

① 董劭伟:《唐代吏部尚书研究》,中国社会科学出版社2012年版。

第一章
吏部尚书源流与宋代吏部组织结构

一、吏部尚书的演变

（一）先秦秦汉魏晋时期

尚书最早出现于周朝，"司会，中大夫二人，下大夫四人，上士八人，中士十有六人，府四人，史八人，胥五人，徒五十人。注：会，大计也。司会，主天下之大计，计官之长，若今尚书"。[①] 郑玄即认为周朝时的司会如同后来的尚书。

秦代，"秦世少府遣吏四人在殿中主发书，故谓之尚书。尚犹主也"，[②]尚书之名开始确定。

汉承秦制，建始四年（前29）春，汉成帝"罢中书宦官，初置尚书员五人……师古曰：'汉旧仪云尚书四人为四曹：常侍尚书主丞相御史事，二千石尚书主刺史二千石事，户曹尚书主庶人上书事，主客尚书主外国事。成帝置五人，有三公曹，主断狱事'"。[③] 马端临在《文献通考》中对吏部尚书在西汉的情况是这样考证的："汉成帝初置尚书，有常侍曹主公卿事。"[④]从颜师古的注和马端临对西汉吏部尚书的考证可以推断，吏部尚书的前身应当为常侍尚书。

东汉，"汉成帝初置尚书，有常侍曹，主公卿事。后汉改为吏曹，主选举、祠祀，后又为选部"。[⑤] 东汉末年的梁鹄，"字孟皇，安定乌氏人。少好书，受法于

---

① （汉）郑玄注，（唐）贾公彦疏，赵伯雄整理，王文锦审定：《周礼注疏》卷1《天官冢宰第一》，北京大学出版社2000年版，第19页。

② （梁）沈约：《宋书》卷39《百官志上》，中华书局1974年版，第1233页。

③ （汉）班固撰，（唐）颜师古注：《汉书》卷10《成帝纪》，中华书局1962年版，第308页。

④ （宋）马端临：《文献通考》卷52《职官考六·吏部尚书》，中华书局2011年版，第1509页。

⑤ （唐）杜佑撰，王文锦、王永兴等点校：《通典》卷23《吏部尚书》，中华书局1988年版，第629页。

师宜官，以善八分知名。举孝廉为郎”，[①]汉灵帝非常器重他，“以侍中梁鹄为选部尚书，于此始见曹名”[②]。

曹魏时期，“改选部为吏部，主选部事，又有左民、客曹、五兵、度支，凡五曹尚书、二仆射、一令为八座”。[③] 曹魏时的陈群，“字长文，颍川许昌人也”。“魏国既建，迁为御史中丞”，“转为侍中，领丞相东西曹掾”，“封群昌武亭侯，徙为尚书”。[④] 延康元年（220），陈群开始创建“九品官人之法，拜吏部尚书”。[⑤]

晋时吏部尚书与曹魏相同。山涛“字巨源，河内怀人也”，竹林七贤之一，为西晋时著名的吏部尚书，“少有器量，介然不群”，“迁尚书吏部郎”，“入为侍中，迁尚书”，咸宁初年，“除尚书仆射，加侍中，领吏部”。[⑥]

（二）南北朝时期

南朝宋时，“吏部尚书领吏部、删定、三公、比部、四曹”。[⑦] 南朝宋孝武帝刘骏“不欲威权在下，其后分吏部尚书置二人，以轻其任”。[⑧] 大明二年（458）刘骏“置二吏部尚书，而省五兵尚书，后还置一吏部尚书”。南朝宋顺帝刘准于昇明元年（477），又“置五兵尚书”。[⑨] 晋、南朝宋以来，吏部尚书资位尤重，南朝宋时蔡兴宗担任过侍中，也担任过吏部尚书。他曾对选曹与常侍有这样的评价：“选曹要重，常侍闲淡，改之以名而不以实，虽主意欲为轻重，人心岂可变邪。”[⑩]蔡廓在任吏部尚书时，录尚书徐羡之认为，“黄门郎以下，悉以委蔡，吾徒不复厝怀；自此以上，故宜共参同异”。但是，蔡廓拒绝了徐羡之的建议，认为自己“不能为徐干木署纸尾也”，“选案黄纸，录尚书与吏部尚书连名”，因此郭廓称之“署纸尾”。[⑪] 吏部尚书在这一时期资位之重可见一斑。

南齐时，吏部尚书仍“领吏部、删定、三公、比部四曹”。[⑫] 南朝梁时“尚书省，置令，左、右仆射各一人。又置吏部、祠部、度支、左户、都官、五兵等六尚书。左右丞各一人。吏部、删定、三公、比部、祠部、仪曹、虞曹、主客、度支、殿中、金

① （唐）张怀瓘：《书断》卷中，载于薛龙春：《张怀瓘书学著作考论》，南京艺术学院2004年博士学位论文附录《〈书断〉校笺》，第160页。

② （唐）房玄龄等：《晋书》卷24《职官志十四》，中华书局1974年版，第731页。

③ （唐）房玄龄等：《晋书》卷24《职官志十四》，中华书局1974年版，第731页。

④ （晋）陈寿撰，（宋）裴松之注：《三国志》卷22《陈群传》，中华书局1959年版，第633—635页。

⑤ （宋）马端临：《文献通考》卷52《职官考六・吏部尚书》，中华书局2011年版，第1509—1510页。

⑥ （唐）房玄龄等：《晋书》卷43《山涛传》，中华书局1974年版，第1223—1225页。

⑦ （梁）沈约：《宋书》卷39《百官志上》，中华书局1974年版，第1235页。

⑧ （梁）沈约：《宋书》卷84《孔觊传》，中华书局1974年版，第2154页。

⑨ （梁）沈约：《宋书》卷39《百官志上》，中华书局1974年版，第1235页。

⑩ （梁）沈约：《宋书》卷84《孔觊传》，中华书局1974年版，第2154页。

⑪ （梁）沈约：《宋书》卷57《蔡廓传》，中华书局1974年版，第1572页。

⑫ （梁）萧子显：《南齐书》卷16《百官志八》，中华书局1972年版，第320页。

部、仓部、左户、驾部、起部、屯田、都官、水部、库部、功论、中兵、外兵、骑兵等郎二十三人”。[①] 南朝陈时,“承梁,皆循其制官”,“尚书置五员,郎二十一员。其余并遵梁制”。[②] 可见南朝梁时吏部尚书仍领吏部、删定、三公、比部四曹,陈承梁制,吏部尚书仍领梁时的四部。

前赵时,“省吏部,置左右选曹尚书”。[③] 后赵时,“署左长史郭敖为尚书左仆射,右长史程遐为右仆射、领吏部尚书”。[④] 前秦时,“仇腾为尚书,领选”。[⑤] 后秦时,姚兴“使中军姚弼、后军敛成、镇远乞伏乾归等率步骑三万伐傉檀,左仆射齐难等率骑二万讨勃勃。吏部尚书尹昭谏曰:‘傉檀恃远,轻敢违逆,宜诏蒙逊及李玄盛,使自相攻击。待其毙也,然后取之,此卞庄之举也’”,[⑥]可见后秦时期也有吏部尚书。西秦共分吏部、主客、兵部、民部、三公尚书,吏部尚书居首位。太元十七年(392),“翟瑥为吏部尚书,翟勍为主客尚书,杜宣为兵部尚书,王松寿为民部尚书,樊谦为三公尚书,方弘、曲景为侍中,自余拜授一如魏武、晋文故事”。[⑦] 北燕时也有吏部尚书,“马弗勤为吏部尚书”,封广宗公。[⑧]

北魏初期,置选部尚书,赵黑曾任过选部尚书,他本是凉州(今甘肃武威)的隶户,出身卑微,但由于他为官后恭谨小心,后来“转选部尚书,能自谨厉,当官任举,颇得其人”。[⑨] 天兴元年(398),北魏道武帝拓跋珪诏“尚书吏部郎中邓渊典官制,立爵品,定律吕,协音乐;仪曹郎中董谧撰郊庙、社稷、朝觐、飨宴之仪;三公郎中王德定律令,申科禁;太史令晁崇造浑仪,考天象;吏部尚书崔玄伯总而裁之”。[⑩] “后魏、北齐吏部统吏部、考功、主爵三曹。”[⑪]可见,北魏初期的选部尚书后来又恢复为吏部尚书,吏部尚书领吏部、考功、主爵三曹。

北齐时,“尚书省,置令、仆射,吏部、殿中、祠部、五兵、都官、度支等六尚书”,“共六尚书,分统列曹。吏部统吏部、(掌褒崇、选补等事。)考功、(掌考第及秀孝贡士等事。)主爵(掌封爵等事)三曹”。[⑫] 辛术是北齐官员中最具有代表

---

① (唐)魏征等:《隋书》卷25《百官志上》,中华书局1973年版,第721页。
② (唐)魏征等:《隋书》卷25《百官志上》,中华书局1973年版,第741页。
③ (唐)房玄龄等:《晋书》卷102《刘聪载记》,中华书局1974年版,第2665页。
④ (唐)房玄龄等:《晋书》卷105《石勒载记》,中华书局1974年版,第2746页。
⑤ (唐)房玄龄等:《晋书》卷113《苻坚载记上》,中华书局1974年版,第2884页。
⑥ (唐)房玄龄等:《晋书》卷118《姚兴载记下》,中华书局1974年版,第2992页。
⑦ (唐)房玄龄等:《晋书》卷125《乞伏乾归载记》,中华书局1974年版,第3118页。
⑧ (唐)房玄龄等:《晋书》卷125《冯跋载记》,中华书局1974年版,第3128页。
⑨ (北齐)魏收:《魏书》卷94《赵黑传》,中华书局1974年版,第2016页。
⑩ (北齐)魏收:《魏书》卷2《太祖纪二》,中华书局1974年版,第33页。
⑪ (唐)杜佑撰,王文锦、王永兴等点校:《通典》卷23《吏部尚书》,中华书局1988年版,第630页。
⑫ (唐)魏征等:《隋书》卷27《百官志中》,中华书局1973年版,第752页。

性的吏部尚书，更被士人所称道："字怀哲，少明敏，有识度"，"迁吏部尚书，食南兖州梁郡乾。迁邺以后，大选之职，知名者数四，互有得失，未能尽美。文襄帝少年高朗，所弊者疏；袁叔德沉密谨厚，所伤者细；杨愔风流辨给，取士失于浮华。唯术性尚贞明，取士以才器，循名责实，新旧参举，管库必擢，门阀不遗。考之前后铨衡，在术最为折衷，甚为当时所称举"。[①] 可见，北齐吏部尚书制度上承袭北魏道武帝以来的吏部尚书之制，同样领吏部、考功、主爵三曹。

北周时，"有吏部中大夫一人，掌群臣及诸子之簿，辨其贵贱与其年岁，岁登下其损益之数。依六勋之赏，颁禄之差。小吏部下大夫一人，掌贰吏部之事"。[②] 如陆逞，就是北周时期比较出色的吏部中大夫："字季明。初名彦，字世雄"，"保定初，累迁吏部中大夫"，"逞干识详明，历任三府，所在著绩。朝廷嘉之，晋爵为公"。[③] 从北周吏部的建置来看，吏部中大夫、小吏部下大夫同宋代吏部尚书、吏部侍郎职能非常相似，吏部中大夫应该相当于吏部尚书。

（三）隋唐时期

隋时，"尚书省，事无不总。置令、左右仆射各一人，总吏部、礼部、兵部、都官、度支、工部等六曹事，是为八座"，"吏部尚书统吏部侍郎二人，主爵侍郎一人，司勋侍郎二人，考功侍郎一人"，"凡三十六侍郎，分司曹务，直宿禁省，如汉之制"。[④] 隋朝吏部尚书同北齐较为相似，所领属曹增加司勋，同时仍领吏部、主爵、考功三曹。隋朝最为出名的吏部尚书当数牛弘，"字里仁，安定鹑觚人也，本姓尞氏"，"在周，起家中外府记室、内史上士"，"开皇初，迁授散骑常侍、秘书监"，"拜吏部尚书"。"弘在吏部，其选举先德行而后文才，务在审慎。虽致停缓，所有进用，并多称职。吏部侍郎高孝基，鉴赏机晤，清慎绝伦，然爽俊有余，迹似轻薄，时宰多以此疑之。唯弘深识其真，推心委任。隋之选举，于斯为最。时论弥服弘识度之远"。[⑤] 以魏征为代表的《隋书》编纂者对牛弘有这样的评价："学优而仕，有淡雅之风，怀旷远之度，采百王之损益，成一代之典章，汉之叔孙，不能尚也。绸缪省闼三十余年，夷险不渝，始终无际。虽开物成务非其所长，然澄之不清，混之不浊，可谓大雅君子矣。"[⑥]隋炀帝即位之后，也曾赐诗赞扬牛弘如同晋朝的山涛，不仅尽职尽责，更是吏部尚书的典范。毫无疑问，牛弘是

---

① （唐）李百药：《北齐书》卷83《辛术传》，中华书局1972年版，第501—502页。

② （唐）杜佑撰，王文锦、王永兴等点校：《通典》卷23《吏部尚书》，中华书局1988年版，第630—631页。

③ （唐）令狐德棻等：《周书》卷32《陆逞传》，中华书局1971年版，第559页。

④ （唐）魏征等：《隋书》卷28《百官志下》，中华书局1973年版，第774页。

⑤ （唐）魏征等：《隋书》卷49《牛弘传》，中华书局1973年版，第1297、1308、1309页。

⑥ （唐）魏征等：《隋书》卷49《牛弘传》，中华书局1973年版，第1310页。

隋朝吏部尚书的代表人物，为吏部尚书树起了一面旗帜。

唐高祖即位之初，“官名称位，皆依隋旧。及登极之初，未遑改作，随时署置，务从省便”，[①]大体上继承了隋朝的制度，吏部尚书应当也同隋朝。唐代有六尚书：“一曰吏部，二曰户部，三曰礼部，四曰兵部，五曰刑部，六曰工部。”[②]这六尚书中，又有所区别：“兵部、吏部为前行，刑部、户部为中行，工部、礼部为后行；行总四司，以本行为头司，余为子司。”[③]可见，吏部在唐代已经位居六部之首，并且属于美差。吏部尚书“一人，正三品”，“其属有四：一曰吏部，二曰司封，三曰司勋，四曰考功”。[④] 武德五年（622），改选部曰吏部，七年省侍郎，贞观二年（628）复置。[⑤] 龙朔元年（661），改吏部尚书为司列太常伯，咸亨初复旧。光宅元年（684），改吏部为天官，神龙元年（705）复旧。天宝十一年（752），改为文部，至德初复旧。[⑥] 从《新唐书》和《通典》关于吏部尚书的记载可以看出，吏部尚书在唐代大致经历了以下几个阶段：吏部尚书、选部尚书、吏部尚书、司列太常伯、吏部尚书、天官尚书、吏部尚书、文部尚书、吏部尚书。也就是说，吏部长官的主要称谓为吏部尚书，中间经历过选部尚书、司列太常伯、天官尚书、文部尚书，但是主线仍然是吏部尚书。然而，从唐玄宗开始，吏部尚书开始逐渐不领本部事。“开元以来，宰相员少，资地崇高，又以兵吏尚书权位尤美，而宰臣多兼领之，但从容衡轴，不自铨综，其选试之任皆侍郎专之，尚书通署而已，遂为故事。或分领其事，则列为三铨，尚书掌其一，侍郎分其二。尚书所掌，谓之尚书铨；侍郎所掌，其一为中铨，其一为东铨。各有印。”[⑦]吏部事务主要由吏部副贰即吏部侍郎专领，吏部尚书大多作为宰相的兼官，逐渐成为虚职。

（四）五代十国时期

十国中并没有吏部尚书这一官职，但是十国无论是尊奉中原王朝为正统，还是自立称帝，都有各自的一套选拔官员的办法。没有称帝的政权变相地设置了选官机构，以满足对各种人才的需求。比如南唐、前蜀、后蜀、南汉等都有铨选之制，以实现人才的选拔。[⑧]

五代各朝选官制度均沿袭前朝的制度，并没有因改朝换代而废弃前朝之

① （后晋）刘昫：《旧唐书》卷42《职官志一》，中华书局1975年版，第1783页。
② （宋）欧阳修、宋祁：《新唐书》卷46《百官志一》，中华书局1975年版，第1184—1185页。
③ （宋）欧阳修、宋祁：《新唐书》卷46《百官志一》，中华书局1975年版，第1185页。
④ （宋）欧阳修、宋祁：《新唐书》卷46《百官志一》，中华书局1975年版，第1186页。
⑤ （宋）欧阳修、宋祁：《新唐书》卷46《百官志一》，中华书局1975年版，第1187页。
⑥ （唐）杜佑撰，王文锦、王永兴等点校：《通典》卷23《吏部尚书》，中华书局1988年版，第631页。
⑦ （唐）杜佑撰，王文锦、王永兴等点校：《通典》卷23《吏部尚书》，中华书局1988年版，第632页。
⑧ 杜文玉：《五代十国制度研究》，人民出版社2006年版，第90—92页。

制。后梁情况不详，后唐基本上沿用了唐代的制度。后唐同光二年（924），中书门下奏："吏部三铨下省南曹废置、甲库格式、流外铨等司公事，并系长定格、循资格、十道图等格式。"①可见，后唐时期，吏部同唐代后期相同，仍分三铨注官，即尚书铨、中铨、东铨。然而，五代时期的吏部尚书，几乎不掌吏部铨选之职。后唐同光元年（923），唐庄宗诏"宰相豆卢革权判吏部上铨，御史中丞李德休权判东西铨事"。② 后周广顺元年（951）敕："选部公事，比置三铨，所有员阙选人，分在三处，每至注拟之际，资叙难得相当，况又今年选人不多。宜令三铨公事，并为一处，委本司长官、通判，同商量可否施行，所冀抡选得中，铨综有序。其吏部尚书铨见阙，宜差礼部尚书王易权判。"③可见，由他官权判原本吏部尚书之职，已经成为五代时期的常态。

（五）北宋元丰改制前

宋因唐制，官职的名号品秩也都予以沿袭，"至于仆射、尚书、丞郎、郎中、员外，居其官不知其职者，十常七八"。④ "吏部旧有三铨，尚书主其一，侍郎二人各主其一，分铨注拟。其后，但存尚书铨，余东、西铨印存而事废。今但以朝官二人判流内铨，其吏部之职别以朝官二人主判，兼领南曹格式司。"⑤"国初，张昭为尚书，领选事，凡京官七品以下犹属铨筦。自昭致仕，始用他官权判，颇变旧制，京官以上无选，并中书门下特除。又使府不许召置幕职，悉于铨授。"⑥可见，宋代吏部尚书沿袭的是唐代的制度，唐代后期吏部主要事务已经由吏部侍郎专领，吏部尚书大多时候仅署名而已，铨选之事一分为三。唐代后期吏部已经分为三铨，即尚书铨、侍郎东铨、侍郎西铨；宋初侍郎东西铨均已无实际职务，仅尚书铨仍有实际职务，但是已经不是吏部尚书的职能，而由他官判流内铨、判吏部事。宋承唐制，仅宋初张昭任吏部尚书时，仍负责吏部选举之事，京官七品以下官员的铨选工作由张昭负责。不过，张昭致仕之后，吏部尚书成为虚职，这正是马端临所谓的"不知其职"。元丰改制前，吏部尚书的职务被判吏部事取代。"吏部，判部事二人，以带职京朝官或无职事朝官充。凡文吏班秩品命今一出于中书，而小选院不复置，本曹但掌京朝官叙服章、申请摄官、祠祭及幕府州

① （宋）王溥：《五代会要》卷20《选事上》，上海古籍出版社1978年版，第333—334页。

② （宋）薛居正：《旧五代史》卷30《庄宗纪四》，中华书局1976年版，第416页。

③ （宋）王钦若等编纂，周勋初等校订：《册府元龟》卷634《铨选部条制第六》，凤凰出版社2006年版，第7330页。

④ （宋）马端临：《文献通考》卷47《职官考一·职官总序》，中华书局2011年版，第1361页。

⑤ （清）徐松辑，刘琳、刁忠民等校点：《宋会要辑稿·职官》8之1，上海古籍出版社2014年版，第3231页。

⑥ （清）徐松辑，刘琳、刁忠民等校点：《宋会要辑稿·职官》11之56，上海古籍出版社2014年版，第3343页。

县官格式阙薄、辞谢，拔萃举人兼南曹、甲库之事。”[①]此后，吏部尚书成为官员迁转的阶官，大多不领本部事务，只有个别情况下理本司事时，才拥有吏部的实际职权。因此，元丰改制前的吏部尚书职权几乎被剥夺殆尽，逐渐成为官阶。

（六）元丰改制后与南宋时期

宋代建国之后，就不断有各种声音呼吁三省六部官复其职。宋廷于“熙宁末，始命馆阁校唐六典”“下诏肇新官制，凡省、台、寺、监领空名者，一切罢去，而易之以阶”“省、台、寺、监之官，各还所职矣”“尚书新省成，帝亲临幸，召六曹长贰以下，询之职事，因戒敕焉”。[②] 元丰改制之后，吏部尚书成为职事官，“凡文阶官之等三十，武选官之等五十有六，幕职、州县官之等七，散官之等九，皆以左右高下分属于四选。曰尚书左选，文臣京朝官以上及职任非中书省除授者悉掌之。曰尚书右选，武臣升朝官以上及职任非枢密院除授者悉掌之。自初任至幕职、州县官，侍郎左选掌之。自副尉以上至从义郎，侍郎右选掌之”“凡官十有三：尚书一人；侍郎一人；郎中、员外郎，尚书选二人，侍郎选各一人；司封、司勋、考功各一人”。[③] 自唐代开元年间以来，吏部尚书多由宰相兼领而不领实务，五代十国时期更是延续了唐代后期之制，吏部尚书鲜有领实际职务者。宋初前朝旧臣张昭任吏部尚书时还领实际职务，之后同前代相同，吏部尚书或者成为宰相的兼官，或者成为官员迁转的官阶。直到宋神宗元丰官制改革，以《唐六典》为蓝本，官复其职，吏部尚书才重新领本部事。此后一直到南宋灭亡，吏部尚书一直领尚书左选、尚书右选、侍郎左选、侍郎右选、司封、司勋、考功七司，发挥着重要的作用。

二、元丰改制前吏部的演变

北宋元丰改制前，乾德三年（965）三月吏部尚书张昭自本官致仕之后，吏部尚书成为官阶，不再领本部事，而由他官判或权判吏部事。然而，官员的选拔必须有章可循，仍需要相应的机构进行管理。于是，吏部尚书原本职掌的铨选之职就逐渐出现了以下几个机构来负责实施。元丰改制后吏部本部共有四选，即尚书左选、尚书右选、侍郎左选、侍郎右选。因此，本节探讨元丰改制前吏部职

---

① （清）徐松辑，刘琳、刁忠民等校点：《宋会要辑稿·选举》23之1，上海古籍出版社2014年版，第5673页。

② （宋）马端临：《文献通考》卷47《职官考一·职官总序》，中华书局2011年版，第1362页。

③ （元）脱脱等：《宋史》卷163《职官志三》，中华书局1977年版，第3831—3832页。

能时，只探讨与其相对应的铨曹四选。

（一）京朝官差遣院

宋初，官、职、差遣逐渐分离，京朝官也是如此，虽有官名，但差遣大多与官名无关。吏部尚书自张昭之后不再领本部事，官员的铨选、差遣的分派需要相应的机构和人员来进行。宋太祖时期，宋朝几乎一直致力于统一事业，并没有太多的时间来考虑官员的铨选问题。随着统一事业的基本完成，宋太宗开始着手考虑官员的铨选问题，改令由中书门下负责。由于事务繁多，中书门下难以全部应付，于是京朝官差遣院应运而生。太平兴国六年（981），宋廷“诏应京朝官除两省、御史台自少卿监以下奉使从政于外受代而归者，并令中书舍人郭贽、膳部郎中兼御史知杂事滕中正、户部郎中雷德骧同考校劳绩，品量材器，以中书所下阙员，类能拟定，引对而授之，谓之差遣院……国初以来，有权知及通判、诸州军监临物务官，无定员，月限既满，有司住给俸料，而见厘务者申牒，有司复支所厘之务，罢则已，但不常参，除授皆出中书，不复由吏部。至是，与朝官悉差遣院主之”。[①] 京朝官差遣院建立之后，分担了中书门下部分事务，减轻了中书门下的负担。

鉴于京朝官差遣的重要性，淳化二年（991），宋廷“命翰林学士贾黄中、苏易简干当差遣院”。[②] 以宋太宗的内制翰林学士贾黄中、苏易简负责京朝官差遣院相关事宜，足见对这一机构与相应事务的重视。诸少卿、监以下京朝官任官期满之后回到朝廷，京朝官差遣院根据中书所下员阙，量才录用，给他们授以新官。

不过，京朝官差遣院并没有存在太长时间，淳化四年（993）五月丁未，宋廷“废京朝官差遣院，令审官院总之”。[③] 京朝官差遣院虽然消失了，但是它的职能却并没有废除，而是被合并到了一个新的机构——审官院内。

（二）磨勘京朝官院

对官吏任职的考核是非常重要的，宋代建国之后也十分重视。宋太宗考虑到许多官职十分容易混淆，于是在淳化三年（992）十月“命户部侍郎王沔、度支副使谢泌、秘书丞王仲华同知京朝官考课，吏部侍郎张宏、户部副使高象先、膳部员外郎范正辞同知幕职、州县官考课，号曰磨勘院”。[④] 从淳化三年（992）十

① （宋）李焘：《续资治通鉴长编》卷22，太平兴国六年九月丙午，中华书局2004年版，第499—500页。

② （宋）李焘：《续资治通鉴长编》卷32，淳化二年闰二月，中华书局2004年版，第713页。

③ （宋）李焘：《续资治通鉴长编》卷34，淳化四年五月丁未，中华书局2004年版，第749页。

④ （宋）李焘：《续资治通鉴长编》卷34，淳化三年十月壬午，中华书局2004年版，第740页。

月开始，磨勘京朝官院与磨勘幕职州县官院同时出现。

磨勘京朝官院“在宣德门外西北廊”，负责“考校京朝官之殿最，分拟内外之任而奏之”。磨勘京朝官院设置“知院事二人”，以朝官来充任，还设“书令史七人，掌舍二人”。①

淳化四年(993)二月二十八日，宋廷“以磨勘京朝官院为审官院，幕职州县官院为考课院。时金部员外郎谢泌言：‘磨勘之名，非典训也。’故易之”。② 自此始，磨勘京朝官院改为审官院。

(三)磨勘幕职州县官院

磨勘幕职州县官院的设置时间与磨勘京朝官院的设置时间相同，都在淳化三年(992)十月壬午。“吏部侍郎张宏、户部副使高象先、膳部员外郎范正辞同知幕职、州县官考课，号曰磨勘院。”③

磨勘幕职州县官院主要负责幕职州县官的考课，考核所有幕职州县官的资历与功过，从而确定是升迁、平调抑或是黜陟。不过，磨勘幕职州县官院在设置之初就遇到了一些问题。河北路在北宋初年一直是宋辽交战地区，当地居民并不稳定，许多都迁徙到他地，而“吏部所铨幕职州县官皆四方之人，不习风俗，且有怀土之思，是以政事多因循不举”。④ 磨勘幕职州县官院选拔出来的官员大多不是本地人，因此出现了不少问题。

淳化四年(993)二月二十八日，宋廷“以磨勘京朝官院为审官院，幕职州县官院为考课院。时金部员外郎谢泌言：‘磨勘之名，非典训也。’故易之”。⑤ 同磨勘京朝官院一样，也是同一时间改名为考课院。

(四)考课院

考课院由磨勘幕职州县官院改名而来，淳化四年(993)二月二十八日，宋廷“以磨勘京朝官院为审官院，幕职州县官院为考课院”。⑥ 考课院职掌幕职州县官的奏举以及历任有过失官员的考察等。

淳化四年(993)五月，考课院并入流内铨，宋廷以“翰林学士承旨苏易简、知制诰王旦同领之”。⑦ 在此之前，考课院负责幕职州县官的奏举和历任官员是否

---

① (清)徐松辑，刘琳、刁忠民等校点：《宋会要辑稿·职官》11之1，上海古籍出版社2014年版，第3303页。

② (宋)李焘：《续资治通鉴长编》卷34，淳化四年二月丙午，中华书局2004年版，第746页。

③ (宋)李焘：《续资治通鉴长编》卷34，淳化三年十月壬午，中华书局2004年版，第740页。

④ (元)脱脱等：《宋史》卷277《刘综传》，中华书局1977年版，第9432页。

⑤ (宋)李焘：《续资治通鉴长编》卷34，淳化四年二月丙午，中华书局2004年版，第746页。

⑥ (宋)李焘：《续资治通鉴长编》卷34，淳化四年二月丙午，中华书局2004年版，第746页。

⑦ (清)徐松辑，刘琳、刁忠民等校点：《宋会要辑稿·选举》24之10，上海古籍出版社2014年版，第5701页。

有过失的考察等，与流内铨的职掌非常相似。此次将考课院并入流内铨，是“从判铨苏易简之请，省吏部员而并司局，议者咸以为当”。[①] 可以说，这次将考课院并入流内铨是众望所归，避免了不同部门之间掌管的重复，提高了效率。

（五）三班院

三班院是逐渐形成的。太平兴国六年（981）二月，御厨副使杨守素、供奉官蔚进、韩令宝“同检点供奉官、殿直、承旨、三班公事”。[②] 雍熙三年（986）十二月，西上閤门使张平授客省使，“依前点检三班公事”。[③] 雍熙四年（987）七月，宋廷诏“即内客省使厅事置三班院，以崇仪副使蔚进知院事”。[④] 起初，供奉官、殿直、殿前承旨均隶属于宣徽院。但是，随着他们频繁出知地方，某些官员抱怨劳逸不均，因此才“别置院考校殿最，引对便殿，定黜陟焉”，[⑤]三班院正式成立。

三班院同唐代相比，大体上相当于兵部的职务。“武臣刺史、副率以上内职，枢密院主之，使臣则三班院主之。”[⑥]即言，高级武官的除授等事宜由枢密院职掌，低级武官则由三班院职掌。三班使臣，共包括东、西头供奉官，左、右侍禁，左、右殿直，三班奉职，三班借职。三班院长官为勾当三班院公事，官无常员。“文臣以两制以上、武臣诸司使以上充，常置籍以总使臣之名，均其出使厘务，定其任使远近之等级，及考其殿最而上于朝。”[⑦]另外还有勾押官一人、前行三人、押司官一人、后行十一人。

“侍郎右选旧系三班院，元丰五年改今名，其五年以前仍具载于此。”[⑧]可见，元丰五年（1082）改制时三班院的名称也发生了变化，改名为侍郎右选。

（六）审官院

审官院由磨勘京朝官院改名而来，并且在之后又并入了京朝官差遣院。淳

---

① （清）徐松辑，刘琳、刁忠民等校点：《宋会要辑稿·选举》24之10，上海古籍出版社2014年版，第5701页。

② （清）徐松辑，刘琳、刁忠民等校点：《宋会要辑稿·职官》11之57，上海古籍出版社2014年版，第3344页。

③ （清）徐松辑，刘琳、刁忠民等校点：《宋会要辑稿·职官》11之57，上海古籍出版社2014年版，第3344页。

④ （宋）李焘：《续资治通鉴长编》卷28，雍熙四年七月，中华书局2004年版，第638页。

⑤ （清）徐松辑，刘琳、刁忠民等校点：《宋会要辑稿·职官》11之57，上海古籍出版社2014年版，第3344页。

⑥ （元）脱脱等：《宋史》卷158《选举制四》，中华书局1977年版，第3693页。

⑦ （清）徐松辑，刘琳、刁忠民等校点：《宋会要辑稿·选举》25之10，上海古籍出版社2014年版，第5731页。

⑧ （清）徐松辑，刘琳、刁忠民等校点：《宋会要辑稿·职官》11之57，上海古籍出版社2014年版，第3344页。

化四年(993)二月二十八日,宋廷"以磨勘京朝官院为审官院"。[①] 淳化四年(993)五月丁未,宋廷"废京朝官差遣院,令审官院总之"。[②] 熙宁三年(1070)五月二十八日,宋廷诏:"以审官院为审官东院,置主簿二,别置西院。"[③]

审官院负责考核六品以上京朝官殿最,排列他们的爵名、秩位等,在此基础上提出相应的内、外职务的任职方案,上报中书门下等待批阅。一般设置"知院二人,以御史知杂以上充,掌考校京朝官殿最,叙其爵秩而诏于朝,分拟内外任吏而奏除之";书令史七人,掌舍二人。[④]

"尚书左选旧系审官东院,元丰五年改今名,其五年以前仍具载于此",[⑤]可见审官院于熙宁三年(1070)改为审官东院后,于元丰五年(1082)再次改名,改为尚书左选。

熙宁三年(1070)五月二十八日,宋廷始置审官西院。"差知院官两员,专管阁门祗候以上诸司使磨勘、常程差遣。应有合行事件,并仰知院官条例以闻。俾铨叙有常程,黜陟有常守,官修而纪律振,任专而考察精,庶熙治纲,咸体朕志",并以天章阁待制齐恢知审官西院,兵部郎中韩缜同知审官西院。[⑥] 审官西院建立后,设知院事二人,主簿二人,有时设同知。

"尚书右选旧系审官西院,元丰五年改今名,其五年以前仍具载于此。"[⑦]元丰五年(1082),同审官东院改为审官东院,在同一时间审官西院改名为尚书右选。

(七)吏部流内铨

宋朝初年,吏部仍然有三铨:"尚书主其一,侍郎二人各主其一,分铨注拟。其后,但存尚书铨,余东、西铨印存而事废。今但以朝官二人判流内铨,其吏部之职别以朝官二人主判,兼领南曹格式司。"[⑧]"国初,张昭为尚书,领选事,凡京官七品以下犹属铨筦。自昭致仕,始用他官权判,颇变旧制,京官以上无选,并

① (宋)李焘:《续资治通鉴长编》卷34,淳化四年二月丙午,中华书局2004年版,第746页。

② (宋)李焘:《续资治通鉴长编》卷34,淳化四年五月丁未,中华书局2004年版,第749页。

③ (宋)王应麟:《玉海》卷168《淳化审刑院》,江苏古籍出版社、上海书店1987年版,第3085页。

④ (清)徐松辑,刘琳、刁忠民等校点:《宋会要辑稿·职官》11之55,上海古籍出版社2014年版,第3342页。

⑤ (清)徐松辑,刘琳、刁忠民等校点:《宋会要辑稿·职官》11之55,上海古籍出版社2014年版,第3342页。

⑥ (清)徐松辑,刘琳、刁忠民等校点:《宋会要辑稿·职官》11之4,上海古籍出版社2014年版,第3307页。

⑦ (清)徐松辑,刘琳、刁忠民等校点:《宋会要辑稿·职官》11之56,上海古籍出版社2014年版,第3343页。

⑧ (清)徐松辑,刘琳、刁忠民等校点:《宋会要辑稿·职官》8之1,上海古籍出版社2014年版,第3231页。

中书门下特除。又使府不许召置幕职，悉于铨授。”[①]也就是说，张昭由吏部尚书致仕之后，其后的吏部尚书又不再掌铨选事，于是吏部流内铨开始掌选铨选。张昭致仕大致在乾德三年(965)，故吏部流内铨产生于乾德三年之际。淳化四年(993)五月，考课院并入流内铨。熙宁五年(1072)闰七月，宋廷诏：“吏部南曹并入流内铨”。[②] 元丰三年(1080)八月十四日，宋廷诏“吏部流内铨自今称尚书吏部”。[③] 元丰五年(1082)，尚书吏部又改名为吏部侍郎左选。

吏部流内铨，设“判流内铨事二人”，“令史十一人，选院令史六人，驱使官三人”。[④] 吏部流内铨最初掌管幕职州县官的调动，淳化四年(993)考课院并入吏部流内铨后，吏部流内铨新增了原来考课院的职能，不仅职掌幕职州县官的调动，还负责他们的考核事宜。

综上，归纳一下铨选四曹演变为吏部四选的情况。尚书左选：太平兴国六年(981)九月丙午宋廷始置京朝官差遣院，淳化三年(992)十月壬午宋廷始置磨勘京朝官院，淳化四年(993)二月二十八日磨勘京朝官院改名为审官院，同时京朝官差遣院并入审官院。熙宁三年(1070)五月二十八日审官院改名为审官东院，元丰五年(1082)再次改名为尚书左选。尚书右选：熙宁三年(1070)五月二十八日，宋廷始置审官西院，元丰五年(1082)改名为尚书右选。侍郎左选：乾德三年(965)宋廷始置吏部流内铨。淳化三年(992)十月壬午宋廷始置磨勘幕职州县官院，淳化四年(993)二月二十八日改名为考课院，淳化四年(993)五月考课院并入吏部流内铨。元丰三年(1080)八月十四日吏部流内铨改名为尚书吏部，元丰五年(1082)，又改名为侍郎左选。侍郎右选：雍熙四年(987)七月宋廷始置三班院，元丰五年(1082)改名为侍郎右选。

三、元丰改制后与南宋的吏部机构

元丰改制后，吏部负责六品以下文武官员的铨选之事，由以下机构具体运

① (清)徐松辑，刘琳、刁忠民等校点：《宋会要辑稿·职官》11之56，上海古籍出版社2014年版，第3343页。

② (清)徐松辑，刘琳、刁忠民等校点：《宋会要辑稿·职官》8之4，上海古籍出版社2014年版，第3233页。

③ (清)徐松辑，刘琳、刁忠民等校点：《宋会要辑稿·职官》56之1，上海古籍出版社2014年版，第4527页。

④ (清)徐松辑，刘琳、刁忠民等校点：《宋会要辑稿·职官》11之56，上海古籍出版社2014年版，第3344页。

作,即尚书左选、尚书右选、侍郎左选、侍郎右选。同时,吏部还领司封司、司勋司、考功司与官告院等机构。凡是品、阶、爵、勋、俸禄等之制,有关选官、分职、功赏、考绩等事全部都总于吏部。

(一)吏部尚书左选

元丰五年(1082),审官东院改为尚书左选,"尚书左选旧系审官东院,元丰五年改今名,其五年以前仍具载于此",全称为吏部尚书左选。① 吏部尚书左选的职掌是:"文臣之禄官自朝议大夫、职事官自大理正以下,非中书省敕授者,归尚书左选。"②吏部尚书左选的编制与机构为:"郎中一人,掌考校京朝官以下殿最,叙其爵秩,拟内外任使而奏除之。案十一:曰六品、曰七品、曰八品、九品、曰注拟、曰名籍、曰掌阙、曰催驱、曰甲库、曰检法、曰知杂、曰奏荐赏功司。吏额主事一人,令史二人,书令史九人,守当官一十一人,正贴司一十六人,私名一十二人,楷书三人,法司一人,官告院六部监门隶焉,内六部监门通隶尚书左选。"③其中,吏部尚书左选六品案掌管六品文臣京朝官政绩的甄审、拟定内外职任上奏报批,按式分别除授官员;吏部尚书左选七品案、八品案、九品案职能同尚书左选六品案,不同之处为掌管的官员品级分别为七品、八品、九品。吏部尚书左选注拟和名籍案分别掌管六品以下文臣京朝官的授官手续和名册档案。吏部尚书左选掌阙案掌管六品以下文臣京朝官可以除授的内外官阙信息。吏部尚书左选催驱案掌管督催本选稽滞文书。吏部尚书左选甲库案掌管收授六品以下文臣京朝官的制敕,在检查迁转官员的履历、相貌无误后,出给符牒等凭证,以制作新除名的官告。吏部尚书左选检法案职掌本选法令条例检阅事宜。吏部尚书左选知杂案职掌具体事务的办理。④

(二)吏部尚书右选

元丰五年(1082),审官西院改为尚书右选,"尚书右选旧系审官西院,元丰五年改今名,其五年以前仍具载于此",全称为吏部尚书右选。⑤ 吏部尚书右选的职掌是:"武臣升朝官自皇城使、职事官自金吾街仗司以下,非枢密院宣授者,

① (清)徐松辑,刘琳、刁忠民等校点:《宋会要辑稿·职官》11之55,上海古籍出版社2014年版,第3342页。

② (清)徐松辑,刘琳、刁忠民等校点:《宋会要辑稿·选举》23之1,上海古籍出版社2014年版,第5673页。

③ (清)徐松辑,刘琳、刁忠民等校点:《宋会要辑稿·职官》11之55,上海古籍出版社2014年版,第3343页。

④ 参见(清)徐松辑,刘琳、刁忠民等校点:《宋会要辑稿·职官》11之55,上海古籍出版社2014年版,第3343—3343页。

⑤ (清)徐松辑,刘琳、刁忠民等校点:《宋会要辑稿·职官》11之56,上海古籍出版社2014年版,第3343页。

归尚书右选”。[1] 其中，武臣还需为“大使臣以上，旧内殿崇班以上”。[2] 吏部尚书右选的编制与机构是：“郎中一人，掌大使臣以上差注，材武人格有二十一，及破格出阙，较量功过，奏荐诸军赏功。案十：曰大夫、曰副使、曰敦修武、曰注拟掌阙、曰奏荐赏功、曰开拆、曰名籍、曰甲库、曰法司、曰知杂。吏额主事一人，令史二人，书令史九人，守当官一十二人，正贴司八人，私名一十人，法司一人。”[3] 其中，吏部尚书右选大夫案、右选副使案职掌武臣正、从七品官差注，吏部尚书右选敦修武案职掌武臣正八品官员差注。吏部尚书右选注拟掌阙案职掌武臣诸司正、副使、大使臣的员阙信息和办理上述官员除授手续。吏部尚书右选奏荐赏功案职掌奏荐、任使、诸军赏功推恩。吏部尚书右选开拆司职掌本选文书的收发催督之事。吏部尚书右选名籍案职掌武臣诸司正、副使、大使臣的名册。吏部尚书右选甲库案职掌收受武臣的敕命，在检查迁转官员的履历、相貌无误后，出给符牒等凭证，以制作新除名的官告。吏部尚书右选法司案职掌本选法令条例检阅事宜。吏部尚书右选知杂案职掌具体事务的办理。[4]

（三）吏部侍郎左选

元丰三年（1080）八月十四日，宋廷诏“吏部流内铨自今称尚书吏部”。[5] 元丰五年（1082）尚书吏部改名为侍郎左选，全称为吏部侍郎左选。吏部侍郎左选的职掌是“自初仕至州县幕职官，归侍郎左选”，[6]即掌管幕职州县官的铨选、注授事宜。吏部侍郎左选的编制与机构为：“侍郎一人，郎中一人，掌承直郎以下拟注州府判司、诸县令佐、监当及磨勘功过之事。案十三：曰序丞、曰职官、曰入官、曰县尉、曰格式、曰主簿上下、曰开拆、曰名籍、曰甲库、曰知阙、曰注拟、曰知杂、曰法司。吏额主事二人，令史四人，书令史一十八人，守当官一十八人，正贴司二十人，私名十人，楷书十人。”[7]其中，吏部侍郎左选序丞案中序应为令，职掌州县官的注拟、辞谢、功过等事。吏部侍郎左选职官案，职掌幕职官的注拟、辞

① （清）徐松辑，刘琳、刁忠民等校点：《宋会要辑稿·选举》23之1，上海古籍出版社2014年版，第5673页。

② （元）脱脱等：《宋史》卷163《职官志三》，中华书局1977年版，第3834页。

③ （清）徐松辑，刘琳、刁忠民等校点：《宋会要辑稿·职官》11之56，上海古籍出版社2014年版，第3343页。

④ 参见（清）徐松辑，刘琳、刁忠民等校点：《宋会要辑稿·职官》11之56，上海古籍出版社2014年版，第3343页。

⑤ （清）徐松辑，刘琳、刁忠民等校点：《宋会要辑稿·职官》56之1，上海古籍出版社2014年版，第4527页。

⑥ （清）徐松辑，刘琳、刁忠民等校点：《宋会要辑稿·选举》23之1，上海古籍出版社2014年版，第5673页。

⑦ （清）徐松辑，刘琳、刁忠民等校点：《宋会要辑稿·职官》11之57，上海古籍出版社2014年版，第3344页。

谢、功过等事。吏部侍郎左选入官案,职掌幕职州县官是否符合改官条件、改官奏荐手续是否完备以及引荐应当改官的幕职州县官等事。吏部侍郎左选县尉案,职掌任职县尉的功过、磨勘、注拟等事。吏部侍郎左选格式案,职掌拥有职事的幕职州县官根据其所在州县户口升降等因素而确定其俸禄之事。吏部侍郎左选主簿上下案,职掌在任县级主簿的功过、磨勘、注拟等事。吏部侍郎左选开拆案,职掌本选的文书收发事宜。吏部侍郎左选名籍案,职掌幕职州县官文官的名册。吏部侍郎左选甲库案,职掌幕职州县官的制敕、黄甲或官员履历、相貌等无误后,发给他们签符以作告身。吏部侍郎左选知阙案,职掌本选内外官阙信息从而供注拟应格人参考。吏部侍郎左选注拟案,职掌办理注拟幕职州县官内外职任的手续等事宜。吏部侍郎左选知杂案,职掌本选杂务事宜。吏部侍郎左选法司案,职掌本选有关法令条例的检阅事宜。[①]

(四)吏部侍郎右选

元丰五年(1082)三班院改为侍郎右选,"侍郎右选旧系三班院,元丰五年改今名,其五年以前仍具载于此",全称吏部侍郎右选。[②] 吏部侍郎的右选职掌是:"自借差、监当至供奉官、军使,归侍郎右选",[③]即掌管供奉官以下武臣的考校、注拟、行赏、换官等事宜。吏部侍郎右选的编制与机构为:"侍郎一人,郎中一人,掌校副尉以上较试、拟官、行赏、换官,考其殿最。案十五:曰从义、曰忠训、曰成忠、曰承节、曰承信、曰进武、曰差注、曰生事上、下、曰掌阙、曰资次、曰知杂、曰催驱、曰甲库、曰法司、曰架阁。吏额:主事二人,令史四人,书令史一十五人,守当官一十八人,正贴司二十五人,私名七人,楷书一十人,法司一人。"[④]其中,吏部侍郎右选从义案,职掌从义郎与秉义郎的较试、拟官、换官、行赏等事宜。吏部侍郎右选忠训案,职掌忠训郎、忠翊郎的较试、拟官、换官、行赏等事宜。吏部侍郎右选承节案承信案,分别职掌承节郎、承信郎的较试、拟官、换官、行赏等事宜。吏部侍郎右选进武案,职掌校尉、副尉的较试、拟官、换官、行赏等事宜。吏部侍郎右选差注案,职掌本选校尉、副尉以上到从义郎注授差遣的具体手续。吏部侍郎右选生事上下案,职掌本选武臣犯法等予以刑法之事。吏部

---

① 参见(清)徐松辑,刘琳、刁忠民等校点:《宋会要辑稿·职官》11之56、57,上海古籍出版社2014年版,第3344页。

② (清)徐松辑,刘琳、刁忠民等校点:《宋会要辑稿·职官》11之57,上海古籍出版社2014年版,第3344页。

③ (清)徐松辑,刘琳、刁忠民等校点:《宋会要辑稿·选举》23之1,上海古籍出版社2014年版,第5673页。

④ (清)徐松辑,刘琳、刁忠民等校点:《宋会要辑稿·职官》11之57、58,上海古籍出版社2014年版,第3344页。

侍郎右选掌阙案，职掌本选差注员阙，以备拟官奏差。吏部侍郎右选资次案，职掌本选武臣的资序、恩例、名次等，以备差注拟官参考之用。吏部侍郎右选知杂案，职掌本选杂务事宜。吏部侍郎右选催驱案，职掌催督本选稽滞文书。吏部侍郎右选甲库案，职掌本选武臣制敕，在验证官员履历、相貌等无误后，发给他们签符以作告身。吏部侍郎右选法司案，职掌本选法令条例的检阅。吏部侍郎右选架阁案，职掌本选已经了结两年以上文书的保存、登记、管理与查阅等事宜。①

（五）司封司

司封司在元丰改制前所掌职务甚微，元丰改制后"掌官封、叙赠、承袭之事。凡三师、三公以下至升朝官褒赠祖考、母妻，亲王、郡王、内外命妇以下保任宗属、封爵诸亲，皆因其位叙而为之等。凡宗室当赐名训，具抄拟官。凡庶姓孔氏、柴氏、折氏之后应承袭者，辨其嫡庶"。② 司封司的设置情况与编制为"分案三，设吏六"，"凡事之可否，与司勋通决于尚书、侍郎"。③

司封司主要官员为司封郎中与司封员外郎。元丰改制前司封郎中无职事，仅为阶官。元丰改制后，司封郎中为本司司长，总掌本司事宜。司封郎中，元丰改制前承袭唐制，"从五品上"，④元丰改制后为"从六品"。⑤ 司封员外郎为本司副贰，司封郎中缺时，司封员外郎领本司事。元丰改制前为"从六品上"，⑥元丰改制后为正七品。⑦

（六）司勋司

元丰改制前，司勋司无职掌，"凡勋官之赐，一出于中书"，元丰改制后，司勋司职掌本司功勋、酬奖、审覆、赏格等事宜。司勋司的设置情况与编制为："郎中一人，掌功勋酬奖、审覆赏格。案十：曰功赏有四；曰勋赏有三；曰检法、曰知杂、曰开拆。吏额：主事一人、令史一人、书令史六人、守当官四人、正贴司八人、私名五人"。元祐元年（1086）四月二十六日，"司封、司勋各减郎官一员"。同司

---

① 参见（清）徐松辑，刘琳、刁忠民等校点：《宋会要辑稿·选举》25之10，上海古籍出版社2014年版，第5731—5732页。

② （元）脱脱等：《宋史》卷163《职官志三》，中华书局1977年版，第3836—3837页。

③ （清）徐松辑，刘琳、刁忠民等校点：《宋会要辑稿·职官》9之17，上海古籍出版社2014年版，第3279页。

④ （唐）李林甫等撰，陈仲夫点校：《唐六典》卷2《司封郎中》，中华书局1992年版，第37页。

⑤ （宋）孙逢吉：《职官分纪》卷9《司封郎中》，中华书局1988年版，第250页。

⑥ （唐）李林甫等撰，陈仲夫点校：《唐六典》卷2《司封郎中》，中华书局1992年版，第37页。

⑦ （宋）孙逢吉：《职官分纪》卷9《员外郎》，中华书局1988年版，第251页。

封司一样，凡事可否皆由侍郎最终决定。[①]

司勋司主要官员为司勋郎中与司勋员外郎。元丰改制前司勋郎中无职事，仅为阶官。元丰改制后，司勋郎中为本司司长，总掌本司事宜。司勋郎中之品阶，元丰改制前承袭唐制，“从五品上”，[②]元丰改制后为“从六品”。[③] 司勋员外郎为本司副贰，司勋郎中暂缺时，司勋员外郎领本司事。元丰改制前为“从六品上”，[④]元丰改制后为正七品。[⑤]

（七）考功司

元丰改制前，考功司职事多被他司侵占，但仍掌“覆太常拟谥及幕职州县官流外较考之事”。元丰改制后，考功司掌“考课之法及应文武臣磨勘、关升、资任、较考等事”。考功司机构设置与吏额：“案十二：曰六品、曰七品、曰八品、曰曹掾、曰令丞、曰从义、曰成忠、曰资任、曰检法、曰校定、曰知杂、曰开拆。吏额：主事二人、书令史十人、守当官一十人、正贴司八人、私名一十人。”[⑥]元丰改制后考功司官复其职，凡事可否由吏部侍郎决定，总于吏部尚书。

考功司主要官员为考功郎中与考功员外郎。元丰改制前考功郎中无职事，仅为阶官。元丰改制后，考功郎中为本司司长，总掌本司事宜。考功郎中，元丰改制前承袭唐制，“从五品上”，[⑦]元丰改制后为“从六品”。[⑧] 考功员外郎为本司副贰，元丰改制前无职事，元丰改制后考功郎中缺时，考功员外郎领本司事。元丰改制前为“从六品上”，[⑨]元丰改制后为正七品。[⑩]

（八）官告院

官告院[⑪]在北宋初为“兵、吏、司封、司勋官告院”，“四司告身案并集于此，以备中书除改，本司郎官各主其事”。[⑫] 元丰五年（1082）新制，“文武官告身属

---

① （清）徐松辑，刘琳、刁忠民等校点：《宋会要辑稿·职官》10之1，上海古籍出版社2014年版，第3281页。

② （唐）李林甫等撰，陈仲夫点校：《唐六典》卷2《司勋郎中》，中华书局1992年版，第40页。

③ （宋）孙逢吉：《职官分纪》卷9《司勋郎中》，中华书局1988年版，第251页。

④ （唐）李林甫等撰，陈仲夫点校：《唐六典》卷2《司勋郎中》，中华书局1992年版，第40页。

⑤ （宋）孙逢吉：《职官分纪》卷9《员外郎》，中华书局1988年版，第252页。

⑥ （清）徐松辑，刘琳、刁忠民等校点：《宋会要辑稿·职官》10之20，上海古籍出版社2014年版，第3289—3290页。

⑦ （唐）李林甫等撰，陈仲夫点校：《唐六典》卷2《考功郎中》，中华书局1992年版，第41页。

⑧ （宋）孙逢吉：《职官分纪》卷9《考功郎中》，中华书局1988年版，第254页。

⑨ （唐）李林甫等撰，陈仲夫点校：《唐六典》卷2《考功郎中》，中华书局1992年版，第41页。

⑩ （宋）孙逢吉：《职官分纪》卷9《员外郎》，中华书局1988年版，第254页。

⑪ 宋代官告院方面的研究，目前主要有河南大学黄毛2012年的硕士学位论文《宋代官告院及官告研究》，对宋代官告院和官告进行了较为深入的研究。

⑫ （清）徐松辑，刘琳、刁忠民等校点：《宋会要辑稿·职官》11之60，上海古籍出版社2014年版，第3345页。

吏部，蕃官属兵部，封赠及内外官命妇等告身属司封，加勋并将校等属司勋。官告院四部告身及人吏随事隶本部逐记，各有告身案。朝廷敕授差除，各随本部书写、给发、进纳告身”，[①]官告院的职能分散到了吏部、兵部、司封、司勋。政和三年(1113)六月十四日，宋廷诏“依旧置官告院，仍于吏部置局，差官二员主管”，[②]作为隶属于吏部的官告院，始建于此，此后到南宋一直保持不变。“官告院除了负责本部门的工作，还能够参政议政。”[③]

官告院职掌“吏、兵、勋、封官告，以给妃嫔、王公、文武品官、内外命妇及封赠者”。[④]官告院的人员编制为“主管官一员，以京朝官充。旧制，提举一人，以知制诰充；判院一人，以带职京朝官充”。[⑤] 宋代科举制度发达，通过科举入仕人数激增，一定程度上造成了冗官。在这一背景下，官告院的地位愈发重要，尤其在南宋时期，官告院成为人才的储备机构。官告院处在中国古代承上启下的宋代，其本身和制度对后世产生了深远的影响。[⑥]

---

① (清)徐松辑，刘琳、刁忠民等校点：《宋会要辑稿·职官》11之66，上海古籍出版社2014年版，第3352—3353页。

② (清)徐松辑，刘琳、刁忠民等校点：《宋会要辑稿·职官》11之66，上海古籍出版社2014年版，第3353页。

③ 黄毛：《宋代官告院及官告研究》，河南大学2012年硕士学位论文。

④ (元)脱脱等：《宋史》卷163《职官志三》，中华书局1977年版，第3841页。

⑤ (元)脱脱等：《宋史》卷163《职官志三》，中华书局1977年版，第3841页。

⑥ 参见黄毛：《宋代官告院及官告研究》，河南大学2012年硕士学位论文。

第二章
宋代吏部尚书的类别与职掌

元丰改制前,吏部尚书为阶官,无职事,其职掌视差遣而定,因此不具有共性。元丰改制后,吏部尚书阶改为金紫光禄大夫,吏部尚书成为职事官,领吏部七司,恢复实际职务,总领文武百官选试、注拟等政令。

一、宋代吏部尚书的不同类别

宋代史料中"吏部尚书"出现的形式大致有吏部尚书、权吏部尚书、行吏部尚书、守吏部尚书、试吏部尚书、赠吏部尚书、检校吏部尚书等,它们之间是有一定区别的;同时,还有金紫光禄大夫,虽然没有"吏部尚书"字样,但因为它是由元丰改制前吏部尚书阶转换而来的,因此也在此节予以讨论。

(一)吏部尚书

吏部尚书是吏部尚书所有类别中最为常见的。元丰改制前,吏部尚书为阶官,延续了唐、五代吏部尚书的品阶,为正三品,[①]无职事,其具体负责事宜由其差遣而定,元丰改制时其官阶改为金紫光禄大夫。

元丰改制后,吏部尚书成为职事官,为吏部长官,总领吏部七司,负责文武百官的选试、注拟、迁授、荫子、叙复等政令,官品为从二品。[②] 元祐官品令确定吏部尚书为正二品,"国朝官品令,吏部尚书正二品"。[③] 南宋初恢复元丰之制,

① 参见(唐)李林甫等撰,陈仲夫点校:《唐六典》卷2《吏部尚书》,中华书局1992年版,第26页。

② 参见(清)徐松辑,刘琳、刁忠民等校点:《宋会要辑稿·职官》8之3,上海古籍出版社2014年版,第3232页。

③ (宋)孙逢吉:《职官分纪》卷9《吏部尚书》,中华书局1988年版,第252页。

仍为从二品，此后保持不变。[1]

此类吏部尚书同其他类别的吏部尚书区别在于，前面不能有其他字样，这就意味着在元丰改制后的吏部尚书必须为正除，即其寄禄官阶与吏部尚书的官品正好一致，不存在高低的差异，因此是实实在在的吏部长官，全面负责吏部所有事宜。

（二）权、行、守、试吏部尚书

元祐三年（1088）闰十二月庚申，宋廷“置六曹尚书权官”，[2]权吏部尚书一词开始出现，“俸赐依守侍郎，班序在试尚书之下。正三品”[3]。之后，权吏部尚书屡废屡置：

> 建炎四年五月戊午，殿中侍御史沈與求试侍御史。诏：复置权尚书：六曹侍郎，如元祐故事。[4]
>
> 元祐以来，复置权尚书、权侍郎。权尚书依守侍郎，而权侍郎则以未历给舍及待制以上者加之，所以待资浅之官。元祐置权尚书，俸赐依守侍郎班序，在正尚书之下。崇宁罢，绍兴八年复置权尚书。[5]

从以上两则史料可见，权吏部尚书是用来待资历稍浅的官员，其职掌同吏部尚书基本相同。权吏部尚书在宋代大致经历了如下过程：元祐三年（1088）闰十二月庚申始置，崇宁元年（1102）八月乙丑同权侍郎同时被罢，建炎四年（1130）五月戊午复置，之后再次被罢，绍兴八年（1138）再次复置，此后保持不变。

关于试、守、权、行，宋代林駉的见解非常精辟，摘录如下：

> 论试守之法，莫善于汉。论权行之法，莫不善于汉。汉制，官卑而职重者，试守官阙；而卑摄者，权行。至权之者，即汉人之所谓假也。愚尝考其本末而论之，凡守官皆序旧阶，不食全俸。
>
> 元丰四年，诏自今职事官寄禄高一品者为行，下一品者为守，下二品者为试，品同者不用行守试。

---

① 参见（元）脱脱等：《宋史》卷168《职官志八》，中华书局1977年版，第4014页。

② （元）脱脱等：《宋史》卷17《宋哲宗纪一》，中华书局1977年版，第328页。

③ （宋）章如愚：《群书考索·后集》卷7《列曹尚书》，文渊阁四库全书影印本第937册，台湾商务印书馆1986年版，第98页。

④ （宋）李心传撰，胡坤点校：《建炎以来系年要录》卷33，建炎四年五月戊午，中华书局2013年版，第764页。

⑤ （宋）林駉：《古今源流至论·续集》卷8《试守权行》，上海古籍出版社1992年版，第481页。

然阶尊官卑曰行，可也；阶卑官尊曰守，可也；官与阶等，不用，可也。此三者足以该之矣。而自守之下，复加以试赘尔，此蒋之奇谓通议以下除侍郎不必云试者，非以试为赘耶？

自试之下，复加以权，烦尔。此翟思谓尚书、侍郎不宜去行守试而加权者，非以权为烦耶？

虽然此特官名之纷纷耳，今日四者并用，未易轻变也。惟选官以法，任官以人，循汉人之试守，惩汉人之行假，则亦成周之六典矣。不然，汉用试法而法举唐，立试官而官滥，岂非推而行之，存乎？人乎？①

可见，试、守、权、行从汉代就有了，当时官员品阶低但是职事官官品高时要加上“试”“守”字样，同样品阶低但是职事官官品高又暂时摄官者要加上“权”或“行”字样。在林駉看来，凡是带上述字样的官员俸禄都是有所减少的，并非全俸。林駉认为，“行”“守”一个表示寄禄官阶高于职事官阶，一个表示寄禄官阶低于职事官阶，寄禄官阶与职事官阶相同者不用任何字样，已经足够并且较为清楚，为何又要在寄禄官阶低于职事官阶时，再分出来一个“试”？笔者认为，这是与宋代的实际情况密切相关的，是宋人根据实际情况做出的改变，特别是在吏部尚书这个层面上，还是颇有实用性的。纵观本书考证的元丰改制后178位吏部尚书②，没有一例是行吏部尚书，但是守吏部尚书、试吏部尚书很多，特别是试吏部尚书甚至多于守吏部尚书。即言，宋代以低级官员担任较高重要职务的现象比较普遍，这样可以让更有能力但是寄禄官阶相对较低的官员快速担任某一重要较高职务，并且不违背宋朝典制，还可以在一定程度上最大限度地发挥官员的能力。当然，也是为了有所区分，特别是在俸禄等方面，倘若官员品级很低但是同很高品级的官员俸禄、待遇等一样，势必会引起不满，而“守”“试”就很好地解决了这一问题。不过，“权”字的出现，的确又使得官制复杂而且难以理解。仍以吏部尚书作为例子，权吏部尚书者低于吏部尚书，没有问题；但是权吏部尚书同守吏部尚书、试吏部尚书相比，其高低之分并不稳定：权吏部尚书有时低于试吏部尚书，有时居守吏部尚书与试吏部尚书之间，有时甚至高于守吏部尚书。不得不说，“权”字在宋代使得官制变得更加复杂，难以捉摸。一位带“权”字的官员，不能仅从“权”字判断他寄禄官阶的高低，“以待资浅之人”实在是过于模糊。因此，从这个角度来看，林駉对“试”“守”“权”“行”的批判还是

① （宋）林駉：《古今源流至论·续集》卷8《试守权行》，上海古籍出版社1992年版，第479—481页。

② 本书后面章节对宋代可考的吏部尚书进行了统计，元丰改制后为178位。

有一定道理的。

宋代,“行”“守”“试”早于“权”出现,官员“除授皆视寄禄官,高一品以上者为‘行’,下一品者为‘守’,下二品以下者为‘试’,品同者不用行、守、试,余职准此”,《宋史·职官志》对“行”“守”“试”的记载同林駉的考证是一致的。[①] 由此可知,官员行吏部尚书意味着其寄禄官阶高于吏部尚书的品阶,也即元祐官品令确立之后高于正二品,其他时间高于从二品。官员守吏部尚书意味着其寄禄官阶低于吏部尚书品阶一品,也即元祐官品令确立之后低于正二品一品,其他时间低于从二品一品。官员试吏部尚书意味着其寄禄官阶低于吏部尚书品阶二品或以上,也即元祐官品令确立之后低于正二品二品或以上,其他时间低于从二品二品或以上。到了元祐三年(1088)闰十二月庚申,权吏部尚书才开始出现。

行吏部尚书、守吏部尚书、试吏部尚书职能方面同吏部尚书并没有区别,他们之间的主要区别在于俸禄、序位等方面。比如俸禄中的职钱,元丰改制后,“御史大夫,六曹尚书,行,六十千。守,五十五千;试,五十千”,[②]“凡职事官职钱,不言‘行’、‘守’、‘试’者,准‘行’给,衣随寄禄官例支”[③]。行、守、试吏部尚书之间在职钱方面是有区别的,之间有五千的差别。序位方面,行吏部尚书高于吏部尚书,吏部尚书高于守吏部尚书,守吏部尚书高于试吏部尚书。不过,在朝谢日之时,行、守、试吏部尚书并无区别,“不以行、守、试并赐服佩鱼”;而在罢任后除他官时,一律“不带行”。[④]

(三)检校吏部尚书

检校官制度产生于北周后期,隋代已经比较常见,唐代确立了全面的检校官制度。检校官,意味着有职事却没有正式授官,相当于试用、权摄,政治名号和待遇略低于同级正官。唐中宗、玄宗以来,检校官逐渐变为一种假借官资的荣誉虚衔,宋代延续唐代,但检校官的经济利益却逐渐下降,更多的是拥有其他章服、论品阶资序、班次等政治性的荣誉性权利。元丰改制后,检校吏部尚书不复存在。[⑤]

检校吏部尚书在宋代很少见,兹举两例:

雍熙三年九月十二日,勿尼等遣使来贡。诏加勿尼检校吏部尚书,赐

① (元)脱脱等:《宋史》卷163《职官志三》,中华书局1977年版,第3833页。
② (元)脱脱等:《宋史》卷171《职官志十一》,中华书局1977年版,第4112页。
③ (元)脱脱等:《宋史》卷171《职官志十一》,中华书局1977年版,第4114页。
④ (宋)李焘:《续资治通鉴长编》卷325,元丰五年四月戊寅,中华书局2004年版,第7830页。
⑤ 参见夏丽梅:《试论宋代检校官制度》,《青海师范大学学报(哲学社会科学版)》,2012年第2期。

敕书、锦袍、银带、袭衣、银器。时又有蛮王子李奉思附勿尼使献马，亦赐敕书、器币。①

朕以张茂实早分将钺，尝帅骑兵，参图前劳，召还旧物，解符书于郢上。进茅瑞于淮西，遥制藩宣，入司宿卫。缅惟有众，嘉此建侯。今特授张茂实检校吏部尚书，使持节蔡州诸军事，行蔡州刺史、兼御史大夫、充侍卫亲军马军副都指挥使、淮康军节度使、蔡州管内观察处置等使。加食邑七百户、食实封三百户，功臣散官勋封如故。故兹诏谕，想宜知悉。②

显然，勿尼是某个少数民族的首领，遣使来贡后，宋太宗很是高兴，于是下诏赐勿尼敕书、锦袍、袭衣、银器等物品，又对其进行加官，授予检校吏部尚书之衔。历代皇帝在对待少数民族政权或者其他国家时，都十分乐于授予他们官衔，以拉拢人心。不过，更多时候授予他们的都是虚官，是一种象征性的官职，并不领实际职务，有的甚至连俸禄也没有。检校吏部尚书即是如此，只是一种象征性的官职，或者说是虚衔，只表示某种地位和身份。张茂实是一个富有传奇色彩的人物，韩绛曾经对富弼说"人谓茂实为先帝子，岂宜用典宿卫"，以此劝说富弼不要用张茂实执掌禁兵。不过，张茂实此次受到赏赐，却与其是否为"先帝子"并无关系，而是因为他带兵有功，因此宋廷对淮康军三军将吏僧道百姓都进行了赏赐，特授张茂实检校吏部尚书。在这里，张茂实的检校吏部尚书不仅是身份和地位的象征，而且在一定程度上获得了利益。

（四）赠吏部尚书

赠官，是对已殁官员授予的官职。赠官有两种情况，一是文武官员殉职殁于国事，二是按照现任官员的规格追赠其已故亲属。吏部尚书在北宋元丰改制前为阶官，有时作为官员的赠官而出现。

（景德元年五月壬寅），（陈）恕精于吏道，性公直，人不敢干以私，深刻少恩类如此。居半月，恕卒，赠吏部尚书……恕以六月庚申卒，今并书。③

（天禧二年五月）己卯，御史中丞、尚书右丞、兼宗正卿、赠吏部尚书、谥文定赵安仁卒。④

① （清）徐松辑，刘琳、刁忠民等校点：《宋会要辑稿·蕃夷》5之51，上海古籍出版社2014年版，第9869页。

② （宋）胡宿：《文恭集》卷24《赐淮康军三军将吏僧道百姓等诏》，丛书集成初编第1887册，商务印书馆1935年版，第301页。

③ （宋）李焘：《续资治通鉴长编》卷56，景德元年五月壬寅，中华书局2004年版，第1238页。

④ （宋）李焘：《续资治通鉴长编》卷92，天禧二年五月己卯，中华书局2004年版，第2117页。

（皇祐二年闰十一月）戊午，河南府言前观文殿学士、尚书左丞张观卒。赠吏部尚书，谥文孝。①

（嘉祐三年四月）甲子，河南府言资政殿大学士、尚书左丞吴育卒，赠吏部尚书，谥正肃。②

（元丰三年闰九月壬寅）观文殿学士、正议大夫、新知汝州王陶道病，遣医乘驿往治。陶寻卒，赠吏部尚书，谥文恪。③

（元丰五年）帝闻（徐）禧等死，涕泣悲愤，为之不食。赠禧金紫光禄大夫、吏部尚书，谥曰忠愍。④

陈恕、赵安仁、吴育、王陶、徐禧都是在殁后赠吏部尚书，元丰改制后吏部尚书之阶改为金紫光禄大夫，故元丰改制后官员赠官中一般没有吏部尚书，而改为金紫光禄大夫。一般来说，官员赠官高于官员仕履最高官阶，或者至少高于官员殁之前的官阶。吏部尚书在元丰改制前为正三品，能够以吏部尚书为赠官，足见该官员在仕履中官阶还是比较高的。比如陈恕为太平兴国二年（977）进士，担任三司使期间整顿赋税，疏通财货，使宋朝的财政收入显著增长，被誉为“宋人能吏之首”。⑤ 陈恕卒时，宋真宗为之废朝举哀，赠吏部尚书。徐禧，洪州分宁（今江西修水）人，熙宁初王安石开始变法，“禧作《治策》二十四篇以献。时吕惠卿领修撰经义局，遂以布衣充检讨”，深得宋神宗信任。后花费大量人力物力修筑永乐城，以抗西夏。尽管永乐城最终被攻破，徐禧也殁于城中，宋神宗在悲痛愤怒之后，仍然重赠徐禧吏部尚书。⑥

（五）金紫光禄大夫

元丰改制前，吏部尚书为正三品阶官，此时金紫光禄大夫为文散官，两者性质不同，更没有直接关系；元丰改制后，吏部尚书成为职事官领吏部事，金紫光禄大夫成为寄禄官，两者性质不同，仍然没有直接关系。因此，严格意义上讲，金紫光禄大夫同吏部尚书几乎没有关系。不过，鉴于寄禄官的金紫光禄大夫是由官阶的吏部尚书演变而来的，此处对金紫光禄大夫也稍作讨论。

金紫光禄大夫，北宋元丰改制前为文散官名。魏晋以后，光禄大夫位重者，加金章紫绶，因此成为金紫光禄大夫。唐贞观后列其为文散官，宋因之，为文散

① （宋）李焘：《续资治通鉴长编》卷169，皇祐二年闰十一月戊午，中华书局2004年版，第4066页。
② （宋）李焘：《续资治通鉴长编》卷187，嘉祐三年四月甲子，中华书局2004年版，第4508页。
③ （宋）李焘：《续资治通鉴长编》卷309，元丰三年闰九月壬寅，中华书局2004年版，第7497页。
④ （元）脱脱等：《宋史》卷334《徐禧传》，中华书局1977年版，第10724页。
⑤ （元）脱脱等：《宋史》卷267《陈恕传》，中华书局1977年版，第9218页。
⑥ （元）脱脱等：《宋史》卷334《徐禧传》，中华书局1977年版，第10721页。

官二十九阶之第四阶，正三品。由于文散官在元丰改制前并没有职能，仅用来标志官品、决定章服，因此金紫光禄大夫也是如此，只意味着拥有该文散官的官员在章服上服紫。元丰改制，金紫光禄大夫成为寄禄官，对应改制前的吏部尚书，但升为正二品。之后，宋廷将金紫光禄大夫分为左、右金紫光禄大夫，又合为金紫光禄大夫，分合数次。

天禧元年(1017)二月癸未，宋廷"以新除工部侍郎、参知政事张知白为金紫光禄大夫，依前给事中，加功臣、勋邑，余如故"。[①] 这里，张知白的官阶为工部侍郎，参知政事为职事官，金紫光禄大夫为文散官。元祐三年(1088)闰十二月，"范镇卒，(原书为句号，笔者以为应为逗号)赠右金紫光禄大夫"，[②]这里的右金紫光禄大夫就是寄禄官。绍兴五年(1135)八月己巳，"右仆射张浚以平杨么功，自宣奉加左金紫光禄大夫"。[③] 绍兴五年，张浚寄禄官阶原为宣奉大夫，由于平定杨么有功，寄禄官升为左金紫光禄大夫。

金紫光禄大夫同时还可以作为授予少数民族和他国首领的官衔。元符二年(1099)正月壬戌，宋廷诏："西蕃邈川首领、河西军节度使、冠军大将军、检校太保瞎征落起复，授金紫光禄大夫，仍西蕃邈川首领。"[④]西蕃是宋朝时期一个较为强大的少数民族，宋朝对其一直采取拉拢政策，因此像金紫光禄大夫这样的高官也毫不吝啬。端平三年(1236)九月丙午，"安南国陈日煚上表进贡，制授金紫光禄大夫、充静海节度管内观察处置等使、安南国王、食禄一千户，仍赐效忠顺化功臣，袭衣、金带"。[⑤] 安南国位于今越南、广西一带，宋代长期臣服于宋，宋朝也非常慷慨地授予他们高官。

二、宋代吏部尚书的职掌

元丰改制前吏部尚书为官阶，其职掌视差遣而定，有吏部尚书官阶的官员可以有各种不同的差遣，元丰改制前吏部尚书的职掌不具有共性。元丰改制

① (宋)李焘：《续资治通鉴长编》卷89，天禧元年二月癸未，中华书局2004年版，第2043页。

② (宋)陈均编，许沛藻、金圆、顾吉辰、孙菊园点校：《皇朝编年纲目备要》卷22，元祐三年闰十二月，中华书局2006年版，第552页。

③ (宋)熊克著，顾吉辰、郭群一点校：《中兴小纪》卷19，绍兴五年八月己巳，福建人民出版社1985年版，第234页。

④ (宋)李焘：《续资治通鉴长编》卷505，元符二年正月壬戌，中华书局2004年版，第12037—12038页。

⑤ (宋)佚名撰，汪圣铎点校：《宋史全文》卷32，端平三年十月丙午，中华书局2016年版，第2710页。

后，吏部尚书成为职事官，重新领吏部七司，全面负责吏部所有工作。因此，本书主要探讨元丰改制后吏部尚书的职掌情况。

（一）主持吏部全面工作

作为吏部的长官，全面负责本部工作是分内之事。

> 官制行，尚书、侍郎通治曹事，奏事则同班，惟吏部分领四选。①
>
> （吏部尚书）掌文武二选之法而奉行其制命。凡序位有品，寓禄有阶，列爵有等，赐勋有给，分任有职，选官有格，考其功过，计其岁月，辨其位秩，而以序进之。凡文臣自京朝官，武臣自大使臣以上，旧内殿崇班以上。选授、封爵、功赏、课最之事，所隶官分掌其事，兼总于尚书，验实而后判成。以天下职事员阙具注于籍，月取其应选者揭而书之，集官注拟，考阀阅以定其可否。若有疑不能决，小事则申请，大事则禀议于尚书省，应论奏者与郎官同请对。②
>
> 凡应注拟、升移、叙复、荫补及酬赏、封赠者，所隶审验格法上尚书省，法例可否不决应取裁者，亦如之。若中散大夫、左右武大夫以上合命词者，列其迁叙资级、岁月、功过上中书省、枢密院画旨给告，通书本部长、贰及所隶郎官。③

吏部尚书全面掌管吏部尚书左选、吏部尚书右选、吏部侍郎左选、吏部侍郎右选、司封司、司勋司、考功司等部门的所有工作。其中，吏部尚书左选掌"考校京朝官以下殿最，叙其爵位，拟内外任使而奏除之"，吏部尚书右选掌"大使臣以上差注，材武人有格二十一，及破格出阙，较量功过，奏荐诸军功"。④ 吏部侍郎左选掌管幕职州县官的铨选、注授事宜，吏部侍郎右选掌管供奉官以下武臣的考校、注拟、行赏、换官等事宜。司封司掌"官封、叙赠、承袭之事"，⑤司勋司掌功勋、酬奖、审覆、赏格等事宜，考功司掌"考课之法及应文武臣磨勘、关升、资任、较考等事"⑥。七司具体事务均由各自的郎中、员外郎负责，各司郎中、员外郎归吏部侍郎管理，吏部侍郎、各司郎中、员外郎则都归吏部尚书管理。七司事

① （元）脱脱等：《宋史》卷163《职官志三》，中华书局1977年版，第3835页。

② （元）脱脱等：《宋史》卷163《职官志三》，中华书局1977年版，第3833—3834页。

③ （元）脱脱等：《宋史》卷163《职官志三》，中华书局1977年版，第3831—3832页。

④ （元）脱脱等：《宋史》卷163《职官志三》，中华书局1977年版，第3834页。

⑤ （元）脱脱等：《宋史》卷163《职官志三》，中华书局1977年版，第3836—3837页。

⑥ （清）徐松辑，刘琳、刁忠民等校点：《宋会要辑稿·职官》10之20，上海古籍出版社2014年版，第3289页。

务由各自郎中、员外郎按照法令格式处理之后，汇总报给吏部尚书，吏部尚书经过核实查验之后，在没有错误的情况下署名并用印，然后将各类事务分门别类，上报尚书省。

（二）修订吏部七司条法

吏部尚书经常参与吏部七司条法的修订工作。

淳熙元年，参知政事龚茂良言："官人之道，在朝廷则当量人才，在铨部则宜守成法。大法本无弊，而例实败之。法者，公天下而为之者也；例者，因人而立，以坏天下之公者也。昔者之患，在于用例破法；比年之患，在于因例立法，故谓吏部者，'例部'也。今七司法，自晏敦复裁定，不无疏略，然已十得八九，有司守之以从事，可以无弊。而循情废法，相师成风，盖用例破法其害小，因例立法其害大。法常靳，例常宽，今至于法令繁多，官曹冗滥，盖繇此也。望诏有司裒集参附法及乾道续降申明，重行考定，非大有抵捂者弗去，凡涉宽纵者悉刊正之。庶几国家成法，简易明白，赇谢之奸绝，冒滥之门塞矣。"于是诏重修焉。既而吏部尚书蔡洸以改官、奏荐、磨勘、差注等条法，分门编类，冠以《吏部条法总类》为名。十一月，参知政事龚茂良进《吏部七司敕令格式申明》三百卷，宋廷诏颁行焉。①

开禧元年五月二日，权吏部尚书丁常任等言："参修吏部七司条法，今来成书，乞以《开禧重修尚书吏部七司敕令格式申明》为名。"从之。②

龚茂良在任参知政事前为吏部侍郎兼权吏部尚书，权吏部尚书的任职使得龚茂良对吏部、吏部条法都比较熟悉。因此，龚茂良才担任参知政事不久，就对吏部条法提出自己的意见，认为现行的吏部条法自从之前吏部尚书晏敦复裁定之后，已有很多不足之处，特别是现在法令繁多，官员冗滥，吏部条法亟待修订。于是，宋廷令吏部尚书蔡洸对吏部条法进行分门编类，并且以"吏部条法总类"为名。此次吏部条法修订之后，共三百卷，名为《吏部七司敕令格式申明》。同样，丁常任担任吏部尚书时，也对吏部条法进行了修订，书成之后名为《开禧重修尚书吏部七司敕令格式申明》。可见，宋代吏部尚书在任职期间，一旦发现吏部七司条法有不当之处，就需要及时修订，不过在修订前，一般需要先行申请，阐明修订的原因和必要性，获得批准之后，才可以对吏部七司条法进行修订。

① （宋）马端临：《文献通考》卷38《选举考十一·举官》，中华书局2011年版，第1123页。

② （清）徐松辑，刘琳、刁忠民等校点：《宋会要辑稿·刑法》1之59，上海古籍出版社2014年版，第8271页。

吏部七司条法的每一次修订，都是根据当时的实际情况进行的变动，是吏部规章制度越来越完善的表现。

（三）荐举人才

古代历任统治者都十分重视人才的发掘，宋朝也不例外。上至三公、三少、宰执的朝官，下至转运使、提点刑狱、知府、知州、通判等地方官员，均可以根据宋朝的规定荐举人才。吏部尚书在元丰改制前为正三品的高级官阶，元丰改制后为正二品、从二品的高级职事官，其任职者一般都是高级朝官，自然拥有荐举的权力，而且宋政府有些时候也要求他们必须荐举优秀的文臣、武将。

（淳化元年四月）甲寅，诏尚书省四品、两省五品以上，每二人共举常参官一人充转运使；员外郎以上二人于京朝官内举一人充知州、通判。①

淳化三年，令宰相以下至御史中丞各举朝官一人为转运使。②

（景德四年五月丙戌）诏：三班使臣，颇有负材能者，朝廷虽加旌擢，恐未周悉。宜令吏部尚书张齐贤以下三十人，各保举供奉官、侍禁、殿直有谋略武勇知边事者二人，当议优加进用。③

（元祐元年十一月丙子）吏部言："准敕：'尚书、侍郎、内外学士、待制、两省、台官、左右司郎官、诸路监司，各限一月，同举公明廉干、材堪治剧及系合入知县或县令一员，令吏部不依名次，差充重法地分知县、县令，次差贼盗多处万户已上县。任满，委监司保明治状，作三等推赏。有任满酬奖者，听从重。仍令吏部详立考较等第以闻。'今详到考较等第，其旧有任满酬奖者听累赏。"从之。④

（元祐四年六月丙午）中书省言："尚书、侍郎、学士、待制及两省、御史台监察御史以上，左右司郎官、国子司业，各限一月举内外学官二员。今后有阙日亦合依此。其召试之法，自当冲革。并元祐令：诸奏举内外学官，须进士出身，年三十以上，无私罪停替，历任及二年者；其行业纯备，淹滞草泽，或登科岁久，恬于仕宦，虽未历任，亦许奏举。而近日内外臣僚所举学官甚众，不应前法，请候有阙，遇降朝旨，方许奏举。"从之。⑤

绍圣四年正月十七日，诏吏部尚书黄履、翰林学士承旨蔡京、翰林学士

---

① （宋）李焘：《续资治通鉴长编》卷31，淳化元年四月甲寅，中华书局2004年版，第700页。
② （宋）马端临：《文献通考》卷38《职官考十一·举官》，中华书局2011年版，第1103页。
③ （宋）李焘：《续资治通鉴长编》卷65，景德四年五月丙戌，中华书局2004年版，第1461页。
④ （宋）李焘：《续资治通鉴长编》卷391，元祐元年十一月丙寅，中华书局2004年版，第9520页。
⑤ （宋）李焘：《续资治通鉴长编》卷429，元祐四年六月丙午，中华书局2004年版，第10366页。

林希各举监察御史一员。①

以上诸多史料反映了宋代吏部尚书荐举人才的情况。吏部尚书荐举人才，是其作为吏部长官应当具备的基本素质，更是宋廷对官员尤其是高级官员提出的要求。吏部尚书荐举人才，不仅需要荐举转运使、知县、县令等地方文官，也需要他们荐举供奉官、殿直等低级武官，还需要他们荐举与教育相关的学官。众多吏部尚书在任职前曾经担任过吏部或者与吏部相关的职务②，这大大提高了他们知人善任的能力，更为他们在吏部尚书任职时在荐举人才方面能够得心应手，真正为宋廷荐举更多的人才。

（四）参政议政

宋代吏部尚书作为高级文官，参政议政是常有之事，比如在经济、政治、军事等方面：

（淳熙）九年二月九日，诏："两广盐法，绍兴间如何施行，每岁收支若干，后来缘何变法，收支之数视向来有无增损，民间便与不便者何事？今欲民力裕而用度足，可遣浙西安抚司干办公事胡庭直遍诣两路，访问利害，与帅漕提举诸司详议，各具本末以闻。"既而胡庭直条具到二广盐法利害，诏吏部尚书郑丙同给事中施师点、中书舍人宇文价、葛邲、起居郎詹仪之详议，仍令中书门下检正王信、左司郎中陈居仁、右师郎中谢师稷、右司员外郎王公衮看详。③

绍兴年间两广盐法实施情况如何，宋廷遣浙西安抚司干办公事胡庭直进行调查。很快，胡庭直将其对两广盐法实施情况、效果等汇报宋廷，由于胡庭直的汇报中涉及了两广盐法的利弊问题，于是宋廷下诏令吏部尚书郑丙为首，并同给事中施师点、中书舍人宇文价、葛邲、起居郎詹仪之等人进行深入的讨论。倘若吏部尚书在这个事情中仅是参与者，或者仅缀名而已，那么并没有什么特别之处；可是，吏部尚书在这次讨论中是首要人物，两广盐法究竟是利大于弊，还是弊大于利，很大程度上是需要由吏部尚书来进行判断的，其他人物则是辅助

① （清）徐松辑，刘琳、刁忠民等校点：《宋会要辑稿·职官》17之33，上海古籍出版社2014年版，第3466页。

② 关于吏部尚书任职前的仕履情况，本书将在之后宋代吏部尚书仕履研究一章中详细讨论。

③ （清）徐松辑，刘琳、刁忠民等校点：《宋会要辑稿·食货》28之12，上海古籍出版社2014年版，第6611页。

吏部尚书进行讨论。元祐元年(1086)闰二月戊戌,宋廷诏:“已差吏部尚书吕大防等专切详定役法,内有合经由三省文字,与免勘当,及不依常制日限催促施行”。[①] 于是,宋廷诏令吏部尚书吕大防详定役法,这显然已经是经济方面的事宜,并且专门派遣吕大防进行详定,足见吕大防在这件事情中的重要性。由此可见,其他重要的经济问题需要讨论时,很有可能还会需要吏部尚书,而且吏部尚书很有可能是最终结果的裁决者。

(元祐七年五月)庚子,吏部尚书王存言:“臣五月一日文德殿视朝,次当转对。臣既述管见,复观事体有可论者,不敢默默。夫侍从官职在朝夕论思,以补上聪。人臣备位,亡所建明,今乃应著令于朔朝转对,以备仪制。臣不胜愧汗,无地逃责。然窃以为视朝转对之意,本为在庭庶官平日不得伸其所见,故于朝会使之尽言,以广聪明,恐非所以责侍从官也。欲乞今后文德殿视朝免侍从官转对,专责以朝夕论思之效,于体为得。”从之。[②]

吏部尚书王存认为,侍从官应当为皇帝出谋划策,多考虑国家大事。文德殿视朝应当免去侍从官的转对,从而可以使侍从官专心考虑国家大事,为皇帝出谋划策。王存的这一建议得到了宋廷的肯定,并且很快得以实施。

元祐元年(1086)正月庚子,宋廷诏诸军凡是差出在外者,每日特给口粮,将校给三升,士兵给二升。按照旧制,只有防送者才给口粮,其他很多将士甚至需要变卖从家外带之物换取路费。针对这种情况,吏部尚书曾孝宽“言其不均,请别立法”。[③] 正是曾孝宽的上奏,差出在外的将士不论是将校还是士兵,都可以分到口粮。曾孝宽的这次上言意义很大,许多普通士兵被派遣出外时能够分到口粮,对他们而言是具有极大意义的。从曾孝宽的这次上言也可以看出,吏部尚书在军事方面的建议也是很有见地、意义深远的。

(五)负责贡举考试

知贡举,全称知礼部贡举事。宋代贡举试,临时遣朝官领贡举事,有时下设“同知贡举”,资历稍浅者称为“权知贡举”。淳化三年(992)正月辛丑,宋廷“命翰林学士承旨苏易简等同知贡举,既受诏,径赴贡院以避请求。后遂为常制”。[④] 朝官中吏部尚书担任知贡举、同知贡举、权知贡举等差遣的次数很多:

---

① (宋)李焘:《续资治通鉴长编》卷368,元祐元年闰二月戊戌,中华书局2004年版,第8885页。
② (宋)李焘:《续资治通鉴长编》卷473,元祐七年五月庚子,中华书局2004年版,第11285页。
③ (宋)李焘:《续资治通鉴长编》卷364,元祐元年正月庚子,中华书局2004年版,第8707页。
④ (宋)李焘:《续资治通鉴长编》卷33,淳化三年正月辛丑,中华书局2004年版,第733页。

大观二年(1108)正月二十三日,宋廷"以吏部尚书余深知贡举,给事中蔡薿、中书舍人霍端友同知贡举,合格贡士五十一人"。① 政和四年(1114)正月二十三日,宋廷"以吏部尚书兼侍读修国史张克公知贡举"。② 乾道五年(1169)正月九日,宋廷"以吏部尚书兼侍读兼权翰林学士汪应辰知贡举"。③ 淳熙八年(1181)正月八日,"吏部尚书、兼侍读、兼修玉牒官王希吕知贡举"。④ 绍熙四年(1193)正月二十四日,宋廷"以吏部尚书、兼侍读赵汝愚知贡举,给事中黄裳、左司谏胡珣同知贡举,得合格奏名进士徐邦宪以下三百九十六人"。⑤ 嘉定元年(1208)三月一日,宋廷"以吏部尚书兼翰林学士楼钥知贡举"。⑥ 淳祐四年(1244)正月丙寅,宋廷"以吏部尚书兼给事中金渊知贡举"。⑦ 宝祐四年(1256)正月丁巳,宋廷"以礼部侍郎权吏部尚书陈显伯知贡举"。⑧

根据张希清先生的研究,两宋贡举考试共举行130次,其中北宋81次、南宋49次。⑨ 宋代199位吏部尚书担任者共知贡举10次,其中北宋2次、南宋8次。北宋2次均在宋徽宗朝,南宋8次分布在宋孝宗、宋光宗、宋宁宗、宋理宗四朝,分别为2次、1次、3次、2次。相对而言,北宋吏部尚书在任职期间知贡举的频率低于南宋,这与北宋元丰改制前长达一百多年的时间中吏部尚书并不领其职有较大关系。南宋贡举考试共49次,吏部尚书的担任者共知贡举8次,比例达16.33%。

可见,吏部尚书任职期间知贡举占据着一定的比例。宋朝贡举从淳化三年(992)开始,每次举行贡举都临时派遣朝官负责贡举考试,吏部尚书作为朝官中

---

① (清)徐松辑,刘琳、刁忠民等校点:《宋会要辑稿·选举》1之13,上海古籍出版社2014年版,第5254页。

② (清)徐松辑,刘琳、刁忠民等校点:《宋会要辑稿·选举》1之14,上海古籍出版社2014年版,第5254页。

③ (清)徐松辑,刘琳、刁忠民等校点:《宋会要辑稿·选举》1之17,上海古籍出版社2014年版,第5256页。

④ (清)徐松辑,刘琳、刁忠民等校点:《宋会要辑稿·选举》1之19,上海古籍出版社2014年版,第5257页。

⑤ (清)徐松辑,刘琳、刁忠民等校点:《宋会要辑稿·选举》1之23、24,上海古籍出版社2014年版,第5260页。

⑥ (清)徐松辑,刘琳、刁忠民等校点:《宋会要辑稿·选举》1之27,上海古籍出版社2014年版,第5261页。

⑦ (宋)佚名撰,汪圣铎点校:《宋史全文》卷33,淳祐四年正月丙寅,中华书局2016年版,第2758页。

⑧ (宋)佚名撰,汪圣铎点校:《宋史全文》卷35,宝祐四年正月丁巳,中华书局2016年版,第2847页。

⑨ 参见张希清:《论宋代科举取士之多与冗官问题》,《北京大学学报(哲学社会科学版)》,1987年第5期。

非常重要的官员，自然会成为知贡举的人选，而且吏部尚书大多知人善任，对人才的选拔颇有心得，因此吏部尚书负责贡举考试事宜就成了宋廷不错的选择。当然，吏部尚书负责贡举考试，确实为宋朝选出了不少优秀的官员，这也是宋廷选择吏部尚书知礼部贡举事的原因所在。

（六）担任修史工作

宋代吏部尚书任职期间担任修史工作的情况很多，大多集中在修国史、同修国史、实录院修撰、同实录院修撰等。例如修国史，唐长安二年（702）始置，[①]宋代史官无专官充任，多以他官兼任，六部尚书、翰林学士等侍从官兼修正史者，称修国史[②]。

皇祐五年（1053）闰七月壬申，“集庆节度使、同平章事、判大名府陈执中为吏部尚书、平章事、昭文馆大学士、监修国史”[③]。

崇宁元年（1102）六月丙申，赵挺之“自试吏部尚书兼侍读、修国史、编修国朝会要除中大夫、尚书右丞”[④]。

淳熙十年（1183）二月二十三日，“诏吏部尚书兼侍读、兼修国史郑丙除龙图阁学士、知绍兴府。丙论思之久，遽请退闲，故有是命”[⑤]。

绍兴二十九年（1159）七月丁亥，“权吏部尚书、同修国史、兼侍读贺允中参知政事”[⑥]。

大观元年（1107）八月庚申，“林摅自太中大夫、试吏部尚书兼侍读、实录修撰仍前官同知枢密院事”[⑦]。

绍兴二十八年（1158）八月辛卯，“权吏部尚书兼实录院修撰兼侍讲贺允中进兼侍读”[⑧]。

开禧元年（1205）七月，杨炳“以中书舍人兼（同修国史），八月为吏部

① 参见（宋）高承撰，李果订，金圆、许沛藻点校：《事物纪原》卷4《修国史》，中华书局1989年版，第226页。

② （宋）程俱撰，张富祥校正：《麟台故事》卷4《官联》，中华书局2000年版，第163页。

③ （宋）李焘：《续资治通鉴长编》卷175，皇祐五年闰七月壬申，中华书局2004年版，第4223页。

④ （元）脱脱等：《宋史》卷212《宰辅表三》，中华书局1977年版，第5513页。

⑤ （清）徐松辑，刘琳、刁忠民等校点：《宋会要辑稿·职官》62之24，上海古籍出版社2014年版，第4734页。

⑥ （宋）李心传撰，胡坤点校：《建炎以来系年要录》卷183，绍兴二十九年七月丁亥，中华书局2013年版，第3518页。

⑦ （元）脱脱等：《宋史》卷212《宰辅表三》，中华书局1977年版，第5517—5518页。

⑧ （宋）李心传撰，胡坤点校：《建炎以来系年要录》卷180，绍兴二十八年八月辛卯，中华书局2013年版，第3449页。

侍郎。二年十月为权吏部尚书并兼(同修国史)"①。

以上仅举数例,还有许多吏部尚书任职期间曾担任修史工作。除了修国史、同修国史、实录院修撰、同实录院修撰等修史工作外,还有个别吏部尚书任职期间担任国史院编修官、编修国朝会要、史馆修撰、史馆检讨等工作,这些工作同样都是修史性质的。元丰改制前的北宋前期、改制后的北宋后期、南宋时期都有吏部尚书任职期间担任修史工作,有的吏部尚书甚至在任职期间先后担任多种修史工作。陈执中为元丰改制前的吏部尚书,其他官员为元丰改制后的吏部尚书。贺允中吏部尚书任职期间担任过同修国史,还担任过实录院修撰。

实录、日历、会要、国史等内容,历来都是统治者非常重视的资料,这些资料的编纂必定会选择信赖之人来进行。一般来说,国史院等修史机构中有专门负责修史的官员,不过皇帝都会再派遣高级官员进行全面的监管与审核,比如派遣宰相总领、监修国史,派遣吏部尚书等兼修国史、同修国史,通过宰相、吏部尚书等高级官员的全面监管与审核,修史工作在原有的基础上有了很大的提升。当然,另一方面,宋朝派遣吏部尚书等高级官员担任修史工作,一定程度上也是为了修饰、美化自己,比如《太宗实录》前后修了多次,不过中国古代历朝历代皆是如此。

(七)为皇帝讲解经史

宋代吏部尚书任职期间为皇帝讲解经史的情况很多,大多为侍读或者侍讲。侍读于唐代开元三年(715)始置,备皇帝顾问史籍疑义,宋代则始置于太平兴国八年(983)。元丰改制之后,翰林侍读学士改为侍读,为皇帝讲解经史,每年春秋两次,隔日轮流进读。②

绍圣二年(1095)十月甲戌,"许将自守吏部尚书兼侍读除守尚书左丞"③。

元祐四年(1089)十月庚子,"御史中丞兼侍讲傅尧俞为吏部尚书兼侍读"④。

---

① (宋)佚名撰,张富祥点校:《南宋馆阁录续录》卷9《官联三》,中华书局1998年版,第361页。

② 参见(宋)孙逢吉:《职官分纪》卷15《翰林侍读、翰林侍讲》,中华书局1988年版,第355—356页。

③ (元)脱脱等:《宋史》卷212《宰辅表三》,中华书局1977年版,第5508页。

④ (宋)李焘:《续资治通鉴长编》卷434,元祐四年十月庚子,中华书局2004年版,第10456页。

建炎二年(1128)二月辛酉,“刑部尚书周武仲迁吏部尚书、兼侍读”①。

乾道五年(1169)正月九日,“以吏部尚书兼侍读兼权翰林学士汪应辰知贡举”②。

元祐元年(1086)闰二月乙卯,“朝议大夫、试吏部尚书兼侍讲范纯仁为中大夫、同知枢密院”③。

庆元六年(1200)二月,“中书舍人张伯垓兼侍讲……(嘉泰)二年五月,权吏部侍郎张伯垓兼侍讲”④。

以上仅举数例,还有许多吏部尚书任职期间曾为皇帝讲解经史。不过,元丰改制前的吏部尚书却未见担任侍读、侍讲等经筵官者,所见吏部尚书任职期间为皇帝讲解经史者均为元丰改制后的吏部尚书。许将、傅尧俞、周武仲、汪应辰等人均为吏部尚书任职期间担任过侍读,范纯仁、张伯垓等人为吏部尚书任职期间担任过侍讲。还有一些吏部尚书任职期间分别担任过侍读、侍讲,不过总体来讲,都是曾为皇帝讲解经史。宋仁宗之所以能称为“仁”,很大程度上与经筵官的作用是分不开的,正是宋仁宗为太子时和登基之后多次听取经筵官的讲解,耳濡目染,因此宋仁宗在位期间,宋朝相对稳定并且不断发展,经济、文化等方面取得了很大的成就。吏部尚书任职期间为皇帝讲解经史,这使得他们能够较为深刻地影响到皇帝,也能够通过实例或其他方式规谏皇帝的不当之处,进谏自己的某些想法。

(八)担任临时性礼仪官

吏部尚书任职期间也负责一些礼仪性的工作。

1. 山陵五使⑤

山陵使,是指皇帝去世后,朝廷为兴办丧事临时设置的职位。

山陵使渊源很久,早在隋代就有杨素主持帝后山陵事务的记载。唐代从唐高祖李渊开始,也大多有大臣主事其间。皇帝丧葬期间,由专门的官员或承担皇帝山陵的营建、或负责丧事的举办,就是后来意义上的山陵使。皇帝山陵设

① (宋)李心传撰,胡坤点校:《建炎以来系年要录》卷13,建炎二年二月辛酉,中华书局2013年版,第326页。

② (清)徐松辑,刘琳、刁忠民等校点:《宋会要辑稿·选举》1之17,上海古籍出版社2014年版,第5256页。

③ (宋)李焘:《续资治通鉴长编》卷370,元祐元年闰二月乙卯,中华书局2004年版,第8944页。

④ (清)徐松辑,刘琳、刁忠民等校点:《宋会要辑稿·职官》6之72,上海古籍出版社2014年版,第3201页。

⑤ 关于山陵使的研究,请参见吴丽娱:《唐代的皇帝丧葬与山陵使》,《魏晋南北朝隋唐史资料》,2008年,总第24辑。

使，在唐玄宗以后逐渐形成定制。山陵使早期时的任务在唐后期由山陵使和礼仪使分割，再加上丧礼中其他方面的需要，逐渐发展为总设山陵五使的情况，这在安史之乱后逐渐形成定局，并且山陵使职的设立也日益形成规模。唐末朱全忠杀唐昭宗后，唐哀帝即位，九月"己巳，敕右仆射、门下侍郎、礼部尚书、平章事裴枢宜充大行皇帝山陵礼仪使，门下侍郎、平章事独孤损宜充大行皇帝山陵使，兵部侍郎李燕充卤簿使，权知河南尹韦震充桥道使，宗正卿李克勤充按行使"，这成为了五代时期设置山陵五使的开端。[①] 同时，中唐以后，南郊也开始设置大礼使，山陵五使与南郊大礼五使的设置逐步统一起来。唐、五代时期发展起来的山陵五使与南郊大礼五使，在宋代成为常制。

宋代吏部尚书任职期间经常担任山陵五使的礼仪工作：

（建中靖国元年正月十六日）同日，命尚书右仆射曾布为山陵使，吏部尚书陆佃为礼仪使，兵部侍郎何执中为卤簿使，吏部侍郎张舜民权仪仗使，给事中、兼权开封府温益权桥道顿递使。舜民、益候差正官日罢。延福宫使、入内内侍省都知梁从政为山陵修奉都监，龙神卫四厢都指挥使徐和为山陵修奉总管，延福宫使、入内内侍省副都知冯世宁为按行山陵使，入内内侍省押班阎安、入内内侍省东头供奉官管勾御药园阎守勤，并都大管勾山陵事。尚书都官郎中曾孝序、提调孳生马监高伟，并为采石官。[②]

（淳熙十四年十月）十一日，以少保、安德军节度使、充万寿观使、荥阳郡王伯圭为攒宫总护使，翰林学士、知制诰、兼侍讲、兼修国史洪迈为桥道顿递使，吏部尚书、兼侍读萧燧为按行使，安庆军承宣使、入内内侍省押班吴回副之。燧等言："相视到大行太上皇帝神穴地段，系在徽宗皇帝攒殿篱围之外正西北，显仁皇后攒殿近上正西向南，乞差官覆按施行。"诏户部侍郎叶翥充覆按使。[③]

宋代山陵五使，一般都会派遣高级官员充当。宰执、六部长贰、翰林学士等都是文官中经常担任山陵五使的官员，而武官则以节度使、节度观察留后等高级官员担任山陵五使的情况比较常见。建中靖国元年（1101）正月十六日的钦

① （后晋）刘昫等撰：《旧唐书》卷20下《哀帝纪》，中华书局1975年版，第787页。

② （清）徐松辑，刘琳、刁忠民等校点：《宋会要辑稿·礼》37之66、67，上海古籍出版社2014年版，第1595—1596页。

③ （清）徐松辑，刘琳、刁忠民等校点：《宋会要辑稿·礼》37之23，上海古籍出版社2014年版，第1569页。

圣宪肃皇后陵山陵五使中，陆佃为吏部尚书，何执中为兵部侍郎，温益为给事中兼权开封府，之后何执中和温益都做到了吏部尚书。淳熙十四年（1187）十月十一日的宋高宗永思陵山陵五使担任者中，萧燧为吏部尚书兼侍读，叶翥为户部侍郎，之后叶翥也任吏部尚书。吏部尚书作为六部长贰之首，担任山陵五使的可能性还是很高的。山陵五使的担任时期并不长，仪式结束之后，山陵五使的概念就暂时没有了，直到下次这一仪式再次举行。

2. 参与明堂大礼，担任明堂大礼五使

宋代吏部尚书任职期间经常担任明堂大礼五使的礼仪工作：

> 元丰四年十月十一日，详定郊庙奉祀礼文所又言："《周礼》太宰之职：'祀五帝之日，赞玉币爵之事。祀大神示亦如之，享先王亦如之，赞玉几玉爵。'又小宰之职：'凡祭祀，赞玉币爵之事，凡受币之事，凡受爵之事。'国朝郊庙、明堂礼以郊社令设玉币，太祝取玉币以授侍中，进皇帝。门下侍郎取爵进皇帝。奠、爵皆未合礼。伏请郊庙、明堂令吏部尚书一员奉玉币，吏部侍郎一员奉爵，以次从皇帝至神坐前。左仆射阙即右仆射。以玉璧进皇帝，奠于地。及酌献，尚书左丞阙则右丞。以爵受仆射，进爵皇帝。酌献讫，侍郎受璧受爵以赞饮福及焚燎。外，宗庙仍尚书设玉几。"从之。①
>
> （嘉定）十一年八月四日，以明堂大礼，命右丞相兼枢密使史弥远为大礼使，参知政事郑昭先为礼仪使，签书枢密院事曾从龙为仪仗使，吏部尚书李大性为卤簿使，户部尚书薛极为桥道顿递使。②
>
> （嘉定）十四年八月十四日，以明堂大礼，命少保、右丞相、兼枢密使史弥远为大礼使，知枢密院事、兼参知政事郑昭先为礼仪使，同知枢密院事宣缯为仪仗使，签书枢密院事俞应符为卤簿使，吏部尚书、兼权户部尚书薛极为桥道顿递使。③

明堂大礼是中国古代社会中重要的祭天礼之一。自宋仁宗末年开始，宋代三岁一亲郊祭制度逐渐发展、完善，皇帝每三年亲自举行南郊大礼或明堂大礼。明堂大礼中，往往伴随有赦宥、赏赐制度。与前代相比，宋代明堂大礼的祭祀功

---

① （清）徐松辑，刘琳、刁忠民等校点：《宋会要辑稿・礼》1之31，上海古籍出版社2014年版，第509页。

② （清）徐松辑，刘琳、刁忠民等校点：《宋会要辑稿・礼》27之16，上海古籍出版社2014年版，第1263页。

③ （清）徐松辑，刘琳、刁忠民等校点：《宋会要辑稿・礼》14之108，上海古籍出版社2014年版，第800页。

能减弱，世俗功能增强。① 明堂大礼中一般有五使，宋廷派遣高级官员充当明堂大礼五使。宰执、六部长贰、翰林学士等都是文官中经常担任明堂大礼五使的官员，而武官则以节度使、节度观察留后等高级官员担任明堂大礼五使的情况比较常见。嘉定十一年(1218)八月四日明堂大礼，卤簿使李大性为吏部尚书，桥道顿递使薛极为户部尚书，之后薛极也做到了吏部尚书。嘉定十四年(1221)八月十四日明堂大礼，薛极已经是吏部尚书为桥道顿递使，而丞相史弥远为大礼使。明堂大礼结束之后，大礼五使也即结束他们在明堂大礼中的职务。

3. 其他临时性差遣

吏部尚书任职期间，还往往会担任一些临时性的差遣。由于这些差遣的可见史料不多，推测他们更有可能是个案，但是众多的个案放在一起来看，总体上是临时性差遣，这意味着宋代吏部尚书任职期间担任某些临时性差遣还是比较常见的。

(景德四年二月)辛未，命吏部尚书张齐贤祭周六庙。②

(元祐二年四月)丙申，分定宰臣、执政官、吏部尚书苏颂等朝献景灵宫诸殿。③

元丰五年(1082)十二月十一日，诏：冬正朝会，诸军所服衣冠，厢都军、都指挥使、都虞侯、领团练使、刺史服第五等；军都指挥使、都虞侯服第六等；指挥使、副指挥使服第七等，并班于廷；副都头以上常服。班殿侯门。二十三日，吏部尚书李清臣奉诏检阅朝会应奉事，欲令执事高品以下并服介帻、绛服、大带、革带、袜、履、方心曲领，从之。④

(元丰八年三月)丁酉，皇太后命吏部尚书曾孝宽为册立皇太子礼仪使。⑤

(崇宁元年二月二十二日)同日，命吏部尚书赵挺之撰哀册文，翰林学士郭知章撰谥册文，尚书工部侍郎龚原撰谥议。⑥

元祐七年(1092)四月，“吏部尚书王存摄太尉，充纳吉使”。⑦

① 参见杨高凡：《宋代明堂礼制研究》，河南大学2011年博士学位论文。
② (宋)李焘：《续资治通鉴长编》卷65，景德四年二月辛未，中华书局2004年版，第1444页。
③ (宋)李焘：《续资治通鉴长编》卷398，元祐二年四月丙申，中华书局2004年版，第9708页。
④ (清)徐松辑，刘琳、刁忠民等校点：《宋会要辑稿·舆服》4之14，上海古籍出版社2014年版，第2240页。
⑤ (元)脱脱等：《宋史》卷16《宋神宗纪三》，中华书局1977年版，第313页。
⑥ (清)徐松辑，刘琳、刁忠民等校点：《宋会要辑稿·礼》33之45，上海古籍出版社2014年版，第1501页。
⑦ (宋)李焘：《续资治通鉴长编》卷472，元祐七年四月甲子，中华书局2004年版，第11268页。

绍兴十四年(1142)正月戊午,"吏部尚书罗汝楫为大金报谢使"。[1]

景德四年(1007)吏部尚书张齐贤代表宋廷祭拜周六庙,元祐二年(1087)吏部尚书苏颂等人朝献景灵宫诸殿,元丰五年(1082)吏部尚书李清臣奉召检阅朝会应奉事宜,元丰八年(1085)曾孝宽为皇太子册立仪式的礼仪使,崇宁元年(1102)吏部尚书赵挺之为钦成皇后撰写哀悼册文,元祐七年(1092)四月吏部尚书王存充宋哲宗大婚的纳吉使,绍兴十四年(1144)吏部尚书罗汝楫为金国的报谢使。

以上这些临时性的差遣,都是礼仪性的,而且相对来说次数较少。相对而言,辽、金等国的使节是比较多的,不过考虑到宋辽、宋金之间的交聘活动一般在正史都会有所记载,而这些使节中吏部尚书担任的情况只有几例,其他为逝去的皇帝或者皇后撰写册文、担任皇帝大婚的纳吉使等,发生的概率都不高,而且也没有典制规定这些活动必须由吏部尚书来负责。因此,将这些临时性差遣总体上来看待,吏部尚书担任情况还是比较多的,可以列入吏部尚书的职掌当中。

① (宋)李心传撰,胡坤点校:《建炎以来系年要录》卷151,绍兴十四年正月戊午,中华书局2013年版,第2845页。

第三章
宋代吏部尚书籍贯

宋代吏部尚书担任者的籍贯分布、入仕途径、仕履、吏部尚书任期、致仕官、迁转等问题是研究宋代吏部尚书的重要内容，对这些问题的了解有助于加强对宋代吏部尚书职官的认识。本章首先对宋代吏部尚书的籍贯分布进行考察。

为了方便分析概括和量化比较，本书将在以后章节中根据需要把宋代划分为以下几个阶段——北宋前期：宋太祖建隆元年（960）到宋神宗元丰五年（1082）官制改革为第一个阶段，这一时期吏部尚书为官阶，不领实际职务。北宋后期：宋神宗元丰五年（1082）到宋钦宗靖康二年（1127）为第二个阶段，这个时期吏部尚书开始官复其职，成为职事官。南宋时期：宋高宗建炎元年（1127）到宋帝昺祥兴二年（1279）为第三个阶段。南宋吏部尚书同北宋有较大差异，这样划分，既能够分析北宋元丰改制前后的不同，又能够比较两宋的差异。

一、宋代吏部尚书籍贯考

本章主要考察宋代吏部尚书担任者籍贯的分布情况。《宋史》《东都事略》《隆平集》《宋会要辑稿》《南宋馆阁录续录》以及吏部尚书本人的《行状》《墓志铭》等史料，是考察宋代吏部尚书担任者籍贯分布的主要来源。由于部分吏部尚书担任者籍贯于诸多史料均可见，限于篇幅，本节做如下处理：不同史料所载籍贯相同，采用原始材料，不做考证；不同史料所载籍贯不同，则将较为原始的材料进行比较、考证。

考察宋代吏部尚书的籍贯分布，必然涉及两个标准的问题：一是籍贯的确定标准，是以其祖父所在地还是以其出生地为准；另一是地图的确定标准，是以北宋还是南宋地图或是分开确定，即使确定北宋或者南宋地图标准后，又以哪个时间的地图为标准。有鉴于此，本书对籍贯的确定标准将以其祖父所在地为准。这是因为南宋许多吏部尚书的担任者是从北方移居到南方的，他们的籍贯的确在北方；另外，也解决了在比较籍贯分布时过于混乱的情况。南宋同北宋相比，疆域缩小，可以说是被包含于北宋疆域的。也就是说，南宋所有吏部尚书的籍贯其实都可以在北宋的疆域图中找到。经过考察，南宋前期吏部尚书担任者籍贯要么本来就在南方某路，要么是从北方迁居过去的，籍贯仍在北方。南宋后期吏部尚书籍贯所在地的位置、地名与北宋一致，所在的路与北宋也大多一致。有鉴于此，本节将采用统一的地图标准，不再分南北宋。目前，关于宋代比较详细又较为权威的地图是谭其骧先生主编的《中国历史地图集·宋辽金时期》[①]，故本节将采用《中国历史地图集·宋辽金时期》为标准，即以政和元年（1111）宋代行政区划为标准。

宋代可考吏部尚书共222任。其中，3次担任吏部尚书的有1人，即洪拟；两次担任吏部尚书的有22人，即王曾、陈执中、文彦博、李清臣、曾孝宽、许将、唐恪、卢法原、李光、沈與求、孙近、张焘、晏敦复、汪应辰、胡沂、郑侨、楼钥、刘德秀、袁说友、许应龙、赵以夫、叶梦鼎。因此，宋代吏部尚书实际可考人数为198人。

（一）北宋前期吏部尚书籍贯考

北宋前期共有20位吏部尚书，其各自籍贯按路级地域标准分布如下：

1. 河北东路

（1）张昭。《宋会要辑稿》："张昭，字潜夫。本名昭远，自言汉常山王耳之后，世居濮州范阳县。"[②]《东都事略》："张昭字潜夫，河间人也。"[③]濮州范阳在今河北省保定市涿县境内，这一区域在宋代属于辽朝南京道；河间在北宋境内，隶属于河北东路，即今河北省沧州市境内。故张昭的祖辈应当是在宋代之前居住在范阳，而张昭后来则迁居到宋朝境内的河间。另外，《会要》在记载张昭籍贯时将范阳县简称为范县，范县在今河南省境内，范阳则在河北省境内，不注意的话很容易将其混淆。故张昭为河北东路河间人。

（2）宋白。《宋史》："宋白字太素，大名人。"[④]《隆平集》："宋白字素臣，开

① 谭其骧主编：《中国历史地图集·宋辽金时期》，中国地图出版社1982年版。

② （清）徐松辑，刘琳、刁忠民等校点：《宋会要辑稿·仪制》10之11，上海古籍出版社2014年版，第2503页。

③ （宋）王称撰，孙言诚、崔国光点校：《东都事略》卷30《张昭传》，齐鲁书社2000年版，第239页。

④ （元）脱脱等：《宋史》卷439《宋白传》，中华书局1977年版，第12998页。

封人。"[①]建隆二年(961),"窦仪典贡部,擢进士甲科"[②]后,和宋琪相似,大部分时间在开封做官,故《隆平集》认为他是开封人。故宋白应当是祖籍大名(今河北大名东),后迁居开封。大名在河北东路。

2. 京畿路

(1)宋琪。《宋史》:"宋琪,字叔宝,幽州蓟人。"[③]《东都事略》:"宋琪字叔宝,范阳蓟人也。"[④]材料比较统一,一致记载宋琪为蓟人。范阳在广义上与幽州是通用的,并不矛盾;蓟在今北京市一带,而这一区域在宋代隶属于南京道。宋朝建立后,宋琪于"乾德四年,召拜左补阙、开封府推官"。[⑤] 宋太宗即位后,召赴阙。太平兴国五年(980),"复以藩邸旧僚留判三司勾院"。[⑥] 宋琪之后任右谏议大夫、同判三司、参知政事、拜平章事,至道二年(996)春,"拜右仆射……是年九月被病……又口占遗表数百字而卒"。[⑦] 可见,宋琪在入宋后主要在京师担任官职,也就是说宋琪入宋后大部分时间都在开封,并且最后卒于开封。故,将宋琪按开封人对待,即京畿路开封人。

(2)向敏中。《龙学文集》:"敏中,字常之。其先宋左师之裔也,后世徙居大梁,子孙因家焉。"[⑧]大梁(今河南开封),即开封,在京畿路。

(3)王拱辰。《公是集》:"宋郑间,子孙蕃盛。至丕,又徙开封陈留之通许镇,镇后为咸平县,今为开封咸平人者。"[⑨]咸平(今河南通许)在京畿路。

3. 京西北路

(1)吕蒙正。《宋史》:"吕蒙正字圣功,河南人。"[⑩]《名臣碑传琬琰集》:"唐末徙籍太原,国初迁居洛,今遂为洛阳人也。"[⑪]河南在宋代一个指河南县,在今洛阳;一个是河南府的简称,即北宋西京河南府,而西京河南府治所在今洛阳。无论按哪个含义,都与洛阳相吻合。故吕蒙正为京西北路洛阳人。

---

① (宋)曾巩:《隆平集》卷13《宋白传》,宋代传记资料丛刊第13册,北京图书馆出版社2006年版,第513页。

② (元)脱脱等:《宋史》卷439《宋白传》,中华书局1977年版,第12998页。

③ (元)脱脱等:《宋史》卷264《宋琪传》,中华书局1977年版,第9121页。

④ (宋)王称撰,孙言诚、崔国光点校:《东都事略》卷31《宋琪传》,齐鲁书社2000年版,第255页。

⑤ (元)脱脱等:《宋史》卷264《宋琪传》,中华书局1977年版,第9121页。

⑥ (元)脱脱等:《宋史》卷264《宋琪传》,中华书局1977年版,第9121页。

⑦ (元)脱脱等:《宋史》卷264《宋琪传》,中华书局1977年版,第9131页。

⑧ (宋)祖无泽:《龙学文集》卷15《文简向公神道碑铭》,文渊阁四库全书影印本第1098册,台湾商务印书馆1986年版,第865页。

⑨ (宋)刘敞:《公是集》卷51《王开府行状》,宋集珍本丛刊第9册,线装书局2004年版,第760页。

⑩ (元)脱脱等:《宋史》卷265《吕蒙正传》,中华书局1977年版,第9145页。

⑪ (宋)杜大珪:《名臣碑传琬琰集》上卷15《吕文穆公蒙正神道碑》,宋代传记资料丛刊第14册,北京图书馆出版社2006年版,第267页。

(2)冯拯。《隆平集》:“冯拯字道济,河阳人。”①河阳(今河南孟州市)在京西北路。

4. 京东西路

(1)张齐贤。《宋史》:“张齐贤,曹州冤句人。生三岁,值晋乱,徙家洛阳。”②曹州冤句(今山东菏泽南)在京东西路。

(2)赵槩。《华阳集》:“公讳槩,字叔平,姓赵氏。宋虞城人。”③虞城(今河南虞城)在京东西路。

5. 江南西路

(1)王钦若。《文庄集》:“公之先周王子晋之后,世家太原。唐末高祖讳遐,随曾祖冀公倅江西廉幕,始占籍新喻。”④新喻(今江西新余)在江南西路。

(2)陈执中。《乐全集》:“公字昭誉,豫章南昌人。”⑤南昌(今江西南昌)在江南西路。

(3)王安石。《名臣碑传琬琰集》:“安石字介甫,抚州临川人。”⑥临川(今江西抚州)在江南西路。

6. 永兴军路

(1)寇凖。《名臣碑传琬琰集》:“有徙居冯翊者,籍于三峰下,遂为华州下邽人。”⑦下邽(今陕西渭南)在永兴军路。

7. 两浙路

(1)丁谓。《宋史》:“丁谓,字谓之,后更字公言,苏州长洲人。”⑧长洲(今江苏苏州)在两浙路。

8. 京东东路

(1)王曾。《景文集》:“公字孝先,由逸民霸飞遁天。汉显基素,德支裔屡,

① (宋)曾巩:《隆平集》卷4《冯拯传》,宋代传记资料丛刊第13册,北京图书馆出版社2006年版,第207页。

② (元)脱脱等:《宋史》卷265《张齐贤传》,中华书局1977年版,第9150页。

③ (宋)王珪:《华阳集》卷38《赵康靖公槩神道碑》,丛书集成初编第1916册,商务印书馆1935年版,第503页。

④ (宋)夏竦:《文庄集》卷28《赠太师中书令冀国公王公行状》,宋集珍本丛刊第2册,线装书局2004年版,第669页。

⑤ (宋)张方平撰,郑涵点校:《张方平集》卷37《陈公神道碑铭》,中州古籍出版社1992年版,第619页。

⑥ (宋)杜大珪:《名臣碑传琬琰集》下卷14《王荆公安石传》,宋代传记资料丛刊第16册,北京图书馆出版社2006年版,第357页。

⑦ (宋)杜大珪:《名臣碑传琬琰集》上卷2《寇忠愍公凖旌忠之碑》,宋代传记资料丛刊第14册,北京图书馆出版社2006年版,第29页。

⑧ (元)脱脱等:《宋史》卷283《丁谓传》,中华书局1977年版,第9566页。

徙今为青州益都著姓。"[①]益都(今山东青州)在京东东路。

9. 淮南西路

(1)吕夷简。《东都事略》:"吕夷简字坦夫,河南人。祖龟祥,尝知寿州,遂以家焉。"[②]寿州(今安徽凤台)在淮南西路。

10. 江南东路

(1)夏竦。《华阳集》:"公讳竦,字子乔,姓夏氏,其先九江人。"[③]九江(今江西德安)在江南东路。

11. 河东路

(1)文彦博。《名臣碑传琬琰集》:"彦博字宽夫,汾州介休人。"[④]介休(今山西介休)在河东路。

12. 福建路

(1)曾公亮。《名臣碑传琬琰集》:"唐广明中有自光州固始县避乱,徙家闽越,遂为泉州晋江县人者。"[⑤]晋江(今福建泉州)在福建路。

(2)吴充。《名臣碑传琬琰集》:"其先为建州蒲城人,肇绪自札而子孙散居南方,显微下历千余载。"[⑥]蒲字应为浦。浦城(今福建浦城)在福建路。

(二)北宋后期吏部尚书籍贯考

北宋后期共47位吏部尚书,其各自籍贯按路级地域标准分布如下。

1. 河北西路

(1)李清臣。《鸡肋集》:"世为魏人,至公始以河患徙家洛师,而卜安阳吉,以其三世丧迁焉。故其族或从居安阳。"[⑦]安阳(今河南安阳)在河北西路。

(2)韩忠彦。《名臣碑传琬琰集》:"世家于安阳,故公为安阳人。"[⑧]安阳(今

---

① (宋)宋祁:《景文集》卷58《文正王公墓志铭》,丛书集成初编第1881册,商务印书馆1936年版,第776页。

② (宋)王称撰,孙言诚、崔国光点校:《东都事略》卷52《吕夷简传》,齐鲁书社2000年版,第409页。

③ (宋)王珪:《华阳集》卷35《夏文庄公竦神道碑铭》,丛书集成初编第1916册,商务印书馆1935年版,第449页。

④ (宋)杜大珪:《名臣碑传琬琰集》下卷13《文忠烈公彦博传》,宋代传记资料丛刊第16册,北京图书馆出版社2006年版,第339页。

⑤ (宋)杜大珪:《名臣碑传琬琰集》中卷52《曾太师公亮行状》,宋代传记资料丛刊第16册,北京图书馆出版社2006年版,第63页。

⑥ (宋)杜大珪:《名臣碑传琬琰集》中卷27《吴正宪公充墓志铭》,宋代传记资料丛刊第15册,北京图书馆出版社2006年版,第232页。

⑦ (宋)晁补之:《鸡肋集》卷62《资政殿大学士李公行状》,四部丛刊初编第1036册,商务印书馆1919年版,第72—73页。

⑧ (宋)杜大珪:《名臣碑传琬琰集》中卷50《韩仪公丞相忠彦行状》,宋代传记资料丛刊第16册,北京图书馆出版社2006年版,第22页。

河南安阳）在河北西路。

2. 福建路

（1）曾孝宽。《东都事略》："曾公亮字明仲，泉州晋江人也……子孝宽。"[①]晋江（今福建泉州）在福建路。

（2）苏颂。《曲阜集》："孙益随王潮入闽生，先诲仕闽，为漳州刺史，居泉州同安，遂为同安人。"[②]同安（今福建厦门北）在福建路。

（3）许将。《东都事略》："许将字冲元，福州闽县人也。"[③]闽县（今福建福州）在福建路。

（4）林希。《东都事略》："林希字子中，福州人也。"[④]福州（今福建福州）在福建路。

（5）黄履。《东都事略》："黄履字安中，邵武军人也。"[⑤]邵武军（今福建邵武）在福建路。

（6）叶祖洽。《宋史》："叶祖洽字敦礼，邵武人。"[⑥]《（乾隆）福建通志》："泰宁县叶祖洽。"[⑦]综合两者，叶祖洽籍贯为邵武军泰宁县（今福建泰宁），福建路人。

（7）温益。《东都事略》："温益字禹弼，泉州人也。"[⑧]泉州（今福建泉州）在福建路。

（8）徐铎。《宋史》："徐铎字振文，兴化莆田人。"[⑨]莆田（今福建莆田）在福建路。

（9）林摅。《宋史》："林摅字彦振，福州人，徙苏。"[⑩]按林摅籍贯福州（今福建福州），福建路人。

（10）余深。《宋史》："余深，福州人。"[⑪]福州（今福建福州）在福建路。

---

① （宋）王称撰，孙言诚、崔国光点校：《东都事略》卷69《曾孝宽传》，齐鲁书社2000年版，第577、579页。

② （宋）曾肇撰，（清）曾俨编：《曲阜集》卷3《赠苏司空墓志铭》，文渊阁四库全书影印本第1101册，台湾商务印书馆1986年版，第381页。

③ （宋）王称撰，孙言诚、崔国光点校：《东都事略》卷96《许将传》，齐鲁书社2000年版，第824页。

④ （宋）王称撰，孙言诚、崔国光点校：《东都事略》卷97《林希传》，齐鲁书社2000年版，第829页。

⑤ （宋）王称撰，孙言诚、崔国光点校：《东都事略》卷96《黄履传》，齐鲁书社2000年版，第826页。

⑥ （元）脱脱等：《宋史》卷354《叶祖洽传》，中华书局1977年版，第11167页。

⑦ （清）谢道承等编纂，（清）郝玉麟等监修：《（乾隆）福建通志》卷33《选举》，文渊阁四库全书影印本第529册，台湾商务印书馆1986年版，第22页。

⑧ （宋）王称撰，孙言诚、崔国光点校：《东都事略》卷97《温益传》，齐鲁书社2000年版，第833页。

⑨ （元）脱脱等：《宋史》卷329《徐铎传》，中华书局1977年版，第10606页。

⑩ （元）脱脱等：《宋史》卷351《林摅传》，中华书局1977年版，第11110页。

⑪ （元）脱脱等：《宋史》卷352《余深传》，中华书局1977年版，第11121页。

3. 永兴军路

(1)吕大防。《宋史》:"吕大防,字微仲,其先汲郡人。祖通,太常博士。父贲,比部郎中。通葬京兆蓝田,遂家焉。"①蓝田(今陕西蓝田)在永兴军路。

4. 两浙路

(1)范纯仁。《曲阜集》:"世家苏州。"②苏州(今江苏苏州)在两浙路。

(2)王存。《名臣碑传琬琰集》:"公讳存,字正仲,姓王氏。其先金陵人也,后徙润州之丹徒,又徙丹阳。"③丹徒(今江苏镇江丹徒区)、丹阳(今江苏丹阳)均在两浙路。

(3)胡宗愈。《东都事略》:"胡宿字武平,常州晋陵人也……弟之子宗愈。"④晋陵(今江苏常州)在两浙路。

(4)陆佃。《东都事略》:"陆佃字农师,越州山阴人也。"⑤山阴(今浙江绍兴)在两浙路。

(5)何执中。《东都事略》:"何执中字伯通,处州龙泉人也。"⑥龙泉(今浙江龙泉)在两浙路。

(6)虞策。《宋史》:"虞策字经臣,杭州钱塘人。"⑦钱塘(今浙江杭州南)在两浙路。

(7)朱谔。《东都事略》:"朱谔字圣與,秀州华亭人也。"⑧华亭(今上海松江)在两浙路。

(8)管师仁。《东都事略》:"管师仁字元善,处州龙泉人也。"⑨龙泉(今浙江龙泉)在两浙路。

(9)蒋猷。《浮溪集》:"公讳猷……其后分居丹阳金坛,故公为金坛人。"⑩

---

① (元)脱脱等:《宋史》卷340《吕大防传》,中华书局1977年版,第10839页。

② (宋)曾肇撰,(清)曾佺编:《曲阜集》卷3《范忠宣墓志铭》,文渊阁四库全书影印本第1101册,台湾商务印书馆1986年版,第375页。

③ (宋)杜大珪:《名臣碑传琬琰集》中卷30《王学士存墓志铭》,宋代传记资料丛刊第15册,北京图书馆出版社2006年版,第282页。

④ (宋)王称撰,孙言诚、崔国光点校:《东都事略》卷71《胡宗愈传》,齐鲁书社2000年版,第592、595页。

⑤ (宋)王称撰,孙言诚、崔国光点校:《东都事略》卷97《陆佃传》,齐鲁书社2000年版,第832页。

⑥ (宋)王称撰,孙言诚、崔国光点校:《东都事略》卷102《何执中传》,齐鲁书社2000年版,第878页。

⑦ (元)脱脱等:《宋史》卷355《虞策传》,中华书局1977年版,第11193页。

⑧ (宋)王称撰,孙言诚、崔国光点校:《东都事略》卷103《朱谔传》,齐鲁书社2000年版,第883页。

⑨ (宋)王称撰,孙言诚、崔国光点校:《东都事略》卷103《管师仁传》,齐鲁书社2000年版,第885页。

⑩ (宋)汪藻:《浮溪集》卷27《显谟阁直学士蒋公墓志铭》,丛书集成初编第1960册,商务印书馆1935年版,第344页。

金坛（今江苏金坛）在两浙路。

（10）何志同。《絜斋集》："公讳志同，字彦时，处州龙泉人也。"[①]龙泉（今浙江龙泉）在两浙路。

（11）唐恪。《东都事略》："唐恪字钦叟，钱塘人也。"[②]钱塘（今浙江杭州）在两浙路。

（12）卢法原（此人在北宋、南宋均做过吏部尚书）。《宋史》："卢知原字行之，湖州德清人……弟法原。"[③]德清（今浙江德清）在两浙路。

（13）卫仲达。《建炎以来系年要录》："卫仲达复秘阁修撰……卫仲达，华亭人。靖康初为礼部尚书，寇至而遁，坐除名均州居住。至是，并以赦复之。"[④]华亭（今上海松江）在两浙路。

（14）梅执礼。《东都事略》："梅执礼字和胜，婺州浦江人也。"[⑤]浦江（今浙江浦江）在两浙路。

（15）莫俦。《鸿庆居士文集》："公莫氏，讳某字寿朋。其先吴兴人，徙钱塘，又徙平江，今为平江吴县人也。"[⑥]吴县（今江苏吴县）在两浙路。

5. 京西北路

（1）孙永。《苏魏公文集》："孙氏世为赵郡人……徙占颍昌府长社县，子孙遂为许人。"[⑦]长社（今河南长葛）在京西北路。

（2）邢恕。《东都事略》："邢恕字和叔，郑州原武人也。"[⑧]《宋史》："邢恕字和叔，郑州阳武人。"[⑨]虽然原武（今河南原阳）、阳武（今河南原阳）都在今新乡原阳内，但是在宋代二者并不在同一地方。原武在京西北路，阳武在京畿路。原武，熙宁五年（1072）并入阳武县，元祐元年（1086）复置。因此，《宋史》只记载了大区域阳武，省略了原武。故邢恕籍贯是原武，京西北路人。

---

① （宋）袁燮：《絜斋集》卷17《端明尚书何公墓表》，丛书集成初编第2030册，商务印书馆1935年版，第277—278页。

② （宋）王称撰，孙言诚、崔国光点校：《东都事略》卷108《唐恪传》，齐鲁书社2000年版，第922页。

③ （元）脱脱等：《宋史》卷377《卢知原传》，中华书局1977年版，第11650页。

④ （宋）李心传撰，胡坤点校：《建炎以来系系年要录》卷59，绍兴二年十月戊子，中华书局2013年版，第1181页。

⑤ （宋）王称撰，孙言诚、崔国光点校：《东都事略》卷109《梅执礼传》，齐鲁书社2000年版，第937页。

⑥ （宋）孙觌：《鸿庆居士文集》卷38《宋故翰林学士莫公墓志铭》，丛书集成续编第102册，上海书店1994年版，第1019页。

⑦ （宋）苏颂撰，王同策、管成学、颜中其等点校：《苏魏公文集》卷53《资政殿学士通议大夫孙公神道碑铭》，中华书局1988年版，第798页。

⑧ （宋）王称撰，孙言诚、崔国光点校：《东都事略》卷99《邢恕传》，齐鲁书社2000年版，第844页。

⑨ （元）脱脱等：《宋史》卷471《邢恕传》，中华书局1977年版，第13702页。

(3)张克公。《宋史》:“张克公字介仲,颍昌阳翟人。”[①]阳翟(今河南禹州)在京西北路。

(4)许光凝。《林泉高致集》:“光凝世居洛,先考与公布衣之旧,故自儿童时已知公名,熟公行……时政和七年四月二十一日,中大夫、翰林学士、兼修国史赐、紫金鱼袋河南许光凝书。”[②]洛(今河南洛阳)在京西北路。

(5)谢克家。《嘉定赤城志》:“谢克家,上蔡人。”[③]上蔡(今河南上蔡)在京西北路。

6. 成都府路

(1)苏辙。《东都事略》:“苏洵字明允,眉州眉山人也。”[④]眉山(今四川眉山)在成都府路。

(2)苏轼。《名臣碑传琬琰集》:“公讳轼,姓苏氏,字子瞻,一字和仲,世家眉山。”[⑤]眉山(今四川眉山)在成都府路。

(3)宇文粹中。《宋史》:“宇文虚中字叔通,成都华阳人。”[⑥]宇文粹中为其兄长,同为华阳(今四川双流)人。华阳在成都府路。

(4)王时雍。《(雍正)四川通志》:“王时雍、李新俱仁寿县人。”[⑦]仁寿(今四川仁寿)在成都府路。

7. 江南西路

(1)邓润甫。《东都事略》:“邓润甫字温伯,建昌人也。”[⑧]建昌(今江西永修)在江南西路。

(2)彭汝砺。《名臣碑传琬琰集》:“彭氏世家金陵,复徙饶州,今为鄱阳人。”[⑨]鄱阳(今江西鄱阳)在江南西路。

---

① (元)脱脱等:《宋史》卷384《张克公传》,中华书局1977年版,第11033页。

② (宋)郭熙撰,(宋)郭思编:《林泉高致集》,文渊阁四库全书影印本第812册,台湾商务印书馆1986年版,第589页。

③ (宋)陈耆卿:《嘉定赤城志》卷34《谢克家传》,宋元方志丛刊本,中华书局1990年版,第7550页。

④ (宋)王称撰,孙言诚、崔国光点校:《东都事略》卷114《苏洵传》,齐鲁书社2000年版,第988页。

⑤ (宋)杜大珪:《名臣碑传琬琰集》中卷26《苏文忠公轼墓志铭》,宋代传记资料丛刊第15册,北京图书馆出版社2006年版,第215页。

⑥ (元)脱脱等:《宋史》卷371《宇文虚中传》,中华书局1977年版,第11526页。

⑦ (清)张晋生等编纂,(清)黄廷桂等监修:《(雍正)四川通志》卷33《选举》,文渊阁四库全书影印本第561册,台湾商务印书馆1986年版,第7页。

⑧ (宋)王称撰,孙言诚、崔国光点校:《东都事略》卷96《邓润甫传》,齐鲁书社2000年版,第826页。

⑨ (宋)杜大珪:《名臣碑传琬琰集》中卷31《彭待制汝砺墓志铭》,宋代传记资料丛刊第15册,北京图书馆出版社2006年版,第297页。

8. 京东西路

(1)傅尧俞。《宋史》:“傅尧俞字钦之,本郓州须城人,徙孟州济源。”①今按郓州须城(今山东东平),在京东西路。

9. 河北东路

(1)王震。《宋史》:“王旦,字子明,大名莘人。”②“王素字仲仪,太尉旦季子也。王素从子靖,从孙震。”③莘(今山东莘县)在河北东路。

10. 京东东路

(1)赵挺之。《东都事略》:“赵挺之字正夫,密州诸城人也。”④诸城(今山东诸城)在京东东路。

(2)李棁。《建炎以来系年要录》:“同知枢密院事临沂李棁往使望之。”⑤临沂(今山东临沂)在京东东路。

11. 京畿路

(1)时彦。《宋史》:“时彦字邦美,开封人。”⑥开封(今河南开封),京师,在京畿路。

12. 江南东路

(1)刘拯。《宋史》:“刘拯字彦修,宣州南陵人。”⑦南陵(今安徽南陵)在江南东路。

13. 京西南路

(1)王襄。《宋史》:“王襄初名宁,邓州南阳人,擢进士第。”⑧南阳(今河南南阳)在京西南路。

14. 淮南西路

(1)王孝迪。《宋人传记资料索引》:“王孝迪,下蔡人。”⑨下蔡(今安徽凤台)在淮南西路。

---

① (元)脱脱等:《宋史》卷341《傅尧俞传》,中华书局1977年版,第10881页。

② (元)脱脱等:《宋史》卷282《王旦传》,中华书局1977年版,第9542页。

③ (元)脱脱等:《宋史》卷320《王素传》,中华书局1977年版,第10402页。

④ (宋)王称撰,孙言诚、崔国光点校:《东都事略》卷102《赵挺之传》,齐鲁书社2000年版,第874页。

⑤ (宋)李心传撰,胡坤点校:《建炎以来系年要录》卷1,建炎元年六月戊戌,中华书局2013年版,第12页。

⑥ (元)脱脱等:《宋史》卷354《时彦传》,中华书局1977年版,第11168页。

⑦ (元)脱脱等:《宋史》卷356《刘拯传》,中华书局1977年版,第11199页。

⑧ (元)脱脱等:《宋史》卷352《王襄传》,中华书局1977年版,第11126页。

⑨ 昌彼得、王德毅、程元敏、侯俊德:《宋人传记资料索引》第1册,台湾鼎文书局1986年版,第295页。

（三）南宋时期吏部尚书籍贯考

南宋时期共132位吏部尚书，由于卢法原于北宋后期已统计过，故只统计131位吏部尚书的籍贯，其各自籍贯按路级地域标准分布如下：

1. 京东西路

（1）路允迪①。《宋宰辅编年录》："允迪宋城人。"②宋城（今河南商丘）在京东西路。

（2）吕颐浩③。《宋史》："吕颐浩字符直，其先乐陵人，徙齐州。"④按吕颐浩籍贯齐州（今山东济南），在京东西路。

2. 福建路

（1）周武仲。《龟山集》："远祖避唐乱，自遂昌徙之浦城，故今为浦城人。"⑤浦城（今福建浦城）在福建路。

（2）郑滋。《吴兴备志》："郑滋字德象，福州人。"⑥福州（今福建福州）在福建路。

（3）林大鼐。《名贤氏族言行类稿》："林大鼐字梅卿，莆田人也。"⑦莆田（今福建莆田）在福建路。

（4）叶颙。《杨万里集》："本朝太平兴国二年，陈洪进挈泉入觐，四年，始割仙游、莆田、建、兴化军。公今为仙游人。"⑧仙游（今福建仙游）在福建路。

（5）陈俊卿。《杨万里集》："其先颍川人……二十二世孙峤、沆，始居莆田。"⑨莆田（今福建莆田）在福建路。

（6）龚茂良。《宋史》："龚茂良字实之，兴化军人。"⑩兴化军（今福建莆田）

---

① 路允迪建炎元年（1127）五月到建炎二年（1128）二月期间任吏部尚书，可见其出生当在北宋时期。

② （宋）徐自明撰，王瑞来校补：《宋宰辅编年录校补》卷13，宣和七年十二月辛巳，中华书局1986年版，第820页。

③ 吕颐浩建炎二年（1128）十一月到建炎三年（1129）二月期间任吏部尚书，可见其出生当在北宋时期。

④ （元）脱脱等：《宋史》卷362《吕颐浩传》，中华书局1977年版，第11319页。

⑤ （宋）杨时：《龟山先生全集》卷36《周宪之墓志铭》，宋集珍本丛刊第29册，线装书局2004年版，第559页。

⑥ （明）董斯张：《吴兴备志》卷5《郑滋小传》，民国嘉业堂本第2册，1920年版，第44页。

⑦ （宋）章定：《名贤氏族言行类稿》卷33《林大鼐小传》，文渊阁四库全书影印本第933册，台湾商务印书馆1986年版，第498页。

⑧ （宋）杨万里撰，辛更儒笺校：《杨万里集笺校》卷119《宋故尚书左仆射赠少保叶公行状》，中华书局2007年版，第4532页。

⑨ （宋）杨万里撰，辛更儒笺校：《杨万里集笺校》卷123《丞相太保魏国正献陈公墓志铭》，中华书局2007年版，第4734页。

⑩ （元）脱脱等：《宋史》卷385《龚茂良传》，中华书局1977年版，第11842页。

在福建路。

(7)留正。《宋史》:“留正字仲至,泉州永春人。”[①]永春(今福建永春)在福建路。

(8)蔡洸。《宋史》:“蔡洸字子平,其先兴化仙游人,端明殿学士襄之后,徙霅川。”[②]按蔡洸籍贯为仙游(今福建仙游),在福建路。

(9)郑丙。《文忠集》:“丙字少融,上世当五季时,自安陆徙家福州长乐县。”[③]按郑丙籍贯长乐(今福建长乐),在福建路。

(10)颜师鲁。《宋史》:“颜师鲁字几圣,章州龙溪人。”[④]龙溪(今福建漳州)在福建路。

(11)郑侨。《莆阳文献传》:“郑侨字惠叔,兴化县人。”[⑤]兴化(今福建莆田)在福建路。

(12)许及之。《南宋馆阁录续录》:“许及之字深甫,永嘉人。”[⑥]永嘉(今浙江温州)在福建路。

(13)傅伯寿。《宋史翼》:“傅伯寿字景仁泉州晋江人。”[⑦]晋江(今福建泉州)在福建路。

(14)袁说友。《东塘集》:“公讳说友,字起岩,建安人。”[⑧]建安(今福建建瓯)在福建路。

(15)颜棫。《南宋馆阁录续录》:“颜棫字叔坚,泉州永春人。”[⑨]永春(今福建永春)在福建路。

(16)杨炳。《南宋馆阁录续录》:“杨炳字若晦,泉州晋江人。”[⑩]晋江(今福建晋江)在福建路。

(17)任希夷。《宋史》:“任希夷字伯起,其先眉州人。四世祖伯雨为谏议大夫,其后仕闽,因家邵武。”[⑪]按任希夷籍贯邵武(今福建邵武),在福建路。

---

① (元)脱脱等:《宋史》卷391《留正传》,中华书局1977年版,第11972页。

② (元)脱脱等:《宋史》卷390《蔡洸传》,中华书局1977年版,第11955页。

③ (宋)周必大撰,(宋)周纶编:《文忠集》卷65《吏部尚书郑公神道碑》,文渊阁四库全书影印本第1147册,台湾商务印书馆1986年版,第691页。

④ (元)脱脱等:《宋史》卷389《颜师鲁传》,中华书局1977年版,第11931页。

⑤ (明)郑岳:《莆阳文献传》卷26《郑侨传》,北京图书馆古籍珍本丛刊第19册,书目文献出版社1987年版,第258页。

⑥ (宋)佚名撰,张富祥点校:《南宋馆阁录续录》卷7《官联一》,中华书局1998年版,第232页。

⑦ (清)陆心源:《宋史翼》卷40《傅伯寿传》,中华书局1991年版,第432页。

⑧ (宋)袁说友:《东塘集》卷20《家传》,宋集珍本丛刊第64册,线装书局2004年版,第483页。

⑨ (宋)佚名撰,张富祥点校:《南宋馆阁录续录》卷8《官联二》,中华书局1998年版,第281页。

⑩ (宋)佚名撰,张富祥点校:《南宋馆阁录续录》卷8《官联二》,中华书局1998年版,第295页。

⑪ (元)脱脱等:《宋史》卷395《任希夷传》,中华书局1977年版,第12050页。

(18)徐应龙。《(乾隆)福建通志》:"字亢叔,浦城人。"[①]浦城(今福建浦城)在福建路。

(19)朱著。《淳熙三山志》:"朱著,倬之孙,字性诚,闽县人。"[②]闽县(今福建福州)在福建路。

(20)陈卓。《南宋馆阁录续录》:"陈卓字立道,兴化军莆田人。"[③]莆田(今福建莆田)在福建路。

(21)许应龙。《庸斋集》:"公字恭甫,闽县人。"[④]闽县(今福建福州)在福建路。

(22)徐荣叟。《南宋馆阁录续录》:"徐荣叟字茂翁,建宁府浦城县人。"[⑤]浦城县(今福建浦城)在福建路。

(23)杜杲。《后村先生大全集》:"本京兆万年,至提举,公始居邵武。"[⑥]邵武(今福建邵武)在福建路。

(24)赵以夫。《宋诗纪事》:"以夫字用斋,号虚斋,长乐人。"[⑦]长乐(今福建长乐)在福建路。

(25)徐清叟。《南宋馆阁录续录》:"徐清叟字真翁,建宁府浦城人。"[⑧]浦城(今福建浦城)在福建路。

(26)张磻。《宋史》:"张磻字渭老,福州人。"[⑨]《(乾隆)福建通志》:"张磻字渭老,罗源人。"[⑩]故张磻籍贯为福州罗源(今福建罗源),在福建路。

(27)颜颐仲。《后村先生大全集》:"颐仲字景正,漳州龙溪人。"[⑪]龙溪(今福建漳州)在福建路。

---

① (清)谢道承等编纂,(清)郝玉麟等监修:《(乾隆)福建通志》卷47《人物五》,文渊阁四库全书影印本第529册,台湾商务印书馆1986年版,第609页。

② (宋)梁克家著,陈叔侗校注:《淳熙三山志》卷30《人物类五》,方志出版社2003年版,第329页。

③ (宋)佚名撰,张富祥点校:《南宋馆阁录续录》卷9《官联三》,中华书局1998年版,第375页。

④ (宋)赵汝腾:《庸斋集》卷6《资政许枢密神道碑》,文渊阁四库全书影印本第1181册,台湾商务印书馆1986年版,第293页。

⑤ (宋)佚名撰,张富祥点校:《南宋馆阁录续录》卷8《官联二》,中华书局1998年版,第303页。

⑥ (宋)刘克庄:《后村先生大全集》卷141《杜尚书(神道碑)》,四部丛刊初编第1323册,商务印书馆1936年版,第15页。

⑦ (清)万鹗辑撰:《宋诗纪事》卷62《赵以夫小传》,上海古籍出版社1983年版,第1555页。

⑧ (宋)佚名撰,张富祥点校:《南宋馆阁录续录》卷8《官联二》,中华书局1998年版,第301页。

⑨ (元)脱脱等:《宋史》卷420《张磻传》,中华书局1977年版,第12578页。

⑩ (清)谢道承等编纂,(清)郝玉麟等监修:《(乾隆)福建通志》卷43《人物一》,文渊阁四库全书影印本第529册,台湾商务印书馆1986年版,第446页。

⑪ (宋)刘克庄:《后村先生大全集》卷143《宝学颜尚书(神道碑)》,四部丛刊初编第1323册,商务印书馆1936年版,第105页。

(28)蔡抗。《宋史》:“蔡元定字季通,建州建阳人。”[①]“蔡抗字仲节,处士元定之孙。”[②]建阳(今福建南平)在福建路。

(29)陈显伯。《淳熙三山志》:“陈显伯,字汝仁罗源人。”[③]罗源(今福建罗源)在福建路。

(30)常挺。《淳熙三山志》:“常挺,字方叔,连江人。”[④]连江(今福建连江)在福建路。

3. 两浙路

(1)刘珏。《宋史》:“刘珏字希范,湖州长兴人。”[⑤]长兴(今浙江长兴)在两浙路。

(2)卢法原(此人在北宋、南宋均做过吏部尚书)。《宋史》:“卢知原字行之,湖州德清人……弟法原。”[⑥]德清(今浙江德清)在两浙路。

(3)洪拟。《宋史》:“洪拟字成季,一个字逸叟,镇江丹阳人。”[⑦]丹阳(今江苏丹阳)在两浙路。

(4)李光。《宋史》:“李光字泰发,越州上虞人。”[⑧]上虞(今浙江上虞东南)在两浙路。

(5)沈與求。《苕溪集》:“唐天宝间析临溪为邑,是为德清。国初虽稍微,而公之族祖暨诸父以儒学踵取名第,至公乃大光显望于吴兴。”[⑨]德清(今浙江德清)在两浙路。

(6)孙近。《建炎以来系年要录》:“秘阁修撰孙近为尚书户部郎中。近,武进人也。”[⑩]武进(今江苏常州)在两浙路。

(7)吴表臣。《宋史》:“吴表臣字正仲,永嘉人。”[⑪]永嘉(今浙江温州)在两浙路。

---

① (元)脱脱等:《宋史》卷434《蔡元定传》,中华书局1977年版,第12875页。
② (元)脱脱等:《宋史》卷420《蔡抗传》,中华书局1977年版,第12577页。
③ (宋)梁克家著,陈叔侗校注:《淳熙三山志》卷32《人物类七》,方志出版社2003年版,第393页。
④ (宋)梁克家著,陈叔侗校注:《淳熙三山志》卷32《人物类七》,方志出版社2003年版,第407页。
⑤ (元)脱脱等:《宋史》卷378《刘珏传》,中华书局1977年版,第11665页。
⑥ (元)脱脱等:《宋史》卷377《卢知原传》,中华书局1977年版,第11650—11651页。
⑦ (元)脱脱等:《宋史》卷381《洪拟传》,中华书局1977年版,第11748页。
⑧ (元)脱脱等:《宋史》卷363《李光传》,中华书局1977年版,第11335页。
⑨ (宋)刘一止:《苕溪集》卷30《枢密院沈公行状》,宋集珍本丛刊第34册,线装书局2004年版,第261页。
⑩ (宋)李心传撰,胡坤点校:《建炎以来系年要录》卷48,绍兴元年十月甲戌,中华书局2013年版,第1008页。
⑪ (元)脱脱等:《宋史》卷381《吴表臣传》,中华书局1977年版,第11731页。

(8)张纲。《华阳集》:“世居河朔,有官于润者,遂家金坛。”[①]金坛(今江苏丹阳)在两浙路。

(9)王师心。《文定集》:“公讳师心,字與道,世为婺州金华人。”[②]金华(今浙江金华)在两浙路。

(10)叶义问。《宋史》:“叶义问字审言,严州寿昌人。”[③]寿昌(今浙江寿昌)在两浙路。

(11)徐嘉。《建炎以来系年要录》:“左从政郎徐嘉并召赴行在……嘉,西安人。”[④]西安(今浙江衢州)在两浙路。

(12)何溥。《两浙名贤录》:“何溥字通远,永嘉人。”[⑤]永嘉(今浙江温州)在两浙路。

(13)凌景夏。《建炎以来系年要录》:“上感其言,擢九成第一,余杭凌景夏次之。”[⑥]余杭(今浙江杭州)在两浙路。

(14)陈之茂。《南宋馆阁录》:“陈之茂字阜卿,毗陵人。”[⑦]《咸淳毗陵志》:“陈之茂字卓卿,无锡人。”[⑧]毗陵在宋代即为常州,无锡隶属于常州。故陈之茂籍贯常州无锡(今江苏无锡),在两浙路。

(15)陈良祐。《宋史》:“陈良祐字天與,婺州金华人。”[⑨]金华(今浙江金华)在两浙路。

(16)胡沂。《嘉泰会稽志》:“胡沂字周伯,余姚人。”[⑩]余姚(今浙江余姚)在两浙路。

(17)汪大猷。《楼钥集》:“本贯庆元府鄞县武康乡沿江里。”[⑪]鄞县(今浙江

① (宋)张纲:《华阳集》卷40《张公行状》,四部丛刊三编第430册,商务印书馆1936年版,第77页。

② (宋)汪应辰:《文定集》卷23《显谟阁学士王公墓志铭》,丛书集成初编第1989册,中华书局1985年版,第277页。

③ (元)脱脱等:《宋史》卷384《叶义问传》,中华书局1977年版,第11816页。

④ (宋)李心传撰,胡坤点校:《建炎以来系年要录》卷69,绍兴三年十月丁亥,中华书局2013年版,第1346页。

⑤ (明)徐象梅:《两浙名贤录》上卷22《吏部尚书何通远溥》,北京图书馆古籍珍本丛刊第17册,书目文献出版社1987年版,第669页。

⑥ (宋)李心传撰,胡坤点校:《建炎以来系年要录》卷52,绍兴二年三月甲寅,中华书局2013年版,第1079页。

⑦ (宋)陈骙撰,张富祥点校:《南宋馆阁录》卷7《官联上》,中华书局1998年版,第97页。

⑧ 不著撰人:《无锡县志》卷3上,宋元方志丛刊本,中华书局1990年版,第2230页。

⑨ (元)脱脱等:《宋史》卷388《陈良祐传》,中华书局1977年版,第11901页。

⑩ (宋)施宿等:《嘉泰会稽志》卷15《相辅》,宋元方志丛刊本,中华书局1990年版,第6998页。

⑪ (宋)楼钥撰,顾大朋点校:《楼钥集》卷91《敷文阁学士宣奉大夫致仕赠特进汪公行状》,浙江古籍出版社2010年版,第1606页。

宁波）在两浙路。

（18）张津。《（雍正）浙江通志》："张津字子问，龙泉人。"[①]龙泉（今浙江龙泉）在两浙路。

（19）李彦颖。《宋史》："李彦颖字秀叔，湖州德清人。"[②]德清（今浙江德清）在两浙路。

（20）余端礼。《杨万里集》："公讳端礼，字处恭，世占名数于衢之龙游。"[③]龙游（今江西龙游）在两浙路。

（21）楼钥。《宋史》："楼钥字大防，明州鄞县人。"[④]鄞县（今浙江宁波）在两浙路。

（22）叶翥。《南宋馆阁录续录》："叶翥字叔羽，处州人。"[⑤]处州（今浙江丽水）在两浙路。

（23）张釜。《南宋馆阁录续录》："张釜字君量，镇江金坛人。"[⑥]金坛（今江苏金坛）在两浙路。

（24）钱象祖。《嘉定赤城志》："临海人，字伯同。"[⑦]临海（今浙江临海）在两浙路。

（25）黄由。《姑苏志》："黄由字子由，长洲人。"[⑧]长洲（今江苏苏州）在两浙路。

（26）丁常任。《鹤林玉露》："丁常任，昆陵人。"[⑨]昆陵（昆陵为古县名，西晋时改为晋陵，今江苏常州）在两浙路。

（27）卫泾。《姑苏志》："卫泾字清叔，其先齐人，唐末避乱南迁，多居华亭。"[⑩]华亭（今上海）在两浙路。

---

① （清）沈翼机、（清）傅王露等纂，（清）嵇曾筠、（清）李卫等修：《（雍正）浙江通志》卷182《人物六》，上海古籍出版社1991年版，第3170页。

② （元）脱脱等：《宋史》卷386《李彦颖传》，中华书局1977年版，第11864页。

③ （宋）杨万里撰，辛更儒笺校：《杨万里集笺校》卷124《宋故少保左丞相观文殿大学士赠少师郇国余公墓志铭》，中华书局2007年版，第4782页。

④ （元）脱脱等：《宋史》卷395《楼钥传》，中华书局1977年版，第12045页。

⑤ （宋）佚名撰，张富祥点校：《南宋馆阁录续录》卷9《官联三》，中华书局1998年版，第378页。

⑥ （宋）佚名撰，张富祥点校：《南宋馆阁录续录》卷9《官联三》，中华书局1998年版，第378页。

⑦ （宋）陈耆卿：《嘉定赤城志》卷33，宋元方志丛刊本，中华书局1990年版，第7539页。

⑧ （明）林世远、王鏊等纂修：《（正德）姑苏志》下卷51《黄由传》，北京图书馆古籍珍本丛刊第26册，书目文献出版社1987年版，第793页。

⑨ （宋）罗大经撰，王瑞来点校：《鹤林玉露·乙编》卷1《冬至奏对》，中华书局1983年版，第126页。

⑩ （明）林世远、王鏊等纂修：《（正德）姑苏志》下卷51《卫泾传》，北京图书馆古籍珍本丛刊第26册，书目文献出版社1987年版，第794页。

(28)陆峻。《宋诗纪事》:"埈字子高,本高邮人。建炎初,徙海盐。"①埈同峻,海盐(今浙江海盐)在两浙路。

(29)林大中。《楼钥集》:"公字和叔,婺之永康人。"②永康(今浙江永康)在两浙路。

(30)曾映。《京口耆旧传》:"曾布字子宣,肇字子开,建昌人,皆居丹徒……肇八子,统最知名……惕字强仲,子映为吏部尚书,嘉定中卒。"③按曾映籍贯为丹徒(今江苏丹阳),在两浙路。

(31)张伯垓。《南宋馆阁录续录》:"张伯垓字德象,嘉兴府华亭人。"④华亭(今上海)在两浙路。

(32)薛极。《宋史》:"薛极字会之,常州武进人。"⑤武进(今江苏常州)在两浙路。

(33)陆德舆。《(雍正)浙江通志》:"陆德舆崇德人。"⑥崇德(今浙江桐乡西南)在两浙路。

(34)余天锡。《宋史》:"余天锡字纯父,庆元府昌国人。"⑦昌国(今浙江定海)在两浙路。

(35)赵彦㦿。《南宋馆阁录续录》:"赵彦㦿字符道,本贯玉牒,居越之余姚。"⑧余姚(今浙江余姚)在两浙路。

(36)袁甫。《南宋馆阁录续录》:"袁甫字广微,庆元府鄞县人。"⑨鄞县在(今浙江宁波)两浙路。

(37)赵與懽。《(雍正)浙江通志》:"赵與懽鄞人。"⑩鄞县(今浙江宁波)在两浙路。

---

① (清)万鹗辑撰:《宋诗纪事》卷53《陆峻小传》,上海古籍出版社1983年版,第1359页。

② (宋)楼钥撰,顾大朋点校:《楼钥集》卷104《签书枢密院事致仕赠资政殿学士正惠林公神道碑》,浙江古籍出版社2010年版,第1801页。

③ (宋)佚名:《京口耆旧传》卷2,宋代传记资料丛刊第31册,北京图书馆出版社2006年版,第119、120、122页。

④ (宋)佚名撰,张富祥点校:《南宋馆阁录续录》卷9《官联三》,中华书局1998年版,第383页。

⑤ (元)脱脱等:《宋史》卷491《薛极传》,中华书局1977年版,第12544页。

⑥ (清)沈翼机、(清)傅王露等纂,(清)嵇曾筠、(清)李卫等修:《(雍正)浙江通志》卷127《选举五》,上海古籍出版社1991年版,第2241页。

⑦ (元)脱脱等:《宋史》卷419《余天锡传》,中华书局1977年版,第12551页。

⑧ (宋)佚名撰,张富祥点校:《南宋馆阁录续录》卷7《官联一》,中华书局1998年版,第247页。

⑨ (宋)佚名撰,张富祥点校:《南宋馆阁录续录》卷9《官联三》,中华书局1998年版,第347页。

⑩ (清)沈翼机、(清)傅王露等纂,(清)嵇曾筠、(清)李卫等修:《(雍正)浙江通志》卷127《选举五》,上海古籍出版社1991年版,第2240页。

(38)金渊。《宋史》:“金渊字渊叔,临安府人。”[①]临安府(今浙江杭州)在两浙路。

(39)钱相。《咸淳毗陵志》:“钱相字君玉,晋陵人。”[②]晋陵(今江苏常州)在两浙路。

(40)赵與憲。《宋史》:“赵與憲字德渊,太祖十世孙。居湖州。”[③]湖州(今浙江湖州)在两浙路。

(41)史宅之。《宋史》:“史浩字直翁,明州鄞县人。……子弥大、弥正、弥远、弥坚。弥远嘉定初为右丞相,有传。”[④]《延祐四明志》:“史弥远……子宅之。”[⑤]鄞县(今浙江宁波)在两浙路。

(42)陈垲。《宋史》:“陈垲字子爽,嘉兴人。”[⑥]嘉兴(今浙江嘉兴)在两浙路。

(43)王爚。《宋史》:“王爚字仲潜,一字伯晦,绍兴新昌人。”[⑦]新昌(今浙江新昌)在两浙路。

(44)叶梦鼎。《宋史》:“叶梦鼎字镇之,台之宁海人。”[⑧]宁海(今浙江宁海)在两浙路。

(45)陈昉。《宋诗纪事》:“昉字叔方,号节斋,温州平阳人。”[⑨]平阳(今浙江平阳)在两浙路。

(46)洪焘。《(雍正)浙江通志》:“洪焘,临安於潜人。”[⑩]於潜(今浙江於潜)在两浙路。

(47)程垲。《两浙名贤录》:“程垲字子爽,崇德人。”[⑪]崇德(今浙江桐乡西南)在两浙路。

(48)陈宜中。《宋史》:“陈宜中字與权,永嘉人也。”[⑫]永嘉(今浙江温州)

---

① (元)脱脱等:《宋史》卷419《金渊传》,中华书局1977年版,第12558页。

② (宋)史能之:《咸淳毗陵志》卷17《钱相传》,宋元方志丛刊本,中华书局1990年版,第3113页。

③ (元)脱脱等:《宋史》卷423《赵與憲传》,中华书局1977年版,第12641页。

④ (元)脱脱等:《宋史》卷396《史浩传》,中华书局1977年版,第12065、12069页。

⑤ (元)袁桷等:《延祐四明志》卷5《史弥远传》,宋元方志丛刊本,中华书局1990年版,第6206页。

⑥ (元)脱脱等:《宋史》卷425《陈垲传》,中华书局1977年版,第12683页。

⑦ (元)脱脱等:《宋史》卷418《王爚传》,中华书局1977年版,第12525页。

⑧ (元)脱脱等:《宋史》卷414《叶梦鼎传》,中华书局1977年版,第12432页。

⑨ (清)万鹗辑撰:《宋诗纪事》卷73《陈昉小传》,上海古籍出版社1983年版,第1798页。

⑩ (清)沈翼机、(清)傅王露等纂,(清)嵇曾筠、(清)李卫等修:《(雍正)浙江通志》卷113《职官三》,上海古籍出版社1991年版,第2018页。

⑪ (明)徐象梅:《两浙名贤录》卷27《知太平程子爽垲》,北京图书馆古籍珍本丛刊第18册,书目文献出版社1987年版,第796页。

⑫ (元)脱脱等:《宋史》卷418《陈宜中传》,中华书局1977年版,第12529页。

在两浙路。

(49)刘黻。《宋史》:"刘黻字声伯,乐清人。"[①]乐清(今浙江乐清)在两浙路。

(50)王应麟。《宋史》:"王应麟字伯厚,庆元府人。"[②]《(乾隆)宁波府志》:"王应麟,字伯厚,鄞县人。"[③]故王应麟籍贯庆元府鄞县(今浙江宁波),在两浙路。

(51)周三畏。《兰溪县志》:"周三畏,字正仲本汴梁人。"[④]周三畏于绍兴十五年(1145)六月到绍兴十八年(1148)八月期间担任吏部尚书,南宋以来,京畿路已经是金朝地域,因此周三畏籍贯不再按汴梁,今按兰溪(今浙江兰溪)在两浙路。

4. 河北东路

(1)权邦彦[⑤]。《杨万里集》:"公讳邦彦,字朝美,河间人。"[⑥]河间(今河北河间)在河北东路。

5. 京西北路

(1)席益[⑦]。《宋史》:"席旦字晋仲,河南人……子益。"[⑧]河南(今河南洛阳)在京西北路。

(2)贺允中[⑨]。《南涧甲乙稿》:"公之七世祖从僖宗幸蜀,为眉州防御推官,卒葬其地,遂为眉之青神人,移籍蔡州汝阳。"[⑩]汝阳(今河南汝南)在京西北路。

6. 淮南东路

(1)胡松年。《宋史》:"胡松年字茂老,海州怀仁人。"[⑪]怀仁(今江苏赣榆)在淮南东路。

---

① (元)脱脱等:《宋史》卷405《刘黻传》,中华书局1977年版,第12242页。

② (元)脱脱等:《宋史》卷438《王应麟传》,中华书局1977年版,第12987页。

③ (清)曹炳仁:《(乾隆)宁波府志》卷19《王应麟传》,台湾成文出版社1983年版,第1535页。

④ (清)陈凤举等纂,(清)张许等修:《(嘉庆)兰溪县志》卷13《周三畏传》,台湾成文出版社1983年版,第453页。

⑤ 权邦彦于绍兴二年(1132)三月到五月期间任吏部尚书,可见其出生当在北宋时期。

⑥ (宋)杨万里撰,辛更儒笺校:《杨万里集笺校》卷124《枢密兼参知政事权公墓志铭》,中华书局2007年版,第4806页。

⑦ 席益于绍兴三年(1132)正月到二月之间任吏部尚书,可见其出生当在北宋时期。

⑧ (元)脱脱等:《宋史》卷347《席旦传》,中华书局1977年版,第11015、11017页。

⑨ 《南涧甲乙稿》卷20《贺公墓志铭》载:"乾道四年三月二十九日薨于家,享年七十有九。"据此推算贺允中出生于1090年,为北宋时期。

⑩ (宋)韩元吉:《南涧甲乙稿》卷20《贺公墓志铭》,丛书集成初编第1983册,中华书局1985年版,第401页。

⑪ (元)脱脱等:《宋史》卷379《胡松年传》,中华书局1977年版,第11697页。

(2)刘大中。《万姓统谱》:“刘大中字立道,真州人。”[①]真州(今江苏真州)在淮南东路。

(3)周麟之。《宋名臣言行录》:“周麟之字茂振,祖居成都,后为海陵人。”[②]海陵(今江苏泰州)在淮南东路。

(4)王希吕。《宋史》:“王希吕字仲行,宿州人。渡江后自北归南,既仕,寓居嘉兴府。”[③]按王希吕籍贯宿州(今安徽宿州),在淮南东路。

7. 江南东路

(1)张焘。《宋史》:“张焘字子公,饶之德兴人。”[④]德兴(今江西德兴)在江南东路。

(2)罗汝楫。《盘洲文集》:“公罗氏讳汝楫,字彦济。其先自豫章辟五季之乱,徙家于歙,遂为歙人。”[⑤]歙县(今安徽黄山歙县)在江南东路。

(3)张杞。《(光绪)江西通志》:“张杞字南轩,德兴人。”[⑥]德兴(今江西德兴)在江南东路。

(4)陈康伯。《宋史》:“陈康伯字长卿,信之弋阳人。”[⑦]弋阳(今江西弋阳)在江南东路。

(5)汪应辰。《宋史》:“汪应辰字圣锡,信州玉山人。”[⑧]玉山(今江西玉山)在江南东路。

(6)金安节。《宋史》:“金安节字彦亨,歙州休宁人。”[⑨]休宁(今安徽休宁)在江南东路。

(7)周执羔。《宋史》:“周执羔字表卿,信州弋阳人。”[⑩]弋阳(今江西弋阳)在江南东路。

---

① (明)凌迪知:《万姓统谱》卷59《刘大中传》,中华族谱集成第1册,巴蜀书社1995年版,第899页。

② (宋)李幼武:《四朝名臣言行录》下卷3,宋代传记资料丛刊第26册,北京图书馆出版社2006年版,第93页。

③ (元)脱脱等:《宋史》卷388《王希吕传》,中华书局1977年版,第11900页。

④ (元)脱脱等:《宋史》卷382《张焘传》,中华书局1977年版,第11755页。

⑤ (宋)洪适:《盘洲文集》卷77《罗尚书墓志铭》,宋集珍本丛刊第45册,线装书局2004年版,第506页。

⑥ (清)谢旻等监修:《(光绪)江西通志》卷87《人物二十二》,文渊阁四库全书影印本第516册,台湾商务印书馆1986年版,第20页。

⑦ (元)脱脱等:《宋史》卷384《陈康伯传》,中华书局1977年版,第11807页。

⑧ (元)脱脱等:《宋史》卷387《汪应辰传》,中华书局1977年版,第11876页。

⑨ (元)脱脱等:《宋史》卷386《金安节传》,中华书局1977年版,第11858页。

⑩ (元)脱脱等:《宋史》卷388《周执羔传》,中华书局1977年版,第11897页。

(8)程大昌。《文忠集》:“为新海宁人,即今徽州休宁也。”[①]休宁(今安徽休宁)在江南东路。

(9)程珌。《宋史》:“程珌,字怀古,徽州休宁人。”[②]休宁(今安徽休宁)在江南东路。

(10)汪逵。《南宋馆阁录续录》:“汪逵字季路,玉山人。”[③]玉山(今江西玉山)在江南东路。

(11)吴潜。《南宋馆阁录续录》:“吴潜字毅父,建康府溧水人。”[④]溧水(今江苏溧水)在江南东路。

(12)饶虎臣。《宋史》:“饶虎臣字宗召,宁国人。”[⑤]宁国(今安徽宁国)在江南东路。

(13)江万里。《南宋馆阁录续录》:“江万里字子远,南康军都昌人。”[⑥]都昌(今江西都昌)在江南东路。

8. 江南西路

(1)胡直孺。《(光绪)江西通志》:“胡直孺字少汲,奉新人。”[⑦]奉新(今江西奉新)在江南西路。

(2)晏敦复。《宋史》:“晏敦复字景初,丞相殊之曾孙。”[⑧]“晏殊字同叔,抚州临川人。”[⑨]临川(今江西抚州)在江南西路。

(3)董德元。《绍兴十八年同年小录》:“董德元……本贯吉州永丰县云盖乡善和里。”[⑩]永丰(今江西永丰)在江南西路。

(4)洪遵。《文忠集》:“遵字景严,世为饶州鄱阳人。”[⑪]鄱阳(今江西鄱阳)在江南西路。

---

① (宋)周必大撰,(宋)周纶编:《文忠集》卷62《龙图阁学士宣奉大夫赠特进程公神道碑》,文渊阁四库全书影印本第1147册,台湾商务印书馆1986年版,第656页。

② (元)脱脱等:《宋史》卷442《程珌传》,中华书局1977年版,第12616页。

③ (宋)佚名撰,张富祥点校:《南宋馆阁录续录》卷7《官联一》,中华书局1998年版,第251页。

④ (宋)佚名撰,张富祥点校:《南宋馆阁录续录》卷9《官联三》,中华书局1998年版,第348页。

⑤ (元)脱脱等:《宋史》卷420《饶虎臣传》,中华书局1977年版,第12580页。

⑥ (宋)佚名撰,张富祥点校:《南宋馆阁录续录》卷9《官联三》,中华书局1998年版,第349页。

⑦ (清)谢旻等监修:《(光绪)江西通志》卷66《人物一》,文渊阁四库全书影印本第515册,台湾商务印书馆1986年版,313页。

⑧ (元)脱脱等:《宋史》卷381《晏敦复传》,中华书局1977年版,第11737页。

⑨ (元)脱脱等:《宋史》卷311《晏殊传》,中华书局1977年版,第10195页。

⑩ (宋)佚名:《绍兴十八年同年小录》,宋代传记资料丛刊第46册,北京图书馆出版社2006年版,第41页。

⑪ (宋)周必大撰,(宋)周纶编:《文忠集》卷70《同知枢密院事赠太师洪文安公遵神道碑》,文渊阁四库全书影印本第1147册,台湾商务印书馆1986年版,第739页。

(5)刘才邵。《宋史》:“刘才邵字美中,吉州庐陵人。”[①]庐陵(今江西吉安)在江南西路。

(6)周必大。《楼钥集》:“宣和中,祖通吉州通判,因家焉。”[②]吉州(今江西吉安)在江南西路。

(7)萧燧。《文忠集》:“公讳燧,字照邻。先世唐望族散居潭之浏阳,南唐时徙袁州新喻县,今盘临江军。”[③]萧燧籍贯为临江军新喻(今江西新余),在江南西路。

(8)赵汝愚。《宋史》:“赵汝愚字子直,汉恭宪王元佐七世孙,居饶之余干县。”[④]余干(今江西余干西北)在江南西路。

(9)罗点。《絜斋集》:“先世实居江西之豫章,我宋之兴,徙于抚之崇仁。”[⑤]崇仁(今江西崇仁)在江南西路。

(10)刘德秀。《南宋馆阁录续录》:“刘德秀字仲洪,隆兴府丰城人。”[⑥]丰城(今江西丰城)在江南西路。

(11)章鉴。《宋史》:“章鉴字公秉,分宁人。”[⑦]分宁(今江西修水)在江南西路。

(12)陈仲微。《宋史》:“陈仲微字致广,瑞州高安人。”[⑧]高安(今江西高安)在江南西路。

(13)韩元吉。《南涧甲乙稿》:“元吉字无咎,开封雍邱人,南渡后流寓信州之上饶。”[⑨]按韩元吉籍贯信州上饶(今江西上饶),在江南西路。

9. 淮南西路

(1)魏杞。《宋史》:“魏杞字南夫,寿春人。”[⑩]寿春(今安徽寿春)在淮南西路。

---

① (元)脱脱等:《宋史》卷422《刘才邵传》,中华书局1977年版,第12606页。
② (宋)楼钥撰,顾大朋点校:《楼钥集》卷98《少傅观文殿大学士致仕益国公赠太师谥文忠周公神道碑》,浙江古籍出版社2010年版,第1715页。
③ (宋)周必大撰,(宋)周纶编:《文忠集》卷67《资政殿学士宣奉大夫参知政事萧正肃公神道碑》,文渊阁四库全书影印本第1147册,商务印书馆1986年版,第714页。
④ (元)脱脱等:《宋史》卷392《赵汝愚传》,中华书局1977年版,第11981页。
⑤ (宋)袁燮:《絜斋集》卷12《罗公行状》,丛书集成初编第2029册,商务印书馆1935年版,第187页。
⑥ (宋)佚名撰,张富祥点校:《南宋馆阁录续录》卷9《官联三》,中华书局1998年版,第378页。
⑦ (元)脱脱等:《宋史》卷418《章鉴传》,中华书局1977年版,第12528页。
⑧ (元)脱脱等:《宋史》卷422《陈仲微传》,中华书局1977年版,第12618页。
⑨ (宋)韩元吉:《南涧甲乙稿·提要》,丛书集成初编第1979册,中华书局1985年版,第5页。
⑩ (元)脱脱等:《宋史》卷385《魏杞传》,中华书局1977年版,第11831页。

10. 永兴军路

(1)王之奇。《定斋集》:“公之先华州人,唐末巢寇挺乱避地庆州家焉。”[①]庆州(今甘肃庆阳)在永兴军路。

11. 广南东路

(1)崔與之。《李忠简公文溪存稿》:“崔與之字正子,增城人。”[②]增城(今广东增城)在广南东路。

(2)李大性。《宋史》:“李大性字伯和,端州四会人。”[③]四会(今广东四会)在广南东路。

12. 成都府路

(1)费士寅。《南宋馆阁录续录》:“费士寅字戒父,成都人。”[④]成都(今四川成都)在成都府路。

(2)宇文绍节。《宋史》:“宇文绍节字挺臣,成都广都人。”[⑤]广都(今四川双流)在成都府路。

(3)李埴。《宋元学案》:“李埴,字季允,丹棱人。”[⑥]丹棱(今四川丹棱)在成都府路。

(4)魏了翁。《南宋馆阁录续录》:“魏了翁字华甫,邛州蒲江人。”[⑦]蒲江(今四川浦江)在成都府路。

(5)高定子。《宋史》:“高定子字瞻叔,利州路提点刑狱兼和沔州稼之弟也。”[⑧]“高稼字南叔,邛州蒲江人。”[⑨]蒲江(今四川邛崃)在成都府路。

(6)常楙。《宋史》:“常楙字长孺,显谟阁直学士同之曾孙。”[⑩]“常同字子正,邛州临邛人。”[⑪]临邛(今四川邛崃)在成都府路。

① (宋)蔡戡:《定斋集》卷14《故端明殿学士王公行状》,丛书集成续编第105册,上海书店1994年版,第81页。

② (宋)李昴英:《李忠简公文溪存稿》卷11《崔清献公行状》,宋集珍本丛刊第85册,线装书局2004年版,第508页。

③ (元)脱脱等:《宋史》卷395《李大性传》,中华书局1977年版,第12048页。

④ (宋)佚名撰,张富祥点校:《南宋馆阁录续录》卷7《官联一》,中华书局1998年版,第233页。

⑤ (元)脱脱等:《宋史》卷398《宇文绍节传》,中华书局1977年版,第12116页。

⑥ (清)黄宗羲原著,(清)全祖望补修,陈金生、梁运华点校:《宋元学案》卷71《文肃李悦斋先生埴》,中华书局1986年版,第2391页。

⑦ (宋)佚名撰,张富祥点校:《南宋馆阁录续录》卷8《官联二》,中华书局1998年版,第328页。

⑧ (元)脱脱等:《宋史》卷409《高定子传》,中华书局1977年版,第12317页。

⑨ (元)脱脱等:《宋史》卷449《高稼传》,中华书局1977年版,第13230页。

⑩ (元)脱脱等:《宋史》卷421《常楙传》,中华书局1977年版,第12595页。

⑪ (元)脱脱等:《宋史》卷376《常同传》,中华书局1977年版,第11623页。

13. 潼川府路①

(1)李鸣复。《宋史》:“李鸣复字成叔,泸州人。”②泸州(今四川泸州)在潼川府路。

(2)游似。《宋史》:“游仲鸿字子正,果之南充人……子似。”③南充(今四川南充)在潼川府路。

14. 荆湖南路

(1)丁应奎。《南宋馆阁录续录》:“丁应奎字圭叟,贯潭州。”④《(乾隆)湖广通志》:“丁应奎,醴陵人。”⑤故丁应奎籍贯为潭州醴陵(今湖南醴陵),在荆湖南路。

15. 不可考

(1)杨烨。不可考。

(2)赵性夫,不可考。

(3)徐桌,不可考。

二、宋代吏部尚书籍贯分布特征与分析

(一)籍贯分布特征

根据宋代吏部尚书籍贯考,可做吏部尚书籍贯分布表、图如下:

表1　宋代吏部尚书籍贯分布一览表

时期 籍贯	北宋前期	北宋后期	南宋时期
成都府路	/	苏辙　苏轼　宇文粹中　王时雍	费士寅　宇文绍节　李埴　魏了翁　高定子　常楙
潼川府路	/	/	李鸣复　游似

① 谭其骧先生主编地图北宋采用的是政和元年(1111)的二十四路,其中的梓州路于宣和元年(1119)改为潼川府路,而李鸣复、游似都是南宋后期人,籍贯应均为潼川府路,而北宋时期梓州路并没有吏部尚书,为方便两宋一起比较,故将梓州路直接按潼川府路处理。

② (元)脱脱等:《宋史》卷419《李鸣复传》,中华书局1977年版,第12550页。

③ (元)脱脱等:《宋史》卷400《游仲鸿传》,中华书局1977年版,第12149、12151页。

④ (宋)佚名撰,张富祥点校:《南宋馆阁录续录》卷9《官联三》,中华书局1998年版,第353页。

⑤ (清)夏力恕等编纂,(清)迈柱等监修:《(乾隆)湖广通志》卷32《选举志》,文渊阁四库全书影印本第532册,台湾商务印书馆1986年版,第258页。

续表

籍贯＼时期	北宋前期	北宋后期	南宋时期
永兴军路	寇準	吕大防	王之奇
广南东路	/	/	崔與之　李大性
河北东路	张昭　宋白	王震	权邦彦
河北西路	/	李清臣 韩忠彦	/
河东路	文彦博	/	/
淮南东路	/	/	胡松年　刘大中　周麟之　王希吕
淮南西路	吕夷简	王孝迪	魏杞
江南西路	王钦若　陈执中　王安石	邓润甫　彭汝砺	胡直孺　晏敦复　董德元　洪遵　刘才邵　周必大　萧燧　赵汝愚　罗点　刘德秀　章鉴　陈仲微　韩元吉
江南东路	夏竦	刘拯	张焘　罗汝楫　张杞　陈康伯　汪应辰　金安节　周执羔　程大昌　程珌　汪逵　吴潜　饶虎臣　江万里
京畿路	宋琪　向敏中　王拱辰	时彦	/
京东西路	张齐贤　赵槩	傅尧俞	路允迪　吕颐浩
京东东路	王曾	赵挺之　李棁	/
京西北路	吕蒙正　冯拯	孙永　邢恕　张克公　许光凝　谢克家	席益　贺允中
京西南路	/	王襄	/

续表

时期 籍贯	北宋前期	北宋后期	南宋时期
荆湖南路	/	/	丁应奎
福建路	曾公亮　吴充	曾孝宽　苏颂　许将　林希　黄履　叶祖洽　温益　徐铎　林摅　余深	周武仲　郑滋　林大鼐　叶颙　陈俊卿　龚茂良　留正　蔡洸　郑丙　颜师鲁　郑侨　许及之　傅伯寿　袁说友　颜棫　杨炳　任希夷　徐应龙　朱著　陈卓　许应龙　徐荣叟　杜杲　赵以夫　徐清叟　张磻　颜颐中　蔡抗　陈显伯　常挺
两浙路	丁谓	范纯仁　王存　胡宗愈　陆佃　何执中　虞策　朱谔　管师仁　蒋猷　何志同　唐恪　卢法原　卫仲达　梅执礼　莫俦	刘珏　卢法原①　洪拟　李光　沈與求　孙近　吴表臣　张纲　王师心　叶义问　徐嘉　何溥　凌景夏　陈之茂　陈良祐　胡沂　汪大猷　张津　李彦颖　余端礼　楼钥　叶翥　张釜　钱象祖　黄由　丁常任　卫泾　陆峻　林大中　曾映　张伯垓　薛极　陆德舆　余天锡　赵彦㦤　袁甫　赵與懽　金渊　钱相　赵與篙　史宅之　陈垲　王爚　叶梦鼎　陈昉　洪焘　程垲　陈宜中　刘黻　王应麟　周三畏
不可考	/	/	杨烨　赵性夫　徐㮚

表2　宋代吏部尚书籍贯分布人数统计表

时期 籍贯	北宋前期(人数)	北宋后期(人数)	南宋时期(人数)	合计(人数)
成都府路	0	4	6	10
潼川府路	0	0	2	2
永兴军路	1	1	1	3

① 此人在两宋都担任过吏部尚书。

续表

时期 籍贯	北宋前期(人数)	北宋后期(人数)	南宋时期(人数)	合计(人数)
广南东路	0	0	2	2
河北东路	2	1	1	4
河北西路	0	2	0	2
河东路	1	0	0	1
淮南东路	0	0	4	4
淮南西路	1	1	1	3
江南西路	3	2	13	18
江南东路	1	1	13	15
京畿路	3	1	0	4
京东西路	2	1	2	5
京东东路	1	2	0	3
京西北路	2	5	2	9
京西南路	0	1	0	1
荆湖南路	0	0	1	1
福建路	2	10	30	42
两浙路	1	15	51	66①
不可考	0	0	3	3
合计	20	47	132	198②

① 两浙路的卢法原于北宋后期和南宋时期均担任过吏部尚书,故仍为1人,统计总数只统计1次。

② 卢法原北宋南宋均担任过吏部尚书,故统计两次,但是两宋吏部尚书总人数方面,仍为198位。

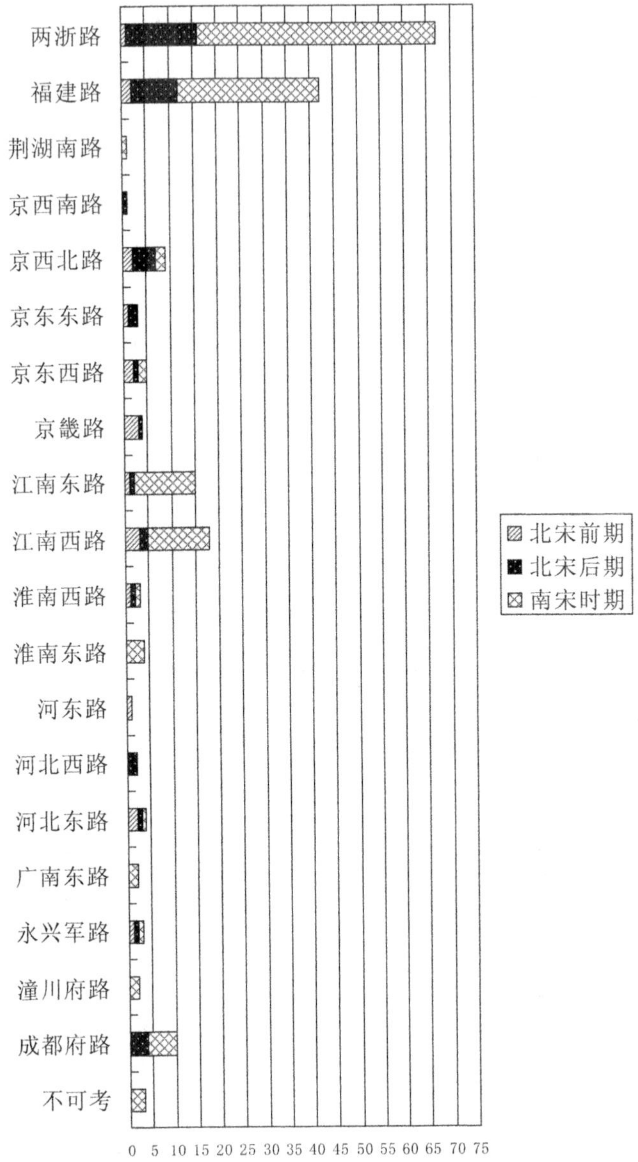

图1 宋代各路吏部尚书人数分布图

表3 宋代吏部尚书三个时期各路人数所占总人数比例表

籍贯＼时期	北宋前期	北宋后期	南宋时期
成都府路	/	8.51%	4.58%
潼川府路	/	/	1.53%
永兴军路	5%	2.13%	0.76%
广南东路	/	/	1.53%
河北东路	10%	2.13%	0.76%
河北西路	/	4.26%	/
河东路	5%	/	/
淮南东路	/	/	3.05%
淮南西路	5%	2.13%	0.76%
江南西路	15%	4.26%	9.92%
江南东路	5%	2.13%	9.92%
京畿路	15%	2.13%	1.53%
京东西路	10%	2.13%	1.53%
京东东路	5%	4.26%	/
京西北路	10%	10.64%	1.53%
京西南路	/	2.13%	/
荆湖南路	/	/	0.76%
福建路	10%	21.28%	22.90%
两浙路	5%	31.91%	38.93%
不可考	/	/	2.29%

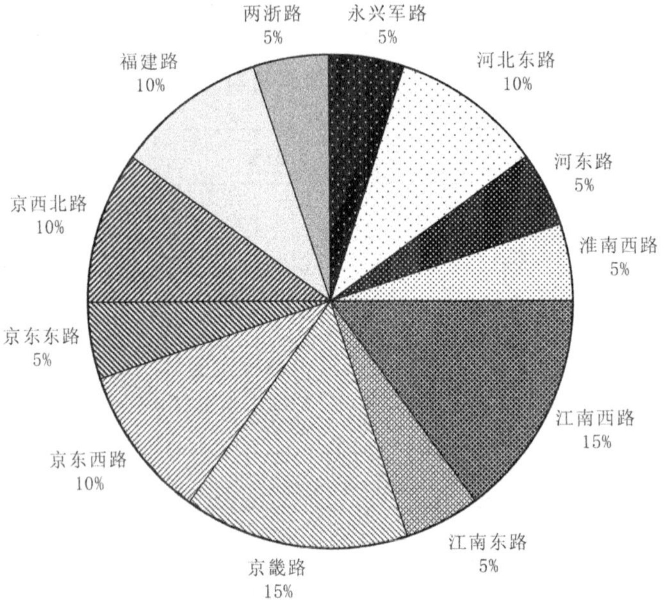

图 2　北宋前期吏部尚书各路人数所占总人数比例图

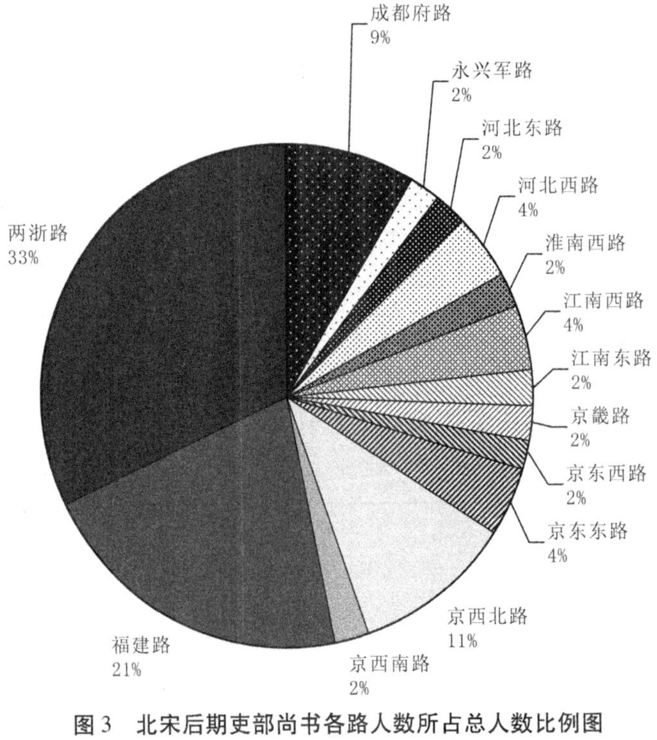

图 3　北宋后期吏部尚书各路人数所占总人数比例图

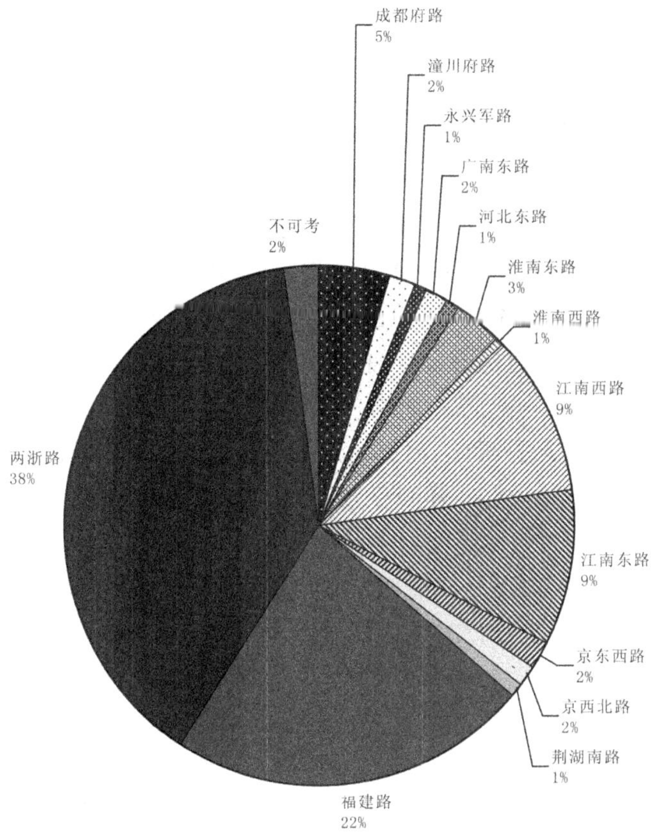

图4 南宋时期吏部尚书各路人数所占总人数比例图

从以上统计表、图反映出宋代吏部尚书的籍贯分布有以下几种特征：

(1)总体上看，宋代吏部尚书籍贯主要分布在以两浙路和福建路为主的南方五路。参照北宋政和元年(1111)二十四路，可见除利州路、夔州路、广南西路、荆湖北路、秦凤路之外皆有吏部尚书，总人数及比例由高到低为：两浙路66人，33.33%；福建路42人，21.43%；江南西路18人，9.09%；江南东路15人，7.65%；成都府路10人，5.10%；京西北路9人，4.59%；京畿路4人，2.02%；京东西路5人，2.55%；河北东路、淮南东路均为4人，2.04%；永兴军路、淮南西路、京东东路均为3人，4.59%；潼川府路、广南东路、河北西路均为2人，1.02%；河东路、京西南路、荆湖南路均为1人，0.51%。可见，宋代吏部尚书籍贯分布区域不平衡。籍贯为两浙路、福建路、江南西路、江南东路、成都府路者总数达151人，占可考籍贯人数的76.26%，将近八成。尤其是籍贯为两浙路、福建路两路者总人数达108人，占可考籍贯人数的54.55%，将近六成。两浙路、福建路、江南东路、江南西路、成都府路都属南方，可见宋代吏部尚书籍贯分布主要集中于南方五路，尤其是两浙路与福建路，更是宋代吏部尚书籍贯的集中分布区域。

（2）纵向上看，宋代吏部尚书籍贯分布在北宋前期较为分散，北宋后期两浙路与福建路异军突起，南宋时期上述两路优势更加明显，南方逐渐占据绝对优势。北宋前期除张昭之外，吏部尚书基本上都是作为官而存在的，不领实际职务，故其并没有按照宋朝差遣不断更换的制度，许多官员往往可以很长时间以吏部尚书为本官。所以北宋前期100余年，总共才20位可考吏部尚书，占两宋吏部尚书总人数198人的10.10%，吏部尚书的籍贯分布也较为分散、平均，京畿路、江南西路以3人为榜首，均占总人数的15%。纵观南北方，永兴军路、河北东路、河东路、京西北路、京东东路、京东西路、京畿路等北方一共12人，占北宋前期吏部尚书20人的60%，占据一定的优势。北宋后期，元丰改制之后，吏部尚书成为差遣，开始成为实际职务，变动加快，担任吏部尚书的人员也急剧增加。这一时期，尽管共计45年，可考的吏部尚书却有47位，占两宋吏部尚书总人数198人的23.74%，是北宋前期的2倍多，时间却不及北宋前期的一半。这一时期吏部尚书的籍贯分布不再平衡，两浙路和福建路两路以25人，占这一时期吏部尚书总人数的53.19%，异军突起。其他各路则较为分散、平均，从1人到5人不等。南北方面，以成都府路、淮南西路、江南东路、江南西路、两浙路、福建路的南方吏部尚书总共33人，占北宋后期吏部尚书总人数47人的70.21%。南宋时期，可考吏部尚书总人数达132人，占两宋吏部尚书总人数198人的66.67%，恰好三分之二的比例。这一时期，吏部尚书籍贯分布继续了不平衡的势头，北宋后期凸显出来的两浙路、福建路两路继续领跑，以81人的总数占据绝对优势，占据这一时期吏部尚书总人数的61.36%，而江南西路与江南东路也异军突起，以26人占据了19.70%的比例，其他各路则较为分散、平均，从1人到5人不等。南北方面，以成都府路、潼川府路、广南东路、江南东路、江南西路、淮南东路、淮南西路、荆湖南路、福建路、两浙路的南方吏部尚书共123人，占南宋时期吏部尚书总人数的93.18%，南方占据了绝对的优势。

（3）横向上看，吏部尚书籍贯分布的19路在各个时期也存在差异。两浙路在北宋前期仅有1人，北宋后期激增到15人，南宋时期更是达到了51人，这一变化的速度和比例是空前的。福建路也颇为相似，北宋前期为2人，北宋后期增加到10人，南宋时期激增到30人。而江南东路、江南西路、成都府路等几路，都呈现出了不断增加的趋势，不过没有两浙路、福建路那么明显。相对而言，其他路要么是三个时期人数很平均，譬如永兴军路、淮南西路，三个时期均为1人；要么是某个或两个时期没有，一个时期有几个人，譬如潼川府路，南宋时期出现2人,又如荆湖南路,南宋时期出现1人,又如河北西路,北宋后期出现2人。

(二)籍贯分布分析

(1)北宋前期吏部尚书人数太少而且大多不领实际职务,籍贯分布特点并不明显。北宋前期可考吏部尚书共20人。其中,北宋第一位吏部尚书张昭"领选事,凡京官七品以下犹属铨筦。自昭致仕,始用他官权判(流内铨),颇变旧制"。[①] 其他19位吏部尚书之职为官,并不领实际职务。这一时期吏部尚书人数很少,占两宋可考吏部尚书总人数198人的10.10%,时间却足足有122年,占两宋320年的38.13%。

这一时期,以京畿路和江南西路3人为最多,其余各路为1至2人不等。张昭,历仕后唐、后晋、后汉、后周,"宋初,拜吏部尚书",为前朝旧官;[②]宋琪之父赞"仕宋,连移寿阳、延安二镇,皆表为从事"。[③] 故宋琪得以于乾德四年(966)"召拜左补阙、开封府推官"。[④] 所以宋琪之父为前朝旧官,后仕宋,逐渐成为宋太宗藩邸。夏竦,"初魏公(夏竦之父)死,朝廷录孤以公为润州丹阳县主簿。景德四年,登贤良方正能直言极谏科",[⑤]早时以恩荫入官,之后中贤良方正科,仍为夏竦个人的努力。陈执中,陈恕之子。陈恕是宋代的"理财专家","先朝陈恕领三司十余年,至今称能治财赋者,以恕为首"。[⑥] 因此,陈执中得以"以父恕任,为秘书省正字"。[⑦] 除此之外,其他17人均为进士,并且吕蒙正、王曾、王拱辰等三人为状元,其他人要么前几名,要么是甲科。

因此,北宋前期吏部尚书籍贯分布特点并不明显,这与该时期吏部尚书人数太少而且大多并不领实际职务有很大关系。这一时期吏部尚书由于仅仅是官阶,作为官品、俸禄的标准和迁转的途径,并不能很清晰地反映当时朝廷的用人特点,尤其是17人都为科举进士出身,进士与个人的努力有很大关系。另外,122年总共才20位吏部尚书并且分散在12路,具有较大的偶然性。

(2)王安石变法对南方士人的提拔与南方经济的发展,是北宋后期两浙路与福建路等南方地区吏部尚书人数急剧增加的重要原因。北宋后期可考吏部

---

① (清)徐松辑,刘琳、刁忠民等校点:《宋会要辑稿·职官》11之56,上海古籍出版社2014年版,第3343页。

② (元)脱脱等:《宋史》卷263《张昭传》,中华书局1977年版,第9091页。

③ (元)脱脱等:《宋史》卷264《宋琪传》,中华书局1977年版,第9121页。

④ (元)脱脱等:《宋史》卷264《宋琪传》,中华书局1977年版,第9121页。

⑤ (宋)王珪:《华阳集》卷35《夏文庄公竦神道碑铭》,丛书集成初编第1916册,商务印书馆1936年版,第450页。

⑥ (宋)李焘:《续资治通鉴长编》卷196,嘉祐七年五月丁未,中华书局2004年版,第4753页。

⑦ (元)脱脱等:《宋史》卷285《陈执中传》,中华书局1977年版,第9601页。

尚书共47人。这一时期共45年,时间上同北宋前期相比仅仅占了三分之一多些,吏部尚书人数却为47人,是北宋前期吏部尚书人数的2倍多。故这一时期吏部尚书开始呈现出一定的特点,即两浙路、福建路同前期相比吏部尚书人数急剧增加,南方开始占据优势。

两浙路和福建路两路以25人,占这一时期吏部尚书总人数的53.19%,异军突起。其他各路则较为分散、平均,从1人到5人不等。北宋前期,南方人很难做到高官,广大士大夫对南方人的排挤较为猛烈。到王安石变法期间,王安石大量起用支持变法的官员,无论南、北方,无论出身高低,只要全身心本着"富国、强兵"之目的即可。因此,大批南方人得以开始在重要的职位上崭露头角。王安石得力助手诸如曾布、章敦、吕惠卿、吕嘉问、邓绾等都是南方人。曾布,"字子宣,南丰人",[①]南丰(今江西南丰)在江南西路;吕惠卿,"字吉甫,泉州晋江人",[②]晋江(今福建泉州)在福建路;李定,"字资深,扬州人",[③]扬州(今江苏扬州)在淮南东路;吕嘉问为寿州(今安徽凤台)人,寿州在淮南西路;邓绾,"字文约,成都双流人",[④]双流(今四川双流)在成都府路;章敦,"字子厚,建州浦城人",[⑤]浦城(今福建浦城)在福建路。因此,这一时期吏部尚书籍贯分布集中在了诸如两浙路、福建路、江南西路、成都府路等南方地区。"谚曰:'天上天堂,地下苏杭。'又曰:'苏湖熟,天下足'",[⑥]这是两浙路经济发达的有力体现。宋代的科举取士数量、规模都是前后朝代无可比拟的,而吏部尚书也大多是科举出身,科举就必然涉及教育,有良好的教育才能够中第,两浙路能够以15人独占鳌头,这与两浙路经济的发达是分不开的。

京西北路从2人到5人,翻了一倍多;京西南路从无到1人;陕西成都府路从无到4人;河北西路从无到2人。由于宋代吏部尚书大多是科举出身,故与科举制度的变化有很大关系。熙宁四年(1071)二月丁巳,中书言:"仍于京东、陕西、河东、河北、京西五路先置学官,使之教导。其礼部所增进士奏名,止取五路进士充数,所贵合格者多,可以诱诸科向习进士……五路先置学官,中书选择逐路各三五人,虽未仕,有经术行谊者,亦许权教授,给下县主簿、尉俸。愿应举

① (元)脱脱等:《宋史》卷471《曾布传》,中华书局1977年版,第13714页。

② (元)脱脱等:《宋史》卷471《吕惠卿传》,中华书局1977年版,第13705页。

③ (元)脱脱等:《宋史》卷329《邓绾传》,中华书局1977年版,第10601页。

④ (元)脱脱等:《宋史》卷329《邓绾传》,中华书局1977年版,第10597页。

⑤ (元)脱脱等:《宋史》卷471《章敦传》,中华书局1977年版,第13709页。

⑥ (宋)范成大撰,陆振岳点校:《吴郡志》卷50《杂志》,江苏古籍出版社1999年版,第669页。

者亦听，候满三年，有五人奏举，堂除本州判、司、主簿、尉，仍再兼教授。”[①]熙宁时期，宋朝对五路的科举给予了照顾，所以五路中举人数开始增加，京西北路、京西南路、成都府路、河北西路的吏部尚书也开始打破零的纪录或者增加。相反，京畿路作为京师所在之路，这一时期吏部尚书仅有1人，与前期3人相比还有所下降，这反映出宋朝并不因为京师所在地就给予特殊照顾，吏部尚书的选任较为公平。

（3）北方优秀士人的南迁与宋代文化重心的南移，是南宋时期吏部尚书籍贯更加集中在两浙路、福建路等南方地区的重要原因。南宋时期可考吏部尚书共132人。吏部尚书籍贯分布继续了不平衡的势头，北宋后期凸显出来的两浙路、福建路两路继续领跑，以81人的总数占据绝对优势，占这一时期吏部尚书总人数的61.36%，而江南西路与江南东路也异军突起，以26人占据了19.70%的比例，其他各路则较为分散、平均，从1人到5人不等。这种趋势大致有两个主要原因：一个原因是伴随着北宋的灭亡，大批北方的宗室、士大夫、百姓纷纷南迁，他们当中有许多人是非常优秀的，而他们的后代也有很大机会担任吏部尚书；同时，疆域缩小到以南方为主，必然使得吏部尚书的担任者也以南方士人为主。另外一个重要的原因是宋代文化重心的南移，业师程民生先生认为，南方文化“以前所未有的速度迅猛崛起”，南方“文化普及，居民整体文化素质较高”。[②] 南方科举压过北方，大批南方士人的中第，也使得南方人更有可能担任吏部尚书。北方地区因为经历较多战乱，经济发展受到严重影响，加上与辽、西夏经常处于对峙状态，学习环境相对不够安定，北方士人又不太擅长诗赋等进士科的主要考试内容，所以从北宋后期开始，北方士人在科举中的优势逐渐丧失，科举及第的比重出现了南北易置的转折。而到了南宋时期，少数北方地区又与金、西夏和之后的蒙（元）屡次交锋，加剧了少数北方地区的衰败，也就更加无法保证士人能够拥有良好的学习环境。《容斋随笔》记载：“嘉祐中，吴孝宗子经者，作《余干县学记》，云：‘古者江南不能与中土等，宋受天命，然后七闽二浙与江之西东，冠带诗、书，翕然大肆，人才之盛，遂甲于天下。’”[③]南方诸路尤其是福建、两浙、江东、江西四路科举兴盛，与此同时，这一时期福建、两浙、江东、江西四路可考吏部尚书共107人，占据南宋可考吏部尚书129人的82.95%，占据绝对优势，这与洪迈所讲的“七闽二浙与江之西东”相吻合。

---

① （宋）李焘：《续资治通鉴长编》卷220，熙宁四年二月丁巳，中华书局2004年版，第5334—5335页。

② 程民生：《宋代地域文化》，河南大学出版社1997年版，第88—90页。

③ （宋）洪迈撰，孔凡礼点校：《容斋随笔·四笔》卷5《饶州风俗》，中华书局2005年版，第682页。

成都府路由北宋后期4人增加到6人，潼川府路（北宋政和元年之前为梓州路）由无到2人，永兴军路、河北东路仍然保持1人，京东西路由1人增加到2人，这与北宋熙宁年间开始实施的"五路"科举照顾有关，延续了北宋后期的势头，都有不同程度的增加。其他路则变化不大。

（三）吏部尚书籍贯分布与唐代的异同

董劭伟在其《唐代吏部尚书研究》中，对唐代吏部尚书籍贯分布进行了考证并归纳如下特征：一是"有唐一代吏部尚书籍贯主要集中于北方四道"①，这北方四道所占比例分别为"关内道36.52%、河南道27.83%、河北道16.52%、河东道8.7%"②；二是"唐代吏部尚书各道人数的情况与两《唐书》列传人物数量较为对应"③；三是唐代"前期（吏部尚书）人数主要集中于关内与河北2道，中期则相对分散……后期仍以关内、河南两道人数最多"④。

整个唐代，吏部尚书籍贯分布都集中于北方4道，到了宋代前期，由于诸多原因⑤吏部尚书籍贯分布较为分散平均，但还是能够看出北宋前期吏部尚书籍贯分布在一定程度上延续了唐代的分布特征。北宋前期吏部尚书籍贯分布京畿路和江南西路各为3人，以15%的比例占居榜首；在南北方面，北方以60%的比例超过南方。也就是说，北宋前期的吏部尚书籍贯分布同唐代吏部尚书籍贯分布有相似性，但是已经不像唐代的北方能够占有那么高的比例了。然而，到了北宋后期，吏部尚书籍贯分布已经不再集中于北方地区，籍贯分布于南方的比例达到了70.21%。南宋时期，吏部尚书籍贯分布于南方的比例更是达到了95.45%。唐代关内道的榜首位置，到了宋代，被两浙路所取代。

总的来看，唐代吏部尚书主要集中于北方地区，宋代前期延续了这一趋势，到北宋后期南方开始崛起，南宋时期吏部尚书更是几乎都来自于南方。这与两个因素关系密切：一是唐代的经济重心在北方，到了宋代，南方地区不断发展，尤其是经济，许多学者已有研究⑥，宋代经济的重心开始逐渐地向南移动，到了南宋最终完成了经济重心的转移。经济是一切的基础，良好的经济能够带动当地各个方面的发展，也包括人才的培养。二是科举的变化。唐代科举取士并不

① 董劭伟：《唐代吏部尚书研究》，中国社会科学出版社2012年版，第178页。

② 董劭伟：《唐代吏部尚书研究》，中国社会科学出版社2012年版，第178页。

③ 董劭伟：《唐代吏部尚书研究》，中国社会科学出版社2012年版，第178页。

④ 董劭伟：《唐代吏部尚书研究》，中国社会科学出版社2012年版，第179页。

⑤ 诸多原因，包括宋代前期吏部尚书从职事官变为阶官，之后在元丰改制又变为职事官，变化较大；宋代前期吏部尚书可考仅20人，这对于24路的地图标准而言，很难真正发现其显著的规律，等等。

⑥ 诸多研究中，以业师程民生先生的著作具有代表性。程民生：《宋代地域经济》，河南大学出版社1992年版。

多,士族还拥有较大的特权,诸如山东士族、陇右士族。"唐代吏部尚书担任者绝大多数出身于士族阶层",[①]也就是说,唐代吏部尚书由科举入仕者并不多,而宋代吏部尚书中80.15%[②]是由科举入仕的,这就在很大程度上抑制了士族的发展,也在很大程度上体现了科举取士分布的特点。宋代南方科举盛于北方,这在许多学者著述中已有论证[③],这也在很大程度上能够解释为什么宋代吏部尚书主要源于南方。唐代关内道在很多时期名列前茅,拥有同样地位的宋代京畿路,却没有像唐代那样,仅仅在北宋前期维持了微弱的优势。从吏部尚书这一官职的对比,可以管窥宋代其他高级官员的地域分布,应当同样符合以上推断。这种变化不仅仅是官员籍贯分布上的变化,更是王朝政治、经济、文化等方面变化的体现。

① 董劭伟:《唐代吏部尚书研究》,中国社会科学出版社2012年版,第213页。

② 80.15%的比例统计,在本书宋代吏部尚书入仕途径与起家官一章中有论证。

③ 诸多研究中,以业师程民生先生的著作具有代表性。程民生:《宋代地域文化》,河南大学出版社1997年版。

第四章
宋代吏部尚书入仕途径与起家官

一、宋代吏部尚书的入仕途径

宋代吏部尚书担任者的入仕途径和初仕情况对其仕途发展有着不小的影响,从另一角度也反映着诸如吏部尚书等宋代重要官员入仕和初仕的特点。本节将对宋代吏部尚书的入仕途径和初仕情况进行粗略的考证,继而进行分析。

(一)入仕途径及特征

根据《宋史》、《东都事略》、《宋会要辑稿》、吏部尚书本人的文集、方志、墓志铭、神道碑、行状等史料,做如下简表:

表4 宋代吏部尚书入仕途径与起家官简表

姓名	入仕途径	起家官	出处
北宋前期			
张昭	(张宪)荐举	署府推官	《宋史》卷263《张昭传》
宋琪	(契丹)会同四年(941)进士	署寿安王侍读	《宋史》卷264《宋琪传》
吕蒙正	太平兴国二年(977)进士第1名	将作监丞、通判昇州(今江苏南京)	《宋史》卷265《吕蒙正传》;《名臣碑传琬琰集》上卷15《吕文穆公蒙正神道碑》
张齐贤	太平兴国二年(977)进士	大理评事、通判衡州(今湖南衡阳)	《名臣碑传琬琰集》下卷2《张文定公齐贤传》
宋白	建隆二年(961)进士甲科	著作佐郎、玉津(今四川犍为)县令	《宋史》卷439《宋白传》

续表

姓名	入仕途径	起家官	出处
王钦若	淳化三年(992)进士第11名	秘书省校书郎、亳州(今安徽亳州)防御推官	《文庄集》卷28《赠太师中书令冀国公王公行状》
向敏中	太平兴国五年(980)进士	将作监丞、同判吉州(今江西吉安)	《龙学文集》卷15《文简向公神道碑铭》
寇凖	太平兴国五年(980)进士	大理评事、知归州巴东县(今湖北巴东)	《名臣碑传琬琰之集》上卷2《寇忠愍公准旌忠之碑》
丁谓	淳化三年(992)进士甲科	大理评事、通判饶州(今江西鄱阳)	《宋史》卷283《丁谓传》
冯拯	太平兴国二年(977)进士	大理评事、通判峡州(今湖北宜昌)	《隆平集》卷4《冯拯传》;《宋史》卷285《冯拯传》
王曾	咸平五年(1002)进士第1名	将作监丞、通判济州(今山东巨野)	《东都事略》卷51《王曾传》;《淳熙三山志》卷26《人物类一》
吕夷简	咸平三年(1000)进士	绛州(今山西新绛)军事推官	《张方平集》卷36《吕公神道碑铭》
夏竦	先恩荫,后中景德四年(1007)贤良方正科	润州丹阳县(今江苏丹阳)主簿	《华阳集》卷47《夏文庄公竦神道碑铭》
陈执中	恩荫	秘书省正字	《张方平集》卷37《陈公神道碑铭》
文彦博	天圣五年(1027)进士	大理评事、知绛州翼城(今山西翼城)县	《名臣碑传琬琰集》卷13《文忠烈公彦博传》
王拱辰	天圣八年(1030)进士第1名	将作监丞、同判怀州(今河南沁阳)	《公是集》卷51《王开府行状》
曾公亮	天圣年间进士第5名	太常寺奉礼郎、知会稽(今浙江绍兴一带)	《名臣碑传琬琰集》中卷52《曾太师公亮行状》
赵槩	天圣五年(1027)进士第3名	将作监丞、通判海州(今江苏连云港)	《苏轼文集》卷18《赵康靖公神道碑》

续表

姓名	入仕途径	起家官	出处
王安石	庆历二年(1042)进士甲科	签书淮南东路节度判官厅公事	《名臣碑传琬琰集》下卷14《王荆公安石传》
吴充	宝元元年(1038)进士	濠州钟离县(今安徽凤台)县尉	《(乾隆)福建通志》卷47《人物五》;《名臣碑传琬琰集》中卷27《吴正宪公充墓志铭》
北宋后期			
李清臣	皇祐五年(1053)进士	邢州(今河北邢台)司户参军	《鸡肋集》卷62《资政殿大学士李公行状》
曾孝宽	恩荫	将作监主簿、知桐城(今安徽桐城)县	《东都事略》卷69《曾孝宽传》
吕大防	皇祐初进士	同州冯翊(今陕西大荔)主簿	《名臣碑传琬琰集》下卷16《吕汲公大防传》
范纯仁	先恩荫,后中皇祐元年(1049)进士	太常寺太祝,后知汝州襄城(今河南襄城)	《曲阜集》卷3《范忠宣墓志铭》
孙永	先恩荫,后中庆历六年(1046)进士	将作监主簿,后知襄城(今河南襄城)	《苏魏公文集》卷53《资政殿学士通议大夫孙公神道碑铭》
苏颂	庆历二年(1042)进士	宿州(今安徽宿州)观察推官	《(乾隆)福建通志》卷45;《曲阜集》卷3《赠苏司空墓志铭》
许将	嘉祐八年(1063)进士第1名	大理评事、签书奉国军(今浙江宁波)节度判官厅公事	《宋会要辑稿·选举》2之9、2之10
苏辙	嘉祐二年(1057)进士,后又中制举	大名府(今河北大名)军事推官	《宋史》卷339《苏辙传》
邓润甫	皇祐年间进士	上饶(今江西上饶)县尉	《(光绪)江西通志》卷83《人物十八》

续表

姓名	入仕途径	起家官	出处
傅尧俞	庆历年间进士	新息县(今河南息县)主簿	《东都事略》卷90《傅尧俞传》
苏轼	嘉祐二年(1057)进士乙科,后又中制举①	河南福昌(今河南境内)主簿	《名臣碑传琬琰集》中卷26《苏文忠公轼墓志铭》
王存	庆历六年(1046)进士及第	秀州嘉兴县(今浙江嘉兴)主簿	《名臣碑传琬琰集》中卷30《王学士存墓志铭》
胡宗愈	嘉祐四年(1059)进士	集贤校理	《咸淳毗陵志》卷17《人物二》;《东都事略》卷71《胡宗愈传》
彭汝砺	治平二年(1065)进士第1名	保信军节度推官	《名臣碑传琬琰集》中卷31《彭待制汝砺墓志铭》
林希	嘉祐二年(1057)进士	泾县(今安徽泾县)主簿	《淳熙三山志》卷26《人物类一》;《东都事略》卷97《林希传》
王震	恩荫	习学中书刑房公事	《宋史》卷320《王震传》
黄履	嘉祐六年(1061)进士第5名	试衔知县②	《宋会要辑稿·选举》2之9
邢恕	进士甲科	永安县(今福建永安)主簿	《东都事略》卷99《邢恕传》
叶祖洽	熙宁三年(1070)进士第1名	大理评事、签书奉国军(今浙江宁波)节度判官厅公事	《宋会要辑稿·选举》2之10;《苏魏公文集》卷32《外制》
韩忠彦	先恩荫,后中进士	将作监主簿,后同知太常礼院	《名臣碑传琬琰集》中卷50《韩仪公丞相忠彦行状》

① 参见《宋史》卷339《苏辙传》:“苏辙字子由,年十九,与兄轼同登进士科,又同策制举。”中华书局1977年版,第10821页。

② 具体何处知县,不详。

续表

姓名	入仕途径	起家官	出处
陆佃	熙宁三年(1070)进士甲科①	蔡州(今河南上蔡)推官	《(雍正)浙江通志》卷124《选举》;《宋史》卷343《陆佃传》
温益	进士	不详;初见官:大宗正丞,后诸王府记事参军	《东都事略》卷97《温益传》
赵挺之	熙宁三年(1070)进士	登州(今山东蓬莱)教授	《石林燕语》卷3;《东都事略》卷102《赵挺之传》
何执中	熙宁六年(1073)进士	台州(今浙江台州)推官	《(雍正)浙江通志》卷124《选举》;《东都事略》卷102《何执中传》
徐铎	熙宁九年(1076)进士第1名	大理评事、签书镇东军(今浙江东部)节度判官厅公事	《宋会要辑稿·选举》2之11;《宋史》卷329《徐铎传》
虞策	嘉祐八年(1063)进士	台州(今浙江台州)推官	《(雍正)浙江通志》卷123《选举》;《宋史》卷355《虞策传》
朱谔	天圣六年(1028)进士探花	忠正军推官	《(雍正)浙江通志》卷124《选举》;《东都事略》卷103《朱谔传》
时彦	元丰二年(1079)进士第1名	签书颍昌(今河南许昌)判官	《长编》卷297,元丰二年三月癸巳;《宋史》卷354《时彦传》
林摅	先恩荫,后于崇宁二年(1103)赐进士出身	无锡(今江苏无锡)主簿	《东都事略》卷103《林摅传》;《宋会要辑稿·选举》9之14

① 参见《宋史》卷343《陆佃传》:"礼部奏名为举首,方廷试赋,遽发策题,士皆愕然,佃从容务对,擢甲科。"中华书局1977年版,第10918页。

续表

姓名	入仕途径	起家官	出处
余深	元丰五年(1082)进士	不详;初见官:太常博士①	《宋史》卷352《余深传》
管师仁	熙宁六年(1073)进士	沧州(今天津南部,河北沧州东部)教授	《(雍正)浙江通志》卷124《选举》;《东都事略》卷103《管师仁传》
刘拯	进士及第	不详;初见官:著作佐郎、知常熟(今江苏常熟)县	《宋史》卷356《刘拯传》;《宋会要辑稿·食货》70之14
王襄	进士	不详;初见官:军器监主簿	《宋史》卷352《王襄传》
张克公	进士	不详;初见官:监察御史	《东都事略》卷105《张克公传》
许光凝	不详	不详;初见官:通直郎知蓟州(今天津北部)	《吴郡志》卷11《牧守》
蒋猷	元丰八年(1085)进士	武进(今江苏常州武进区)县主簿	《浮溪集》卷27《显谟阁直学士蒋公墓志铭》
宇文粹中	崇宁二年(1103)进士第3名	不详;初见官:符宝郎	《太平治迹统类》卷27;《宋史全文》卷14,大观三年正月丁未
王孝迪	绍圣四年(1097)宏词科	杭州余杭(今浙江杭州)县尉	《宋会要辑稿·选举》12之4,12之5
何志同	元祐六年(1091)进士,后又中儒科	钱塘(今浙江杭州)县尉	《(雍正)浙江通志》卷124《选举》;《絜斋集》卷17《端明尚书何公墓表》;《(雍正)浙江通志》卷174《人物四》

① 余深元丰五年(1082)中进士,崇宁元年(1102)为太常博士,显然已经不是起家官,今根据所见史料记载其仕途中最早的官职列出,以作参考。

续表

姓名	入仕途径	起家官	出处
唐恪	先恩荫,后中绍圣四年(1097)进士	郴县(今湖南郴州)尉	《东都事略》卷107《唐恪传》
卢法原	先恩荫,后赐同上舍出身	知雍丘(今河南杞县)县	《宋史》卷377《卢法原传》
李棁	不详	不详;初见官:户部员外郎	《给谏集》卷2《户部员外郎李棁除右司员外郎制》
卫仲达	不详	不详	
梅执礼	崇宁五年(1106)进士	常山(今浙江常山)县尉	《(雍正)浙江通志》卷124《选举》;《东都事略》卷109《梅执礼传》
莫俦	政和二年(1112)进士第1名	承事郎、议礼局检讨官	《鸿庆居士集卷》38《宋故翰林学士莫公墓志铭》;《宋会要辑稿·选举》7之33
王时雍	不详	不详;初见官:秘书少监	《宋会要辑稿·职官》18之23
谢克家	绍圣四年(1097)进士	不详	《嘉定赤城志》卷34《人物门》
南宋时期			
路允迪	不详	不详	
周武仲	绍圣四年(1097)进士	将仕郎、越州诸暨(今浙江诸暨)县尉	《龟山先生全集》卷36《周宪之墓志铭》
吕颐浩	绍圣元年(1094)进士	北京城安(今河北大名)县尉	《吕忠穆公年谱》,《宋人年谱丛刊》第6册
刘珏	崇宁五年(1106)进士	不详;初见官:监察御史	《宋史》卷378《刘珏传》

续表

姓名	入仕途径	起家官	出处
洪拟	绍圣元年(1094)进士	不详;初见官:国子博士	《嘉定赤城志》卷34《人物门》;《宋史》卷381《洪拟传》
胡直孺	绍圣四年(1097)进士	洺州(今河北永年)司户参军	《(光绪)江西通志》卷66《人物一》
李光	崇宁五年(1106)进士	开化(今浙江开化)县令	《宋史》卷363《李光传》
权邦彦	崇宁四年(1105)上舍及第	从事郎、青州(今山东青州)教授	《杨万里集》卷124《枢密兼参知政事权公墓志铭》
沈與求	政和五年(1115)进士	常州(今江苏常州)州学教授	《苕溪集》卷30《枢密院沈公行状》
席益	不详	不详	
郑滋	不详	不详;初见官:临晋(今山西临猗)主簿	《宋诗纪事》卷38《郑滋》
胡松年	政和二年(1112)上舍释褐	潍州(今山东潍坊)教授	《宋史》卷379《胡松年传》
孙近	崇宁二年(1103)同进士出身,崇宁五年(1106)中博学宏词科	衡州(今湖南衡阳)司理参军	《南宋馆阁录》卷7《官联上》
刘大中	大观三年(1109)上舍出身	不详;初见官:吏部员外郎	《南宋馆阁录》卷7《关联上》;《淳熙三山志》卷27《人物类二》;《系年要录》卷59,绍兴二年十月丙午
张焘	政和八年(1118)进士第3名	文林郎、辟雍录	《文忠集》卷61《张忠定公神道碑》
晏敦复	大观三年(1109)进士	御史台检法官	《宋诗纪事》卷38《晏敦复》;《宋史》卷381《晏敦复传》

续表

姓名	入仕途径	起家官	出处
吴表臣	大观三年(1109)进士	通州司理参军	《宋史》卷381《吴表臣传》
罗汝楫	政和二年(1112)进士	郴州(今湖南郴州)教授	《盘洲文集》卷77《罗尚书墓志铭》
周三畏	不详	不详;初见官:右通直郎守尚书刑部员外郎	《系年要录》卷87,绍兴五年三月庚寅
张杞	宣和六年(1124)进士	登州牟平(今山东烟台牟平区)县尉	《(光绪)江西通志》卷49《选举》;《(光绪)江西通志》卷87《人物二十二》
林大鼐	绍兴五年(1135)进士	不详;初见官:左从事郎、临安府(今浙江杭州)府学教授	《莆阳文献·列传》39《林大鼐传》;《宋会要辑稿·职官》28之24
董德元	先中特奏名,后中绍兴十八年(1148)进士第2名	道州宁远(今湖南宁远)主簿	《宋诗纪事》卷47《董德元》;《绍兴十八年同年小录》
张纲	政和三年(1113)试丙舍第一,四年(1114)赐上舍及第	承事郎、太学官	《华阳集》卷40《张公行状》
刘才邵	大观二年(1108)上舍释褐,宣和二年(1120)中宏词科	赣州(今江西赣州)教授	《宋史》卷422《刘才邵传》
陈康伯	宣和三年(1121)上舍丙科	不详;初见官:太学正	《宋史》卷384《陈康伯传》
王师心	政和八年(1118)进士	海州沭阳(今江苏沭阳)县尉	《文定集》卷23《显谟阁学士王公墓志铭》
贺允中	政和五年(1115)进士	颍昌府(今河南许昌)学教授	《南涧甲乙稿》卷20《贺公墓志铭》

续表

姓名	入仕途径	起家官	出处
叶义问	建炎二年(1128)进士	临安府(今浙江杭州)司理参军	《景定严州续志》卷3《学校》;《宋史》卷384《叶义问传》
周麟之	绍兴十五年(1145)进士	左迪功郎、常州武进(今江苏常州武进)县尉	《南宋馆阁录》卷7《官联上》;《淳熙三山志》卷28《人物类三》;《宋会要辑稿·选举》12之13
洪遵	先恩荫,后绍兴十二年(1142)中博学宏词科,赐进士出身	右承务郎、监南京中岳庙	《文忠集》卷70《同知枢密院事赠太师洪文安公遵神道碑》
徐嘉	宣和六年(1124)进士	监都茶场	《(康熙)衢州府志》卷19;《两浙名贤录》卷39《平江守徐吉卿嘉》
汪应辰	绍兴五年(1135)进士第1名	左承事郎、签书镇东军(今浙江东部)节度判官厅公事	《宋会要辑稿·选举》2之16
何溥	绍兴十二年(1142)进士第1名	不详;初见官:左迪功郎、临安府(今浙江杭州)学教授	《宋会要辑稿·选举》1之15;《绍兴十八年同年小录》
凌景夏	绍兴二年(1132)进士第2名	绍兴府(今浙江绍兴一带)观察推官	《系年要录》卷52绍兴二年三月甲寅;《咸淳临安志》卷67《凌景夏》
金安节	宣和六年(1124)进士	洪州新建县(今江西新建)主簿	《新安文献志》卷73《肃金安节家传》
叶颙	绍兴二年(1132)进士	广州南海县(今广东佛山)主簿兼摄县尉	《(乾隆)仙游县志》卷33《叶颙传》;《杨万里集》卷119《宋故尚书左仆射赠少保叶公行状》

续表

姓名	入仕途径	起家官	出处
魏杞	先恩荫,后中绍兴十二年(1142)进士	知宣州泾县(今安徽泾县)	《宋史》卷385《魏杞传》
陈之茂	绍兴二年(1132)同进士出身	休宁(今安徽黄山休宁)县尉	《嘉定赤城志》卷33《人物二》;《南宋馆阁录》卷7《官联上》;《(咸淳)重修毗陵志》卷17
陈俊卿	绍兴八年(1138)进士第2名	左文林郎、泉州(今福建泉州)观察推官	《杨万里集》卷123《丞相太保魏国公正献陈公墓志铭》
周执羔	宣和六年(1124)进士第2名	湖州(今浙江湖州)司户参军	《宋史》卷388《周执羔传》
陈良祐	绍兴二十四年(1154)进士	太学录、枢密院编修官	《宋史》卷388《陈良祐传》
胡沂	绍兴五年(1135)进士甲科	秀州(今浙江嘉兴)军事推官	《宋史》卷388《胡沂传》;《嘉泰会稽志》卷15《相辅》
汪大猷	先恩荫,后中绍兴十五年(1145)进士	将仕郎,后为衢州江山(今浙江江山)尉	《楼钥集》卷91《汪公行状》
王之奇	绍兴元年(1131)恩荫京秩,八年(1138)赐进士出身	京秩①,后调泸南钤司幹官	《定斋集》卷14《故端明殿学士王公行状》
张津	特奏名第4	太宁县(今山西稷山)主簿	《(雍正)浙江通志》卷182《人物六》
李彦颖	绍兴十八年(1148)进士	余杭县(今浙江杭州)主簿	《宋史》卷386《李彦颖传》
龚茂良	绍兴八年(1138)进士	南安县(今福建南安)主簿	《宋史》卷385《龚茂良传》
留正	绍兴十三年(1143)进士	南恩州阳江(今广东阳江)县尉	《宋史》卷391《留正传》

① 具体不详。

续表

姓名	入仕途径	起家官	出处
蔡洸	恩荫,后中法科	将仕郎,后为大理评事	《宋史》卷390《蔡洸传》
韩元吉	恩荫	处州龙泉县(今浙江龙泉)主簿	《宋史翼》卷14《韩元吉传》
程大昌	绍兴二十一年(1151)进士	左迪功郎、太平州(今安徽当涂)教授	《文忠集》卷62《龙图阁学士宣奉大夫赠特进程公神道碑》
周必大	绍兴二十一年(1151)进士,二十七(1157)年中博学宏词科	左迪功郎、徽州(今安徽黄山)司户参军	《楼钥集》卷98《少傅观文殿大学士致仕益国公赠太师谥文忠周公神道碑》
王希吕	乾道五年(1169)进士	秘书省正字	《宋史》卷388《王希吕传》
郑丙	绍兴十五年(1145)进士	左从事郎、平海军节度推官	《文忠集》卷65《吏部尚书郑公神道碑》
萧燧	绍兴十八年(1148)进士第5	左从事郎、平江府(今江苏苏州)观察推官	《文忠集》卷67《资政殿学士宣奉大夫参知政事萧正肃公神道碑》
颜师鲁	绍兴十二年(1142)进士,特奏名	知莆田(今福建莆田)县	《(乾隆)福建通志》卷34《选举》;《宋史》卷389《颜师鲁传》
郑侨	乾道五年(1169)进士第1名	左从事郎、签书镇南军(今江西南昌)节度判官厅公事	《宋会要辑稿·选举》2之20
赵汝愚	乾道二年(1166)进士第2名①	左宣义郎、签书宁国军节度判官厅公事	《宋会要辑稿·选举》2之20;《宋史》卷392《赵汝愚传》
余端礼	绍兴二十七年(1157)进士	宣州宁国(今安徽宁国)县尉	《(雍正)浙江通志》卷125《选举》;《杨万里集》卷124《余公墓志铭》

① 赵汝愚本第一人,因宗室且有官,故降居次,恩例仍按第一人。参见徐松辑,刘琳、刁忠民等校点:《宋会要辑稿·选举》2之20,上海古籍出版社2014年版,第5276页。

续表

姓名	入仕途径	起家官	出处
罗点	淳熙二年(1175)进士	文林郎、定江军节度推官	《宋会要辑稿·选举》2之21;《絜斋集》卷12《罗公行状》
楼钥	隆兴元年(1163)礼部定为五等,后赐同进士出身	温州(今浙江温州)教授	《絜斋集》卷11《资政殿大学士赠少师楼公行状》
叶翥	绍兴二十四年(1154)进士	不详	《南宋馆阁录续录》卷9《官联三》
许及之	隆兴元年(1163)进士	左迪功郎、饶州(今江西上饶)司户参军①	《宋史》卷394《许及之传》;《盘洲文集》卷77《慈埜石表》
傅伯寿	隆兴元年(1163)进士	不详;初见官:左迪功郎、建昌军(今江西南城)军学教授	《宋史翼》卷40《傅伯寿传》;《宋会要辑稿·选举》12之16
刘德秀	隆兴元年(1163)进士	不详;初见官:桂阳(今湖南桂阳)教授	《南宋馆阁录续录》卷9《官联三》;《四朝闻见录》丁集《庆元党·考异》
袁说友	隆兴元年(1163)进士	建康府溧阳县(今江苏溧阳)主簿	《东塘集》卷20《家传》
张釜	先恩荫,后中淳熙五年(1178)进士	不详;初见官:主管江东安抚司机宜文字	《京口耆旧传》卷7《张釜传》
费士寅	淳熙二年(1175)同进士出身	不详;初见官:著作郎	《南宋馆阁录》卷7《官联上》;《南宋馆阁录》卷7《官联上》
钱象祖	先恩荫,后赐出身	太府寺主簿	《嘉定赤城志》卷33《人物门三》;《两朝纲目备要》卷8

① 此处参考白金:《南宋诗人许及之生平事迹考补》,《河南教育学院学报(哲学与社会科学版)》,2012年第3期。

续表

姓名	入仕途径	起家官	出处
黄由	淳熙八年(1181)进士第1名	承事郎、南安军(今江西赣州)签书判官	《宋会要辑稿·选举》2之24;《(正德)姑苏志》卷51《黄由传》
颜棫	由上舍直接释褐	文林郎、温州(今浙江温州)判官	《宋会要辑稿·崇儒》1之44;《(乾隆)福建通志》卷34《选举》
丁常任	不详	不详;初见官:承务郎,后为删定官	《宋会要辑稿·刑法》1之51
杨炳	淳熙二年(1175)进士,特奏名	不详;初见官:秘书省校书郎	《(乾隆)福建通志》卷34《选举》;《宋会要辑稿·选举》5之26
卫泾	淳熙十一年(1184)进士第1名	承事郎、签书镇东军(今浙江东部)节度判官厅公事	《宋会要辑稿·选举》2之24
陆峻	乾道五年(1169)进士第4名	不详	《(正德)姑苏志》卷51《陆峻传》
林大中	绍兴三十年(1160)进士	左迪功郎、湖州乌程(今浙江吴兴)主簿	《楼钥集》卷104《签书枢密院事致仕赠资政殿学士正惠林公神道碑》
宇文绍节	先恩荫,后中进士	仕州县①	《宋史》卷398《宇文绍节传》
曾映	乾道五年(1169)进士	不详;初见官:秘书监	《南宋馆阁录》卷7《官联上》;《玉海》卷47《艺文》
张伯垓	绍兴三十年(1160)进士	不详;初见官:干办行在诸军审计司	《南宋馆阁录续录》卷9《官联三》;《宋会要辑稿·选举》21之2

① 具体不详。

续表

姓名	入仕途径	起家官	出处
汪逵	乾道八年(1172)进士	国子司业	《南宋馆阁录》卷7《官联上》;《(光绪)江西通志》卷85《人物二十》
李大性	恩荫	不详;初见官:湖北提刑司斡官	《宋史》卷395《李大性传》
任希夷	淳熙二年(1175)进士,特奏名	建宁府浦城(今福建浦城)县主簿	《南宋馆阁录续录》卷9《官联三》;《(乾隆)福建通志》卷34《选举》;《宋史》卷395《任希夷传》
徐应龙	淳熙二年(1175)进士,特奏名	从事郎、衡州(今湖南衡阳)司法参军	《(乾隆)福建通志》卷34《选举》;《宋史》卷395《徐应龙传》;《宋会要辑稿·选举》2之30
薛极	先恩荫,后赐同进士出身	上元县(今江苏南京)主簿	《宋史》卷491《薛极传》;《南宋馆阁录》卷7《官联上》
程珌	绍熙四年(1193)进士	迪功郎、临安府昌化(今浙江昌化)主簿	《新安文献志》卷94下《程公行状》
朱著	先恩荫,后中淳熙十四年(1187)进士	承务郎,后为龙溪(今福建龙海)县丞	《南宋馆阁录续录》卷7《官联一》
陆德舆	嘉定十年(1217)童子科中第	不详;初见官:太学博士	《至元嘉禾志》卷15《宋登科题名》;《南宋馆阁录续录》卷9《官联三》
杨烨	不详	不详	
崔舆之	绍熙四年(1193)进士	浔州(今广西桂平)司法参军	《宋史》卷406《崔舆之传》;《李忠简公文溪存稿》卷11《崔清献公行状》

续表

姓名	入仕途径	起家官	出处
陈卓	绍熙元年(1190)同进士出身	不详;初见官:知江州(今江西九江)	《南宋馆阁录续录》卷9《官联三》;《莆阳文献传》卷32《陈卓传》
李𡌴	绍熙元年(1190)进士	馆职①	《宋元学案》卷71《文肃李悦斋先生𡌴》
魏了翁	庆元五年(1199)进士第3名	承事郎、签书剑南西川(今四川成都)节度判官厅公事	《宋会要辑稿·选举》2之30;《宋史》卷437《魏了翁传》
李鸣复	嘉定二年(1209)进士	权发遣金州(今辽宁大连金州区)兼干办安抚司公事	《宋史》卷419《李鸣复传》
余天锡	嘉定十六年(1223)进士	监慈利(今湖北慈利)县税	《宋史》卷419《余天锡传》
许应龙	嘉定元年(1208)进士	临汀(今福建长汀)教授	《庸斋集》卷6《资政许枢密神道碑》
赵彦悈	开禧元年(1205)进士	不详;初见官:吏部郎中	《南宋馆阁录续录》卷7《官联一》;《平斋集》卷16《吏部郎中趙彦悈除大理少卿制》
游似	嘉定十四年(1221)进士	大理寺司直	《宋史》卷471《游似传》
袁甫	嘉定七年(1214)进士第1名	承事郎、签书建康军节度判官厅公事	《宋会要辑稿·选举》2之32
赵與懽	嘉定七年(1214)进士,后中明法科	会稽(今浙江绍兴)县尉	《宋史》卷413《赵與懽传》
吴潜	嘉定十年(1217)进士第1名	承事郎、签书镇东军节度判官厅公事	《宋会要辑稿·选举》2之32

① 具体不详。

续表

姓名	入仕途径	起家官	出处
徐荣叟	嘉定七年(1214)进士，特奏名	不详;初见官:永康(今浙江永康)令	《(乾隆)福建通志》卷35《选举》;《(乾隆)福建通志》卷47《人物五》
高定子	嘉泰二年(1202)进士	郪县(今四川三台)主簿	《宋史》卷409《高定子传》
金渊	嘉定七年(1214)进士	不详;初见官:太学博士	《宋史》卷419《金渊传》
杜杲	恩荫	摄建阳(今福建建阳)县尉	《后村先生大全集》卷141《杜尚书(神道碑)》
钱相	嘉定元年(1208)进士	如皋(今江苏如皋)县主簿	《咸淳毗陵志》卷17《人物二》
赵與簒	嘉定十三年(1220)进士	主管官告院	《宋史》卷423《赵與簒传》
赵以夫	先恩荫,后中嘉定十年(1217)进士	诸暨(今浙江诸暨)县尉	《后村先生大全集》卷142《虚斋资政赵公(神道碑)》
史宅之	恩荫,绍定间赐同进士出身	不详;初见官:太府少监	《日知录集释》卷17《恩科》
徐清叟	嘉定七年(1214)进士及第①	历主管户部架阁	《南宋馆阁录续录》卷8;《宋史》卷420《徐清叟传》
赵性夫	嘉泰二年(1202)进士	南海(今广东佛山)县尉	《后村先生大全集》卷142《宝学赵尚书(神道碑)》
张磻	嘉定四年(1211)进士	点检赡军激赏酒库所主管文字	《宋史》卷420《张磻传》
陈垲	淳祐十年(1250)进士	京湖制置使司主管机宜文字	《淳熙三山志》卷32《人物类七》;《宋史》卷425《陈垲传》
颜颐仲	恩荫	通仕郎、宁化(今福建宁化)县尉	《后村先生大全集》卷143《宝学颜尚书(神道碑)》

① 《(乾隆)福建通志》卷35:"嘉定七年袁甫榜甲戌……特奏名……浦城县徐清叟、徐荣叟。"《南宋馆阁录续录》又载徐清叟为进士及第,《南宋馆阁录续录》为南宋人所著,年代比《(乾隆)福建通志》早,《(乾隆)福建通志》应当是记载徐氏兄弟时放在了一起,没有区分是否均为特奏名。徐清叟应当是进士及第。

续表

姓名	入仕途径	起家官	出处
蔡抗	绍定二年(1229)进士	主管尚书刑、兵部架阁文字	《南宋馆阁录续录》卷9《官联三》
陈显伯	宝庆二年(1226)进士	临安府某县主簿	《淳熙三山志》卷32《人物类七》;《新修罗源县志》卷19
徐桌	不详	不详;初见官:中散大夫行太府寺丞兼权户部郎官	《景定建康志》卷26《官守志三》
饶虎臣	嘉定七年(1214)进士	将作监主簿	《宋史》卷420《饶虎臣传》
江万里	宝庆二年(1226)进士及第	池州(今安徽池州)教授	《南宋馆阁录续录》卷9;《宋史》卷418《江万里传》
王爚	嘉定十三年(1220)进士	知常熟(今江苏常熟)县	《宋史》卷418《王爚传》
叶梦鼎	嘉熙元年(1237)以太学上舍两优释褐	信州(今江西上饶信州区)军事推官	《南宋馆阁录续录》卷9;《宋史》卷414《叶梦鼎传》
陈昉	恩荫	知浦城(今福建浦城)县	《两浙名贤录》卷27《陈昉传》
常挺	嘉熙二年(1238)进士	太学录	《宋史》卷421《常挺传》
洪焘	不详	不详	
程垲	不详	海门(今江苏海门)主簿	《两浙名贤录》卷43《程垲传》
章鉴	淳祐四年(1244)进士	不详;初见官:太常博士	《(光绪)江西通志》卷6《城池》;《后村先生大全集》卷68《章鉴除太常博士》
陈宜中	景定三年(1262)进士第2名	绍兴府(今浙江绍兴)推官	《宋史》卷418《陈宜中传》

续表

姓名	入仕途径	起家官	出处
刘黻	景定三年(1262)进士,特奏名	昭庆军节度掌书记	《(雍正)浙江通志》卷128《选举》;《宋史》卷405《刘黻传》
常楙	淳祐七年(1247)进士	常熟(今江苏常熟)县尉	《宋史》卷421《常楙传》
王应麟	淳祐元年(1241)进士,四年博学宏词科	迪功郎、诸州司户簿尉①	《宋史》卷438《王应麟传》;《南宋社会文化学家王应麟仕履系年考释》
丁应奎	宝祐四年(1256)进士	不详;初见官:江西转运使干办公事	《(民国)醴陵县志》卷9;《南宋馆阁录续录》卷9《官联三》
陈仲微	嘉熙二年(1238)进士	莆田(今福建莆田)县尉	《安南志略》卷10《历代羁臣》;《宋史》卷422《陈仲微传》

表5　宋代吏部尚书入仕途径简表

时期 入仕途径	北宋前期(人)	北宋后期(人)	南宋时期(人)	合计(人)
进士(正奏名)	17②	37③	88④	142
进士(特奏名)	0	0	8⑤	8
上舍出身	0	0	4⑥	4
上舍释褐	0	0	4⑦	4

① 参见龚延明:《南宋社会文化学家王应麟仕履系年考释》,《国际社会科学杂志(中文版)》,2009年第3期。

② 其中,包括3名状元,即吕蒙正、王曾、王拱辰;其他三鼎甲1人,即赵槩第三名。

③ 其中,包括6名状元,即许将、彭汝砺、叶祖洽、徐铎、时彦、莫俦;其他三鼎甲1人,即宇文粹中第三名;3人中第后又中他科,苏轼、苏辙之后中制举,何志同之后中儒科。

④ 其中,包括5名状元,即何溥、黄由、卫泾、袁甫、吴潜;其他前三鼎甲6人,即凌景夏、陈俊卿、周执羔、陈宜中第二,张焘、魏了翁第三;3人之后中博学宏词科,即孙近、周必大、王应麟;1人之后中明法科,即赵與懽;1人科举五等,后赐同进士出身,即楼钥。

⑤ 其中,1人后来中进士,第二名,即董德元。

⑥ 其中,1人上舍及第,即权邦彦;1人上舍出身,即刘大中;2人上舍丙科,即张纲与陈康伯,张纲之后赐上舍及第。

⑦ 其中,1人之后中博学宏词科,即刘才邵。

续表

时期 入仕途径	北宋前期(人)	北宋后期(人)	南宋时期(人)	合计(人)
童子科中第	0	0	1	1
制科	1①	1②	0	2
荐举	1	0	0	1
恩荫	1	5③	17④	23
不详	0	4	9	13
合计	20	47	131	198

从表中可以看出宋代吏部尚书入仕途径有以下特征：

(1)总体上，宋代吏部尚书入仕途径以科举尤其是考中进士的方式为主。北宋前期，以进士入仕的吏部尚书为17人，占北宋前期吏部尚书总人数20人的85%；北宋后期，以进士入仕的吏部尚书为37人，占北宋后期吏部尚书总人数47人的78.72%；南宋时期，以进士入仕的吏部尚书为88人，不过，考虑到特奏名、上舍出身、上舍释褐、童子科中第等均为他种形式的进士入仕，今按南宋时期以进士入仕105人，占南宋吏部尚书总人数131人的80.15%。两宋吏部尚书以科举入仕达159人，占吏部尚书总人数198人的80.3%。

(2)具体来看，宋代吏部尚书以上舍、童子科、制科、荐举等入仕人数很少。上舍法虽然在王安石变法时期已经开始实施，但是直到南宋时期才见到以上舍及第、上舍丙科、上舍释褐等入仕的吏部尚书；童子科、贤良方正科、博学宏词科等入仕途径在吏部尚书中也并不多见，都只有1人；荐举方式也不是吏部尚书入仕的主流，只有北宋前期1人。

(3)以恩荫方式入仕的吏部尚书并没有占据重要的比例。北宋前期吏部尚书以恩荫方式入仕1人，占5%；北宋后期吏部尚书以恩荫方式入仕5人，占10.64%；南宋时期吏部尚书以恩荫方式入仕17人，占12.98%。而且，以恩荫方式入仕的不少吏部尚书，之后又考取了进士，北宋后期5人中有1人，南宋时期17人中有6人。也就是说，以恩荫入仕的吏部尚书不仅不是主流，而且不少

① 此处制科具体为贤良方正科。

② 此处制科具体为博学宏词科。

③ 其中，1人之后中进士，即韩忠彦；2人之后都被赐出身，林摅赐进士出身，卢法原赐同上舍出身。

④ 其中，1人之后中宏词科，赐进士出身，即洪遵；1人之后中法科，即蔡洸；6人后中进士，即魏杞、汪大猷、张釜、宇文绍节、朱著、赵以夫；2人之后赐进士出身，即王之奇、钱象祖；2人之后赐同进士出身，即薛极、史宅之。

以恩荫方式入仕之后的吏部尚书还要进一步考取进士。

(二)入仕途径特征分析

宋代吏部尚书入仕途径的特征较为明显,原因何在?

(1)宋代吏部尚书以进士途径入仕为主,这与宋代的科举特色是分不开的。

建隆三年(962),宋廷诏:"及第人不得拜知举官子孙弟侄,及目为师门、恩门,并自称门生。"①自此以后,诸多门生不再与知贡举官员有密切关系。乾德元年(963),宋廷诏曰:"一经皓首,十上干名,前史之明文、昔贤之苦节,悬科取士,固当优容。按旧制,九经一举不第而止,非所以启迪仕进之路也。自今一依诸科,举人许令再应。"②宋代科举大大增加了考生的机会,也激发了他们参加科举的浓厚兴趣。淳化三年(992),"苏易简知举,殿试始令糊名考校"。③ 糊名法一直延续到今天,为科举营造了一个相对公平的环境。嘉祐二年(1057),"亲试举人,凡进士与殿试者始皆免黜落"。④ 一方面,由于之前黜落的一名考生投奔西夏,给宋朝带来了不小的麻烦;另一方面,也显示了宋政府对人才的重视。

石林叶氏曰:"国初取进士,循唐故事,每岁多不过三十人。太宗初即位,天下已定,有意于修文,尝语宰相薛文惠公治道长久之术,因曰:'莫若参用文武之士。'是岁御试题,以'训兵练将'为赋,'主圣臣贤'为诗,盖示以参用之意。特取一百九人,自唐以来未之有也。"⑤宋代科举取士人数之多,蔚为壮观,无论是前朝隋唐还是之后的元明清,均没有再出现这样的规模。尤其是南宋理宗宝庆二年(1226),进士达987人,这在中国古代历史上是空前的。科举的兴盛,能够选拔出很多优秀的人才,而吏部尚书这样重要的高级文官,自然大多就从科举中产生。

(2)上舍、童子科、制科、荐举等取士较少,因此以上述方式入仕的吏部尚书人数较少。宋朝政府于熙宁四年(1071)对贡举进行改革,目标是以学校取代科举考试来选拔人才。王安石始创三舍法,但是成效并不大。"外舍生二千,内舍生三百,上舍生百,总二千四百。"⑥相对而言,上舍生数量较少,以上舍及第的自然更少。宣和三年(1121),宋廷诏:"罢天下三舍法,开封府及诸路并以科举取士,惟太学仍存三舍,以甄序课试,遇科举仍自发解。"⑦就这样,三舍法被废置了

① (宋)马端临:《文献通考》卷30《选举考三·举士》,中华书局2011年版,第876页。
② (宋)马端临:《文献通考》卷30《选举考三·举士》,中华书局2011年版,第876页。
③ (宋)马端临:《文献通考》卷30《选举考三·举士》,中华书局2011年版,第881页。
④ (宋)马端临:《文献通考》卷31《选举考四·举士》,中华书局2011年版,第900页。
⑤ (宋)马端临:《文献通考》卷30《选举考三·举士》,中华书局2011年版,第879—880页。
⑥ (宋)李焘:《续资治通鉴长编》卷301,元丰二年十二月乙巳,中华书局2004年版,第7328页。
⑦ (宋)马端临:《文献通考》卷31《选举考四·举士》,中华书局2011年版,第918页。

不短时间，自然也就没有上舍及第了。而且，即使三舍法盛行之时，科举仍在进行，并没有因此被废黜。虽然上舍及第能够享受到几乎同进士及第一样的待遇，但是更多的人还是愿意选择科举，考取进士。因此，北宋后期开始实行三舍法，中间又有断层，上舍出身、及第等人很少，南宋相对而言多些，吏部尚书自然也就开始有从上舍出身入仕的。博学宏词科，“绍兴三年立此科……每次所取不得过五人”，[①]可见博学宏词科取人很少；“国初制举，有贤良方正能直言极谏、经学优深可为师法、详闲吏理达于教化，凡三科”[②]。两宋能够中制举的人非常少，因为它不同于科举，有固定的标准，一般很难中制举，而贤良方正科作为制举的一种，自然也取人较少。石林叶氏曰：“故事，制科分五等，上二等皆虚，惟以下三等取人。然中选者亦皆第四等，独吴正肃公尝入第三等，后未有继者。至嘉祐中，苏子瞻、子由乃始皆入第三等。已而子由以言太直，为考官胡武平所驳，欲黜落，复降为第四等。设科以来，止吴正肃与子瞻入第三等，故子瞻谢启云：误占久虚之等。”[③]制举五等，真正中三等的只有两人，其他就都是四等、五等了，可见考中制举着实不易。同样，童子科取人也很少。“祖宗朝，皆天子亲试，其命官、免举，皆临时取旨，无常格也……宁宗嘉定十四年，诏自今岁取三人。”[④]童子科也是非常规科举方式，中童子科自然也就不是常态，而是很偶然的事件。即使到了宋宁宗朝，“岁取三人”，也还是相当少的。荐举方式在宋代早已不是常态。同科举取士一次几百人相比，博学宏词科、贤良方正科、童子科、荐举等本身取人就少，能够担任官职又做到吏部尚书的相对更少。

（3）宋政府对恩荫官员采取的限制性措施，阻碍了许多以恩荫入仕的平庸官员步入高级官员的行列，从而恩荫入仕官员任吏部尚书者较少。李心传在《建炎以来朝野杂记》乙集卷14《嘉定四选总数》中记载了当时吏部官员的出身情况：尚书左选2392人，荫补出身1381人；尚书右选3866人，荫补出身2105人；侍郎左选17006人，荫补6926人；侍郎右选15606人，荫补出身11702人。单从这条信息来看，宋代官员荫补出身的比例很高，但是吏部尚书荫补出身的情况却并没有遵循这一规律。宋廷为了防止恩荫官员泛滥，特别是有些恩荫官员能力较差，这势必会影响王朝的发展，因此，宋廷对恩荫官员采取了不少限制措施。“萧公登科岁，第一人本丞相忠定赵公。故事，设科以待草茅士，凡预属

---

① （宋）马端临：《文献通考》卷33《选举考六·贤良方正》，中华书局2011年版，第979—980页。

② （清）徐松辑，刘琳、刁忠民等校点：《宋会要辑稿·选举》10之6，上海古籍出版社2014年版，第5456页。

③ （宋）马端临：《文献通考》卷33《选举考六·贤良方正》，中华书局2011年版，第973页。

④ （宋）马端临：《文献通考》卷35《选举考八·童科》，中华书局2011年版，第1020页。

籍、挂仕版者，法当逊避。唱名日，升萧公为榜首。”[①]不允许恩荫人科举中状元，一定程度上限制了恩荫。“祖宗以来，两制、二史，必以进士登科人为之。其后有以才选者，例赐进士出身，虽徐师川、吕居仁亦然，重科目也。”[②]两制官是皇帝身边的重臣，升迁较快，由两制官升为六部官员乃至执政都是很常见的事情。因此，限制恩荫官员担任两制官，也就在很大程度上限制了恩荫官员成为六部之首吏部尚书的可能性。因此，恩荫入官的比例虽高，但是能够做到吏部尚书的恩荫官员却很少，这些恩荫入仕最终做到吏部尚书之人，要么在入仕之后又参加科举并取得了一定的名次；要么是高官之后，享受较大的优待，最后才能够做到吏部尚书。

（三）吏部尚书入仕途径与唐代的异同

唐代“前期的情况为科举与门荫为主，间有为荐举而任官者”，[③]北宋前期则以科举为主，以荐举而入官者仅有 1 例，恩荫也仅有 1 例；唐代中期，“门荫出身者有所增加，在人数上超过前期，比例占同期可考 41.67%，科举出身者人数未变”，[④]北宋后期以科举入仕的吏部尚书比例达 78.72%，恩荫人数同样有所增加，由前期 1 人增加到 5 人，占同期吏部尚书的 10.64%；唐代后期，“进士出身者占可考者的绝对多数，即 89.29%（50∶56）……门荫出身者则在中期回升的基础上反而大幅度下降”，[⑤]南宋时期科举出身同样占可考者的绝对多数，达 86.07%（105∶122），这一情况同唐代后期持平，恩荫出身者同唐代后期相比则有一定程度的上升，占同期可考者的 13.93%（17∶122）。

总体上看，唐代吏部尚书入仕途径较为复杂，特别是以“元勋功臣”这一资历入仕到后来做到吏部尚书的情况，在宋代几不可见。张昭为前朝旧官，但是张昭并不是宋朝的“元勋功臣”，其他就更没有“元勋功臣”了，这一点上宋代同唐代有很大的不同。唐代吏部尚书以科举入仕的比例一直在提高，这说明科举在吏部尚书乃至其他官员入仕途径中占据着越来越重要的地位；宋代吏部尚书以科举入仕的比例则一直很高，可以说是延续了唐后期科举越来越重要的规律。同时，唐代吏部尚书以恩荫入仕的比例从低到高再到低，宋代则呈现了从低向高不断发展的态势，一定程度上可以认为是唐代后期在抑制恩荫，不过也与地方藩镇势力增大，中央掌控能力逐渐薄弱有关；宋代到南宋时期恩荫的继

① （宋）张世南撰，张茂鹏等点校：《游宦纪闻》卷4《萧公登科岁》，中华书局1981年版，第34页。

② （宋）李心传撰，徐规点校：《建炎以来朝野杂记·乙集》卷11《任子赐出身》，中华书局2000年版，第676页。

③ 董劭伟：《唐代吏部尚书研究》，中国社会科学出版社2012年版，第212页。

④ 董劭伟：《唐代吏部尚书研究》，中国社会科学出版社2012年版，第212页。

⑤ 董劭伟：《唐代吏部尚书研究》，中国社会科学出版社2012年版，第212页。

续增加则是皇帝对高官的优待，宋代不乏父子甚至兄弟都担任过吏部尚书的情况。

唐代科举出身者“占全部吏部尚书人数的比例为61.48%（75∶122），总体来看，科举出身的吏部尚书占绝对多数，这一状况在唐中后期尤为明显”，[①]宋代科举出身者占全部吏部尚书人数的比例为80.3%（159∶198），可见科举出身的吏部尚书在宋代同样占据绝对多数，而且比例高出唐代吏部尚书将近20个百分点。董劭伟认为，唐代“吏部尚书文化素质相对较高”，[②]这一情况同样适用于宋代吏部尚书。而且，宋代许多吏部尚书均有著作，有的虽然仅存其名，原书已经遗失，不过确实说明了宋代吏部尚书具有较高的文化素质。

二、宋代吏部尚书的起家官

（一）起家官特征

根据表4宋代吏部尚书入仕途径与起家官简表，做宋代吏部尚书起家官统计表如下：

表6　宋代吏部尚书起家官（差遣[③]）统计表

	差遣	北宋前期	北宋后期	南宋时期	合计
地方路、州县官	知州	0	1	1	2
	权发遣某州	0	0	1	1
	仕州县	0	0	1	1
	州通判	8[④]	0	0	8
	州判官	0	0	1	1
	府、州、军教授	0	2	14	16
	县令	1	0	2	3

① 董劭伟：《唐代吏部尚书研究》，中国社会科学出版社2012年版，第212页。

② 董劭伟：《唐代吏部尚书研究》，中国社会科学出版社2012年版，第213页。

③ 两宋本官变化很大，元丰改制前的许多本官在改制之后成为差遣，而改制前的散官则被用来当作新的寄禄官阶。又，许多吏部尚书起家官仅仅有差遣，不见本官或寄禄官阶。再次，宋代一定程度上差遣重于本官或寄禄官，差遣不仅仅是某位官员实际的职务，更是其能力的体现。相比之下，入仕时的初任差遣更能体现官员的某些特征。有鉴于此，本书在讨论起家官时，将侧重吏部尚书入仕时的起家差遣官职，对于个别只有本官或寄禄官阶的吏部尚书讨论其本官或寄禄官阶。

④ 其中，包括2名同判。

续表

	差遣	北宋前期	北宋后期	南宋时期	合计
地方路、州县官	知县	3	6①	4	13
	县丞	0	0	1	1
	县主簿	1	8	17②	26
	县尉	1	5	16③	22
	监南京中岳庙	0	0	1	1
	监都茶场	0	0	1	1
	监县税	0	0	1	1
	转运使干办公事	0	0	1	1
	置使司主管机宜文字	0	0	1	1
	路提刑司斡官	0	0	1	1
	路主管安抚司机宜文字	0	0	1	1
	钤司斡官	0	0	1	1
	干办行在诸军审计司	0	0	1	1
	点检赡军激赏酒库所主管文字	0	0	1	1
	合计	14	22	68	104
幕职官	签书节度判官	1	4④	8	13
	节度推官	0	3⑤	3	6
	州、府观察推官	0	1	3	4
	州防御推官	1	0	0	1
	州、府军事推官	1	3⑥	2	6
	署府推官	1	0	0	1
	州司户参军	0	1	4	5
	州、府司理参军	0	0	3	3

① 其中，包括一试衔知县。

② 其中，1 人同时兼摄县尉。

③ 其中，1 人为摄县尉。

④ 其中，包括 1 名签书颍昌府节度判官。查阅《宋史·地理志》可知，颍昌府规格为节度，故为节度判官。

⑤ 其中，包括 1 名蔡州推官与忠正军推官。查阅《宋史·地理志》可知，蔡州、忠正军规格均为节度，故为节度推官。

⑥ 其中，包括 2 名台州推官。查阅《宋史·地理志》可知，台州为军事州，故为军事推官。

续表

	差遣	北宋前期	北宋后期	南宋时期	合计
幕职官	州司法参军	0	0	2	2
	节度掌书记	0	0	1	1
	司户簿尉	0	0	1	1
	合计	4	12	27	43
王府官	王府侍读	1	0	0	1
	王府记事参军	0	1	0	1
	合计	1	1	0	2
朝廷机构（在京）官	秘书省正字	1	0	1	2
	太常博士	0	1	1	2
	国子博士	0	0	1	1
	辟雍录	0	0	1	1
	太学官	0	0	1	1
	著作郎	0	0	1	1
	删定官	0	0	1	1
	秘书省校书郎	0	0	1	1
	秘书监	0	0	1	1
	国子司业	0	0	1	1
	太学博士	0	0	2	2
	馆职	0	0	1	1
	太学正	0	0	1	1
	太学录	0	0	2	2
	集贤校理	0	1	0	1
	秘书少监	0	1	0	1
	议礼局检讨官	0	1	0	1
	习学中书刑房公事	0	1	0	1
	吏部员外郎	0	0	1	1
	将作监主簿	0	1	1	2
	同知太常礼院	0	1	0	1

续表

	差遣	北宋前期	北宋后期	南宋时期	合计
朝廷机构（在京）官	监察御史	0	1	1	2
	符宝郎	0	1	0	1
	户部员外郎	0	1	0	1
	御史台检法官	0	0	1	1
	刑部员外郎	0	0	1	1
	主管尚书刑、兵部架阁文字	0	0	1	1
	大理评事	0	0	1	1
	太府寺主簿	0	0	1	1
	吏部郎中	0	0	1	1
	大理寺司直	0	0	1	1
	官告院主管	0	0	1	1
	太府少监	0	0	1	1
	户部架阁主管	0	0	1	1
	太府寺丞	0	0	1	1
	合计	1	10	30	41
不详		0	2	6	8
总计		20	47	131	198

从以上统计表可知，两宋吏部尚书198人中，由于南宋部分吏部尚书史料过少而导致其起家官不详只有初见官可考者达35人、初见官同样不可考者达8人，起家官、初见官完全不可考者仅占两宋吏部尚书198人的4%，这意味着对宋代吏部尚书起家官（差遣）的考察具有较大的可行性与可信性。

以上可见，宋代吏部尚书起家官（差遣）有如下特征：

（1）从各个时期来看，宋代吏部尚书起家官（差遣）为地方州县官与幕职官都比较常见，在京差遣比重逐渐增大。

北宋前期吏部尚书起家官（差遣）主要集中在地方州县官与幕职官，其比例分别达到了70%（14人∶20人）与20%（4人∶20人）；北宋后期起家官（差遣）仍然集中在地方州县官与幕职官，其比例分别达到46.81%（22人∶47人）与25.53%（12人∶47人），同时在京差遣开始出现；南宋时期起家官（差遣）主要集中在地方路州县官、在京差遣、幕职官，比例分别达到51.91%（68人∶131人）、22.9%（30人∶131人）、20.61%（27人∶131人），同前两个时期相比，地方路级官出现，在京差遣也增多。

(2)总体上看,宋代吏部尚书起家官(差遣)以地方路州县官与幕职官为主。其中,地方路州县官中,北宋前期以通判为主,北宋后期与南宋时期以知县、县主簿、县尉为主,府州军学教授也占据了不小的比例;幕职官中,以推判官为主。

(二)起家官分析

北宋前期,20位吏部尚书中17人是以进士入仕的。太平兴国二年(977)三月二十三日,宋廷诏:"新及第进士吕蒙正以下,第一等为将作监丞,第二等为大理评事,并通判诸州,各赐钱二十万。同出身以下,免选,注初等幕职、判司簿尉。"[①]一二等进士均通判诸州,其他授予初等幕职官或簿尉,因此北宋前期吏部尚书起家官(差遣)以通判(包括同判)、幕职官和州县官为主,张昭、宋琪入宋前已有差遣,较为特殊,陈执中以恩荫入仕,起家官(差遣)自然与他人也不同。

北宋后期,47位吏部尚书中37人以进士入仕,5人以恩荫入仕,4人不详。嘉祐八年(1063)四月十一日,宋廷"以新及第进士第一人许将为大理评事、佥书奉国军节度判官厅公事,第二人陈轩、第三人左仲通为两使幕职官,第四人范祖禹、第五人龚原试校书郎、知县,余进士、明经诸科及第人皆以为判司簿尉,出身人皆守选。"[②]状元签书某州、军节度判官厅公事,二、三名为两使幕职官,其他为在京差遣、州县官以及低等幕职官,这与北宋后期吏部尚书起家官(差遣)是一致的。同时,北宋后期吏部尚书以恩荫入仕增加到5人,也就出现了比北宋前期更为复杂的情况。

南宋时期吏部尚书以进士入仕105人,进士入仕起家官(差遣)方面,南宋同北宋并没有太大的变化,因此南宋吏部尚书起家官(差遣)同样为幕职官、州县官与在京差遣。同时,南宋时期同前期相比,吏部尚书中以恩荫入仕者达到17人,这一比例超过了前面两个时期,因此南宋吏部尚书起家官(差遣)呈现出了比前两个时期更为复杂的情况。尤其是府州军学教授的比例,比之前增加了不少,这与南宋时期政府对教育的重视是分不开的。

知县、县丞、县主簿、县尉等低级州县官,推官、判官、司户参军、司法参军、司理参军等低级幕职官,习学中书刑房公事、秘书省正字、秘书省校书郎等低级在京差遣,这些起家官(差遣)虽然品阶都不高,但是对于这些日后的吏部尚书而言,却是很好的锻炼。尤其是地方幕职州县官,能够在地方上经受锻炼、增长

① (清)徐松辑,刘琳、刁忠民等校点:《宋会要辑稿·选举》2之1,上海古籍出版社2014年版,第5265页。

② (清)徐松辑,刘琳、刁忠民等校点:《宋会要辑稿·选举》2之9、10,上海古籍出版社2014年版,第5269页。

见识，这对于官员来说是无比珍贵的财富，也为他们日后成为吏部尚书打下了坚实的基础。吏部尚书更多的职责是为国家推荐、选拔优秀的人才，在地方上的低级差遣就职，使他们能够发现优秀的人才，从而做到知人善任。

（三）吏部尚书起家官与唐代的异同

（1）唐代吏部尚书起家官较为复杂，前期平均、分散，中期地方官最多，后期节度使度支使属官最多，宋代则以州县官与幕职官为主，在京差遣的比重逐渐增大。

唐代前期吏部尚书起家官情况比较复杂，有地方官、朝官、王府官、隋朝旧官等，较为平均、分散；中期有地方官、太子官、校书郎等，其中以地方官最多；后期有地方官、节度使支使属官、校书郎、朝官，其中以节度使度支使属官最多，其次为校书郎。[①] 再看宋代，北宋前期吏部尚书起家官有幕职官、州县官、王府官，其中以幕职州县官为代表的地方官最多；北宋后期吏部尚书起家官有幕职官、州县官、王府官、朝廷机构（在京）官，其中仍以幕职官和州县官为主；南宋时期吏部尚书起家官有幕职官、州县官、王府官、朝廷机构（在京）官，其中继续集中在地方路州县官、幕职官与朝廷机构（在京）官，但是朝廷机构（在京）官超过了幕职官。

（2）唐代后期吏部尚书起家官开始出现节度使属官，并且成为唐后期可考起家官中最多的一种，这一点同宋代有很大不同。

唐朝安史之乱后藩镇割据现象日益凸显，以节度使属官为起家官的官员之后迁转时会更加顺利。[②] 宋代吏部尚书起家官中虽然也有不少幕职官，但决然不同于唐后期的节度使属官。宋代没有藩镇割据的情形，包括节度使属官在内的幕职官均归宋中央管辖，而且远远低于地方州县官作为起家官的比例。不过，宋代入仕即为幕职官的官员在迁转时同唐相似，也会更加顺利，不过这在更大程度上是由于宋代幕职官的级别稍高于同等的州县官，也往往是进士排名靠前者才能在入仕时直接步入幕职官的行列。

（3）唐代吏部尚书起家官中地方官较多，这是唐宋两代共同的特征；但是校书郎在唐代吏部尚书起家官中也较多，到了宋代，校书郎作为起家官却较为少见。

董劭伟先生认为，唐代后期以校书郎作为起家官的例子达到14例，说明唐后期吏部尚书起家官相对是高起点的。宋代吏部尚书起家官（差遣）从以上表格和分析中可以看出，无论哪个时期，从起点的角度来说，都是比较高的，这很

---

① 参见董劭伟：《唐代吏部尚书研究》，中国社会科学出版社2012年版，第215页。

② 参见董劭伟：《唐代吏部尚书研究》，中国社会科学出版社2012年版，第215页。

大程度上与宋代吏部尚书入仕途径有很大关系。前文已经论证,宋代吏部尚书中绝大多数人都是以科举入仕的,而宋代又是一个比较重视科举人才的时代,其起家官自然不会太低。因此,高起点的起家官从唐代后期延续到了宋代,并且一直在持续。

第五章
宋代吏部尚书仕履

一、宋代吏部尚书的仕履

本章主要对宋代吏部尚书在任职前的仕履进行考察，进而分析吏部尚书个人的任职经验对其能够担任吏部尚书的影响。在此，拟定以下几类职官进行考察：一是与吏部尚书职能有直接关系的吏部内部职官，包括吏部侍郎、吏部郎中、吏部员外郎、司封郎中、司封员外郎、司勋郎中、司勋员外郎、考功郎中、考功员外郎、判吏部流内铨、知审官院等，这些官职均参与吏部的内部事务，都是围绕官员人事问题展开的。二是左司郎中、左司员外郎，这两个官职同吏部职能有很大的关联，"左司郎中、右司郎中各一人，正六品；左司员外郎、右司员外郎各一人，从六品。掌受付六曹诸司出纳之事，而举正其稽失，分治省事。左司治吏、户、礼、奏钞、班簿房……主行试补省吏及校定都事以下功过"。[①] 三是知贡举、知制诰、中书舍人、翰林学士。知贡举职掌科举考试，科举考试是宋代选拔人才的重要途径，知贡举肩负着选拔人才的使命，与吏部铨选有着相似的部分。中书舍人、翰林学士、知制诰经常参与诏敕的撰写，担任这些职务的官员大多要熟谙公文写作，尤其是宋代存在"封还词头"等情况，作为诏敕的撰写者，要十分清楚其内容与实际情况是否吻合，也就是说要清楚对某位官员的任命或者罢免是否得当，才能够"封还词头"。因此，知制诰、中书舍人、翰林学士也是同吏部的某些职能相关的。下面对宋代吏部尚书任职前的相关仕履进行统计。

---

① （清）徐松辑，刘琳、刁忠民等校点：《宋会要辑稿·职官》4之19，上海古籍出版社2014年版，第3104页。

表7　宋代吏部尚书仕履一览表

姓名＼职官	吏部侍郎	吏部郎中	吏部员外郎	司封郎中	司封员外郎	司勋郎中	司勋员外郎	考功郎中	考功员外郎	判流内铨	知审官院①	左司郎中	左司员外郎	知贡举	知制诰	中书舍人	翰林学士②	材料出处
北宋前期																		
张昭	√														√	√	√	《宋史》卷263《张昭传》
宋琪																		●③
吕蒙正															√		√	《名臣碑传琬琰集》上卷15《吕文穆公蒙正神道碑》
张齐贤	√																	《名臣碑传琬琰集》下卷2《张文定公齐贤传》
宋白	√														√	√	√	《宋史》卷439《宋白传》
王钦若															√		√	《文庄集》卷28《赠太师中书令冀国公王公行状》
向敏中															√			《龙学文集》卷15《文简向公神道碑铭》
寇準										√								《名臣碑传琬琰集》上卷2《寇忠愍公準旌忠之碑》
丁谓										√					√			《宋史》卷283《丁谓传》
冯拯										√								《东都事略》卷49《冯拯传》
王曾	√														√		√	《景文集》卷58《文正王公墓志铭》
吕夷简	√														√			《乐全集》卷36《吕公神道碑铭》
夏竦												√			√		√	《华阳集》卷47《夏文庄公竦神道碑铭》
陈执中										√								《张方平集》卷37《陈公神道碑铭》
文彦博	√																	《名臣碑传琬琰集》卷13《文忠烈公彦博传》
王拱辰														√	√		√	《公是集》卷51《王开府行状》

① 此处知审官院包括知审官东院与知审官西院。

② 此处包括翰林学士、翰林学士承旨。

③ 本表中人名有“●”者表示其职事仕履中未曾担任所考察的几种官职。

续表

职官 姓名	吏部侍郎	吏部郎中	吏部员外郎	司封郎中	司封员外郎	司勋郎中	司勋员外郎	考功郎中	考功员外郎	判流内铨	知审官院①	左司郎中	左司员外郎	知贡举	知制诰	中书舍人	翰林学士②	材料出处
曾公亮	√									√		√			√	√	√	《名臣碑传琬琰集》中卷 52《曾太师公亮行状》
赵槩	√									√				√	√	√	√	《苏轼文集》卷 18《赵康靖公神道碑》
王安石															√		√	《名臣碑传琬琰集》下卷 14《王荆公安石传》
吴充															√		√	《名臣碑传琬琰集》中卷 27《吴正宪公充墓志铭》
北宋后期																		
李清臣														√	√		√	《鸡肋集》卷 62《资政殿大学士李公行状》、《宋会要辑稿·选举》1 之 12
曾孝宽											√							《东都事略》卷 69《曾孝宽传》
吕大防										√					√		√	《名臣碑传琬琰集》下卷 16《吕汲公大防传》
范纯仁															√			《曲阜集》卷 3《范忠宣墓志铭》
孙永					√						√							《苏魏公文集》卷 53《资政殿学士通议大夫孙公神道碑铭》
苏颂															√			《曲阜集》卷 3《赠苏司空墓志铭》
许将										√	√			√	√		√	《淳熙三山志》卷 26《人物类一》、《东都事略》卷 96《许将传》、《宋会要辑稿·选举》1 之 12
苏辙																√	√	《宋史》卷 339《苏辙传》
邓润甫											√				√		√	《东都事略》卷 96《邓润甫传》、《宋会要辑稿·选举》33 之 13
傅尧俞	√																	《东都事略》卷 90《傅尧俞传》

① 此处知审官院包括知审官东院与知审官西院。

② 此处包括翰林学士、翰林学士承旨。

续表

职官 姓名	吏部侍郎	吏部郎中	吏部员外郎	司封郎中	司封员外郎	司勋郎中	司勋员外郎	考功郎中	考功员外郎	判流内铨	知审官院①	左司郎中	左司员外郎	知贡举	知制诰	中书舍人	翰林学士②	材料出处
苏轼														√		√	√	《名臣碑传琬琰集》中卷26《苏文忠公轼墓志铭》
王存															√			《名臣碑传琬琰集》中卷30《王学士存墓志铭》
胡宗愈	√	√													√	√		《东都事略》卷71《胡宗愈传》
彭汝砺	√															√		《名臣碑传琬琰集》中卷31《彭待制汝砺墓志铭》
林希																√		《东都事略》卷97《林希传》
王震																√		《宋史》卷320《王震传》
黄履															√		√	《东都事略》卷96《黄履传》
邢恕																√		《东都事略》卷99《邢恕传》
叶祖洽	√											√				√		《宋史》卷354《叶祖洽传》
韩忠彦											√							《名臣碑传琬琰集》中卷50《韩仪公丞相忠彦行状》
陆佃	√										√③			√		√		《东都事略》卷97《陆佃传》、《宋会要辑稿·选举》8之35、19之19
温益																		●
赵挺之	√													√		√		《宋史》卷351《赵挺之传》、《宋会要辑稿·选举》1之13
何执中														√		√		《东都事略》卷102、《宋会要辑稿·选举》1之13
徐铎	√													√				《宋会要辑稿·选举》1之13、《宋会要辑稿·仪制》10之27
虞策														√				《宋会要辑稿·选举》1之13
朱谔														√				《宋会要辑稿·选举》19之21
时彦	√		√															《宋史》卷354《时彦传》
林摅																√	√	《宋史》卷351《林摅传》

① 此处知审官院包括知审官东院与知审官西院。

② 此处包括翰林学士、翰林学士承旨。

③ 陆佃为审官东院主簿。

续表

职官 姓名	吏部侍郎	吏部郎中	吏部员外郎	司封郎中	司封员外郎	司勋郎中	司勋员外郎	考功郎中	考功员外郎	判流内铨	知审官院①	左司郎中	左司员外郎	知贡举	知制诰	中书舍人	翰林学士②	材料出处
余深					√													《宋史》卷352《余深传》
管师仁	√															√		《东都事略》卷103《管师仁传》
刘拯	√													√				《宋会要辑稿·后妃》1之21、《宋会要辑稿·选举》1之13
王襄	√																	《宋史》卷352《王襄传》
张克公																√		《东都事略》卷384《张克公传》
许光凝																√	√	《(正德)姑苏志》卷12《水利下》、《宋会要辑稿·礼》61之7
蒋猷			√											√		√		《浮溪集》卷27《显谟阁直学士蒋公墓志铭》
宇文粹中														√		√		《宋史全文》卷14，大观三年正月丁未、政和元年正月壬午
王孝迪					√									√				《宋会要辑稿·选举》1之15、《擒文堂集》卷4《宣德郎尚书司封员外郎王孝迪可太常少卿制》
何志同																		●
唐恪													√					《宋会要辑稿·礼》34之8
卢法原																		●
李棁																		●
卫仲达																		●
梅执礼			√										√	√		√	√	《东都事略》卷109《梅执礼传》、《宋会要辑稿·选举》1之15
莫俦																√	√	《鸿庆居士集》卷38《宋故翰林学士莫公墓志铭》
王时雍	√													√				《宋会要辑稿·选举》1之15
谢克家	√																	《鸿庆居士集》卷24《除吏部侍郎制》

① 此处知审官院包括知审官东院与知审官西院。

② 此处包括翰林学士、翰林学士承旨。

续表

职官/姓名	吏部侍郎	吏部郎中	吏部员外郎	司封郎中	司封员外郎	司勋郎中	司勋员外郎	考功郎中	考功员外郎	判流内铨	知审官院[①]	左司郎中	左司员外郎	知贡举	知制诰	中书舍人	翰林学士[②]	材料出处
南宋时期																		
路允迪																		●
周武仲	√												√					《龟山先生全集》卷36《周宪之墓志铭》
吕颐浩																		●
刘珏	√															√		《宋史》卷378《刘珏传》
洪拟																√		《宋史》卷381《洪拟传》
胡直孺													√					《宋会要辑稿·选举》33之29
李光	√				√		√											《宋史》卷363《李光传》
权邦彦													√					《杨万里集》卷124《枢密兼参知政事权公墓志铭》
沈舆求																		●
席益	√															√		《系年要录》卷62绍兴三年正月己巳、《宋会要辑稿·职官》3之18
郑滋	√		√													√		《宋会要辑稿·职官》69之7至8、《三朝北盟会编》卷27靖康元年四月庚午、《系年要录》卷72绍兴四年正月癸酉
胡松年																√		《宋史》卷379《胡松年传》
晏敦复	√		√										√					《宋史》卷381《晏敦复传》、《系年要录》卷76绍兴四年五月乙
孙近	√	√												√	√	√		《宋史》卷156《选举志二》、《系年要录》卷50绍兴元年十二月甲申、卷67绍兴三年七月丙午、卷78绍兴四年七月乙亥、卷90绍兴五年六月戊辰

① 此处知审官院包括知审官东院与知审官西院。

② 此处包括翰林学士、翰林学士承旨。

续表

职官 姓名	吏部侍郎	吏部郎中	吏部员外郎	司封郎中	司封员外郎	司勋郎中	司勋员外郎	考功郎中	考功员外郎	判流内铨	知审官院①	左司郎中	左司员外郎	知贡举	知制诰	中书舍人	翰林学士②	材料出处
刘大中	√		√											√		√		《系年要录》卷59绍兴二年十月丙午、《系年要录》卷81绍兴四年十月丙子、《系年要录》卷90绍兴五年六月戊辰、《系年要录》卷103绍兴六年七月癸酉
张焘					√											√		《文忠集》卷61《张忠定公神道碑》
吴表臣				√									√			√	√	《宋史》卷381《吴表臣传》
罗汝楫														√		√		《盘洲文集》卷77《罗尚书墓志铭》、《宋会要辑稿·选举》1之15
周三畏																		●
张杞	√																	《(光绪)江西通志》卷87《人物二十二》
林大鼐																		●
董德元	√															√		《绍兴十八年同年小录》
张纲	√		√				√						√			√		《华阳集》卷40《张公行状》、《宋会要辑稿·食货》2之10、《系年要录》卷170绍兴二十五年十二月辛卯
刘才邵			√													√		《宋史》卷422《刘才邵传》
陈康伯	√					√	√							√				《宋史》卷384《陈康伯传》、《宋会要辑稿·选举》1之15至16
王师心												√						《文定集》卷23《显谟阁学士王公墓志铭》
贺允中		√																《苕溪集》卷45《除吏部郎官制》
叶义问	√																	《宋史》卷384《叶义问传》

① 此处知审官院包括知审官东院与知审官西院。

② 此处包括翰林学士、翰林学士承旨。

续表

职官 姓名	吏部侍郎	吏部郎中	吏部员外郎	司封郎中	司封员外郎	司勋郎中	司勋员外郎	考功郎中	考功员外郎	判流内铨	知审官院[1]	左司郎中	左司员外郎	知贡举	知制诰	中书舍人	翰林学士[2]	材料出处
周麟之															√	√	√	《系年要录》卷177绍兴二十七年六月甲申、《海陵集》提要、《系年要录》卷182绍兴二十九年闰六月癸酉
洪遵	√															√		《文忠集》卷70《同知枢密院事赠太师洪文安公遵神道碑》
徐嚞	√																	《系年要录》卷169绍兴二十五年十月庚子
汪应辰	√	√																《宋史》卷387《汪应辰传》、《系年要录》卷188绍兴三十一年正月丙申
何溥														√			√	《宋会要辑稿·选举》1之16、《系年要录》卷189绍兴三十一年三月己卯
凌景夏	√															√		《咸淳临安志》卷67《凌景夏传》
金安节																		●
叶颙	√											√						《宋会要辑稿·职官》3之43、《杨万里集》卷119《宋故尚书左仆射赠少保叶公行状》
魏杞	√																	《宋会要辑稿·职官》6之61
陈之茂	√																	《宋会要辑稿·食货》8之8
陈俊卿	√						√									√		《杨万里集》卷123《丞相太保魏国正献陈公墓志铭》、《宋会要辑稿·选举》20之14、《宋会要辑稿·职官》6之61
周执羔	√		√											√				《南宋馆阁录》卷7、《宋史》卷388《周执羔传》

① 此处知审官院包括知审官东院与知审官西院。

② 此处包括翰林学士、翰林学士承旨。

续表

职官 姓名	吏部侍郎	吏部郎中	吏部员外郎	司封郎中	司封员外郎	司勋郎中	司勋员外郎	考功郎中	考功员外郎	判流内铨	知审官院①	左司郎中	左司员外郎	知贡举	知制诰	中书舍人	翰林学士②	材料出处
陈良祐	√				√									√		√		《宋史》卷388《陈良祐传》、《系年要录》卷199 绍兴三十二年五月庚子
胡沂			√													√		《南宋馆阁录》卷8《官联下》、《嘉泰会稽志》卷15《相辅》
汪大猷	√	√	√															《楼钥集》卷91《汪公行状》、《宋会要辑稿·选举》20之17
王之奇	√												√					《定斋集》卷14《故端明殿学士王公行状》
张津	√																	《宋会要辑稿·职官》8之33
李彦颖			√													√		《宋史》卷386《李彦颖传》
龚茂良			√															《宋史》卷385《龚茂良传》
留正									√							√		《宋史》卷391《留正传》
蔡洸	√																	《宋会要辑稿·职官》8之37
韩元吉	√											√				√		《南涧甲乙稿》提要、《宋会要辑稿·食货》27之38
程大昌	√								√					√		√		《文忠集》卷62《龙图阁学士宣奉大夫赠特进程公神道碑》
周必大	√														√	√	√	《楼钥集》卷98《少傅观文殿大学士致仕益国公赠太师谥文忠周公神道碑》、《宋会要辑稿·职官》18之59、《宋会要辑稿·职官》48之78
王希吕			√													√		《宋史》卷388《王希吕传》
郑丙	√	√	√											√		√		《文忠集》卷65《吏部尚书郑公神道碑》、《宋会要辑稿·选举》1之19

① 此处知审官院包括知审官东院与知审官西院。

② 此处包括翰林学士、翰林学士承旨。

续表

职官 姓名	吏部侍郎	吏部郎中	吏部员外郎	司封郎中	司封员外郎	司勋郎中	司勋员外郎	考功郎中	考功员外郎	判流内铨	知审官院①	左司郎中	左司员外郎	知贡举	知制诰	中书舍人	翰林学士②	材料出处
萧燧	√				√		√							√		√		《文忠集》卷67《资政殿学士宣奉大夫参知政事萧正肃公神道碑》
颜师鲁	√																	《宋史》卷389《颜师鲁传》
郑侨																√		《莆阳文献传》卷26《郑侨传》
赵汝愚	√	√	√															《宋史》卷392《赵汝愚传》、《宋会要辑稿·职官》7之32
余端礼	√																	《杨万里集》卷124《宋故少保左丞相观文殿大学士赠少师郇国余公墓志铭》
罗点	√															√		《絜斋集》卷12《端明殿学士通议大夫签书枢密院事崇仁县开国伯食邑七百户食实封一百户累赠太保罗公行状》
楼钥								√								√		《絜斋集》卷11《资政殿大学士赠少师楼公行状》
叶翥																		●
许及之	√																	《宋会要辑稿·职官》6之71
傅伯寿		√			√											√	√	《宋史翼》卷40《傅伯寿传》、《宋会要辑稿·礼》49之70、《宋会要辑稿·职官》72之4
刘德秀														√				《宋会要辑稿·选举》1之25
袁说友		√																《东塘集》卷20《家传》
张釜		√																《宋会要辑稿·礼》53之11
费士寅	√																	《两朝纲目备要》卷6，庆元六年十月癸巳
钱象祖	√	√	√															《楼钥集》卷33《吏部员外郎钱象祖升郎中》、《嘉定赤城志》卷33《人物二》

① 此处知审官院包括知审官东院与知审官西院。

② 此处包括翰林学士、翰林学士承旨。

续表

姓名 \ 职官	吏部侍郎	吏部郎中	吏部员外郎	司封郎中	司封员外郎	司勋郎中	司勋员外郎	考功郎中	考功员外郎	判流内铨	知审官院①	左司郎中	左司员外郎	知贡举	知制诰	中书舍人	翰林学士②	材料出处
黄由	√							√						√		√		《两朝纲目备要》卷2,绍熙二年四月、《宋史全文》卷28绍熙五年七月辛巳、《宋会要辑稿·选举》12之23、《宋会要辑稿·选举》1之25
颜棫	√			√												√		《宋会要辑稿·选举》22之13、《宋会要辑稿·礼》49之49至50、《宋会要辑稿·礼》26之3
丁常任		√																《宋会要辑稿·礼》30之63
杨炳	√															√		《南宋馆阁录续录》卷9《官联三》
卫泾	√		√	√												√		《(正德)姑苏志》卷51《人物九》、《宋会要辑稿·后妃》1之8、《宋会要辑稿·选举》22之13
陆峻														√		√		《宋会要辑稿·选举》5之30、《宋会要辑稿·选举》22之22
林大中	√															√		《楼钥集》卷104《签书枢密院事致仕赠资政殿学士正惠林公神道碑》
宇文绍节												√				√		《南宋馆阁录续录》卷9《官联三》、《宋史》卷398《宇文绍节传》
曾映	√												√					《南宋馆阁录续录》卷7《官联一》、卷9《官联三》
张伯垓	√															√		《宋会要辑稿·职官》6之72
汪逵	√													√				《宋会要辑稿·选举》1之27
李大性		√		√														《宋史》卷395《李大性传》

① 此处知审官院包括知审官东院与知审官西院。

② 此处包括翰林学士、翰林学士承旨。

续表

职官 姓名	吏部侍郎	吏部郎中	吏部员外郎	司封郎中	司封员外郎	司勋郎中	司勋员外郎	考功郎中	考功员外郎	判流内铨	知审官院①	左司郎中	左司员外郎	知贡举	知制诰	中书舍人	翰林学士②	材料出处
任希夷														√		√		《南宋馆阁录续录》卷9《官联三》、《宋会要辑稿·选举》1之28
徐应龙	√																	《宋史》卷395《徐应龙传》
薛极						√												《宋史》卷491《薛极传》
程珌	√													√		√		《新安文献志》卷94下《程公行状》
朱著	√																	《宋史》卷41《宋理宗纪一》
陆德舆								√						√		√	√	《至元嘉禾志》卷13《陆德舆传》、《南宋馆阁录续录》卷9《官联三》
杨烨	√																	《宋会要辑稿·礼》30之82
崔與之																		●
陈卓																√		《南宋馆阁录续录》卷9《官联三》
李亶		√																《南宋馆阁录续录》卷9《官联三》
魏了翁		√		√														《南宋馆阁录续录》卷9《官联三》、《宋史》卷437《魏了翁传》
李鸣复																		●
余天锡	√																	《宋史》卷419《余天锡传》
许应龙	√																	《庸斋集》卷6《资政许枢密神道碑》
游似								√						√				《宋史》卷417《游似传》、《宋史全文》卷33，嘉熙二年正月辛未
袁甫	√															√		《宋史》卷405《袁甫传》
赵與懽																		●

① 此处知审官院包括知审官东院与知审官西院。

② 此处包括翰林学士、翰林学士承旨。

续表

职官 姓名	吏部侍郎	吏部郎中	吏部员外郎	司封郎中	司封员外郎	司勋郎中	司勋员外郎	考功郎中	考功员外郎	判流内铨	知审官院①	左司郎中	左司员外郎	知贡举	知制诰	中书舍人	翰林学士②	材料出处
赵彦悈		√																《平斋集》卷16《吏部郎中赵彦悈除大理少卿制》
吴潜			√															《宋史》卷418《吴潜传》
徐荣叟		√																《南宋馆阁录续录》卷8《官联二》
高定子															√	√	√	《宋史》卷409《高定子传》
金渊	√	√			√													《宋史》卷419《金渊传》
杜杲	主管官告院√																	《宋史》卷412《杜杲传》
钱相	√													√				《宋史全文》卷33，咸淳元年正月癸丑
赵與𥲅	主管官告院√																	《宋史》卷423《赵與𥲅传》
赵以夫												√						《后村先生大全集》卷142《虚斋资政赵公(神道碑)》
史宅之																		●
徐清叟	√			√														《宋史》卷420《徐清叟传》
赵性夫																		●
张磻	主管尚书吏部架阁√																	《宋史》卷420《张磻传》
陈垲																		●
颜颐仲												√						《后村先生大全集》卷143《宝学颜尚书(神道碑)》
蔡抗			√		√					√								《宋史》卷420《蔡抗传》、《宋史》卷160《选举志六》
陈显伯																√		《(康熙)罗源县志》卷7《人物》
徐桌																		●
饶虎臣	√											√						《宋史》卷420《饶虎臣传》
江万里			√															《宋史》卷418《江万里传》
王爚	√												√					《宋史》卷418《王爚传》

① 此处知审官院包括知审官东院与知审官西院。
② 此处包括翰林学士、翰林学士承旨。

续表

职官 / 姓名	吏部侍郎	吏部郎中	吏部员外郎	司封郎中	司封员外郎	司勋郎中	司勋员外郎	考功郎中	考功员外郎	判流内铨	知审官院①	左司郎中	左司员外郎	知贡举	知制诰	中书舍人	翰林学士②	材料出处
叶梦鼎	√				√													《宋史》卷414《叶梦鼎传》
陈昉	√																	《宋史全文》卷34,淳祐十一年四月庚戌
常挺									√									《宋史》卷421《常挺传》
洪焘	√																	《宋史》卷99《礼志二》
程垲																		●
章鉴		√														√		《宋史》卷418《章鉴传》
陈宜中																√		《宋史》卷418《陈宜中传》
刘黻																		●
常楙																		●
王应麟	√															√		《宋史》卷438《王应麟传》
丁应奎																		●
陈仲微		√																《宋史》卷422《陈仲微传》

表8 宋代吏部尚书人事仕履统计表

仕履 / 时期	吏部侍郎	吏部郎中	吏部员外郎	司封郎中	司封员外郎	司勋郎中	司勋员外郎	考功郎中	考功员外郎	判吏部流内铨	知审官院③	左司郎中	左司员外郎	知贡举	知制诰	中书舍人	翰林学士④	主管官告院	主管吏部架阁
北宋前期	8	0	0	0	0	0	0	0	0	6	0	2	0	2	14	4	11	0	0
北宋后期	13	1	3	0	3	0	0	0	0	2	6	1	2	15	9	19	11	0	0
南宋时期	63	19	18	6	8	2	5	4	3	1	0	7	9	19	4	49	7	2	1
合计	84	20	21	6	11	2	5	4	3	9	6	10	11	36	27	72	29	2	1

① 此处知审官院包括知审官东院与知审官西院。
② 此处包括翰林学士、翰林学士承旨。
③ 此处知审官院包括知审官东院与知审官西院。
④ 此处包括翰林学士、翰林学士承旨。

二、宋代吏部尚书仕履分析

（一）吏部尚书吏部相关仕履分析

宋代可考的198位吏部尚书中有174位在担任吏部尚书之前任过与吏部或者与吏部相关的职务，比例高达87.88%，也即将近九成吏部尚书曾有过相关的历练经历。三段时期中，元丰五年（1082）之前的北宋前期有19人，占吏部尚书总人数20人的95%；元丰五年（1082）到靖康二年（1127）的北宋后期有42人，占吏部尚书总人数47人的89.36%；建炎元年（1127）到祥兴二年（1279）的南宋时期有113人，占吏部尚书总人数131人的86.26%。北宋前期比例最高，向后则有所降低，但是仍然维持着很高的比例。北宋前期张昭的吏部尚书之职为实职，之后19人的吏部尚书为官阶，并非实职，但是他们在此之前却几乎都担任过吏部相关的人事仕履，从这个角度来看，这19人的吏部尚书之职并非完全都是虚职，他们之前在吏部相关仕履中的锻炼，为他们之后担任其他差遣做了重要的准备。

宋代吏部尚书中不仅许多人在任吏部尚书之前担任过吏部相关职务，而且许多吏部尚书任职经历中先后经历多种相关职位。从表中可以看到，172位拥有吏部相关仕履的吏部尚书中，有109位曾经担任过两种或者两种以上吏部相关职务，比例达到了63.37%。先看直接担任过吏部本部职务的吏部尚书，北宋前期吏部尚书中有6人曾经判吏部流内铨。"淳化四年，以幕职州县考课院归流内铨，命翰林学士苏易简领其事。自后命近臣主之。"[①]幕职州县官的考课、铨选由流内铨负责，流内铨的长官自然对地方官的情况比较了解，这也为他们日后担任吏部尚书时能够选出优秀的人才做了铺垫。北宋后期有23人直接担任过吏部本部职务，占北宋后期尚书总人数47人的48.94%，高于北宋前期的比例，其中有13人担任过吏部侍郎，而吏部侍郎作为吏部的副贰，对吏部的熟知程度很大程度上不亚于吏部尚书，这种经历对于之后任吏部尚书有着极大的意义。南宋时期有93人直接担任过吏部本部职务，占南宋吏部尚书总人数131人的70.99%，其中63人担任过吏部侍郎、19人担任过吏部本部郎中、18人担任过吏部本部员外郎，特别是吏部侍郎的担任情况远远多于北宋后期，说明南宋时期吏部尚书的选任更加注重任职前吏部副贰的锻炼。这从一定程度反映

① （宋）马端临：《文献通考》卷52《职官考六·吏部尚书》，中华书局2011年版，第1513页。

出宋代吏部职能的完善,对吏部尚书人选的要求也越来越严格,要求其有更多、更直接的相关职务历练。

知贡举,全称知礼部贡举事。宋代贡举试,临时遣朝官领贡举事,有时下设"同知贡举",资历稍浅者称为"权知贡举"。淳化三年(992)正月辛丑,宋廷"命翰林学士承旨苏易简等同知贡举,既受诏,径赴贡院以避请求。后遂为常制"。① 参加科举者是否能够中第,中几等第,可以说很大程度上由知贡举等官员决定,尤其是担任知贡举的这名官员。两宋吏部尚书中共有36人担任过知贡举的职务,其中北宋前期2人,北宋后期15人,南宋时期19人。知贡举是首次最直接对人才的选拔,对于诸多的普通士子来说,只有科举中第,才有可能担任重要的官职,而他们能否中第,几乎都是由知贡举以及相关官员决定的。因此,知贡举这一职务对之后担任吏部尚书的官员来说,是非常难得的重要任职经历,对于他们之后在吏部尚书的岗位上知人善任有很大影响。

知制诰,"开元初,以他官掌拟诏敕策命,谓之'兼知制诰'"。② "国初……置知制诰及直舍人院,主行词命,与学士对掌内外制"③。也就是说,北宋前期中书舍人为虚职,其职能大多被知制诰所取代。元丰改制之后,中书舍人"遂以实正名,而判后省之事……元祐元年,诏舍人各签诸房文字,其命词则轮日分草"。④ 可见,元丰改制前,由知制诰掌外制,元丰改制后,由中书舍人掌外制。翰林学士,元丰改制后掌内制,改制前需带"知制诰"者方掌内制。从表中可以看到,北宋前期有11人担任过翰林学士,并且同时都兼知制诰,还有3人担任过知制诰的职务;北宋后期11人担任过翰林学士,并且同时大多也兼知制诰或者担任过知制诰,还有19人担任过中书舍人;南宋时期有1人仅担任过知制诰,7人担任过翰林学士,其中3人还担任过知制诰,中书舍人的人数大幅增加,达到49人。宋代大部分时间里,翰林学士与中书舍人/知制诰是对掌内外两制的。他们职掌诏敕的修撰,要求有相当高的文学修养,又诏敕类修撰工作往往涉及朝廷机要事务,因此这些职务的担任者通常与最高当权者有着较为密切的关系。两宋共有91位吏部尚书担任过知制诰、中书舍人、翰林学士(有担任过两职或三职者),占宋代可考吏部尚书总人数比例为45.96%(91∶198)。知制诰、中书舍人与翰林学士通常要负责诏敕的起草与撰写,在文章写作上具有较高的驾驭能力,再加上有时候还需要发现诏敕中的错误予以驳回或者加以修

① (宋)李焘:《续资治通鉴长编》卷33,淳化三年正月辛丑,中华书局2004年版,第733页。
② (宋)欧阳修、宋祁:《新唐书》卷47《百官志二》,中华书局1975年版,第1211页。
③ (元)脱脱等:《宋史》卷161《职官志一》,中华书局1977年版,第3785页。
④ (元)脱脱等:《宋史》卷161《职官志一》,中华书局1977年版,第3785页。

改，这对于之后在担任吏部尚书时对吏部的书判能够具有较强的甄别能力。因此，知制诰、中书舍人、翰林学士等仕履，对吏部尚书而言也是相当有意义的。

（二）吏部尚书吏部相关仕履与唐代的异同

董劭伟先生在《唐代吏部尚书研究》中将唐代划分为三个时期：唐前期，唐高祖元年至唐睿宗末年（618—712）；唐中期，唐玄宗先天元年至唐顺宗末年（712—805）；唐后期，唐宪宗元和元年至唐亡（806—907）。

（1）宋代吏部尚书的吏部相关仕履比例稍高于唐代，宋代吏部尚书任职前吏部相关仕履的历练多于唐代。唐代可考的122位吏部尚书中，"有99位曾担任与吏部修养有关之官职，比例很高，达81.15%……前期与中期分别为25位与17位，比例是65.79%、65.38%……后期有55位，比例最高，达同时期96.49%"。[①] 可见，宋代吏部尚书有吏部相关仕履的比例87.88%稍高于唐代，北宋前期、北宋后期、南宋时期三个时期的比例分别为95%、89.36%、86.26%，前面两个时期比例均高于唐代前两个时期，南宋时期则低于唐代后期。唐宋吏部尚书有吏部相关仕履的比例都较高，吏部尚书任职前大多经历过吏部相关仕履。

（2）宋代吏部尚书任职前吏部侍郎的担任比例高于唐代，宋代吏部尚书在吏部副贰职位的历练多于唐代。唐代可考的122位吏部尚书中，"计有38人曾担任吏部侍郎"，[②]占唐代可考吏部尚书总人数的31.15%；宋代共有84人曾担任过吏部侍郎，占宋代可考吏部尚书总人数198人的42.42%，高出唐代10个百分点。可见，宋代吏部尚书中比唐代有更多的官员在任职前曾经担任过吏部的副贰，吏部侍郎对吏部的熟知程度很大程度上不亚于吏部尚书，这种经历对于之后任吏部尚书有极大的意义，也是宋代吏部职能不断完善的表现。

（3）宋代吏部尚书任职前中书舍人、知制诰或翰林学士的担任比例稍低于唐代，但还是保持了较高的比例。唐代可考的122位吏部尚书中，"共有59位吏部尚书担任过中书舍人或翰林学士，占可考吏部尚书人数比例为48.36%（59∶122）"。[③]宋代则共有91位吏部尚书担任中书舍人、知制诰或翰林学士，占可考吏部尚书人数比例为45.96%（91∶198），稍低于唐代，但也还是保持着较高的比例。这体现了中书舍人、知制诰和翰林学士这些仕履对吏部尚书的重要性。

总体上看，宋代吏部尚书在担任吏部尚书之前的吏部相关仕履稍多于唐代，这正是吏部尚书这一官职经过唐、五代十国不断发展变化、越来越完善的结

---

① 董劭伟：《唐代吏部尚书研究》，中国社会科学出版社2012年版，第228页。
② 董劭伟：《唐代吏部尚书研究》，中国社会科学出版社2012年版，第228—229页。
③ 董劭伟：《唐代吏部尚书研究》，中国社会科学出版社2012年版，第229页。

果。唐代前两个时期吏部相关仕履比例几乎相同,到了后期,吏部尚书任职前的吏部相关仕履比重大大增加,这一趋势在经历了五代之后,在北宋时期得到延续;到南宋时期,吏部尚书任职前的吏部相关仕履较之前则有所下降,但仍然维持在85%的较高比例。整体上看,唐宋两代对于吏部尚书的遴选一直较为严格,任职前是否曾经担任过吏部的相关仕履,是其能否胜任吏部尚书一职的重要依据,也是皇帝和宰辅集团挑选吏部尚书人选的重要参考标准。

三、无吏部相关仕履的吏部尚书之探讨

上文对宋代吏部尚书中具有吏部相关仕履的情况进行了统计与分析,本节则要考察那些没有吏部相关仕履的吏部尚书的个人情况,看其是否同样具有相似的能力,同时也能够进一步展现吏部尚书的某些选任标准。

北宋前期仅有1位吏部尚书没有经历吏部相关仕履,即宋琪。宋琪"少好学,晋祖割燕地以奉契丹,契丹岁开贡部,琪举进士中第……自员外郎岁中四迁至尚书为相"。[①] 可见,宋琪少年时候勤奋好学,又很早考中进士,释褐之后,又在很短的一年之中由员外郎升迁至尚书,足以证明宋琪本身的优秀和宋太宗对他的赏识。"端拱初,上亲耕籍田,以旧相进位吏部尚书。"[②]北宋前期,以宰相兼吏部尚书的情况较为常见,宋琪同其他吏部尚书是具有相似性的,虽然其没有经历吏部相关人事仕履,但是其个人的才能与皇帝对他的恩待,宋琪能够担任吏部尚书是情理之中的事情。

北宋后期有5位吏部尚书没有经历吏部相关仕履,即温益、何志同、卢法原、李棁、卫仲达。温益,"字禹弼,泉州人也。举进士……益资诡谲,始以潜邸旧僚进,而阿附二蔡,持论不正,深为物议所贬"。[③] 温益虽中进士,官至执政,但是以脱脱为代表的《宋史》编纂者对其评价并不高,认为他阿谀逢迎蔡京等人,甚至没有做过一点可圈可点、能为人所称道的善事,而且为人非常狡猾,还曾经帮助蔡京恢复相位。温益之所以能担任吏部尚书一职,这与他善于迎合宋徽宗、阿谀蔡京等人有很大关系,也是他仕宦高升的原因所在。

---

① (元)脱脱等:《宋史》卷264《宋琪传》,中华书局1977年版,第9121—9122页。
② (元)脱脱等:《宋史》卷264《宋琪传》,中华书局1977年版,第9123页。
③ (宋)王称:《东都事略》卷97《温益传》,齐鲁书社2000年版,第833—834页。

何志同,“字彦时,处州龙泉人也。先世积德,迨公之皇考清源郡王”,[①]其父何执中,“进士高第……与蔡京并相……迁少师,封荣国公……卒,年七十四。帝即幸其家,以不及视其病为恨,辍视朝三日,赠太师,追封清源郡王”[②]。何执中官至宰相,宋徽宗对他恩宠有加,何志同作为何执中之子,自然也会受到很多的优待。再加上何志同“擢儒科,益懋远业寖通显”,[③]也算是有一定的能力,因此在仕宦中能够担任吏部尚书。

卢法原,与其兄卢知原被人有这样的评价:“盖兄弟皆以材见称于世。”[④]“自知雍丘县积官太府少卿,赐同上舍出身。”[⑤]可见卢法原并非科举入仕,而是恩荫入仕,相比进士出身的吏部尚书而言,卢法原并无优势可言。不过,正是这么一位史料记载不多、并非进士出身的卢法原,“为吏部尚书,以官秩次第履历总为一书,功过殿最,开卷了然,吏不能欺”。[⑥] 能够将吏部管理得井井有条、上下相通、吏不能欺,实在不是易事,足见“以材见称于世”是其能够担任吏部尚书的重要原因。

李棁与卫仲达由于可见史料过少,无法对其个人情况进行分析。

南宋时期有18位吏部尚书没有经历吏部相关仕履,即路允迪、吕颐浩、沈與求、周三畏、林大鼐、金安节、叶翥、崔與之、李鸣复、赵與懽、史宅之、赵性夫、陈垲、徐桌、程垲、刘黻、常楙、丁应奎。

吕颐浩,“中进士第。父丧家贫,躬耕以赡老幼……伐燕之役……又奏燕山、河北危急五事,愿博议久长之策……高宗即位,除知扬州……剧贼张遇众数万屯金山,纵兵焚掠。颐浩单骑与韩世忠造其垒,说之以逆顺,遇党释甲降。进吏部尚书”。[⑦] 吕颐浩出身于平民之家,通过努力考取进士,在宋徽宗时期的上言就颇有道理,已经开始崭露头角。南宋建立,宋高宗也发现了吕颐浩的才能,命为知州。而吕颐浩与韩世忠仅靠言语说服“剧贼”归顺,颇为世人称道。因此,进士出身、遇事颇有才能成为吕颐浩之后担任吏部尚书的重要原因。

沈與求,“自少颖异,读书属文不烦,教督识虑辩诘已如成人。未冠,以艺业

---

① (宋)袁燮:《絜斋集》卷17《端明尚书何公墓表》,丛书集成初编第2030册,商务印书馆1935年版,第277—278页。

② (元)脱脱等:《宋史》卷351《何执中传》,中华书局1977年版,第11101—11103页。

③ (宋)袁燮:《絜斋集》卷17《端明尚书何公墓表》,丛书集成初编第2030册,商务印书馆1935年版,第277—278页。

④ (元)脱脱等:《宋史》卷377《卢法原传》,中华书局1977年版,第11652页。

⑤ (元)脱脱等:《宋史》卷377《卢法原传》,中华书局1977年版,第11651页。

⑥ (元)脱脱等:《宋史》卷377《卢法原传》,中华书局1977年版,第11651页。

⑦ (元)脱脱等:《宋史》卷362《吕颐浩传》,中华书局1977年版,第11319—11320页。

试乡校,流辈莫与争长”,[①]可见沈舆求少年时就已经非常聪颖,同常人不一样。“政和五年进士第……公在言路首尾四年,凡所论列,不避权要,颇忤时宰意。至是,改除吏部尚书。”[②]沈舆求担任御史中丞四年左右,在这四年中,沈舆求不避权要,甚至敢于违背宰相之意,这正是宋高宗将沈舆求擢为吏部尚书的原因所在。因此,少时聪颖好学,高中进士,尤其是担任御史中丞期间直言不讳,是其能够担任吏部尚书的重要原因。

林大鼐,“绍兴五年进士……为监察御史,又擢殿中侍御史,俄拜右谏议大夫兼侍讲。率岁中再迁,遂权吏部尚书”。[③] 林大鼐,进士出身,在担任吏部尚书之前担任的监察御史、殿中侍御史、右谏议大夫,全部都是台谏官,同沈舆求情况较为相似,虽然没有明确说林大鼐担任台谏官期间具体情况如何,但是推测其应当是敢于直言不讳,所以之后才能够迁权吏部尚书。因此,进士出身、台谏官的经历,成为林大鼐担任吏部尚书的重要原因。

金安节,“资颖悟,日记千言,博洽经史,尤精于易。宣和六年,繇太学擢进士第……秦桧兄梓知台州,安节劾其附丽梁师成……为金使施宜生贺正,安节馆伴……明年,再充送伴使……安节又奏罢之,上谕之曰:‘朕知卿孤立无党。’张浚闻之,语人曰:‘金给事真金石人也’……逾年,权吏部尚书兼侍读”。[④] 一般情况下,凡是出使国外有辱使命者下次是不会再被派遣出使的,金安节担任吏部尚书之前几次出使金国,可见金安节出使所作所为还是比较得体的,否则也不可能数次出使金国。尤其是龙大渊、曾觌均为宋孝宗潜邸,龙大渊除枢密都承旨,曾觌授带御器械,诸多大臣均认为恩泽过当,但是又不敢直言。金安节在明知道弹劾二人后果严重的情况下,依然无所畏惧,数次弹劾龙大渊与曾觌。终于,宋孝宗大怒,准备贬谪金安节,但平心下来,认为金安节的确是为国家着想,并不是受控于什么党派,最终没有贬谪金安节。宰相张浚则称金安节为“金石人”,或许张浚并不是称赞他,而是在挖苦他,但是从侧面也反映了金安节坚定的人格魅力。正是如此,天资颖悟、擢进士第、屡次出使金国、不辱使命,成为他能够担任吏部尚书的重要原因。

崔與之,菊坡学派的代表人,“家贫力学,自奋先。广士有当试成均者,率惮

① (宋)刘一止:《苕溪集》卷30《枢密院沈公行状》,宋集珍本丛刊第34册,线装书局2004年版,第261页。

② (宋)刘一止:《苕溪集》卷30《枢密院沈公行状》,宋集珍本丛刊第34册,线装书局2004年版,第264页。

③ (明)郑岳辑:《莆阳文献》列传39《林大鼐传》,北京图书馆古籍珍本丛刊第19册,北京图书馆出版社1987年版,第300页。

④ (元)脱脱等:《宋史》卷386《金安节传》,中华书局1977年版,第11858—11861页。

远不行,公毅然勇往……擢乙科,广人由胄监取第者自公始”。[①] “擢发遣宾州军事,郡政清简……召为金部员外郎,时郎官多养资望,不省事,舆之钜细必亲省决,吏为欺者必杖之,莫不震栗……召为秘书少监,军民遮道垂涕……蜀人思之,肖其像于成都仙游阁,以配张咏、赵抃,名三贤祠……端平初,帝既亲政,召为吏部尚书。”[②]崔舆之入仕之前,家贫力学,不远千里到太学学习,成为由太学中第的广南第一人。入仕之后,崔舆之为政清廉,尽心为公,当他被召为秘书少监时,当地百姓十分不舍得他离开,竟然流下了泪水。当然,《宋史》在记载这个事情的时候,应当有夸张的嫌疑,但可以肯定的是,崔舆之的的确确为当地百姓做了不少实事,百姓也确实舍不得他离去。“三贤祠”很大程度上证明了崔舆之为政的确清廉,令人称道。也正是如此,宋理宗亲召崔舆之为吏部尚书。可见,入仕前的“力学”与入仕后的清正廉明、为官令百姓称道,正是皇帝能够召其为吏部尚书的原因所在。

李鸣复,“嘉定二年进士……拜侍御史兼侍讲。进对,言:‘荆襄制臣有当戒者三:曰去私、禁暴、惩怒。’权工部尚书兼权吏部尚书”。[③] 李鸣复的情况较为简单,他于嘉定二年(1209)中进士,担任权吏部尚书之前为侍御史兼侍讲,之后权工部尚书兼权吏部尚书。权吏部尚书于元祐三年(1088)闰十二月十八日开始设置,用来对待资格未到的新进之士,较之于吏部尚书的从二品,权吏部尚书为正三品。可见,李鸣复兼权吏部尚书,并不同于真正担任吏部尚书者,其资历、品阶都要稍低一些。李鸣复的过人之处是他对宋蒙(元)战争中见地深刻,策略得当。[④] 正是如此,李鸣复能够任吏部尚书,并且之后出任签书枢密院事。

赵與懽,“燕懿王八世孙。嘉定七年进士……设铜钲县门,欲诉者击之,冤无不直……寻兼知临安府、浙西安抚使,同详定,剖决明畅,罪者咸服……與懽招刺三千人为忠毅军……荐文武士四十人……迁户部尚书兼权吏部……迁吏部尚书”。[⑤] 赵與懽是赵德昭的八世孙,为宗室成员,在待遇、升迁方面拥有一定的优待,他于嘉定七年(1214)中进士,之后为政还是颇有称道之处的。赵與懽为地方官时,令当地百姓冤屈都能够得到申张,尤其是知临安府时,判决公正迅

① (宋)李昴英:《李忠简公文溪存稿》卷11《崔清献公行状》,宋集珍本丛刊第85册,线装书局2004年版,第508页。

② (元)脱脱等:《宋史》卷406《崔舆之传》,中华书局1977年版,第12258—12262页。

③ (元)脱脱等:《宋史》卷419《李鸣复传》,中华书局1977年版,第12550页。

④ 参见徐海松:《南宋李鸣复抗蒙策略评析》,《杭州师范学院学报(社会科学版)》,1989年第4期。

⑤ (元)脱脱等:《宋史》卷413《赵與懽传》,中华书局1977年版,第12402—12405页。

速,众人对他的判决心服口服,又善于举荐文武官员。因此,宗室成员、考中进士、为官严明,成为赵與欟之后担任吏部尚书的原因所在。

史宅之,"史弥远……子宅之"①。"(王万)首论史宅之,故相之子,曩者弄权,不当复玷从班。上命丞相再三谕旨,迄不奉诏。上不得已,出宅之知平江府"②。"以史宅之为太府少监……赐同进士出身"③。可见,史宅之以父史弥远恩荫入仕,又没有什么特殊的功绩,还曾被王万弹劾,但是史宅之后来还是担任了吏部尚书,这很大程度上是因为他是宰相史弥远之子,同何志同有些相似。史弥远是公认的权相,把持朝政多年,其子能够担任吏部尚书,与其父史弥远有很大的关系。

赵性夫,"魏王八世孙……擢嘉泰壬戌第……权吏部尚书"。④ 赵性夫是赵廷美的八世孙,自然是宗室成员,其任职经历中并没有什么特别之处,权吏部尚书前文已经说明,因此赵性夫的资历、品阶稍低一些。作为宗室成员,同赵與欟一样,在待遇、升迁方面享有一定的优待。因此,宗室成员、科举中第应当是赵性夫能够担任吏部尚书的原因所在。

陈垲,"淳祐十年方逢辰榜庚戌"⑤进士,"户部侍郎赵必愿举垲最,诏特转一官,迁太府卿、司农卿……未几,进集英殿修撰、知婺州,改知太平州兼江东转运副使。请蠲放诸郡灾伤……又作浮淮书堂以处两淮之民而教之……迁权户部尚书,寻为真,时暂兼吏部尚书……垲屡历麾节,军民爱戴,幕客盛多,而垲又乐荐士"。⑥ 陈垲于淳祐十年(1250)中第,后得到宗室赵必愿的荐举,可见陈垲有其独特之处。灾荒发生时,陈垲又请蠲免诸郡的灾伤,还在两淮地区开设淮书堂,与民教化。尤其是陈垲乐于荐士,多次指挥作战并取得胜利,从而受到军民爱戴,实属不易。因此,科举中第、关心百姓、与民教化是其后来兼吏部尚书的重要原因。

程垲,"以进士历州郡,所至兴学好士,以名义为重,军民爱戴,积官浙西提点刑狱、知太平(州)。发公币代民输折丝帛钱五十余万,作浮淮堂以处淮士,择

---

① (元)袁桷等:《延祐四明志》卷5《人物考中》,宋元方志丛刊本,中华书局1990年版,第6206页。

② (元)脱脱等:《宋史》卷416《王万传》,中华书局1977年版,第12484页。

③ (清)顾炎武著,黄汝成集释,栾保群、吕宗力校点:《日知录集释》卷17《恩科》,上海古籍出版社2006年版,第1007页。

④ (宋)刘克庄:《后村先生大全集》卷142《宝学赵尚书(神道碑)》,四部丛刊初编第1323册,商务印书馆1936年版,第42页。

⑤ (宋)梁克家著,陈叔侗校注:《淳熙三山志》卷32《人物类七》,方志出版社2003年版,第422页。

⑥ (元)脱脱等:《宋史》卷425《陈垲传》,中华书局1977年版,第12683—12684页。

其俊秀者躬自训督之，士风为之兴起，官终权吏部尚书”。[1] 程垲，科举中第，同陈垲一样受军民爱戴、与民教化，最终官至权吏部尚书。程垲其他可见史料很少，今根据《两浙名贤录》，认为他由于科举中第、与民教化、受军民爱戴，因此能够做到吏部尚书。

刘黻，“早有令闻，读书雁荡山中僧寺。年三十四，以淳祐十年试入太学，侪辈已翕然称之……建济民庄，以济士民之急，资贡士春官之费，备郡庠耆老缓急之需。又请建慈湖书院……九年，改朝奉郎，试吏部尚书”。[2] 刘黻年轻时候已经小有名气，在太学读书时已被同辈称道。景定三年（1262）中特奏名，为官能够为百姓着想，建济民庄，又建书院，同陈垲较为相似。刘黻以朝奉郎试吏部尚书，可见其寄禄官阶很低，但是差遣却做到了吏部尚书，因此要带上“试”字，能够以正七品的寄禄官担任从二品的吏部尚书，这是皇帝和宰辅集团对刘黻的信任。因此，早年有名声、特奏名中第、关心百姓，成为刘黻之后试吏部尚书的重要原因。

常楙，“淳祐七年，举进士。公廉自持，不畏强御……疏决滞讼，以专繁裁剧称……监江淮茶盐所芜湖局，不受商税赢……主管城南厢，听讼严明，豪右益惮之……郡有水灾，发社仓粟以活饥民，官吏难之，楙先发而后请专命之罪。置慈幼局，立先贤祠……受四方民词，务通下情……自给吏卒外，余金万楮，楙悉不受……德祐元年，拜吏部尚书”。[3] 在没有吏部相关仕履的24位吏部尚书中，史料对常楙的正面评价是比较多的。关心百姓、清正廉明，具有多种优秀品质。因此，常楙在德祐元年（1275）拜吏部尚书为情理之中的事情。

路允迪、周三畏、叶翥、徐㮚、丁应奎共计5人由于可见史料太少，因而暂无法考察其仕履，也就无法衡量其任职的相关条件。

综上，两宋24位没有吏部相关仕履的吏部尚书中，有7位吏部尚书可见史料太少暂无法分析，其他17位吏部尚书大体上分为以下几类：宰相之后，很大程度上因为父辈的关系做到吏部尚书的何志同、史宅之；多次出使他国并且不辱使命的金安节；宗室成员但同时也有一定能力的赵與懽、赵性夫；担任台谏敢于直言进谏的沈與求、林大鼐；勤奋好学、清正廉明、为国为民、实属人才的宋琪、卢法原、吕颐浩、崔與之、陈垲、程垲、刘黻、常楙；在宋蒙（元）战争中有着深刻见地的李鸣复；善于阿谀逢迎、为后人所不齿的温益。可见，没有吏部相关仕

① （明）徐象梅：《两浙名贤录》卷27《知太平程子爽垲》，北京图书馆古籍珍本丛刊第18册，书目文献出版社1987年版，第796页。

② （元）脱脱等：《宋史》卷405《刘黻传》，中华书局1977年版，第12242、12249页。

③ （元）脱脱等：《宋史》卷421《常楙传》，中华书局1977年版，第12595—12597页。

履的吏部尚书中，绝大部分还是比较优秀的，至于攀附权贵、为人狡诈的温益，仅仅占到了可考的17人的5.88%。所以，即使没有吏部相关仕履的吏部尚书，从他们本身来说，大多比较优秀，并且具有担任吏部尚书的能力。总而言之，宋代任命吏部尚书的首要原则是任人唯贤，吏部尚书的选任标准是相当高的。

第六章 宋代吏部尚书最高官职与致仕官

本章主要对宋代吏部尚书人物致仕前最高官职与致仕官进行考察，宋代198位吏部尚书中，有的最高官职即为吏部尚书，有的则官至宰相。为什么有的吏部尚书在做到吏部尚书之后又不断升迁，官至宰相？为什么有的吏部尚书在做到吏部尚书之后却连遭贬谪，甚至仅为某州司户参军？同样，致仕官也具有相似的地方。有的吏部尚书以太师致仕，有的吏部尚书却被罢免，没有致仕官。为什么他们的区别会如此之大？吏部尚书在仕宦中的最高官职与致仕官，不仅与其个人因素相关，更与政治大环境是分不开的。因此，对宋代吏部尚书人物致仕前最高官职与致仕官的考察，能够进一步了解宋代吏部尚书的某些方面，而且吏部尚书作为宋代的高级文官，对他们的考察也能够管窥宋代其他高级文官的某些特征。

一、宋代吏部尚书的最高官职

（一）吏部尚书最高官职考

根据《宋史》《续资治通鉴长编》《东都事略》《隆平集》《建炎以来系年要录》《宋会要辑稿》和宋代吏部尚书本人的行状、墓志铭、神道碑以及地方志通志等史料，将宋代吏部尚书最高官职做如下表格：

表9　宋代吏部尚书最高官职一览表

姓名	最高官职①	史料出处
北宋前期		
张昭	吏部尚书	《宋史》卷263《张昭传》
宋琪	尚书右仆射、同中书门下平章事	《宋史》卷264《宋琪传》
吕蒙正	行尚书左仆射、同中书门下平章事	《宋史》卷210《宰辅表一》
张齐贤	兵部尚书、同中书门下平章事	《宋史》卷265《张齐贤传》
宋白	吏部尚书	《宋史》卷439《宋白传》
王钦若	司徒、同中书门下平章事	《宋史》卷210《宰辅表一》
向敏中	左仆射兼中书侍郎、同中书门下平章事	《宋史》卷210《宰辅表一》
寇準	中书侍郎兼吏部尚书、同中书门下平章事	《宋史》卷210《宰辅表一》
丁谓	左仆射、太子少师、司徒、同中书门下平章事	《宋史》卷210《宰辅表一》
冯拯	右仆射兼中书侍郎、太子少傅、同中书门下平章事	《宋史》卷210《宰辅表一》
王曾	右仆射兼门下侍郎、同中书门下平章事	《宋史》卷211《宰辅表二》
吕夷简	右仆射、同中书门下平章事	《宋史》卷311《吕夷简传》
夏竦	参知政事	《宋史》卷210《宰辅表一》
陈执中	行吏部尚书、同中书门下平章事	《宋史》卷211《宰辅表二》
文彦博	礼部尚书、同中书门下平章事；太师、平章军国重事	《宋史》卷211《宰辅表二》、《宋史》卷212《宰辅表三》
王拱辰	吏部尚书	《宋史》卷318《王拱辰传》
曾公亮	行吏部侍郎、昭文馆大学士、同中书门下平章事	《宋史》卷211《宰辅表二》

① 两宋时期，198位可考吏部尚书的可见最高官职大多为差遣，即职事官，吏部尚书这一官职在北宋早期仍为职事官，元丰改制后到南宋均一直为职事官，讨论其最高职事官较有参考价值。又前书在讨论吏部尚书起家官时，即以差遣为准，故本次最高官职仍以差遣为准。

续表

姓名	最高官职	史料出处北宋前期
赵槩	参知政事	《宋史》卷211《宰辅表二》
王安石	吏部尚书、同中书门下平章事、昭文馆大学士	《宋史》卷211《宰辅表二》
吴充	行工部侍郎、同中书门下平章事	《宋史》卷211《宰辅表二》
北宋后期		
李清臣	门下侍郎(执政)	《鸡肋集》卷62《资政殿大学士李公行状》
曾孝宽	吏部尚书	《长编》卷446元祐五年八月
吕大防	尚书左仆射兼门下侍郎	《名臣碑传琬琰集》下卷16《吕汲公大防传》
范纯仁	尚书右仆射兼中书侍郎	《曲阜集》卷3《范忠宣墓志铭》
孙永	吏部尚书	《长编》卷371元祐元年三月
苏颂	右仆射兼中书侍郎	《曲阜集》卷3《赠苏司空墓志铭》
许将	门下侍郎(执政)	《宋史》卷213《宰辅表三》
苏辙	门下侍郎(执政)	《宋史》卷213《宰辅表三》
邓润甫	尚书左丞(执政)	《东都事略》卷96《邓润甫传》
傅尧俞	中书侍郎(执政)	《长编》卷435元祐四年十一月癸未
苏轼	吏部尚书	《长编》卷454元祐六年正月丙戌
王存	尚书右丞(执政)	《宋史》卷213《宰辅表三》
胡宗愈	吏部尚书	《长编》卷478元祐七年十一月癸卯
彭汝砺	权吏部尚书	《名臣碑传琬琰集》中卷31《彭待制汝砺墓志铭》
林希	同知枢密院事	《东都事略》卷97《林希传》
王震	权吏部尚书	《宋史》卷320《王震传》
黄履	尚书右丞(执政)	《宋史》卷213《宰辅表三》
邢恕	吏部尚书	《长编》卷487绍圣四年五月壬戌
叶祖洽	权吏部尚书	《长编》卷493绍圣四年十一月戊午
韩忠彦	尚书左仆射兼门下侍郎	《名臣碑传琬琰集》中卷50《韩仪公丞相忠彦行状》
陆佃	尚书左丞(执政)	《东都事略》卷97《陆佃传》

续表

姓名	最高官职	史料出处北宋前期
温益	中书侍郎(执政)	《东都事略》卷97《温益传》
赵挺之	右仆射兼中书侍郎	《东都事略》卷102《赵挺之传》
何执中	左仆射兼门下侍郎(政和二年前);太宰兼门下侍郎(政和二年后)	《东都事略》卷102《何执中传》
徐铎	吏部尚书	《宋史》卷329《徐铎传》
虞策	吏部尚书	《宋史》卷355《虞策传》
朱谔	尚书右丞(执政)	《东都事略》卷103《朱谔传》
时彦	吏部尚书	《宋史》卷354《时彦传》
林摅	中书侍郎(执政)	《宋史》卷213《宰辅表三》
余深	太宰兼门下侍郎	《宋会要辑稿·职官》1之3
管师仁	同知枢密院事	《东都事略》卷103《管师仁传》
刘拯	吏部尚书	《宋史》卷356《刘拯传》
王襄	同知枢密院事	《宋史》卷212《宰辅表三》
张克公	吏部尚书	《东都事略》卷105《张克公传》
许光凝	吏部尚书	《挥麈录·后录》卷2
蒋猷	吏部尚书	《浮溪集》卷27《显谟阁直学士蒋公墓志铭》
宇文粹中	尚书右丞(执政)	《宋会要辑稿·方域》3之23
王孝迪	中书侍郎(执政)	《宋会要辑稿·职官》78之33
何志同	吏部尚书	《絜斋集》卷17《端明尚书何公墓表》
唐恪	少宰兼中书侍郎	《东都事略》卷108《唐恪传》
卢法原	吏部尚书	《系年要录》卷33建炎四年五月壬子
李棁	尚书左丞(执政)	《宋史》卷213《宰辅表三》
卫仲达	礼部尚书兼吏部尚书	综合《系年要录》卷59、61、《至元嘉禾志》卷13判断
梅执礼	吏部尚书	《东都事略》卷109《梅执礼传》
莫俦	吏部尚书(伪楚官职不予说明)	《鸿庆居士集》卷38《宋故翰林学士莫公墓志铭》
王时雍	吏部尚书	《靖康要录》卷13靖康元年十一月三十日

续表

姓名	最高官职	史料出处北宋前期
谢克家	参知政事	《嘉定赤城志》卷34《人物门三》
南宋时期		
路允迪	签书枢密院事	《系年要录》卷19建炎三年正月甲申
周武仲	吏部尚书	《系年要录》卷13建炎二年二月辛酉
吕颐浩	尚书左仆射、同中书门下平章事	《宋会要辑稿·职官》39之1
刘珏	权同知三省枢密院事	《系年要录》卷26建炎三年八月壬子
洪拟	吏部尚书	《系年要录》卷48绍兴元年十一月壬申
胡直孺	兵部尚书兼权吏部尚书	《(光绪)江西通志》卷66
李光	参知政事	《系年要录》卷133绍兴九年十一月辛酉
权邦彦	端明殿学士、签书枢密院事兼权参知政事	《系年要录》卷63绍兴三年二月己丑
沈舆求	参知政事	《系年要录》卷80绍兴四年九月癸酉
席益	参知政事	《系年要录》卷63绍兴三年二月辛亥《人物一》
郑滋	吏部侍郎兼权吏部尚书①	《系年要录》卷68、72、《宋会要辑稿·选举》24之6
胡松年	权参知政事	《系年要录》卷82绍兴四年十一月戊午
孙近	参知政事	《系年要录》卷123绍兴八年十一月甲申
刘大中	参知政事	《系年要录》卷118绍兴八年三月庚寅
张焘	参知政事	《宋史》卷213《宰辅表四》
晏敦复	权吏部尚书	《系年要录》卷127绍兴九年三月戊子
吴表臣	吏部尚书	《系年要录》卷144绍兴十二年二月己丑
罗汝楫	吏部尚书	《系年要录》卷152绍兴十四年八月丁酉

① 根据洪拟绍兴三年十月壬午离任、郑滋绍兴四年正月十八日已经是吏部尚书、胡松年绍兴四年二月壬辰任吏部尚书,可判断郑滋吏部尚书应当在绍兴三年十月壬午至四年二月壬辰之间。又除《宋会要辑稿》不见郑滋吏部尚书的记载,《建炎以来系年要录》中郑滋在此时间段内为吏部侍郎,故推测郑滋应当是吏部侍郎兼权吏部尚书较为合理。具体见下面材料:"(绍兴)四年正月十八日,吏部尚书郑滋言事。"(清)徐松辑:《宋会要辑稿·选举》24之6;"(绍兴三年九月)己巳,尚书兵部侍郎郑滋试吏部侍郎,滋摄天官踰半年,至是改命。"(宋)李心传:《建炎以来系年要录》卷68,绍兴三年九月己巳;"(绍兴四年正月癸酉)吏部侍郎兼权礼部侍郎郑滋改权刑部侍郎,滋移官为刘大中论列事祖。"(宋)李心传:《建炎以来系年要录》卷72,绍兴四年正月癸酉。

续表

姓名	最高官职	史料出处北宋前期
周三畏	刑部尚书兼权吏部尚书	《系年要录》卷158绍兴十八年八月戊申
张杞	吏部尚书	《(光绪)江西通志》卷87《人物二十二》
林大鼐	吏部尚书	《系年要录》卷163绍兴二十二年九月己未
董德元	参知政事	《绍兴十八年同年小录》
张纲	参知政事	《系年要录》卷174绍兴二十六年八月甲午
刘才邵	工部侍郎兼权吏部尚书	《系年要录》卷176绍兴二十七年四月辛丑
陈康伯	尚书左仆射、同中书门下平章事	《系年要录》卷189绍兴三十一年三月庚寅
王师心	权吏部尚书	《系年要录》卷177绍兴二十七年九月辛巳
贺允中	参知政事	《系年要录》卷183绍兴二十九年七月丁亥
叶义问	知枢密院事	《系年要录》卷185绍兴三十年七月戊戌
周麟之	同知枢密院事	《系年要录》卷185绍兴三十年七月戊戌
洪遵	同知枢密院事	《文忠集》卷70《同知枢密院事赠太师洪文安公遵神道碑》
徐嘉	户部侍郎兼权吏部尚书	《两浙名贤录》卷39《平江守徐吉卿嘉》
汪应辰	吏部尚书兼翰林学士	《宋史》卷387《汪应辰传》
何溥	翰林学士兼权吏部尚书	《系年要录》卷189绍兴三十一年三月己卯
凌景夏	吏部侍郎兼权吏部尚书	《系年要录》卷199绍兴三十二年乙酉
金安节	吏部尚书	《新安文献志》卷73《肃金安节家传》
叶颙	左仆射、同中书门下平章事	《杨万里集》卷119《宋故尚书左仆射赠少保叶公行状》
魏杞	右仆射、同中书门下平章事	《宋史》卷213《宰辅表四》
陈之茂	吏部侍郎兼权吏部尚书	《宋会要辑稿·职官》48之37
陈俊卿	右仆射、同中书门下平章事	《杨万里集》卷123《丞相太保魏国正献陈公墓志铭》
周执羔	礼部尚书兼吏部尚书	《宋会要辑稿·选举》16之13
陈良祐	吏部尚书	《宋史》卷388《陈良祐传》
胡沂	权吏部尚书	《宋会要辑稿·职官》7之30
汪大猷	吏部尚书	《宋会要辑稿·选举》30之21

续表

姓名	最高官职	史料出处北宋前期
王之奇	签书枢密院事	《宋史》卷213《宰辅表四》
张津	权吏部尚书	《宋会要辑稿·选举》34之28
李彦颖	参知政事	《宋史》卷386《李彦颖传》
龚茂良	参知政事	《宋史》卷213《宰辅表四》
留正	左丞相	《宋史》卷213《宰辅表四》
蔡洸	吏部尚书	《宋会要辑稿·职官》8之37
韩元吉	吏部尚书	《宋史翼》卷14《韩元吉传》
程大昌	吏部尚书	《文忠集》卷62《龙图阁学士宣奉大夫赠特进程公神道碑》
周必大	左丞相	《楼钥集》卷98《少傅观文殿大学士致仕益国公赠太师谥文忠周公神道碑》
王希吕	吏部尚书	《宋会要辑稿·选举》1之19
郑丙	吏部尚书	《宋会要辑稿·职官》62之24
萧燧	参知政事	《宋史》卷35《宋孝宗纪三》
颜师鲁	吏部尚书	《两朝纲目备要》卷1,淳熙十六年
郑侨	参知政事	《宋史》卷213《宰辅表四》
赵汝愚	右丞相	《宋史》卷213《宰辅表四》
余端礼	左丞相	《杨万里集》卷124《宋故少保左丞相观文殿大学士赠少师郇国余公墓志铭》
罗点	签书枢密院事	《宋史》卷213《宰辅表四》
楼钥	参知政事	《宋史》卷213《宰辅表四》
叶翥	参知政事	《宋史》卷213《宰辅表四》
许及之	签书枢密院事	《宋史》卷213《宰辅表四》
傅伯寿	签书枢密院事	《宋史》卷213《宰辅表四》
刘德秀	签书枢密院事	《宋史》卷38《宋宁宗纪二》
袁说友	参知政事	《宋史》卷213《宰辅表四》
张釜	签书枢密院事	《宋史》卷213《宰辅表四》
费士寅	参知政事	《宋史》卷213《宰辅表四》

续表

姓名	最高官职	史料出处北宋前期
钱象祖	左丞相	《宋史》卷213《宰辅表四》
黄由	礼部尚书兼权吏部尚书	《(正德)姑苏志》卷51《人物九》
颜棫	权吏部尚书	《宋中兴学士院题名》
丁常任	权吏部尚书	《宋会要辑稿·刑法》1之59
杨炳	权吏部尚书	《南宋馆阁录续录》卷9《官联三》
卫泾	参知政事	《宋史》卷213《宰辅表四》
陆峻	吏部尚书	《宋会要辑稿·职官》73之39
林大中	签书枢密院事	《宋史》卷213《宰辅表四》
宇文绍节	签书枢密院事	《宋史》卷213《宰辅表四》
曾映	吏部尚书	《宋中兴东宫官僚题名》
张伯垓	吏部尚书	《宋会要辑稿·礼》49之84
汪逵	吏部尚书	《宋中兴东宫官僚题名》
李大性	吏部尚书	《宋会要辑稿·礼》27之16
任希夷	知枢密院事兼参知政事	《宋史》卷213《宰辅表四》
徐应龙	吏部尚书	《宋史》卷395《徐应龙传》
薛极	参知政事	《宋史》卷214《宰辅表五》
程珌	礼部尚书兼权吏部尚书	《新安文献志》卷94下《程公行状》
朱著	吏部尚书	《南宋馆阁录续录》卷9《官联三》
陆德舆	吏部尚书	《至元嘉禾志》卷13《陆德舆传》
杨烨	吏部尚书	《宋史全文》卷31绍定三年八月寅申
崔舆之	右丞相	《宋史》卷214《宰辅表五》
陈卓	签书枢密院事	《宋史全文》卷32端平二年六月壬午
李埴	同知枢密院事	《宋史》卷42《宋理宗纪二》
魏了翁	同签书枢密院事	《宋史》卷214《宰辅表五》
李鸣复	参知政事	《宋史》卷214《宰辅表五》
余天锡	参知政事	《宋史》卷214《宰辅表五》
许应龙	签书枢密院事	《宋史》卷214《宰辅表五》
赵彦械	权吏部尚书	《东涧集》卷4《兵部侍郎兼权吏部尚书赵彦械除权吏部尚书制》

续表

姓名	最高官职	史料出处北宋前期
游似	右丞相兼枢密使	《宋史》卷214《宰辅表五》
袁甫	权兵部尚书兼权吏部尚书①	《宋史》卷405《袁甫传》
赵與懽	吏部尚书	《宋史》卷413《赵與懽传》
吴潜	左丞相兼枢密使	《宋史》卷214《宰辅表五》
徐荣叟	参知政事	《宋史》卷214《宰辅表五》
高定子	签书枢密院事兼参知政事	《宋史》卷214《宰辅表五》
金渊	同签书枢密院事	《宋史全文》卷33淳祐四年三月己未
杜杲	刑部尚书兼吏部尚书	《后村先生大全集》卷141《杜尚书(神道碑)》
钱相	吏部尚书	《咸淳毗陵志》卷17《人物二》
赵與𥲅	吏部尚书	《宋史》卷423《赵與𥲅传》
赵以夫	吏部尚书	《后村先生大全集》卷142《虚斋资政赵公(神道碑)》
史宅之	同知枢密院事	《宋史》卷214《宰辅表五》
徐清叟	参知政事	《宋史》卷214《宰辅表五》
赵性夫	权吏部尚书	《后村先生大全集》卷142《宝学赵尚书(神道碑)》
张磻	参知政事	《宋史》卷214《宰辅表五》
陈垲	户部尚书兼吏部尚书	《宋史》卷425《陈垲传》
颜颐仲	吏部尚书	《后村先生大全集》卷143《宝学颜尚书(神道碑)》
蔡抗	参知政事	《宋史》卷214《宰辅表五》
陈显伯	吏部尚书兼端明殿大学士	《罗源县志》卷7《陈显伯传》
徐㮚	吏部尚书	《咸淳临安志》卷49守臣题名
饶虎臣	参知政事	《宋史》卷214《宰辅表五》
江万里	左丞相兼枢密使	《宋史》卷214《宰辅表五》
王爚	左丞相兼枢密使、平章军国重事	《宋史》卷214《宰辅表五》
叶梦鼎	右丞相兼枢密使	《宋史》卷214《宰辅表五》
陈昉	吏部尚书	《两浙名贤录》上卷27《知福州陈叔方昉》

① 根据宋代官员兼吏部尚书的典制，本官一般为六部尚书，而袁甫本官仅为权兵部尚书，故其更大可能为兼权吏部尚书。

续表

姓名	最高官职	史料出处北宋前期
常挺	参知政事	《宋史》卷 214《宰辅表五》
洪焘	吏部尚书	《咸淳临安志》卷 49 守臣题名
程垲	权吏部尚书	《两浙名贤录》下卷 43《海门簿程元爽垲》
章鉴	右丞相兼枢密使	《宋史》卷 214《宰辅表五》
陈宜中	左丞相兼枢密使	《宋史》卷 214《宰辅表五》
刘黻	参知政事	《宋史》卷 47《瀛国公纪》
常楙	参知政事	《宋史》卷 214《宰辅表五》
王应麟	礼部尚书兼摄吏部尚书	《四明文献集》《王深宁先生年谱》,陈仅
丁应奎	权吏部尚书	《宋史》卷 47《瀛国公纪》
陈仲微	吏部尚书	《宋史》卷 422《陈仲微传》

表 10　吏部尚书最高官职统计简表一

时期 最高官职	北宋前期	北宋后期	南宋时期	合计
宰相	15	8	18	41
参知政事	2	1	31①	34
权参知政事	0	0	1	1
中书侍郎	0	4	0	4
门下侍郎	0	3	0	3
尚书左丞	0	3	0	3
尚书右丞	0	4	0	4
知枢密院事	0	0	1	1
同知枢密院事	0	3	4	7
权同知枢密院事	0	0	1	1
签书枢密院事	0	0	12	12
同签书枢密院事	0	0	2	2
吏部尚书	3	17	35	55

① 其中,2 人为他官兼参知政事,任希夷以知枢密院事兼参知政事,高定子以签书枢密院事兼参知政事;1 人除参知政事,但最终以老病不拜,即张焘。

续表

最高官职＼时期	北宋前期	北宋后期	南宋时期	合计
权吏部尚书	0	3	11	14
礼部尚书兼吏部尚书	0	1	1	2
礼部尚书兼摄吏部尚书	0	0	1	1
刑部尚书兼吏部尚书	0	0	1	1
户部尚书兼吏部尚书	0	0	1	1
兵部尚书兼权吏部尚书	0	0	1	1
权兵部尚书暂兼权吏部尚书	0	0	1	1
刑部尚书兼权吏部尚书	0	0	1	1
礼部尚书兼权吏部尚书	0	0	2	2
吏部侍郎兼权吏部尚书	0	0	3	3
工部侍郎兼权吏部尚书	0	0	1	1
户部侍郎兼权吏部尚书	0	0	1	1
翰林学士兼权吏部尚书	0	0	1	1
合计	20	47	131	198

表 11　吏部尚书最高官职统计简表二

最高官职＼时期		北宋前期	北宋后期	南宋时期	合计
宰执	宰相	15	8	18	41
	执政	2	18	52	72
吏部尚书（包括权、兼、兼权）		3	21	61	85
合计		20	47	131	198

（二）吏部尚书最高官职特征

前文已经说明，讨论的最高官职为职事官。从表中可以看出，宋代吏部尚书担任者最高官职具有以下特征：

1. 多样性

宋代吏部尚书担任者仕履中的最高官职是比较多样的，从最高的宰相，到执政类的参知政事、中书侍郎、门下侍郎、尚书左右丞、知枢密院事、同知枢密院事、签书枢密院事、同签书枢密院事等，再到吏部尚书，有真除的吏部尚书，也有权吏部尚书,更有各种他官兼或者兼权吏部尚书的情况,这其中又包括六部其他尚书兼或者兼权吏部尚书、六部侍郎兼权吏部尚书、翰林学士兼权吏部尚书。可以认为,宋代吏部尚书担任者的最高官职囊括了宋代吏部尚书这一官职向上迁转职事官中的所有情况。

2. 不平衡性

(1)北宋前期,吏部尚书大多作为官阶,关系着官员的官品、俸禄、地位等,吏部尚书在官阶中为朝官第三阶,正三品,因此,能够拥有吏部尚书这一官阶的官员并不多,从这个角度来看,也可以说明为什么北宋前期122年才有20位吏部尚书。从表中也可以看到,这一时期吏部尚书大多是宰相的兼官,或者是作为宰相的官阶而存在的。除去张昭的吏部尚书为职事官,其他19人的吏部尚书均为官阶,也就是正二品的官阶。这一时期,共有15人最高官职做到宰相,占总人数20人的75%;2人最高官职为参知政事,占总人数20人的10%;3人最高官职为吏部尚书,占总人数的15%。宰相与参知政事合在一起称为宰执,北宋前期吏部尚书这一官阶的担任者最高官职绝大多数为宰执,占总人数20人的85%。即言,北宋前期本官能够达到吏部尚书的担任者将近九成者实际差遣都做到了宰执,达到了宋代官职中的最高点。

(2)北宋后期,吏部尚书担任者仕履中最高官职为宰相者8人,占这一时期吏部尚书总人数47人的17.02%;元丰新制,中书侍郎、门下侍郎、尚书左右丞凡单除者均为执政,代参知政事行副宰相之职,建炎三年(1129),中书侍郎等复改为参知政事,不再行副宰相之职。因此,从表中也可以看出,只有北宋后期这段时间内,吏部尚书的担任者最高官职有中书侍郎、门下侍郎、尚书左丞、尚书右丞,其他时间的吏部尚书最高官职均没有这几个官职。同北宋前期和南宋时期相比,这几个官职其实等同于参知政事。仍用参知政事来保持前后的统一,这一时期参知政事共15人,其中1人为元丰改制前的参知政事,14人为元丰改制后的中书侍郎、门下侍郎、尚书左右丞,占这一时期吏部尚书总人数47人的31.91%;将前两者合在一起统计,再加上3人最高官职做到同知枢密院事,北宋后期吏部尚书担任者最高官职做到宰执的人数达26人,占这一时期吏部尚书总人数47人的55.32%,仍然占据了一半多的比例。元祐三年(1088)十二月十二日,宋廷"置六曹尚书权官"[①],用来对待资格未到的新进之士,"俸赐依守侍郎,班序在试尚书之下。正三品"[②]。故,北宋后期开始出现权吏部尚书。这

① (元)脱脱等:《宋史》卷17《宋哲宗纪一》,中华书局1977年版,第328页。

② (宋)章如愚:《群书考索·后集》卷7《列曹尚书》,文渊阁四库全书影印本第937册,台湾商务印书馆1986年版,第98页。

一时期,吏部尚书担任者最高官职为吏部尚书者17人,权吏部尚书者3人,由礼部尚书兼吏部尚书者1人,共21人,占这一时期吏部尚书总人数47人的44.68%。可见,北宋后期吏部尚书的担任者仕履中的最高官职以宰执为主,占据一半有余。也就是说,北宋后期吏部尚书担任者大部分在担任吏部尚书之后(少部分在之前)官职都得到了升迁。

(3)南宋时期,吏部尚书担任者仕履中最高官职为宰相者18人,占这一时期吏部尚书总人数131人的13.74%;北宋后期的中书侍郎、门下侍郎、尚书左右丞不复存在,参知政事31人,权参知政事1人,知、同知、签书、同签书枢密院事19人,权同知枢密院事1人,共52人,占这一时期吏部尚书担任者总人数131人的38.93%;吏部尚书35人,权吏部尚书11人,以六部他部尚书兼吏部尚书3人,以六部尚书、侍郎兼权吏部尚书11人,还有以翰林学士兼权吏部尚书1人,共计61人,占这一时期吏部尚书总人数131人的46.56%。将宰相与执政的担任者人数统计一起为70人,占这一时期吏部尚书总人数131人的53.44%,仍然占据了一半多的比例。可见,南宋时期吏部尚书的担任者仕履中的最高官职仍以宰执为主,占据一半有余。也就是说,南宋时期吏部尚书担任者大部分在担任吏部尚书之后(少部分在之前)官职都得到了升迁。南宋时期吏部尚书担任者仕履中最高官职达到宰执的比例为53.44%,这一比例略低于北宋后期的55.32%,但是两者的差距很小,变化并不是很大。

(三)吏部尚书最高官职分析

宋代吏部尚书在元丰改制前为官阶,正三品,如同元丰改制后吏部尚书阶对应的金紫光禄大夫之寄禄官阶,能够真正达到这一寄禄官阶的人也并不多。因此,北宋前期吏部尚书较少,占据了宋代320年的120多年,却只有20位吏部尚书。这20位吏部尚书中,最早张昭的吏部尚书仍为职事官,之后的19位吏部尚书担任者的吏部尚书已为阶官,但是这些担任者毕竟在之前或多或少地从事了一些与吏部相关的职务,比如判吏部流内铨、知审官院等。因此,这19位具有吏部尚书官阶的担任者并不是同吏部没有任何关系。作为正二品的官阶,能够在仕履中达到确实不易。熙宁七年(1074)四月丙戌,“王安石自礼部侍郎、同平章事以吏部尚书、观文殿大学士知江宁府”,[①]之后曾布认为王安石“自礼部侍郎迁吏部尚书,乃转九资也”,[②]只有特旨方能迁转吏部尚书。因此,北宋前期吏部尚书担任者以宰辅为主,他们的最高官职自然也就是宰辅了。

---

① (元)脱脱等:《宋史》卷211《宰辅表二》,中华书局1977年版,第5488页。

② (宋)李焘:《续资治通鉴长编》卷510,元符二年五月乙丑,中华书局2004年版,第12146页。

元丰改制之后，吏部尚书成为职事官，并且开始出现权、守、试吏部尚书，即更多的寄禄官阶并不够高的官员可以来担任吏部尚书一职。北宋后期共47位吏部尚书，远远多于北宋前期。同北宋前期相比，出现了一位以礼部尚书兼吏部尚书的卫仲达。这应该是卫仲达在担任礼部尚书时，吏部尚书这一职务暂时空缺，于是由卫仲达同时兼任吏部尚书。吏部尚书资序在六部中排在首位，因此凡是担任吏部尚书者有再次升迁的机会，大多会升入执政的行列。当然，也有将近一半吏部尚书的担任者任职之后并没有得到升迁，而是因为遭到贬谪、党争、政局更化等原因没有升迁。尤其是北宋末年的靖康之难，部分吏部尚书要么为国捐躯，要么投奔伪楚政权，他们的最高官职也就定格在了吏部尚书。另外，大部分吏部尚书担任者在担任这一职务时的年龄在50岁到70岁之间，不少吏部尚书担任者在担任该职务之后即致仕，有的吏部尚书担任者在职期间去世，都使得他们的最高官职停留在了吏部尚书。

南宋时期，吏部尚书延续北宋后期的制度，仍然为职事官，并且权、守、试吏部尚书增加了不少，尤其是以他官兼、兼权吏部尚书的情况非常多。超过半数的吏部尚书最高官职同北宋后期一样，进入了宰执的行列。也就是说，大部分的吏部尚书担任者在之后（少部分在之前）得到了升迁，并且进入到最高统治集团当中，这与吏部尚书这一职务本身的重要性是分不开的。这一时期权、守、试吏部尚书的增加，说明更多资历较浅者奉诏出任吏部尚书，这是不拘品阶选拔人才的有益方式。而大量以他官兼、兼权吏部尚书的出现，则与南宋三省合一的大趋势是分不开的。由本部侍郎兼权本部尚书的情况容易理解，作为部内的副贰，在正长官暂缺时代替长官，仍然掌管本部的事务是较为可行的。而且，即使是权本部副贰的官员来职掌本部事务，也都还是比较熟悉的。然而，还有许多以他部（权）长贰的官员来兼、兼权吏部尚书的职务，大概有以下几个原因：一是纵观南宋吏部尚书担任者的人事仕履，大部分都担任过与吏部相关的职务，比如吏部侍郎、郎中、员外郎、司封司勋考功的郎中、员外郎、知贡举等。南宋131位吏部尚书中，只有18位任职者的人事仕履中不曾担任吏部相关职务。所以，绝大部分的吏部尚书担任者在兼、兼权吏部尚书之前都曾经有过吏部相关的历练，这种历练不仅使他们对吏部事务熟悉，更重要的是当吏部长贰都因故暂缺的时候，他们可以立刻兼、兼权相关职务，并且做到轻车熟路，井井有条。二是南宋时期三省合一的大趋势。不仅是吏部存在以他官兼、兼权尚书的情况，他部甚至包括不同的省之间，都开始出现了互兼、兼权的情况。这种大趋势自然也影响到了吏部，以他官兼、兼权吏部尚书的情况也逐渐成为常态。三是对寄禄官阶较低官员的恩宠。不少官员虽然很有才能，但是由于寄禄官阶太低,根本无法在某些职位上发挥其才能,皇帝与宰相等高官也正是看到了这一情况,因此以他官兼、兼权吏部尚书的方法便得到了推广,一定程度上也是宋廷不拘一格选拔人才不错的方式。四是官员任期较短。南宋共132年,吏部尚书有148任,平均每位吏部尚书担任者任期不超过1年,足见其更换之快。这样一来,以他官兼、兼权吏部尚书的方式便突显出了它的优势:当原吏部尚书离任或者有更合适的人选可以胜任吏部尚书之任时,原兼、兼权吏部尚书的官员便不再兼、兼权,这种人事变动模式较为灵活。

总体上讲,元丰改制前,吏部尚书作为官阶,大部分是宰相的兼官,拥有吏部尚书官阶的官员仕履中最高官职大多做到了宰执;元丰改制后,吏部尚书成为职事官,吏部尚书担任者仕履中的最高官职以宰执为主,这说明吏部尚书担任者在仕履中升迁很快,跻身执政也体现了皇帝对他们的信任。还有一部分吏部尚书的最高官职则定格在了吏部尚书,这与部分吏部尚书担任者年龄接近致仕年龄、遭到贬谪等个人因素或朝代变更等政治大环境因素有很大关系。而以他官兼、兼权吏部尚书的大量出现,则体现了宋代尤其是南宋官制体系的灵活之处。

二、宋代吏部尚书的致仕官

(一)吏部尚书致仕官考

1. 北宋前期

张昭,“宋初,拜吏部尚书……太祖不说,遂三拜章告老,以本官致仕,改封陈国公”。[①] 致仕官为吏部尚书,正二品。

宋琪,至道二年(996)春,“拜右仆射……是年九月被病……又口占遗表数百字而卒”。[②] 未致仕,以实职卒。

吕蒙正,“凡七上章求解政事,改太子太师,仍封莱国公”。[③] 致仕官为太子太师、莱国公,从一品。

张齐贤,大中祥符五年(1012)“代还,再抗章请老,授特进、守司空致仕”。[④]

---

① (元)脱脱等:《宋史》卷263《张昭传》,中华书局1977年版,第9091页。

② (元)脱脱等:《宋史》卷264《宋琪传》,中华书局1977年版,第9131页。

③ (宋)杜大珪:《名臣碑传琬琰集》上卷15《吕文穆公蒙正神道碑》,宋代传记资料丛刊第14册,北京图书馆出版社2006年版,第268页。

④ (宋)杜大珪:《名臣碑传琬琰集》下卷2《张文定公齐贤传》,宋代传记资料丛刊第16册,北京图书馆出版社2006年版,第190页。

致仕官为特进、守司空，特进，从一品，守司空为加官，从一品。

宋白，“乃以兵部尚书致仕，因就宰臣访问其资产，虞其匮乏，时白继母尚无恙，上东封，白肩舆辞于北苑，召对久之，进吏部尚书……丁内艰。五年正月，卒”。[①] 致仕官为兵部尚书，致仕后因家贫被召为吏部尚书，从二品。

王钦若，“毕加司徒……三年冬十月兼译经使，赴上于传法院归第感疾请告……十一月……戊申薨”。[②] 未致仕，以实职卒。

向敏中，“祠礼成，进位左仆射加昭文馆大学士……比至中夜，疾不可起，乃明日己卯以不起闻”。[③] 未致仕，以实职卒。

寇準，天圣元年(1023)闰九月，“移授银青光禄大夫、检校国子祭酒、行衡州司马，是月七日以疾终于贬所”。[④] 遭贬，以行衡州司马卒，未致仕，以散官卒。

丁谓，“明道末复秘书监致仕，居安州，又徙光州卒”。[⑤] 遭贬，致仕官为秘书监，正五品。

冯拯，“五上表愿罢相，拜武胜军节度使、检校太尉兼侍中、判河南府……卒”。[⑥] 以使相卒，未致仕，以实职卒。

王曾，“曾言亦有过者，遂与夷简俱罢，以左仆射、资政殿大学士判郓州。宝元元年冬……如期而薨，年六十一”。[⑦] 未致仕，以实职卒。

吕夷简，“寻致军国之议，频表请老，乃以太尉致仕”。[⑧] 致仕官为太尉，正一品。

夏竦，皇祐三年(1051)秋，“武宁军节度使、检校太师兼侍中、判河阳、郑国公以疾请归于京师……公疾寖剧矣，既就第，未几以薨”。[⑨] 以使相卒，未致仕，以实职卒。

---

① (元)脱脱等:《宋史》卷439《宋白传》，中华书局1977年版，第13000页。

② (宋)夏竦:《文庄集》卷28《赠太师中书令冀国公王公行状》，宋集珍本丛刊第2册，线装书局2004年版，第670页。

③ (宋)祖无择:《龙学文集》卷15《文简向公神道碑铭》，文渊阁四库全书影印本第1098册，台湾商务印书馆1986年版，第869页。

④ (宋)杜大珪:《名臣碑传琬琰集》上卷2《寇忠愍公准旌忠之碑》，宋代传记资料丛刊第14册，北京图书馆出版社2006年版，第35页。

⑤ (宋)曾巩:《隆平集》卷4《宰臣传》，宋代传记资料丛刊第13册，北京图书馆出版社2006年版，第206页。

⑥ (元)脱脱等:《宋史》卷285《冯拯传》，中华书局1977年版，第9611页。

⑦ (元)脱脱等:《宋史》卷310《王曾传》，中华书局1977年版，第10185页。

⑧ (宋)张方平撰，郑涵点校:《张方平集》卷36《吕公神道碑铭》，中州古籍出版社1992年版，第592页。

⑨ (宋)王珪:《华阳集》卷35《夏文庄公竦神道碑铭》，丛书集成初编第1916册，中华书局1985年版，第449页。

陈执中,嘉祐四年(1059)二月,“制除守司徒、岐国公致仕”。[①] 致仕官为守司徒、岐国公,从一品。

文彦博,元丰六年(1083),“请老,除守太师、河东永兴军节度使。彦博又固辞,许罢两镇,以守太师致仕”,元祐五年(1090)“复以太师致仕”。[②] 致仕官为太师,正一品。

王拱辰,元丰八年(1085)七月“彰德军节度使、检校太师、北京留守王拱辰卒”。[③] 以节度使卒,未致仕,以实职卒。

曾公亮,“旋以太傅致仕”。[④] 致仕官为太保,正一品。

赵槩,“遂请老不已,以太子少师致仕”。[⑤] 致仕官为太子少师,从二品。

王安石,元祐元年(1086)四月,“观文殿大学士、守司空、充集禧观使、荆国公王安石薨”。[⑥] 未致仕,以祠禄官卒。

吴充,“明年春,肩舆归第,遂拜观文殿大学士、西太乙宫使,四月甲午朔公薨”。[⑦] 未致仕,以祠禄官卒。

2. 北宋后期

李清臣,崇宁元年(1102)正月,“资政殿大学士、右光禄大夫、知大名府兼北京留守司事、大名府路安抚使李公薨”。[⑧] 未致仕,以实职卒。

曾孝宽,元祐五年(1090)八月,“资政殿学士、中大夫、守吏部尚书曾孝宽卒”。[⑨] 未致仕,以实职卒。

吕大防,“未几,遂责授舒州团练副使、循州安置,未踰岭卒”。[⑩] 遭贬,未致仕。

---

① (宋)张方平撰,郑涵点校:《张方平集》卷37《陈公神道碑铭》,中州古籍出版社1992年版,第622页。

② (宋)杜大珪:《名臣碑传琬琰集》下卷13《文忠烈公彦博传》,宋代传记资料丛刊第16册,北京图书馆出版社2006年版,第347—348页。

③ (宋)杜大珪:《名臣碑传琬琰集》下卷20《王懿恪公拱辰传》,宋代传记资料丛刊第16册,北京图书馆出版社2006年版,第440页。

④ (元)脱脱等:《宋史》卷312《曾公亮传》,中华书局1977年版,第10233页。

⑤ (宋)苏轼著,孔凡礼点校:《苏轼文集》卷18《赵康靖公神道碑》,中华书局1986年版,第542页。

⑥ (宋)杜大珪:《名臣碑传琬琰集》下卷14《王荆公安石传》,宋代传记资料丛刊第16册,北京图书馆出版社2006年版,第357页。

⑦ (宋)杜大珪:《名臣碑传琬琰集》中卷27《吴正宪公充墓志铭》,宋代传记资料丛刊第15册,北京图书馆出版社2006年版,第231—232页。

⑧ (宋)晁补之:《鸡肋集》卷62《资政殿大学士李公行状》,四部丛刊初编第1036册,商务印书馆1919年版,第71页。

⑨ (宋)李焘:《续资治通鉴长编》卷446,元祐五年八月,中华书局2004年版,第10741页。

⑩ (宋)杜大珪:《名臣碑传琬琰集》下卷16《吕汲公大防传》,宋代传记资料丛刊第16册,北京图书馆出版社2006年版,第387页。

范纯仁,“不数月,以观文殿大学士中太一宫使召……既而公疾益侵,请老不许,建中靖国元年正月癸亥薨”。[①] 未致仕,以祠禄官卒。

孙永,“进资政殿学士兼侍读,罢选事,提举中太一宫,未及拜命,以不起闻制”。[②] 以祠禄官卒,未致仕。

苏颂,“以太子少师致仕,今上即位迁太子太保”。[③] 致仕官为太子太保,从一品。

许将,“拜观文殿学士,除奉国军节度使。在大名六年,召为佑神观使,未几而卒”。[④] 以祠禄官卒,未致仕。

苏辙,致仕官为端明殿学士、大中大夫。[⑤] 大中大夫,从四品。

邓润甫,“遂拜尚书左丞,卒”。[⑥] 以实职卒,未致仕。

傅尧俞,元祐四年(1089)“拜中书侍郎。在位二年卒”。[⑦] 以实职卒,未致仕。

苏轼,“乃复朝奉郎、提举成都玉局观,居从其便……建中靖国元年六月请老,以本官致仕”。[⑧] 遭贬,致仕官为朝请郎,正七品。

王存,元符二年(1099)正月十七日,“韩忠彦……资政殿学士、右正议大夫致仕王存各降一官”。[⑨] 致仕官为资政殿学士、通议大夫。通议大夫,正四品。

胡宗愈,绍圣元年(1094)闰四月,“资政殿学士、新知定州胡宗愈(卒)”。[⑩] 以实职卒,未致仕。

彭汝砺,“以宝文阁待制知江州……至郡数月得疾,草遗表,家人怪之。公笑曰:‘此何可免?’作诗贻其子。十二月某甲子,有星陨于郡衙。是日,公终于

---

① (宋)曾肇撰,(清)曾俨编:《曲阜集》卷3《范忠宣墓志铭》,文渊阁四库全影印本第1101册,台湾商务印书馆1986年版,第375页。

② (宋)苏颂著,王同策等点校:《苏魏公文集》卷53《资政殿学士通议大夫孙公神道碑铭》,中华书局1988年版,第803页。

③ (宋)曾肇撰,(清)曾俨编:《曲阜集》卷3《范忠宣墓志铭》,文渊阁四库全影印本第1101册,台湾商务印书馆1986年版,第384页。

④ (宋)王称撰,孙言诚、崔国光点校:《东都事略》卷96,齐鲁书社2000年版,第826页。

⑤ (宋)刘安上:《刘给谏文集》卷2《大中大夫致仕苏辙追复端明殿学士赠宣奉大夫》,线装书局2004年版,宋集珍本丛刊第31册,第518页。

⑥ (宋)王称撰,孙言诚、崔国光点校:《东都事略》卷96,齐鲁书社2000年版,第826页。

⑦ (宋)王称撰,孙言诚、崔国光点校:《东都事略》卷90,齐鲁书社2000年版,第764页。

⑧ (宋)杜大珪:《名臣碑传琬琰集》中卷26《苏文忠公轼墓志铭》,宋代传记资料丛刊第15册,北京图书馆出版社2006年版,第228页。

⑨ (清)徐松辑,刘琳、刁忠民等校点:《宋会要辑稿·职官》67之23,上海古籍出版社2014年版,第4859页。

⑩ (清)徐松辑,刘琳、刁忠民等校点:《宋会要辑稿·礼》41之46,上海古籍出版社2014年版,第1663页。

正寝”。[1] 以实职卒，未致仕。

林希，“夺职知扬州，徙舒州。未几卒”。[2] 以实职卒，未致仕。

王震，“为枢密都承旨，遂坐折狱滋蔓、倾摇大臣夺职知岳州，卒”。[3] 以实职卒，未致仕。

黄履，“徽宗立，召为资政殿学士兼侍读，复拜右丞。未逾年，求去，加大学士、提举中太一宫，卒”。[4] 以祠禄官卒，未致仕。

邢恕，“俄复显谟阁待制、知郑州，提举崇福宫，以中大夫致仕”。[5] 遭贬，致仕官为中大夫，正五品。

叶祖洽，“官至徽猷阁直学士、太中大夫。政和七年四月六日终于真州寓舍”。[6] 以实职卒，未致仕。

韩忠彦，“以宣奉大夫致仕，逾年薨于安阳之里第”。[7] 致仕官为宣奉大夫，正三品。

陆佃，“遂罢为中大夫、知亳州，数月卒”。[8] 遭贬，未致仕。

温益，崇宁二年(1103)正月，“中书侍郎温益卒”。[9] 以实职卒，未致仕。

赵挺之，“京复相，挺之再除观文殿大学士、佑神观使。未几而卒”。[10] 以祠禄官卒，未致仕。

何执中，致仕官为太傅。[11] 太傅，正一品。

徐铎，“进吏部尚书，卒”。[12] 以实职卒，未致仕。

虞策，“属疾祈外，加龙图阁学士、知润州，卒于道”。[13] 以实职卒，未致仕。

朱谔，大观元年(1107)六月“尚书右丞朱谔卒”。[14] 以实职卒，未致仕。

---

① (宋)杜大珪:《名臣碑传琬琰集》中卷31《彭待制汝砺墓志铭》,宋代传记资料丛刊第15册,北京图书馆出版社2006年版,第300页。

② (元)脱脱等:《宋史》卷343《林希传》,中华书局1977年版,第10914页。

③ (元)脱脱等:《宋史》卷320《王震传》,中华书局1977年版,第10407页。

④ (元)脱脱等:《宋史》卷328《黄履传》,中华书局1977年版,第10574页。

⑤ (宋)王称撰,孙言诚、崔国光点校:《东都事略》卷99,齐鲁书社2000年版,第845页。

⑥ (宋)周应合:《景定建康志》卷43,宋元方志丛刊本,中华书局1990年版,第2035页。

⑦ (宋)杜大珪:《名臣碑传琬琰集》中卷50《韩仪公丞相忠彦行状》,宋代传记资料丛刊第16册,北京图书馆出版社2006年版,第34页。

⑧ (元)脱脱等:《宋史》卷343《陆佃传》,中华书局1977年版,第10920页。

⑨ (元)脱脱等:《宋史》卷213《宰辅表三》,中华书局1977年版,第5514页。

⑩ (宋)王称撰,孙言诚、崔国光点校:《东都事略》卷102,齐鲁书社2000年版,第875页。

⑪ (宋)慕容彦逢:《摘文堂集》卷3《赐新除太傅致仕何执中辞免册礼允诏》,丛书集成续编第102册,上海书店1994年版,第275页。

⑫ (元)脱脱等:《宋史》卷329《徐铎传》,中华书局1977年版,第10607页。

⑬ (元)脱脱等:《宋史》卷355《虞策传》,中华书局1977年版,第11194页。

⑭ (元)脱脱等:《宋史》卷213《宰辅表三》,中华书局1977年版,第5517页。

时彦,“迁工部尚书,进吏部,卒”。[①] 以实职卒,未致仕。

林摅,“加观文殿学士,拜庆远军节度使。言者复论罢之。还姑苏,疡生于首而卒”。[②] 以实职卒,未致仕。

余深,致仕官为特进。[③] 特进,从一品。

管师仁,大观三年(1109)六月,“管师仁自同知枢密院事,以资政殿学士依前中大夫领佑神观使,寻卒”。[④] 以祠禄官卒,未致仕。

刘拯,“时商英去位,侍御史洪彦昇并劾之,削职,提举鸿庆宫,卒”。[⑤] 以祠禄官卒,未致仕。

王襄,“至是,降宁远军节度副使,永州安置,卒”。[⑥] 遭贬,未致仕。

张克公,“为徙吏部尚书……居吏部六年,卒”。[⑦] 以实职卒,未致仕。

许光凝,“始以布衣自岭外护其丧以归,人皆多之。后登第,终吏部尚书”。[⑧] 以实职卒,未致仕。

蒋猷,致仕官为徽猷阁直学士、左宣奉大夫。[⑨] 左宣奉大夫,正三品。

宇文粹中,绍兴九年(1139)五月戊戌,“资政殿学士、左光禄大夫、提举凤翔府上清太平宫宇文粹中薨”。[⑩] 以祠禄官卒,未致仕。

王孝迪,绍兴十年(1140)二月,“端明殿学士、提举西京嵩山崇福宫王孝迪薨于绍兴府”。[⑪] 以祠禄官卒,未致仕。

何志同,建炎四年(1130)六月,“徽猷阁待制何志同坐父子误国,降充集英殿

---

① (元)脱脱等:《宋史》卷354《时彦传》,中华书局1977年版,第11169页。

② (元)脱脱等:《宋史》卷351《林摅传》,中华书局1977年版,第11111页。

③ (宋)许景衡:《横塘集》卷7《余深落观文殿大学士依前特进致仕制》,宋集珍本丛刊第32册,线装书局2004年版,第245页。

④ (元)脱脱等:《宋史》卷213《宰辅表三》,中华书局1977年版,第5519页。

⑤ (元)脱脱等:《宋史》卷356《刘拯传》,中华书局1977年版,第11200页。

⑥ (元)脱脱等:《宋史》卷352《王襄传》,中华书局1977年版,第11127页。

⑦ (元)脱脱等:《宋史》卷348《张克公传》,中华书局1977年版,第11033页。

⑧ (宋)王明清著,穆公校点:《挥麈录·后录》卷2《陈崇仪庙食事因》,上海书店2001年版,第83页。

⑨ (宋)汪藻:《浮溪集》卷27《徽猷阁直学士左宣奉大夫致仕赠特进显谟阁直学士蒋公墓志》,丛书集成初编第1960册,中华书局1985年版,第344页。

⑩ (宋)李心传撰,胡坤点校:《建炎以来系年要录》卷128,绍兴九年五月戊戌,中华书局2013年版,第2415页。

⑪ (宋)李心传撰,胡坤点校:《建炎以来系年要录》卷134,绍兴十年二月庚申,中华书局2013年版,第2502页。

修撰";[1]绍兴三年(1133)正月,"徽猷阁待制何志同卒"。[2] 以实职卒,未致仕。

唐恪,"遂罢为观文殿大学士、中太一宫使……恪既书名,已而呼其诸子,谓曰:'吾为大臣,而国家至此,何以生为?'乃仰药而死"。[3] 以祠禄官卒,未致仕。

卢法原,"张浚承制起知夔州,寻为龙图阁学士、川陕等路宣抚处置副使,进端明殿学士、川陕宣抚副使……帝手诏诘问,法原自辩甚力,上颇不直之,忧恚,卒于军"。[4] 以实职卒,未致仕。

李棁,后降金,无致仕官。

卫仲达,绍兴二年(1132)十二月,"秘阁修撰、提举亳州明道宫卫仲达卒"。[5] 以祠禄官卒,未致仕。

梅执礼,"钦宗立,徙知镇江府,召为翰林学士,道除吏部尚书,旋改户部……死时,年四十九"。[6] 为金人所杀,未致仕。

莫俦,"公自述古殿直学士责授宁江军节度副使、潮州安置。建炎三年遇恩北归,议责者论徽宗皇帝北迁,公与孙传送边檄一人之数,再徙韶州"。[7] 投奔伪楚遭贬,未致仕。

王时雍,投奔伪楚,后被诛杀于潭州,未致仕。[8]

谢克家,绍兴四年(1134)七月,"资政殿学士、知衢州谢克家薨"。[9] 以实职卒,未致仕。

3. 南宋时期

路允迪,致仕官为龙图阁学士、朝请大夫。[10] 朝请大夫,从六品。

---

① (宋)李心传撰,胡坤点校:《建炎以来系年要录》卷34,建炎四年六月癸酉,中华书局2013年版,第778页。

② (宋)李心传撰,胡坤点校:《建炎以来系年要录》卷62,绍兴三年正月乙丑,中华书局2013年版,第1227页。

③ (宋)王称撰,孙言诚、崔国光点校:《东都事略》卷108,齐鲁书社2000年版,第924—925页。

④ (元)脱脱等:《宋史》卷377《卢法原传》,中华书局1977年版,第11651—11652页。

⑤ (宋)李心传撰,胡坤点校:《建炎以来系年要录》卷61,绍兴二年十二月戊戌,中华书局2013年版,第1214页。

⑥ (元)脱脱等:《宋史》卷357《梅执礼传》,中华书局1977年版,第11233—11234页。

⑦ (宋)孙觌:《鸿庆居士文集》卷38《宋故翰林学士莫公墓志铭》,丛书集成续编第102册,上海书店1994年版,第1019页。

⑧ "高宗即位,伸拜章以城陷不能救,主迁不能死,请就窜削。上知其有忠力于国,擢殿中侍御史,抚谕荆湖、广南,以诛邦昌及其党王时雍等。"(元)脱脱等:《宋史》卷455《马伸传》,中华书局1977年版,第13365页。

⑨ (宋)李心传撰,胡坤点校:《建炎以来系年要录》卷78,绍兴四年七月戊午,中华书局2013年版,第1473页。

⑩ (宋)程俱:《北山小集》卷26《龙图阁学士朝请大夫提举江州太平观路允迪守本官职致仕》,宋集珍本丛刊第33册,线装书局2004年版,第536页。

周武仲，建炎二年（1128）八月十六日，"除龙图阁学士、提举江州太平观，公既遂所请，即欲归吴中。已而疾亟，上章乞谢事，转朝请大夫致仕"。[①] 致仕官为龙图阁学士、朝请大夫。朝请大夫，从六品。

吕颐浩，"诏颐浩除少傅、依前镇南军节度使、成国公致仕"。[②] 致仕官为少傅、镇南军节度使、成国公。少傅，正一品。

刘珏，"责授秘书少监，贬衡州。绍兴元年，许自便。明年，以朝散大夫分司西京。卒于梧州"。[③] 遭贬，无致仕官。

洪拟，"起知温州，提举亳州明道宫。卒"。[④] 以祠禄官卒，未致仕。

胡直孺，绍兴元年（1131）十一月，"兵部尚书兼侍读胡直孺卒"。[⑤] 以实职卒，未致仕。

李光，绍兴二十九年（1159）六月，"左朝奉大夫李光守本官致仕"。[⑥] 致仕官为左朝奉大夫，从六品。

权邦彦，绍兴二年（1132），"除端明殿学士、签书枢密院事……三年，卒"。[⑦] 以实职卒，未致仕。

沈舆求，"除同知枢密院事，从驾至建康，迁知枢密院事……月得小疾，一夕薨"。[⑧] 以实职卒，未致仕。

席益，"资政殿学士、左中大夫席益九年四月赠五官"，[⑨]"特赠五官依条与致仕遗表恩泽"。[⑩] 故席益致仕官为资政殿学士、左中大夫。左中大夫，正五品。

---

① （宋）杨时：《龟山先生全集》卷36《周宪之墓志铭》，宋集珍本丛刊第29册，线装书局2004年版，第566—567页。

② （清）徐松辑，刘琳、刁忠民等校点：《宋会要辑稿·职官》77之68，上海古籍出版社2014年版，第5177页。

③ （元）脱脱等：《宋史》卷378《刘珏传》，中华书局1977年版，第11668页。

④ （元）脱脱等：《宋史》卷381《洪拟传》，中华书局1977年版，第11750页。

⑤ （宋）李心传撰，胡坤点校：《建炎以来系年要录》卷49，绍兴元年十一月甲午，中华书局2013年版，第1019页。

⑥ （宋）李心传撰，胡坤点校：《建炎以来系年要录》卷182，绍兴二十九年六月辛丑，中华书局2013年版，第3501页。

⑦ （元）脱脱等：《宋史》卷396《权邦彦传》，中华书局1977年版，第12076—12077页。

⑧ （宋）刘一止：《苕溪集》卷30《枢密院沈公行状》，宋集珍本丛刊第34册，线装书局2004年版，第264页。

⑨ （清）徐松辑，刘琳、刁忠民等校点：《宋会要辑稿·仪制》11之5，上海古籍出版社2014年版，第2530页。

⑩ （宋）刘一止：《苕溪集》卷42《草土席益特赠五官依条与致仕遗表恩泽》，宋集珍本丛刊第34册，线装书局2004年版，第305页。

郑滋，绍兴十九年(1149)二月，“显谟阁学士、知建康府郑滋卒”。[①] 以实职卒，未致仕。

胡松年，绍兴十六年(1146)十月，“端明殿学士、提举临安洞霄宫胡松年薨”。[②] 以祠禄官卒，未致仕。

孙近，绍兴二十六年(1156)正月，“故责授左朝散郎、秘书少监分司南京，赣州居住……追复资政殿学士……因奏孙近亦已死于贬所”。[③] 遭贬，未致仕。

刘大中，绍兴十年(1140)九月，“中大夫刘大中以忧免。至是卒，诏复资政殿学士致仕”。[④] 卒后致仕，致仕官为资政殿学士，正三品。

张焘，乾道二年(1166)四月，“资政殿大学士、右中大夫致仕张公薨于饶州德兴县之里第”。[⑤] 致仕官为资政殿大学士、右中大夫。右中大夫，正五品。

晏敦复，绍兴十五年(1145)十月，“宝文阁直学士、提举亳州明道宫晏敦复卒于明州”。[⑥] 以祠禄官卒，未致仕。

吴表臣，“课最，除敷文阁待制。三岁请祠，进直学士，提举江州太平兴国宫。家居数年，卒，年六十七”，[⑦]“左朝议大夫、知婺州吴表臣复敷文阁待制”，[⑧]“敷文阁直学士吴表臣转一官致仕”[⑨]。综上判断，吴表臣致仕官为敷文阁直学士、中散大夫。中散大夫，从五品。

罗汝楫，“除龙图阁学士知严州……提点江州太平兴国宫……薨”。[⑩] 以祠禄官卒，未致仕。

---

① (宋)李心传撰，胡坤点校:《建炎以来系年要录》卷159，绍兴十九年二月庚申，中华书局2013年版，第3010页。

② (宋)李心传撰，胡坤点校:《建炎以来系年要录》卷155，绍兴十六年十月甲寅，中华书局2013年版，第2946页。

③ (宋)李心传撰，胡坤点校:《建炎以来系年要录》卷171，绍兴二十六年正月甲子，中华书局2013年版，第3259页。

④ (宋)李心传撰，胡坤点校:《建炎以来系年要录》卷137，绍兴十年九月戊辰，中华书局2013年版，第2591页。

⑤ (宋)周必大:《文忠集》卷64《张忠定公神道碑》，文渊阁四库全书影印本第1147册，台湾商务印书馆1986年版，第678页。

⑥ (宋)李心传撰，胡坤点校:《建炎以来系年要录》卷154，绍兴十五年十月戊子，中华书局2013年版，第2913页。

⑦ (元)脱脱等:《宋史》卷381《吴表臣传》，中华书局1977年版，第11733页。

⑧ (宋)李心传撰，胡坤点校:《建炎以来系年要录》卷154，绍兴十五年十月乙酉，中华书局2013年版，第2913页。

⑨ (宋)周麟之:《海陵集》卷20，文渊阁四库全书影印本第1142册，台湾商务印书馆1986年版，第156页。

⑩ (宋)洪适:《盘洲文集》卷77《罗尚书墓志铭》，宋集珍本丛刊第45册，线装书局2004年版，第507页。

周三畏,不详。

张杞,不详。

林大鼐,"以左朝散郎、提举江州太平兴国宫,寻卒"。[①] 以祠禄官卒,未致仕。

董德元,"端明殿学士、左中大夫致仕董德元隆兴二年二月赠左正奉大夫"。[②] 致仕官为端明殿学士、左中大夫。左中大夫,正五品。

张纲,"资政殿学士、左通议大夫致仕、赠光禄大夫张纲,谥章简"。[③] 致仕官为资政殿学士、左通议大夫。左通议大夫,正四品。

刘才邵,绍兴二十八年(1158)二月,"显谟阁直学士提举江州太平兴国宫刘才邵卒"。[④] 以祠禄官卒,未致仕。

陈康伯,乾道元年(1165)二月,"罢左仆射,授少师、观文殿大学士、鲁国公致仕"。[⑤] 致仕官为少师、观文殿大学士、鲁国公。少师,正一品。

王师心,乾道元年(1165),"提举江州太平兴国宫,再上章告老,乃进左朝奉大夫致仕"。[⑥] 致仕官为左朝奉大夫,从六品。

贺允中,"资政殿大学士、左通议大夫致仕"。[⑦] 致仕官为资政殿大学士、左通议大夫。左通议大夫,正四品。

叶义问,"资政殿学士、左通奉大夫致仕叶义问八月赠左银青光禄大夫"。[⑧] 致仕官为资政殿学士、左通议大夫。左通议大夫,正四品。

周麟之,隆兴二年(1164)二月三日,"诏责授左朝奉大夫、秘书少监、分司南京周麟之复左中大夫致仕,从所请也"。[⑨] 遭贬,后复左中大夫致仕,正五品。

---

① (明)郑岳:《莆阳文献》列传39《林大鼐传》,北京图书馆古籍珍本丛刊第19册,书目文献出版社1987年版,第300页。

② (清)徐松辑,刘琳、刁忠民等校点:《宋会要辑稿·仪制》11之6,上海古籍出版社2014年版,第2531页。

③ (清)徐松辑,刘琳、刁忠民等校点:《宋会要辑稿·礼》58之106,上海古籍出版社2014年版,第2074页。

④ (宋)李心传撰,胡坤点校:《建炎以来系年要录》卷179,绍兴二十八年二月癸丑,中华书局2013年版,第3427页。

⑤ (元)脱脱等:《宋史》卷213《宰辅表四》,中华书局1977年版,第5572页。

⑥ (宋)汪应辰:《文定集》卷23《显谟阁学士王公墓志铭》,丛书集成初编第1989册,中华书局1985年版,第279页。

⑦ (宋)韩元吉:《南涧甲乙稿》卷20《资政殿大学士左通议大夫致仕贺公墓志铭》,丛书集成初编第1983册,中华书局1985年版,第400页。

⑧ (清)徐松辑,刘琳、刁忠民等校点:《宋会要辑稿·仪制》11之6,上海古籍出版社2014年版,第2531页。

⑨ (清)徐松辑,刘琳、刁忠民等校点:《宋会要辑稿·职官》76之53,上海古籍出版社2014年版,第5126页。

洪遵，“未几，五营成，复元官，仍拜资政殿学士。淳熙元年，提举洞霄宫。十一月，薨”。[①] 以祠禄官卒，未致仕。

徐嘉，“赐徽猷阁直学士、通奉大夫、提举江州太平兴国宫徐嘉辞免特转一官致仕恩命不允诏”，[②]“徐嚞一作嘉”。[③] 故徐嚞致仕官为徽猷阁直学士、通奉大夫。通奉大夫，从三品。

汪应辰，“力疾请祠，自是卧家不起矣，以淳熙三年二月卒于家”。[④] 以祠禄官卒，未致仕。

何溥，绍兴三十二年(1162)三月，“翰林学士兼侍读、兼权吏部尚书何溥充龙图阁学士、提举江州太平兴国宫，以疾自请也”，[⑤]“除翰林学士兼吏部尚书以疾卒”。[⑥] 故何溥以祠禄官卒，未致仕。

凌景夏，致仕官为宝文阁学士。[⑦] 宝文阁学士，正三品。

金安节，“诏以敷文阁学士转一官致仕……官至中奉大夫”。[⑧] 致仕官为敷文阁学士、中奉大夫。中奉大夫，从五品。

叶颙，“观文殿学士、左正奉大夫致仕叶颙乾道四年正月赠特进”。[⑨] 致仕官为观文殿学士、左正奉大夫。左正奉大夫，正三品。

魏杞，“后以端明殿学士奉祠，告老，复资政殿大学士”。[⑩] 致仕官为资政殿大学士，正三品。

陈之茂，乾道二年(1166)八月六日，“徽猷阁直学士、朝请大夫陈之茂知府事。九月二十四日致仕”。[⑪] 致仕官为徽猷阁直学士、朝请大夫。朝请大夫，从

① (元)脱脱等:《宋史》卷373《洪遵传》，中华书局1977年版，第11569页。

② (宋)周必大:《文忠集》卷108《赐徽猷阁直学士通奉大夫提举江州太平兴国宫徐嘉辞免特转一官致仕恩命不允诏》，文渊阁四库全书影印本第1148册，台湾商务印书馆1986年版，第173页。

③ (清)谢道承等编纂，(清)郝玉麟等监修:《(乾隆)福建通志》卷25《职官七》，文渊阁四库全书影印本第528册，台湾商务印书馆1986年版，第263页。

④ (元)脱脱等:《宋史》卷378《汪应辰传》，中华书局1977年版，第11882页。

⑤ (宋)李心传撰，胡坤点校:《建炎以来系年要录》卷198，绍兴三十二年三月乙巳，中华书局2013年版，第3897页。

⑥ (清)沈翼机、(清)傅王露等纂，(清)嵇曾筠、(清)李卫等修:《浙江通志》卷162《人物一》，上海古籍出版社1991年版，第2867页。

⑦ (宋)汪应辰:《文定集》卷8《新除宝文阁学士致仕凌景夏辞免恩命不允诏》，丛书集成初编第1987册，中华书局1985年版，第81页。

⑧ (明)程敏政辑:《新安文献志》卷73《肃金安节家传》，文渊阁四库全书影印本第1376册，台湾商务印书馆1986年版，第236页。

⑨ (清)徐松辑，刘琳、刁忠民等校点:《宋会要辑稿·仪制》11之1，上海古籍出版社2014年版，第2526页。

⑩ (元)脱脱等:《宋史》卷385《魏杞传》，中华书局1977年版，第11833页。

⑪ (宋)周应合:《景定建康志》卷14，宋元方志丛刊本，中华书局1990年版，第1503页。

六品。

陈俊卿，淳熙十三年（1186）正月十四日，“少傅、观文殿大学士致仕、福国公陈俊卿为少师，依前观文殿大学士致仕，进封魏国公”。[①] 致仕官为观文殿大学士、少师、魏国公。少师，正一品。

周执羔，“上曰：‘遂除龙图可也’……上度不可夺，诏提举江州太平兴国宫……乾道六年卒，年七十七”。[②] 以祠禄官卒，未致仕。

陈良祐，淳熙四年（1177），“起知徽州，寻除敷文阁待制、知建宁府，卒”。[③] 以实职卒，未致仕。

胡沂，“遂以龙图阁学士仍提举兴国宫。淳熙元年卒，年六十八”。[④] 以祠禄官卒，未致仕。

汪大猷，致仕官为敷文阁学士、宣奉大夫。[⑤] 宣奉大夫，正三品。

王之奇，“诏公以外祠旧职罢，即日理舟西归……道遇大雨，得脚弱之疾，寻复痊愈，而心气顿耗饮膳不复如初。舟次黄冈，薨于临皋亭”。[⑥] 以祠禄官卒，未致仕。

张津，不详。

李彦颖，“观文殿学士、光禄大夫致仕、赠少保李彦颖，谥忠文”。[⑦] 致仕官为观文殿学士、光禄大夫。光禄大夫，正三品。

龚茂良，“谢廓然因劾之，乃落职放罢；寻又论茂良擅权不公，矫传上旨，辄断贾光祖等罪，遂责降，安置英州。父子卒于贬所”。[⑧] 遭贬，未致仕。

留正，嘉泰元年（1201），“进封魏国公，复少师、观文殿大学士”。[⑨] 致仕官为观文殿大学士、少师。少师，正一品。

蔡洸，“洸谢，即奉祠以归。卒，年五十七”。[⑩] 以祠禄官卒，未致仕。

---

① （清）徐松辑，刘琳、刁忠民等校点：《宋会要辑稿·职官》1 之 6，上海古籍出版社 2014 年版，第 2940 页。

② （元）脱脱等：《宋史》卷 388《周执羔传》，中华书局 1977 年版，第 11899 页。

③ （元）脱脱等：《宋史》卷 388《陈良祐传》，中华书局 1977 年版，第 11903 页。

④ （元）脱脱等：《宋史》卷 388《胡沂传》，中华书局 1977 年版，第 11911 页。

⑤ （宋）楼钥撰，顾大朋点校：《楼钥集》卷 91《敷文阁学士宣奉大夫致仕赠特进汪公行状》，浙江古籍出版社 2010 年版，第 1606 页。

⑥ （宋）蔡戡：《定斋集》卷 14《故端明殿学士王公行状》，丛书集成续编第 105 册，上海书店 1994 年版，第 83 页。

⑦ （清）徐松辑，刘琳、刁忠民等校点：《宋会要辑稿·礼》58 之 104，上海古籍出版社 2014 年版，第 2072 页。

⑧ （元）脱脱等：《宋史》卷 385《龚茂良传》，中华书局 1977 年版，第 11846 页。

⑨ （元）脱脱等：《宋史》卷 391《留正传》，中华书局 1977 年版，第 11977 页。

⑩ （元）脱脱等：《宋史》卷 390《蔡洸传》，中华书局 1977 年版，第 11956 页。

韩元吉,“除龙图阁学士、复知婺州罢为提举太平兴国宫”。[①] 以祠禄官卒,未致仕。

程大昌,绍熙五年(1194),“请老,以龙图阁学士致仕”。[②] 致仕官为龙图阁学士,正三品。

周必大,致仕官为观文殿大学士、少傅。[③] 少傅,正一品。

王希吕,淳熙十四年(1187)四月三日,“知太平州王希吕放罢”。[④] 放罢,未致仕。

郑丙,“诏公年德俱高、践扬滋久,进端明殿学士……绍兴四年引年致仕,转正奉大夫”。[⑤] 致仕官为端明殿学士、正奉大夫。正奉大夫,正三品。

萧燧,“积官宣奉大夫封豫章郡开国公”,[⑥]“资政殿学士正奉大夫萧燧转一官致仕”。[⑦] 致仕官为资政殿学士、宣奉大夫。宣奉大夫,正三品。

颜师鲁,“宝文阁学士、大中大夫颜师鲁转一官致仕”。[⑧] 致仕官为宝文阁学士、大中大夫。大中大夫,从四品。

郑侨,“以观文殿学士致仕”。[⑨] 观文殿学士,正三品。

赵汝愚,“既殁,党禁寖解,旋复资政殿学士、太中大夫,已而赠少保”。[⑩] 卒后复资政殿学士、太中大夫致仕。太中大夫,从四品。

余端礼,“致仕授少保郇国公”。[⑪] 致仕官为少保、郇国公。少保,正一品。

罗点,“六月拜端明殿学士、签书枢密院事……上有事于明堂,公扈从斋宫,

① (清)陆心源:《宋史翼》卷14《韩元吉传》,中华书局1991年版,第146—147页。
② (元)脱脱等:《宋史》卷433《程大昌传》,中华书局1977年版,第12860页。
③ (宋)楼钥撰,顾大朋点校:《楼钥集》卷98《少傅观文殿大学士致仕益国公赠太师谥文忠周公神道碑》,浙江古籍出版社2010年版,第1715页。
④ (清)徐松辑,刘琳、刁忠民等校点:《宋会要辑稿·职官》72之46,上海古籍出版社2014年版,第4993页。
⑤ (宋)周必大:《文忠集》卷65《吏部尚书郑公神道碑》,文渊阁四库全书影印本第1147册,台湾商务印书馆1986年版,第695页。
⑥ (宋)周必大:《文忠集》卷67《资政殿学士宣奉大夫参知政事萧正肃公神道碑》,文渊阁四库全书影印本第1147册,台湾商务印书馆1986年版,第717页。
⑦ (宋)楼钥撰,顾大朋点校:《楼钥集》卷32《资政殿学士正奉大夫萧燧转一官致仕》,浙江古籍出版社2010年版,第578页。
⑧ (宋)楼钥撰,顾大朋点校:《楼钥集》卷34《宝文阁学士大中大夫颜师鲁转一官致仕》,浙江古籍出版社2010年版,第619页。
⑨ (明)郑岳:《莆阳文献》卷26,北京图书馆古籍珍本丛刊第19册,书目文献出版社1987年版,第259页。
⑩ (元)脱脱等:《宋史》卷392《赵汝愚传》,中华书局1977年版,第11989页。
⑪ (宋)杨万里著,辛更儒笺校:《杨万里集笺校》卷124《宋故少保左丞相观文殿大学士赠少师郇国余公墓志铭》,中华书局2007年版,第4783页。

俄得气疾，遂还私第，三日而薨，实九月十有四日也……案：累赠上原本有致仕二字，考本传点扈从斋宫，得疾卒，此文后云还私第三日薨，无致仕事，应属衍文"。[①] 以实职卒，未致仕。

楼钥，"除资政殿学士、知太平州，辞，进大学士提举万寿观……转两官致仕，命下而公薨"。[②] 卒后致仕，致仕官为资政殿大学士，正三品。

叶翥，"以观文殿学士致仕"。[③] 观文殿学士，正三品。

许及之，"侂胄诛……降两官，泉州居住。嘉定二年，卒"。[④] 遭贬，未致仕。

傅伯寿，"累迁礼部尚书出知建宁府……开禧初，侂胄倡开边议，伯寿贻书侂胄……未几卒侂胄既诛，追伯寿三官"。[⑤] 遭贬，未致仕。

刘德秀，不详。

袁说友，"以资政殿学士、知镇江府辞，提举临安府洞霄宫、加大学士致仕"。[⑥] 致仕官为资政殿大学士，正三品。

张釜，"除端明殿学士、签书枢密院事，以疾奉祠归，薨"。[⑦] 以祠禄官卒，未致仕。

费士寅，不详。

钱象祖，不详。

黄由，不详。

颜棫，开禧元年（1205）二月，"除工部尚书依旧兼（直学士院），五月除权吏部尚书依旧兼职，六月致仕"。[⑧] 致仕官为工部尚书，从二品。

丁常任，"以太中大夫、宝谟阁待制致仕"。[⑨] 太中大夫，从四品。

杨炳，"迁权吏部尚书……开禧三年除宝谟阁直学士，奉祠卒"。[⑩] 以祠禄

---

① （宋）袁燮：《絜斋集》卷12《端明殿学士通议大夫签书枢密院事崇仁县开国伯食邑七百户食实封一百户累赠太保罗公行状》，丛书集成初编第2029册，商务印书馆1935年版，第187页。

② （宋）袁燮：《絜斋集》卷11《资政殿大学士赠少师楼公行状》，丛书集成初编第2029册，商务印书馆1935年版，第180—181页。

③ （清）嵇曾筠、（清）李卫等修；（清）沈翼机、（清）傅王露等纂：《浙江通志》卷162《人物一》，上海古籍出版社1991年版，第2871页。

④ （元）脱脱等：《宋史》卷394《许及之传》，中华书局1977年版，第12042页。

⑤ （清）陆心源：《宋史翼》卷40，中华书局1991年版，第432页。

⑥ （清）陆心源：《宋史翼》卷14，中华书局1991年版，第149页。

⑦ （宋）佚名：《京口耆旧传》卷7，宋代传记资料丛刊第31册，北京图书馆出版社2006年版，第302页。

⑧ （宋）何异：《宋中兴学士院题名》，宋代传记资料丛刊第44册，北京图书馆出版社2006年版，第126页。

⑨ （明）凌迪知：《万姓统谱》卷55，《中华族谱集成》第1册，巴蜀书社1995年版，第835页。

⑩ （清）谢道承等编纂，（清）郝玉麟等监修：《（乾隆）福建通志》卷45《人物三》，文渊阁四库全书影印本第529册，台湾商务印书馆1986年版，第532页。

官卒，未致仕。

卫泾，“除资政殿学士、金紫光禄大夫致仕”。[①] 金紫光禄大夫，正二品。

陆峻，不详。

林大中，致仕官为签书枢密院事。[②] 签书枢密院事，从二品。

宇文绍节，“进资政殿学士致仕”。[③] 资政殿学士，正三品。

曾映，嘉定三年（1210）三月，“除吏部尚书。四年四月致仕”。[④] 致仕官为正奉大夫、吏部尚书。正奉大夫，正三品。

张伯垓，不详。

汪逵，嘉定七年（1214）二月，“除职在京宫观仍兼尚书致仕”，[⑤]“登进士第，仕至吏部尚书、端明殿学士”。[⑥] 致仕官为端明殿学士、吏部尚书。吏部尚书，从二品。

李大性，“寻以端明殿学士知平江府，引疾丐祠，卒于家”。[⑦] 以祠禄官卒，未致仕。

任希夷，“寻提举临安洞霄宫，薨”。[⑧] 以祠禄官卒，未致仕。

徐应龙，“会景献太子薨，请老，上不许，徙吏部尚书。以焕章阁学士提举嵩山崇福宫。嘉定十七年卒”。[⑨] 以祠禄官卒，未致仕。

薛极，端平元年（1234）四月，“薛极少保，依旧观文殿大学士、和国公致仕。五月庚子，赠少师，乙巳，卒”。[⑩] 致仕官为少保、观文殿大学士、和国公。少保，正一品。

程珌，“宋端明殿学士、宣奉大夫致仕新安郡开国侯食邑一千五百户赠特进

---

① （明）林世远、王鏊等纂修：《（正德）姑苏志》下卷51《卫泾传》，北京图书馆古籍珍本丛刊第26册，书目文献出版社1987年版，第795页。

② （宋）楼钥撰，顾大朋点校：《楼钥集》卷104《签书枢密院事致仕赠资政殿学士正惠林公神道碑》，浙江古籍出版社2010年版，第1801页。

③ （元）脱脱等：《宋史》卷398《宇文绍节传》，中华书局1977年版，第12117页。

④ （宋）何异：《宋中兴东宫官僚题名》，宋代传记资料丛刊第44册，北京图书馆出版社2006年版，第172页。真德秀：《西山先生真文忠公文集》卷20《赐正奉大夫守吏部尚书兼修国史兼实录院修撰兼太子詹事曾映乞令谢事归养沉疴不允诏》，商务印书馆1937年版，第344页。

⑤ （宋）何异：《宋中兴东宫官僚题名》，宋代传记资料丛刊第44册，北京图书馆出版社2006年版，第172页。

⑥ （元）脱脱等：《宋史》卷387《汪应辰传》，中华书局1977年版，第11882页。

⑦ （元）脱脱等：《宋史》卷395《李大性传》，中华书局1977年版，第12050页。

⑧ （元）脱脱等：《宋史》卷395《任希夷传》，中华书局1977年版，第12050页。

⑨ （元）脱脱等：《宋史》卷395《徐应龙传》，中华书局1977年版，第12051—12052页。

⑩ （元）脱脱等：《宋史》卷214《宰辅表五》，中华书局1977年版，第5613页。

程公行状”。[①] 致仕官为端明殿学士、宣奉大夫。宣奉大夫，正三品。

朱著，宝庆二年(1226)“拜吏部尚书，未几致仕”，[②]“除龙图阁学士……赠四官致仕”，[③]“通议大夫、试吏部尚书、兼修国史、兼实录院修撰、兼侍读朱著撰并书”[④]。综合判断，朱著致仕官为龙图阁学士、通议大夫。通议大夫，正四品。

陆德舆，不详。

杨烨，不详。

崔舆之，端平三年(1236)九月，“崔舆之自参知政事特转正议大夫，除右丞相、兼枢密使……(嘉熙二年)六月庚子，崔舆之力辞相位，诏依前官，特授观文殿大学士，致仕”。[⑤] 致仕官为观文殿大学士、正议大夫。正议大夫，从三品。

陈卓，“端平初签书枢密院事，未几丐祠，以资政殿学士还里”。[⑥] 致仕官为资政殿学士，正三品。

李埴，“李埴转一官守同知致仕制”。[⑦] 致仕官为守同知枢密院事，从二品。

魏了翁，“诏以资政殿大学士、通奉大夫致仕”。[⑧] 通奉大夫，从三品。

李鸣复，“未几，出知福州、福建安抚使，寻予祠。监察御史蔡次传按劾落职，罢宫观，后卒于嘉兴”。[⑨] 遭贬，未致仕。

余天锡，“以观文殿学士致仕”。[⑩] 资政殿学士，正三品。

许应龙，“累辞，会正言郭磊卿有论疏，以端明殿学士提举洞霄宫”，[⑪]“积阶至中大夫致仕，特赠大中大夫。遗表上，赠资政殿学士、银青光禄大夫”。[⑫] 致仕官为端明殿学士、大中大夫，从四品。

---

① (明)程敏政辑:《新安文献志》卷94下《程公行状》，文渊阁四库全书影印本第1376册，台湾商务印书馆1986年版，第569页。

② (清)陈衍:《闽侯县志》卷63《朱著传》，中国方志丛书·福建省本，台湾成文出版社1966年版，第194页。

③ 参见《朱公圹志》，安徽省博物馆藏拓本。

④ 参见《有宋淑人赐冠帔洪氏墓志铭》，宝庆三年九月，安徽省博物馆藏拓本。

⑤ (元)脱脱等:《宋史》卷214《宰辅表五》，中华书局1977年版，第5615、5618页。

⑥ (明)郑岳:《莆阳文献》卷32《陈卓传》，北京图书馆古籍珍本丛刊第19册，书目文献出版社1987年版，第277页。

⑦ (宋)许应龙:《东涧集》卷5《李埴转一官守同知致仕制》，宋集珍本丛刊第73册，线装书局2004年版，第195页。

⑧ (元)脱脱等:《宋史》卷437《魏了翁传》，中华书局1977年版，第12970页。

⑨ (元)脱脱等:《宋史》卷419《李鸣复传》，中华书局1977年版，第12550页。

⑩ (元)脱脱等:《宋史》卷419《余天锡传》，中华书局1977年版，第12552页。

⑪ (元)脱脱等:《宋史》卷419《许应龙传》，中华书局1977年版，第12555页。

⑫ (宋)赵汝腾:《庸斋集》卷6《资政许枢密神道碑》，文渊阁四库全书影印本第1181册，台湾商务印书馆1986年版，第295页。

赵彦悈,“累官吏部尚书,兼给事中,以华文阁直学士知平江府卒”。[①] 以实职卒,未致仕。

游似,淳祐五年(1245)十二月,“游似自知枢密院事兼参知政事授宣奉大夫,除右丞相兼枢密使,加封邑”,[②]淳祐七年(1247)“特授观文殿大学士、醴泉观使兼侍读,进爵国公。十一年,转两官致仕,薨”。[③] 致仕官为观文殿大学士、银青光禄大夫,银青光禄大夫从二品。

袁甫,“权兵部尚书,暂兼吏部尚书,卒”。[④] 以实职卒,未致仕。

赵與懽,“拜少傅,卒”。[⑤] 以实职卒,未致仕。

吴潜,“责授化州团练使、循州安置……端坐而逝”。[⑥] 遭贬,未致仕。

徐荣叟,“徐荣叟自朝奉大夫、权礼部尚书除端明殿学士、签书枢密院事”,[⑦]淳祐二年(1242)“乞归田里,以资政殿大学士提举洞霄宫。六年,转一官致仕。卒”。[⑧] 致仕官为朝散大夫,从六品。

高定子,“以资政殿学士转一官致仕,卒”。[⑨] 致仕官为资政殿学士,正三品。

金渊,“侍御史刘汉弼论渊尸位妨贤,罢政予祠。监察御史刘应起言,落职罢祠。十一年,妻盛氏诉于朝,乞曲加贷宥,少叙官职。诏止量移平江府居住。卒”。[⑩] 遭贬,未致仕。

杜杲,“请老,诏不允,再疏,进一秩,升宝文阁学士致仕”。[⑪] 宝文阁学士,正三品。

钱相,不详。

赵與簒,宝祐三年(1255)“以观文殿学士再守郡……景定元年复知平江,匄祠封周国公,八月卒”。[⑫] 以祠禄官卒,未致仕。

---

① (清)黄宗羲原著,(清)全祖望补修,陈金生、梁运华点校:《宋元学案》卷74《尚书赵先生彦悈》,中华书局1982年版,第2493页。

② (元)脱脱等:《宋史》卷214《宰辅表五》,中华书局1977年版,第5623—5624页。

③ (元)脱脱等:《宋史》卷417《游似传》,中华书局1977年版,第12498页。

④ (元)脱脱等:《宋史》卷405《袁甫传》,中华书局1977年版,第12242页。

⑤ (元)脱脱等:《宋史》卷423《赵與懽传》,中华书局1977年版,第12406页。

⑥ (元)脱脱等:《宋史》卷418《吴潜传》,中华书局1977年版,第12519—12520页。

⑦ (元)脱脱等:《宋史》卷214《宰辅表五》,中华书局1977年版,第5619—5620页。

⑧ (元)脱脱等:《宋史》卷419《徐荣叟传》,中华书局1977年版,第12556页。

⑨ (元)脱脱等:《宋史》卷409《高定子传》,中华书局1977年版,第12322页。

⑩ (元)脱脱等:《宋史》卷419《金渊传》,中华书局1977年版,第12559页。

⑪ (宋)刘克庄:《后村先生大全集》卷141《杜尚书(神道碑)》,四部丛刊初编第1323册,商务印书馆1936年版,第34—35页。

⑫ (明)董斯张:《吴兴备志》卷13《赵與簒传》,民国嘉业堂本第4册,1920年版,第128页。

赵以夫，“自正奉进光禄大夫，自端明进资政殿学士致仕”。[①] 致仕官为光禄大夫、资政殿学士，正三品。

史宅之，淳祐九年(1249)十二月，“同知枢密院事史宅之卒”。[②] 以实职卒，未致仕。

徐清叟，景定三年(1262)十月，“徐清叟授宣奉大夫、守观文殿学士致仕，十一月丙申，卒”。[③] 宣奉大夫，正三品。

赵性夫，淳祐十二年(1252)八月，“宝章阁直学士知建宁府赵公卒于府”。[④] 以实职卒，未致仕。

张磻，“进对长乐郡公，转三官，守参知政事致仕。九月，卒”。[⑤] 致仕官为守参知政事，从二品。

陈塏，致仕官为资政殿学士。[⑥] 资政殿学士，正三品。

颜颐仲，致仕官为宝章阁学士、通奉大夫。[⑦] 通奉大夫，从三品。

蔡抗，开庆元年(1259)七月，“蔡抗自参知政事致仕，癸亥卒”。[⑧] 参知政事，正二品。

陈显伯，“历转至吏部尚书兼端明殿大学士、通奉大夫，爵长乐郡开国侯……乃诏加端明殿大学士致仕”。[⑨] 致仕官为端明殿大学士、通奉大夫，通奉大夫为从三品。

徐桌，不详。

饶虎臣，“叙复元官，提举太平兴国宫。卒。德祐元年，礼部侍郎王应麟、右史徐宗仁乞追复元官，守资政殿学士致仕”。[⑩] 卒后以守资政殿学士致仕，从三品。

---

① (宋)刘克庄:《后村先生大全集》卷142《虚斋资政赵公(神道碑)》，四部丛刊初编第1323册，商务印书馆1936年版，第60页。

② (元)脱脱等:《宋史》卷214《宰辅表五》，中华书局1977年版，第5629页。

③ (元)脱脱等:《宋史》卷214《宰辅表五》，中华书局1977年版，第5643页。

④ (宋)刘克庄:《后村先生大全集》卷142《宝学赵尚书(神道碑)》，四部丛刊初编第1323册，商务印书馆1936年版，第42页。

⑤ (元)脱脱等:《宋史》卷420《张磻传》，中华书局1977年版，第12578页。

⑥ (宋)马廷鸾:《碧梧玩芳集》卷9《陈塏除资政殿学士致仕制》，宋集珍本丛刊第87册，线装书局2004年版，第167页。

⑦ (宋)刘克庄:《后村先生大全集》卷75《宝章阁学士通奉大夫致仕颜颐仲可依前宝章阁学士致仕龙溪郡开国侯加食邑三百户》，四部丛刊初编第1306册，商务印书馆1936年版，第134页。

⑧ (元)脱脱等:《宋史》卷214《宰辅表五》，中华书局1977年版，第5638页。

⑨ (清)王世臣、(清)林乔蕃纂，(清)王楠修:《(康熙)罗源县志》卷7《陈显伯传》，中国地方志集成·福建府县志辑，上海书店2000年版，第300页。

⑩ (元)脱脱等:《宋史》卷420《饶虎臣传》，中华书局1977年版，第12580—12581页。

江万里，“丐祠，加观文殿大学士知福州，辞，依旧职，提举洞霄宫。又授知潭州、湖南安抚大使，加特进，寻予祠……及饶州城破……万里竟赴止水死”。[①]以实职卒，未致仕。

王爚，德祐元年（1275）七月，“罢王爚为醴泉观使……十二月戊申，王爚薨”。[②] 以祠禄官卒，未致仕。

叶梦鼎，德祐二年（1276）“益王即位于闽，召为少师、太乙宫使。航海遂行，道梗不能进，南向恸哭失声而还。后二年卒”。[③] 以祠禄官卒，未致仕。

陈昉，“引年，拜端明殿学士提举秘书省，进职资政殿致仕”。[④] 资政殿学士，正三品。

常挺，咸淳四年（1268）十一月，“以资政殿学士致仕”。[⑤] 资政殿学士，正三品。

洪焘，不详。

程垲，“宋亡弃官归”。[⑥] 宋亡弃官，未致仕。

章鉴，德祐元年（1275）三月，“章鉴罢右相，予祠，戊戌，罢祠，六月庚戌，放归田里”。[⑦] 遭贬，放归田里，未致仕。

陈宜中，至元十九年（1282），“井澳之败，宜中欲奉王走占城，乃先如占城谕意，度事不可为，遂不反。二王累使召之，终不至……大军伐占城，宜中走暹，后没于暹”。[⑧] 宋亡至他国，占城，未致仕。

刘黻，景炎元年（1276）五月，“宜中为左丞相兼都督，李庭芝为右丞相，陈文龙、刘黻为参知政事”，[⑨]“及贾似道、韩震死，宜中谋拥二王由温州入海，以兵逆黻共政，将逊相位，于是黻托宗祀于母弟成伯，遂起，及罗浮，以疾卒”。[⑩] 未致仕，以实职卒。

常楙，德祐二年（1276），“拜参知政事，为夏士林缴驳，拜疏出关，后六年

① （元）脱脱等：《宋史》卷418《江万里传》，中华书局1977年版，第12525页。
② （元）脱脱等：《宋史》卷214《宰辅表五》，中华书局1977年版，第5653—5654页。
③ （元）脱脱等：《宋史》卷414《叶梦鼎传》，中华书局1977年版，第12436页。
④ （明）徐象梅：《两浙名贤录》卷27《知福州陈叔方昉》，北京图书馆古籍珍本丛刊第17册，书目文献出版社1987年版，第798页。
⑤ （元）脱脱等：《宋史》卷214《宰辅表五》，中华书局1977年版，第5649页。
⑥ （明）徐象梅：《两浙名贤录》卷43《海门簿程元爽垲》，北京图书馆古籍珍本丛刊第18册，书目文献出版社1987年版，第1233页。
⑦ （元）脱脱等：《宋史》卷214《宰辅表五》，中华书局1977年版，第5653页。
⑧ （元）脱脱等：《宋史》卷418《陈宜中传》，中华书局1977年版，第12532页。
⑨ （元）脱脱等：《宋史》卷47《瀛国公纪》，中华书局1977年版，第940页。
⑩ （元）脱脱等：《宋史》卷405《刘黻传》，中华书局1977年版，第12249页。

卒”。[①] 拜疏出关，未致仕。

王应麟，德祐元年(1275)十一月，“丞相留梦炎用徐囊为御史，……(王应麟)缴奏上疏，驳之并纠梦炎……疏入，又不报，即引归。十二月……以翰林学士宣召……力辞不赴。二年丙子，五十四岁，是岁，宋亡。先生杜门不出”。[②] 宋亡不仕，未致仕。

丁应奎，德祐元年(1275)十二月，“权吏部尚书丁应奎、左侍郎徐宗仁遁”。[③] 遁，未致仕。

陈仲微，“厓山兵败，走安南。越四年卒”。[④] 宋亡走安南，未致仕。

(二)吏部尚书致仕官特征

从宋代吏部尚书致仕官考可做致仕官统计表如下：

表12　宋代吏部尚书致仕官统计表

致仕官(含未致仕)		北宋前期	北宋后期	南宋时期	合计
致仕情况	正一品	3	1	7	11
	从一品	3	2	0	5
	正二品	1	0	2	3
	从二品	2	0	6	8
	正三品	0	2	26	28
	从三品	0	0	5	5
	正四品	0	1	4	5
	从四品	0	1	4	5
	正五品	1	1	4	6
	从五品	0	0	2	2
	从六品	0	0	6	6
	正七品	0	1	0	1
	小计	10	8	66	84

① (元)脱脱等:《宋史》卷421《常楙传》,中华书局1977年版,第12598页。

② (宋)王应麟著,张骁飞点校:《四明文献集(外二种)》附录《王深宁先生年谱》,中华书局2010年版,第560页。

③ (元)脱脱等:《宋史》卷47《瀛国公纪》,中华书局1977年版,第936页。

④ (元)脱脱等:《宋史》卷422《陈仲微传》,中华书局1977年版,第12620页。

续表

致仕官(含未致仕)		北宋前期	北宋后期	南宋时期	合计
未致仕情况	以实职卒	7	22	15	44
	以祠禄官卒	2	11	22	35
	遭贬	1①	2②	8③	11
	投金/伪楚	0	3	0	3
	宋亡不仕	0	0	3	3
	宋亡遁	0	0	1	1
	宋亡至他国	0	0	2	2
	小计	10	38	51	99
不详		0	0	14	14
总计		20	47	131	198

从以上统计表反映出宋代吏部尚书的致仕官有如下特征:

(1)整体上看,宋代吏部尚书致仕比例不高,半数以上没有致仕官,他们或在职而卒,或以其他方式而卒。宋代吏部尚书共85人拥有致仕官,占宋代吏部尚书总人数198人的42.93%;没有致仕官者达99人,占宋代吏部尚书总人数198人的50.00%;情况不详者14人,占宋代吏部尚书总人数198人的7.07%。也就是说,宋代吏部尚书担任者五成以上都没有致仕官,他们要么在职而卒,要么以其他方式而卒,没有致仕。其中,北宋前期20位吏部尚书担任者,10人拥有致仕官,占北宋前期吏部尚书总人数20人的50%,没有致仕官者10人,也占北宋前期吏部尚书总人数20人的50%,各占五成;北宋后期47位吏部尚书担任者,只有9人拥有致仕官,占北宋后期吏部尚书总人数47人的19.15%,没有致仕官者38人,占北宋后期吏部尚书总人数47人的80.85%,这就是说,北宋后期超过八成的吏部尚书担任者都没有致仕;南宋时期131位吏部尚书担任者,66人拥有致仕官,占南宋时期吏部尚书总人数131人的50.38%,没有致仕官者51人,占南宋时期吏部尚书总人数131人的38.93%,情况不详者14人,占南宋时期吏部尚书总人数131人的10.69%,南宋时期吏部尚书担任者有致仕官者与其他各占五成。

(2)从致仕官品阶来看,宋代吏部尚书以正三品致仕者最多,其他各品人数

① 遭贬,以散官卒。
② 遭贬,安置卒。
③ 遭贬,安置卒2人,居住卒2人,放罢无官3人。

较少。宋代吏部尚书致仕官品阶从正一品到正七品，除了正六品之外全部都有，以正三品致仕的吏部尚书最多，共 28 人，占拥有致仕官吏部尚书 84 人的 33.33%；以正一品致仕的吏部尚书 11 人，占拥有致仕官吏部尚书 84 人的 13.10%；其他各品人数均较少，而且比较分散。其中，北宋前期 10 位吏部尚书担任者拥有致仕官，只有 1 人致仕官较低，为正五品，其他 9 人致仕官均为从二品或者以上品阶，占北宋前期吏部尚书拥有致仕官 10 人的 90%；北宋后期 9 位吏部尚书担任者拥有致仕官，仅占这一时期吏部尚书担任者总人数 47 人的 19.15%，品阶不高的正四品、从四品、正五品、正七品均各 1 人，其他 5 人致仕官品阶为正三品或者以上品阶，占北宋后期吏部尚书拥有致仕官 8 人的 62.5%；南宋时期 66 位吏部尚书担任者拥有致仕官，占这一时期吏部尚书担任者总人数 131 人的 50.38%，正四品或者正四品以下的品阶共 20 人，从三品或者从三品以上品阶共 46 人，占南宋拥有致仕官吏部尚书 66 人的 69.70%，正三品又以 26 人占据优势，占南宋拥有致仕官吏部尚书 66 人的 39.39%。

归纳一下三个时期的吏部尚书担任者致仕官有如下规律：北宋前期五成吏部尚书拥有致仕官，这其中九成吏部尚书担任者致仕官品阶为从二品及以上，品阶较高；北宋后期吏部尚书担任者拥有致仕官比例大幅下降，不到两成，这其中六成以上吏部尚书担任者致仕官为正三品及以上较高品阶；南宋时期吏部尚书担任者致仕官比例又有所上升，有五成的吏部尚书担任者拥有致仕官，这其中七成吏部尚书担任者致仕官为从三品及以上较高品阶。总体上看，北宋后期吏部尚书担任者致仕者最少，其他两个时期基本持平，以高品阶致仕的比例从高到降低一些又升高，致仕官总体上还是以高品阶为主。

（3）从未致仕的吏部尚书情况来看，以实际职务和祠禄官而卒者占绝对优势。宋代共 99 位吏部尚书担任者最终并没有致仕，以实职和祠禄官而卒者达 79 人，占没有致仕的吏部尚书担任者 99 人的 79.80%，占据绝对优势，其他情况人数则相对较少。这 79 人当中，44 人以实职而卒，占没有致仕的吏部尚书担任者 99 人的 44.44%，以祠禄官而卒的吏部尚书担任者则占 35.35%。其他情况中，遭贬安置、居住某地、被放罢、放归田里等方式而卒没有致仕官的吏部尚书担任者共 11 人，占没有致仕的吏部尚书担任者 99 人的 11.11%；而由于宋王朝的灭亡而投敌、弃官不仕、遁、至他国者达 9 人，占没有致仕的吏部尚书担任者 99 人的 9.09%。其中，各个时期又有所不同，北宋前期 7 人以实职卒，占北宋前期没有致仕官的吏部尚书 10 人的 70%，占据绝对优势，2 人以祠禄官卒，占北宋前期没有致仕官的吏部尚书 10 人的 20%，遭贬为 1 人；北宋后期，22 人以实职卒，占北宋后期没有致仕官的吏部尚书 38 人的 57.89%，占据绝对优势，11

人以祠禄官卒，占北宋后期没有致仕官的吏部尚书38人的28.95%，2人遭贬、3人投金或伪楚而未致仕；南宋时期，15人以实职卒，占南宋时期没有致仕官的吏部尚书51人的29.41%，22人以祠禄官卒，占南宋时期没有致仕官的吏部尚书51人的43.14%，占据一定优势，其他遭贬而卒、由于宋亡不仕等原因没有致仕者14人，占南宋时期没有致仕官的吏部尚书51人的27.45%。

归纳一下三个时期吏部尚书担任者未致仕者规律如下：北宋前期有五成吏部尚书担任者没有致仕，这其中七成吏部尚书担任者以实际职务卒，两成以祠禄官卒；北宋后期吏部尚书担任者没有致仕者大幅增加，八成多的吏部尚书担任者都没有致仕，这其中又有将近六成吏部尚书担任者以实职卒，近三成吏部尚书担任者以祠禄官卒，吏部尚书担任者以实职卒的比例下降一成，以祠禄官卒的比例增加一成；南宋时期，吏部尚书担任者没有致仕者将近四成，同北宋后期相比大幅下降，这其中三成吏部尚书担任者以实职卒，四成多的吏部尚书担任者以祠禄官卒，同北宋后期相比，吏部尚书担任者以实职卒的比例大幅下降，下降三成，以祠禄官卒的比例又增加一成。也就是说，吏部尚书担任者没有致仕比例最高的是北宋后期，这其中以实职卒的比例在不断下降，而以祠禄官卒的比例却在不断上升。

（三）吏部尚书致仕官分析

宋代致仕制度继承了唐代的致仕制度，并且逐渐发展，形成了一套较为完备的致仕制度。致仕对于官员而言，主要有以下优待：一是可以领取一半或者全额的退休俸禄；二是可以升转官资，被赐予散官、职、爵邑等；三是可以根据其级别荫补子孙为官；四是有可能被赐予一些钱财田产；五是遇郊祭大礼等可以为直系亲属叙封官爵等。因此，致仕对于官员而言有着重要的意义。

宋人高承对官员致仕年龄有这样的记载："伊尹既复政厥辟，将告归。疏云：告老致政事于君。此臣下致仕之初也，至周乃有大夫七十致仕之礼。其事自伊尹始。"[①]宋代初年，仍然在遵循这一古制。宋真宗咸平五年（1002）诏："文武官七十以上求退者许致仕，因病及历任有赃犯者听从便"。[②]提前致仕者，则称为"引年致仕"。真正70岁整致仕的情况并不是特别普遍，不少人于70岁之前卒，有的官员则远远超过了70岁才致仕，比如官至宰相、平章军国重事的文彦博，85岁才最终致仕。

① （宋）高承撰，（明）李果订，金圆、许沛藻点校：《事物纪原》卷4《致仕》，中华书局1989年版，第201页。

② （清）徐松辑，刘琳、刁忠民等校点：《宋会要辑稿·职官》77之32，上海古籍出版社2014年版，第5159页。

宋初，致仕方式沿袭前代惯例，中上层官员70岁致仕，个别年迈大臣被安排祠禄官，之后再致仕；随着政局的日益稳定，致仕逐渐形成制度，待遇同之前相比也逐渐优厚。然而，元丰改制到北宋灭亡的这段时间里，由于宋神宗的改革、朋党之争、靖康之难等重大历史事件，致仕制度遭到一定破坏，许多官员要么由于政见上的差别被贬谪，要么被授予祠禄官，要么被迫提前致仕，因此许多官员没能够致仕。随着南宋的建立，各种制度也逐渐恢复，尤其到了宋孝宗时期，宋孝宗励精图治，重视人才，增加了大臣致仕的范围，提高了官员致仕的待遇。因此，可以认为，北宋中前期和南宋中后期的致仕范围比较大，待遇也较其他时期优厚。

（1）整体上看，宋代吏部尚书担任者最终得以致仕者仅占42.42%，比例并不高，这与宋代政治环境有密切关系。宋代吏部尚书各个时期均有，没有出现跨度非常长的时间里空缺的现象。这也就意味着，他们的致仕情况应当也适用上文所阐述的宋代不同时期致仕的特征。北宋中前期致仕形成制度，范围较广，因此北宋前期20位吏部尚书中有10人拥有致仕官，比例达到了五成；北宋后期，王安石的改革将一大批反对派授予祠禄官、朋党之争、元祐更化、绍圣绍述、宋徽宗时期的变动、靖康之难等因素，造成大批官员不能按时致仕或者根本不准其致仕，这一时期47位吏部尚书担任者仅8位拥有致仕官，比例非常低；南宋时期致仕制度又逐渐恢复与完善，官员能够致仕的比例逐渐升高，吏部尚书担任者拥有致仕官的比例又回到了北宋前期的五成。

（2）从致仕官阶上来看，从三品及以上品阶的致仕官最多，这与宋代元丰改制前后吏部尚书品阶接近从三品有很大关系。宋代吏部尚书致仕官品级为从三品及以上品阶者，各个时期均达到60%以上的比例。吏部尚书在元丰改制前官阶为正二品，因此能够在仕履中官阶达到吏部尚书的官员，只要没有遭到贬谪，其致仕官阶一般来说不低于此官阶。当然，部分官员由于是兼吏部尚书，因此其本官阶不一定达到正二品。所以，北宋前期10位拥有致仕官的吏部尚书担任者，只有一位致仕官阶为正五品，即丁谓，这与丁谓在政治生涯的晚期遭到贬谪有直接关系。宰相丁谓与寇準的斗争，最终以均被贬谪为结局，因此他们的致仕官也都受到了很大的影响。

元丰改制后，吏部尚书成为职事官，为从二品。随着新寄禄官阶的推行，“行、守、试”也逐渐常见，而可见元丰改制后的吏部尚书担任者中，“守”与“试”吏部尚书较为常见，也就是说他们的寄禄官阶是要比从二品低一阶或者更多的。当然，许多担任吏部尚书的官员在之后仕履中得到了升迁，因此他们致仕时官阶比其担任吏部尚书时的官阶要高一些，大部分吏部尚书的寄禄官阶升到了从三品及以上，当然还有不少的吏部尚书担任者寄禄官阶仍然不高。北宋后期致仕官品阶较低的有正五品、正七品各一人，这与他们遭到贬谪有直接关联，即邢恕与苏轼。邢恕在《宋史》中被列入奸臣传，其“内怀猜猾”“天资反覆”，[①]故致仕官不高；苏轼则是由于元丰改制前后政见不同而被贬谪，最终能够致仕本已不是易事，因此致仕官阶只有正七品。南宋时期情况较为复杂，高低品阶的致仕官都有而且数量不少，这与南宋时期吏部尚书出现的新特点有很大关系。

南宋时期，由他官兼或兼权吏部尚书的情况大量出现，其寄禄官阶也是各个层面的官员都有。尤其是不少官员本身官阶很低，比如某官员仅以权工部侍郎的身份兼权吏部尚书，其寄禄官阶之低可想而知。因此，南宋时期，除了正三品这一阶以26人占了同时期致仕吏部尚书的近40%之外，其他致仕官阶分布很散。不过总的来讲，还是以高官阶为主，这个原因同前，即吏部尚书担任者在之后的仕履中得到了升迁。

再来看致仕官阶非常高的一品情况，历代普通官员的官阶想达到一品，都十分困难。作为致仕官，一品官阶在诸多方面都有很大优待，能够以一品致仕是非常特殊的。宋代吏部尚书担任者中，共16位吏部尚书担任者致仕官阶为一品，包括正一品与从一品。考察这16人中仅有一位薛极仕履中最高官职只做过枢密使、知枢密院事、参知政事等而没有任过宰相，其他15位吏部尚书担任者全部都在仕履中官至宰相。

（3）没有致仕官的吏部尚书中，绝大多数以实职或祠禄官卒，他们或因老、病卒于任上，或因其他原因没有及时致仕。宋代吏部尚书没有致仕官者80%以实际职务卒于任上或者以祠禄官卒，其他由于遭到贬谪、投敌、宋亡不仕等情况较为偶然，不具有代表性，因此只分析以实职或祠禄官卒的情况。三个时期以实职卒的吏部尚书担任者占同期没有致仕官人数的比例分别为70%、58.97%、29.41%。北宋前期“七十而致仕”的标准并没有得到很好的实施，许多官员过了70仍然担任实职，由于突发的疾病或者其他原因而卒，也就造成了不少吏部尚书担任者以实职而卒。当然，北宋前期人数较少，参考性不是很大。北宋后期，将近60%的吏部尚书担任者是在实际职务的任上卒殁。前文已讲，这一时期改革、打击反对派、政局的反复、靖康之难等因素，造成了许多官员未能得以致仕，最终卒于任上，或者离开岗位后却没能够及时办理致仕手续，从而最终也没有致仕官。南宋时期，伴随着致仕范围的扩大和制度的完善，以实职而卒的

---

① （元）脱脱等：《宋史》卷471《邢恕传》，中华书局1977年版，第13704—13705页。

吏部尚书担任者比例又有所降低。

三个时期以祠禄官卒的吏部尚书担任者占同期没有致仕官人数的比例分别为20%、28.21%、43.14%。可见,以祠禄官而卒的吏部尚书担任者比例在不断提高。其实,祠禄官本身就是一种优待,许多官员晚年虽然没有致仕,但却能够待在家中,提领着所谓的“宫观”,同时还能够领取俸禄。譬如某官员在南宋时提举西京嵩山崇福宫,嵩山崇福宫明显已经不在南宋统治范围内,因此这类祠禄官,仅是为优待某些大臣而设立的,就是为了让他们能够有可观的收入,安度晚年。宋朝自建国后,对官员的待遇不断提高,包括在职时的俸禄、致仕后的待遇等都在不断提高。因此,以祠禄官卒的吏部尚书担任者比例的不断提高,也正是宋王朝政策灵活的体现。有时候是由于政见上的不一,宋廷令官员提举宫观,有时候则是因为官员老病无法正常办公而提举宫观,当然还有其他原因,但总的来说祠禄官解决了不少问题。

从宋代吏部尚书作为高级官员的致仕,推测宋代其他高级文官应当也有相似的特征:致仕比例并不太高,品阶则较高,以实职和祠禄官而卒的官员还是很多的。宋代高级官员的俸禄待遇是较好的,优于前朝,其致仕制度的诸方面同前朝相比也有较大提高。不过正是如此,部分官员在职务上并不引退,有的是皇帝不允其致仕,有的则是由于老病突然而卒,有的则是领宫观等闲职而卒,这也造成了宋代真正致仕的官员比例并不是很高的现象。

第七章

宋代吏部尚书迁入迁出官、兼官与任期

本章主要对宋代吏部尚书的迁入官、迁出官、担任吏部尚书时的兼官与吏部尚书任期等内容进行研究。北宋前期吏部尚书除张昭外均为阶官,考察其迁入官与迁出官的情况,可以了解吏部尚书担任者本官阶迁转的某些特征,是严格按照官阶迁转顺序的迁转,还是以循资的方式进行迁转?迁转后的官阶高于原官阶,还是低于原官阶?官阶迁转的原因何在?北宋后期与南宋时期吏部尚书开始恢复实际职务,成为职事官,考察其迁入官与迁出官的情况,同样可以了解吏部尚书担任者职事官迁转的某些特征。职事官的迁转同官阶的迁转有所不同,官阶的迁转有规定可循,而职事官的迁入官与迁出官则会显得比较多样化,担任吏部尚书之前之后的职事官与吏部尚书这一职务是否有直接关系?之前之后的职事官是六部内的职事官,还是台谏部门、抑或是其他部门的职事官?职事官前后变动的原因何在?这些问题的答案都可以在吏部尚书迁入迁出官中找到。

关于吏部尚书兼官,由于吏部尚书在北宋前期除张昭外均为阶官,其差遣即为实际职务,不存在兼官的情况,因此本书只讨论北宋前期的张昭、北宋后期与南宋时期吏部尚书的兼官情况。宋代吏部尚书的兼官共有两大类情况:一是本职事官为吏部尚书,又兼任其他差遣;二是本职事官为他官,兼或兼权吏部尚书。关于第一类情况,官员在担任吏部尚书这一差遣时又同时担任其他差遣,对这些差遣进行考察,探寻其中的规律,有助于了解宋代高级文官在担任本职事官时又担任其他兼官是否频繁、担任兼官的多少、兼官对本职事官有何影响等。关于第二类情况,特别是本职事官低于吏部尚书的情况,比较能展现宋代在不同时期官员任用的某些特征,其比例的高低、频繁与否、具体本职事官与吏部尚书之间差多少品级等问题,都可以从不同的角度来考察宋代在不同时期的官制情况。

吏部尚书的任期,共分为两大部分。一部分是北宋前期除张昭外的吏部尚书的任期,这一部分吏部尚书的任期指的是其官阶为吏部尚书的时间,也就是说本官为吏部尚书这一阶的担任者处于吏部尚书这一阶的时间;另一部分则是除这段时期外的其他时期,这些时期吏部尚书的任期指的是其职事官为吏部尚书的时间,也就是官员实际职务为吏部尚书的时间。对于第一部分吏部尚书作为官阶任期的考察,有助于了解官员官阶迁转的快慢,从而了解官员的升迁或者贬谪速度情况;对于另一部分吏部尚书作为职事官任期的考察,有助于了解吏部尚书作为职事官时,官员是否久任,是否真正能在这一岗位上发挥较好的作用,从而也可以推测宋代其他重要职事官的某些情况。

北宋前期张昭的吏部尚书为职事官,其他为阶官,北宋后期与南宋时期的吏部尚书均为职事官。迁入官与迁出官今做如下处理:凡是吏部尚书为职事官者,迁入官、迁出官考察其担任吏部尚书前后的职事官;凡是吏部尚书为阶官者,迁入官、迁出官考察其担任吏部尚书前后的官阶。这样考察,有利于同向地对比,即阶官与阶官进行对比,从而了解吏部尚书作为阶官时的迁转情况;职事官与职事官进行对比,从而了解吏部尚书作为职事官的担任者在前后从事的差遣情况的差异,从而考察其中的特征,探究其中的规律。兼官的考察做如下处理:由于北宋前期除张昭外吏部尚书均为阶官,而又大多是以宰相兼吏部尚书,其担任的差遣自然不能认为是其兼任的差遣,而是其在吏部尚书官阶上的本职差遣,对每位官员而言,官阶同时期都只有一个。因此,严格意义上来讲,北宋前期除张昭外的吏部尚书,均没有兼官。故本书对宋代吏部尚书兼官的考察,只考察北宋前期的张昭、北宋后期和南宋时期吏部尚书的兼官。

一、宋代吏部尚书的迁入官

宋代吏部尚书迁入迁出官在元丰改制前后是有巨大区别的。元丰改制前,吏部尚书为阶官,因此考察其迁入迁出官时,同样考察其迁入迁出官的官阶,这样可以形成对比,从而探讨其官阶迁转存在什么规律;同样,元丰改制后吏部尚书成为职事官,考察其迁入迁出官时也考察其迁入迁出的职事官,而不再考察其前后的寄禄官。由于宋代不少官员兼官众多,宣和二年(1120),吏部尚书蒋猷就因此被弹劾:

> 政和七年贡举,改工部,月余迁吏部。吏部四选事素繁猥,其长率怠于省治,吏得缘兹为奸。公晨入坐曹,使人得自言,躬阅所诉,参稽

律令可否。立疏于籍第而行之事，以无壅铨曹为清。宣和二年，言者论公兼官众而事有不举者，罢吏部尚书，以徽猷阁直学士知婺州。①

诚然，这段史料说的是蒋猷恪尽职守，其吏部尚书一职被罢免而出知地方，显然不是因为其吏部尚书本职工作没有做好，而是由于他兼官太多，以至于有些事务无暇顾及，从而遭到弹劾，随即被罢免而以阁职出知地方。

同样，在考察吏部尚书迁入官时，也会遇到不少这样的情况。另外还存在一些特殊情况，比如某位官员已经致仕，后落致仕担任吏部尚书；又比如某位吏部尚书被罢免，很久后才起复某官职。因此，本书在探讨吏部尚书迁入官时，做如下处理：

一是将元丰改制前后的迁入迁出官分开探讨，不再放在一起；二是元丰改制后致仕后又落致仕担任吏部尚书者，其致仕前的职事官作为其迁入官；三是元丰改制后由吏部尚书被罢免，一段时间后才起复他官的情况视为无迁出官；四是元丰改制后迁入迁出官遇到存在兼官情况的时候，只考察其迁入迁出的主要职事官，兼官不再讨论。

（一）吏部尚书迁入官分类与特征

根据附表1宋代吏部尚书迁入迁出官、兼官原始史料与出处表及考证，从吏部尚书迁入迁出官与兼官一览表可以对宋代吏部尚书的迁入官做如下分类：

北宋前期：兵部尚书6人（其中1人为落致仕，即宋白）、户部尚书1人、宰相9人、使相3人、尚书左丞1人、地方节度使3人，共23人次。

北宋后期：两制官，翰林学士5人、翰林学士承旨1人；地方官，地方知州7人、地方知军2人、地方知府3人；在京其他官，开封府知府2人、太府卿1人；六部长贰，吏部侍郎4人、试吏部侍郎1人、兵部尚书2人、刑部尚书2人、礼部尚书7人、工部尚书5人；台谏、封驳官，御史中丞5人、给事中3人；不详，1人。

南宋时期：六部长贰，权吏部侍郎5人、试吏部侍郎2人、吏部侍郎20人、兵部侍郎3人、权兵部尚书6人、试兵部尚书2人、兵部尚书8人、户部尚书5人、试户部尚书1人、权户部尚书1人、户部侍郎2人、刑部尚书5人、权刑部尚书3人、刑部侍郎2人、权礼部尚书5人、守礼部尚书1人、礼部尚书15人、礼部侍郎3人、权礼部侍郎1人、试工部尚书1人、权工部尚书3人、工部尚书3人、工部侍郎2人；祠禄官，提举宫观5人；地方官，地方知府11人、知州4人、江南西路安抚制置大使1人、四川制置使2人、湖北京西宣抚使1人；台谏、封驳官，给事中8人、御史中丞2人、右谏议大夫2人、左谏议大夫1人；两制官，翰林学士5

---

① （宋）汪藻：《浮溪集》卷27《显谟阁直学士蒋公墓志铭》，丛书集成初编第1960册，商务印书馆1935年版，第346页。

人、中书舍人1人、两制官（具体不详）1人；在京其他官，司农少卿1人、京城抚谕使1人；不详，4人。

根据以上分类，作如下简表：

表13　宋代吏部尚书迁入官人员简表一（元丰改制前）（史料与出处参见附表1）

机构	官职	人员	品阶	趋势
六部	兵部尚书	张昭、张齐贤、宋白、冯拯、陈执中、王拱辰	正三品	上升
	户部尚书	王钦若	正三品	上升
宰相	中书侍郎	吕蒙正、向敏中、曾公亮	正三品	上升
	门下侍郎	宋琪、吕夷简、王曾	正三品	
	礼部尚书	文彦博	正三品	
	礼部侍郎	王安石	正四品下	
	工部侍郎	吴充	正四品下	
使相	山南东道节度使、检校太尉、同平章事	寇凖	从一品	下降
	天平节度使、检校太师、同平章事	王曾		
	集庆节度使、同平章事	陈执中（第二次迁入）		
执政	尚书左丞	赵槩	正四品上	上升
地方节度使	保信节度使	丁谓	从二品	下降
	忠武节度使	文彦博、夏竦		

表14　宋代吏部尚书迁入官人员简表二（元丰改制后）（史料与出处参见附表1）

类别	职事官	北宋后期	南宋时期
六部长贰	试吏部侍郎	邢恕	郑滋、张津
	权吏部侍郎	/	晏敦复、叶义问、汪应辰、汪大猷、王之奇
	吏部侍郎	彭汝砺、叶祖洽、陆佃、谢克家	刘珏、李光、晏敦复、张杞、董德元、张纲、陈康伯、洪遵、凌景夏、叶颙、陈之茂、陈良祐、蔡洸、程大昌、郑丙、颜师鲁、许及之、杨炳、张伯垓、杨烨

续表

类别	职事官	北宋后期	南宋时期
六部长贰	兵部侍郎	/	赵彦械、张焘、陈仲微
	试兵部尚书	/	权邦彦、刘大中
	权兵部尚书	/	罗点、许应龙、袁甫、徐清叟、张磻、叶梦鼎
	兵部尚书	林摅、何志同	胡直孺、王希吕、刘德秀、钱象祖、李大性、朱著、许应龙、叶梦鼎
	户部侍郎	/	徐嘉、徐桌
	试户部尚书	/	薛极
	权户部尚书	/	赵與篙
	户部尚书	/	吕颐浩、赵與懽、陈垲、颜颐仲、洪焘
	刑部侍郎	/	江万里、刘黻
	权刑部尚书	/	周三畏、萧燧、赵以夫
	刑部尚书	苏颂、宇文粹中	周武仲、曾映、徐应龙、杜杲、陈宜中
	权礼部侍郎	/	李彦颖
	礼部侍郎	/	吴表臣、龚茂良、饶虎臣
	权礼部尚书	/	胡沂、黄由、陆峻、徐荣叟、常挺
	守礼部尚书	/	陈卓
	礼部尚书	胡宗愈、林希、徐铎、朱谔、许光凝、王孝迪、卫仲达	洪拟、周执羔、周必大、张釜、费士寅、任希夷、程珌、李埴、魏了翁、游似、钱相、赵以夫、王爚、王应麟、丁应奎
	工部侍郎	/	刘才邵、蔡抗
	试工部尚书	/	席益
	权工部尚书	/	汪逵、李鸣复、赵以夫
	工部尚书	孙永、何执中、时彦、王襄、蒋猷	胡松年、颜棫、吴潜

续表

类别	职事官	北宋后期	南宋时期
两制官	翰林学士	李清臣、吕大防、许将、苏辙、梅执礼	孙近、周麟之、傅伯寿、楼钥、高定子
	翰林学士承旨	邓润甫	/
	具体不详	/	陆德舆
	中书舍人	/	卫泾
台谏、封驳官	御史中丞	傅尧俞、黄履、赵挺之、余深、张克公	沈舆求、罗汝楫
	左谏议大夫	/	金渊
	右谏议大夫	/	林大鼐、何溥
	给事中	范纯仁、王震、莫俦	洪拟、王师心、贺允中、魏杞、胡沂、留正、郑侨、楼钥
在京其他官	知开封府	温益、李棁	/
	司农少卿	/	丁常任
	京城抚谕使	/	路允迪
	太府卿	卢法原	/
祠禄官	提举宫观	/	张焘、金安节、林大中、崔舆之、常楙
地方官	地方知府	许将、韩忠彦、虞策	卢法原、沈舆求、孙近、陈俊卿、韩元吉、余端礼、郑侨、叶翥、袁说友、陈昉
	地方知州	曾孝宽、苏轼、王存、管师仁、刘拯、唐恪、唐恪(第二次迁入)	洪拟、赵汝愚、刘德秀、余天锡
	地方知军	曾孝宽、李清臣	/
	江南西路安抚制置大使	/	李光
	四川制置使	/	汪应辰、袁说友
	湖北京西宣抚使	/	宇文绍节
不详	不详	王时雍	史宅之、陈显伯、程垲、章鉴

表 15　宋代吏部尚书迁入官人员任数统计表一(元丰改制前)

机构	官职	任数	趋势
六部	兵部尚书	6	上升
	户部尚书	1	上升
宰相	中书侍郎	3	上升
	门下侍郎	3	
	礼部尚书	1	
	礼部侍郎	1	
	工部侍郎	1	
使相	山南东道节度使、检校太尉、同平章事	1	下降
	天平节度使、检校太师、同平章事	1	
	集庆节度使、同平章事	1	
执政	尚书左丞	1	上升
地方节度使	保信节度使	1	下降
	忠武节度使	1	
	忠武节度使	1	

表 16　宋代吏部尚书迁入官人员任数统计表二(元丰改制后)

类别	职事官	北宋后期(人次)	南宋时期(人次)	合计(人次)
六部长贰	试吏部侍郎	1	2	3
	权吏部侍郎	0	5	5
	吏部侍郎	4	20	24
	兵部侍郎	0	3	3
	试兵部尚书	0	2	2
	权兵部尚书	0	6	6
	兵部尚书	2	8	10
	户部侍郎	0	2	2
	试户部尚书	0	1	1
	权户部尚书	0	1	1
	户部尚书	0	5	5
	刑部侍郎	0	2	2

续表

类别	职事官	北宋后期(人次)	南宋时期(人次)	合计(人次)
六部长贰	权刑部尚书	0	3	3
	刑部尚书	2	5	7
	权礼部侍郎	0	1	1
	礼部侍郎	0	3	3
	权礼部尚书	0	5	5
	守礼部尚书	0	1	1
	礼部尚书	7	15	22
	工部侍郎	0	2	2
	试工部尚书	0	1	1
	权工部尚书	0	3	3
	工部尚书	5	3	8
	小计	21	99	120
两制官	翰林学士	5	5	10
	翰林学士承旨	1	0	1
	具体不详	0	1	1
	中书舍人	0	1	1
	小计	6	7	13
台谏、封驳官	御史中丞	5	2	7
	左谏议大夫	0	1	1
	右谏议大夫	0	2	2
	给事中	3	8	11
	小计	8	13	21
在京其他官	知开封府	2	0	2
	司农少卿	0	1	1
	京城抚谕使	0	1	1
	太府卿	1	0	1
	小计	3	2	4
祠禄官	提举宫观	0	5	5

续表

类别	职事官	北宋后期(人次)	南宋时期(人次)	合计(人次)
地方官	地方知府	3	10	13
	地方知州	7	4	11
	地方知军	2	0	2
	江南西路安抚制置大使	0	1	1
	四川制置使	0	2	2
	湖北京西宣抚使	0	1	1
	小计	12	18	31
不详		1	4	5
合计		51	148	199

据以上统计可见宋代吏部尚书迁入官具有如下几种特征:

1. 元丰改制前

(1)从总体上看,元丰改制前的北宋前期作为阶官的吏部尚书担任者迁入官大多来自宰相与六部两个机构。此时吏部尚书担任者的迁入情况以宰相兼官和六部其他尚书迁入者最多,分别达到9人次和7人次;由其他机构迁入的情况较少,中书门下、使相、尚书省、地方节度使等总共迁入者,共计7人次。吏部尚书作为宰相兼官应是常态,从元丰改制前吏部尚书担任者9人为宰相兼官来看,吏部尚书这一阶官多由宰相兼任,六部其他尚书资序相差也较小,对其他官员而言则不轻授。

(2)从品阶上看,此时吏部尚书担任者的迁入官以兵部、户部尚书为代表的正三品为主。这一时期,吏部尚书迁入官品阶以正三品为主,达到14人次;正四品上、正四品下分别为1、2人次;从二品、从一品均为3人。正三品当中,又以兵部与户部尚书两大官阶构成。

(3)从趋势上看,此时吏部尚书担任者吏部尚书品阶同迁入阶官相比,大多处于上升状态。17人次迁转后的吏部尚书品阶都高于迁转前的阶官,另外6人次迁转后的吏部尚书品阶低于迁转前的阶官。

(4)这一时期吏部尚书担任者迁入官品阶较低者较少,仅有3人。3位吏部尚书担任者迁入官品阶较低,其中2位为正四品下,1位为正四品上。从宋代阶官迁转的角度上看,其中间需要升迁多次,其中的原因有待探讨。

2. 元丰改制后

(1)从上表可以看出,宋代吏部尚书迁入官绝大部分可考,北宋后期可考比例又高于南宋时期。上表共收录宋代元丰改制后 199 任吏部尚书的迁入官情况，其中北宋后期吏部尚书迁入官不详者 1 人次，南宋时期吏部尚书迁入官不详者 4 人次，其他吏部尚书担任者迁入官均可见，占这一时期吏部尚书任数的 97. 49%（194∶199），这表明元丰改制后绝大部分吏部尚书的迁入官可考。北宋后期情况为 98. 04%（50∶51），南宋时期为 97. 30%（144∶148），可考吏部尚书比例都很高，而北宋后期又略高于南宋时期。

（2）吏部尚书迁入官大致为六部长贰、地方官、台谏官、两制官、在京其他官、祠禄官等，前三类为吏部尚书的主要迁入官。宋代吏部尚书迁入官共分为六部长贰、两制官、台谏官、在京其他官、祠禄官、地方官几个类别，它们所占这一时期吏部尚书总任数的比例分别为 60. 30%（120∶199）、6. 53%（13∶199）、10. 55%（21∶199）、2. 51%（5∶199）、2. 51%（5∶199）、15. 08%（30∶199）。其中，六部长贰、地方官、台谏官所占迁入官比例高达 85. 93%（171∶199），为吏部尚书主要的迁入官；而两制官、在京其他官、祠禄官所占迁入官比例仅为 11. 56%（23∶199），为吏部尚书次要的迁入官。

（3）从六部长贰迁入吏部尚书者较多，其中又以担任过吏部、礼部、兵部长贰者迁入吏部尚书者最多。从六部长贰迁入 120 任，北宋后期 21 任，南宋时期 99 任，所占同时期比例分别是 41. 18%（21∶51）、66. 89%（99∶148），人数在不断增加，比例也有较大的提高。其中，由吏部副贰迁入 32 任、由兵部长贰迁入 21 任、由户部长贰迁入 9 任、由刑部长贰迁入 12 任、由礼部长贰迁入 32 任、由工部长贰迁入 14 任，分别占六部长贰迁入官的比例为 26. 67%（32∶120）、17. 5%（21∶120）、7. 5%（9∶120）、10%（12∶120）、26. 67%（32∶120）、11. 67%（14∶120）。六部中的吏部副贰、礼部长贰、兵部长贰作为迁入官达 70. 83%（85∶120），其他三部长贰则共占 29. 17%（35∶120）。也就是说，担任过六部长贰的官员，很有可能会迁入吏部尚书；而其中又以担任吏部、礼部、兵部三部长贰的官员，更有可能迁入吏部尚书。

（4）迁入官为两制官者较少。宋代吏部尚书从两制官迁入 13 任，北宋后期 6 任，南宋时期 7 任，所占同时期比例分别是 11. 76%（6∶51）、4. 73%（7∶148），所占比重均不高，人数也不多。其中，又以翰林学士迁入的最多，两个时期均为 5 任，其他翰林学士承旨、中书舍人等迁入人次都很少。

（5）迁入官为台谏、封驳官者主要为御史中丞和给事中。宋代吏部尚书从台谏、封驳官迁入 21 任，北宋后期 8 任、南宋时期 13 任，所占同时期比例分别是 15. 69%（8∶51）、8. 78%（13∶148），其中又以御史中丞和给事中为主要迁入官，分别为 8 任、10 任，其他左右谏议大夫在南宋时期也有迁入吏部尚书的情况，不过总共才 3 任。

(6)在京其他官迁入吏部尚书任数很少,以祠禄官迁入吏部尚书者也很少。北宋后期 3 任与南宋时期 2 任,所占同时期比例分别是 5.88%(3:51)、1.35%(2:148),其中北宋后期知开封府 2 任、太府卿 1 任、南宋时期司农少卿 1 任、京城抚谕使 1 任。祠禄官迁入吏部尚书任数也很少,北宋后期无,南宋时期 5 任,占南宋时期比例为 3.38%(5:148),由祠禄官迁入吏部尚书者也很少。

(7)迁入官为地方官者较多,并且主要为地方的府州军长官。宋代以地方官迁入吏部尚书 30 任,北宋后期 12 任,南宋时期 18 任,所占同时期比例分别是 25.53%(12:51)、12.16%(18:148),其中又以府州军长官最多,两个时期分别为 12 任、14 任,北宋后期又以地方知州为主,南宋时期则以地方知府为主。其他制置使、宣抚使等迁入吏部尚书者很少。

(8)从在京官与地方官角度看,迁入官以在京官为主,南宋更加明显。宋代吏部尚书由在京官迁入者达 159 任,地方官迁入者达 36 任,不详 5 任。在京官迁入者比例高达 79.90%(159:199),地方官迁入者比例仅为 17.59%(35:199)。其中,北宋后期在京官迁入者比例达 74.51%(38:51),南宋时期在京官迁入者比例达 85.14%(126:148)。总之,迁入官是以在京官为主的,而南宋时期这一趋势更加明显。

(二)吏部尚书迁入官分析

1. 元丰改制前

(1)元丰改制前的北宋前期,吏部尚书迁入官官阶均较高。宋承唐制,"吏部尚书一人,正三品",①但此时吏部尚书为官阶,居六部尚书之首,官员官阶能够迁转到吏部尚书,一般来说是需要"特旨"才能够实现的。因此,元丰改制前的北宋前期共 100 多年,而官阶达到吏部尚书才仅仅 20 人、23 任。此时吏部尚书作为宰相的兼官与由六部他部尚书迁入的情况较多,这正是"特旨"的体现,身居相位之人,本官阶未必很高,因此作为恩宠,皇帝往往会给这些身处相位的官员较高的官阶,以"超擢"的方式,从而达到吏部尚书之阶。相对而言,其他机构的迁入官则较少,使相、地方节度使也大多是宰相等暂时出知地方,官阶仍非常高,之后又大多被召回京师。

(2)迁入官品阶方面,以兵部尚书和户部尚书为代表的正三品为主。吏部尚书在元丰改制前即为正三品,但是高于其他五部尚书的正三品之阶。由迁转资序非常接近的正三品迁转到吏部尚书之阶,还是较为容易的;兵部尚书与户

---

① (唐)李林甫等撰,陈仲夫点校:《唐六典》卷 2《吏部尚书》,中华书局 1992 年版,第 26 页。

部尚书在迁转资序中，分别只差一阶与两阶，因此迁入官品阶以正三品为主，尤其以兵部尚书和户部尚书为主。

(3)吏部尚书阶之上，只有左右仆射、三公，几乎处于迁转资序中的最上层。官员官阶能够达到吏部尚书者，都需要皇帝的“特旨”，因此也必定是皇帝偏爱之人，相对而言他们迁转到吏部尚书阶，大多都是上升的。只有极少数的官员，他们是之前即担任宰相，官阶已经很高，之后被罢乃至出知地方，再为吏部尚书阶时，就相对下降了。

(4)三位迁入官阶较低的官员是王安石、吴充和赵槩。熙宁七年(1074)，“帝亦疑之，遂罢为观文殿大学士、知江陵府，自礼部侍郎超九转为吏部尚书”。[1] 王安石是宋神宗最为信任的宰相，他大刀阔斧的改革都是有宋神宗的大力支持的。可以说，宋神宗罢免王安石的相位并非情愿，不少大臣弹劾王安石，连慈圣、宣仁二太后竟“流涕谓帝曰：‘安石乱天下’”。[2] 因此，迫于无奈，宋神宗罢免了王安石的相位，但是不忘将其官阶给予极大的提升，曾布就认为王安石“超转九资”。吴充同王安石情况较为相似，他同样是宰相之位被罢，宋神宗也给予了他很大的优待。虽然已经罢免吴充为祠禄官，但是允许其“仍大朝会许缀中书门下班，依知大藩例支添给”，而官阶也由工部侍郎迁转到了吏部尚书。[3] 赵槩并没有担任宰相，他是因为年龄已经到了七十，“求去位，不许。章数上，乃以为观文殿学士、吏部尚书、知徐州”，[4]并且之后第二年就致仕了。这是宋朝对年满七十岁的官员能够主动提出致仕的奖励，鼓励官员按时离任，因此也是一种优待。可见，三位迁入官阶较低的官员，都是受到了特殊的待遇，否则是不可能达到吏部尚书阶的。

2. 元丰改制后

(1)元丰改制后的吏部尚书开始恢复其本来职能，重新成为职事官。这一时期吏部尚书的迁入官主要集中在六部长贰、地方官与台谏官，占了近九成的比例。六部之间虽然各有分工，但总的来说同属于尚书省，具有很大的关联性。吏部侍郎相对而言很熟悉吏部事宜，其他五部长贰也或多或少地了解一些吏部情况，他们办公地点的接近、工作上的交叉等因素，使得他们同其他机构的官员更了解吏部，在迁入吏部后也能够得心应手、从容不迫。地方官大多为地方知府、知州等，在地方上的锻炼是吏部尚书乃至其他高级文官不可缺少的经验，这

---

① (元)脱脱等:《宋史》卷327《王安石传》，中华书局1977年版，第10548页。

② (元)脱脱等:《宋史》卷327《王安石传》，中华书局1977年版，第10548页。

③ (宋)李焘:《续资治通鉴长编》卷303，元丰三年三月乙丑，中华书局2004年版，第7364页。

④ (宋)苏轼著，孔凡礼点校:《苏轼文集》卷18《赵康靖公神道碑》，中华书局1986年版，第542页。

种履历能够为其之后出任吏部尚书提供很大的帮助。台谏官大多是皇帝或者宰相信任之人才可以担任的,因此在任后迁转到吏部尚书这一重要岗位也是极有可能的。

(2)从六部长贰迁入者有120任,北宋后期21任,南宋时期99任,所占同时期比例分别是41.18%(21:51)、66.89%(99:148),分别占据了四成与近七成的比例,占据了很大的部分。前文已讲,六部之间是有不小关联性的,彼此之间的经常接触令其相互熟悉,这样在迁入吏部尚书后能够很快适应。当然,这还与上述官员大多在之前曾经担任过吏部相关职位仕履有关。前文对宋代吏部尚书任前职位仕履进行了分析,有不少吏部尚书任职前担任过两次或者三次相关仕履,这就使得他们迁入吏部尚书的可能性大大增加。特别是南宋时期,由六部长贰迁入吏部尚书的人数比例比北宋后期提高了二成,越来越多的吏部尚书由六部长贰迁转而来。同时特别需要说明的是,随着权吏部尚书、试吏部尚书、兼权吏部尚书、兼吏部尚书的大量出现,特别是兼权吏部尚书与兼吏部尚书,一般情况下会挑选六部其他长贰,这样具有较大的可行性,从而六部长贰迁入吏部尚书的情况也就格外之多。

(3)从两制官迁入吏部尚书两宋共13任,其中10任均由翰林学士迁入。翰林学士,"掌制、诰、诏、令撰述之事",①一般情况下是既要文笔好,又要受皇帝信任之人才能够胜任,"内制"的称呼足见其与皇帝之近。因此,翰林学士任后转入吏部尚书这一重要职务也具有了可能性。皇帝用翰林学士来管理吏部,不失为一种较好的方式。比如吕大防,元丰八年(1085)十二月甲戌,"翰林学士、知制诰、权知开封府吕大防为吏部尚书",②吕大防迁入官为翰林学士、知制诰,他同时还权知开封府,这么一位身居要职的官员,被任命为吏部尚书是正常的。台谏官也是如此,能够担任台谏官的,大多也是皇帝或者宰辅集团信任之人。如徐荣叟,嘉熙四年(1240)拜为右谏议大夫,八月份弹劾吏部尚书吴潜,使吴潜以"宝谟阁学士、知绍兴府、浙东安抚使,辞,提举南京鸿庆宫",③而徐荣叟也因此不久即"迁权礼部尚书兼权吏部尚书"④。

(4)地方官迁入吏部尚书两宋共30任,他们或者是地方州府军长官,或者是制置使、宣抚使等同时又兼任地方长官。地方长官的经历不仅仅对吏部尚书而言,对重要的朝官来说都是非常重要的。宋代十分重视知州资序,不具有该

---

① (元)脱脱等:《宋史》卷162《职官志二》,中华书局1977年版,第3811页。

② (宋)李焘:《续资治通鉴长编》卷362,元丰八年十二月甲戌,中华书局2004年版,第8668页。

③ (元)脱脱等:《宋史》卷418《吴潜传》,中华书局1977年版,第12518页。

④ (元)脱脱等:《宋史》卷419《徐荣叟传》,中华书局1977年版,第12556页。

资序的官员,往往是不能够做到高官的。这30任官员其实在担任地方官之前,往往都已经担任过重要的朝官,因为诸多原因出知地方,因此再次迁转时即转入了吏部尚书。比如北宋后期的许将,元祐三年(1088)"再为翰林学士,拜尚书右丞,以资政殿学士知定州,移扬州,徙大名府……绍圣元年,召为吏部尚书",[①]其任地方官之前为翰林学士、尚书右丞,已经是重要的朝官。又如南宋时期由知州迁入吏部尚书的余天锡,"试户部侍郎,权户部尚书,皆兼知临安府。升兼详定敕令官,以宝文阁学士知婺州,仍旧职奉祠。起知宁国府,进华文阁学士、知福州。召为吏部尚书兼给事中兼侍读",[②]其出地方官迁入吏部尚书之前也为重要的朝官。

(5)在京其他官与祠禄官迁入吏部尚书的情况较少,分别都只有5任。在京其他官中,温益知开封府,由京师知府迁入吏部尚书较为正常,毕竟其一直在京师,熟悉各种事务。路允迪迁入前为京城抚谕使,京城抚谕使始置于建炎元年(1127)五月九日,"以资政殿学士路允迪为京城抚谕使,龙图阁学士耿延禧副之"。[③] 京城抚谕使负责抚谕京师百姓,按察各种冤屈,或者抚谕前线军马激励士气,可见其重要性。卢法原与丁常任由于其迁转可见史料较少,无法探讨其迁转的原因。祠禄官几乎都是之前在京师担任要职,遭贬提举宫观,之后又被召为吏部尚书。如常楙,"寻以刑部侍郎召……兼给事中,封还隆国夫人从子黄进观察使录黄。帝怒,似道以御书今委曲书行,楙讫不奉命。以宝章阁待制提举太平兴国宫。德祐元年,拜吏部尚书",[④]本来已经是刑部侍郎兼给事中,由于封驳触怒了宋度宗,因此被罢为祠禄官,之后又被召为吏部尚书。

(6)从在京官与地方官角度看,宋代吏部尚书由在京官迁入者达159任,地方官迁入者达35任,不详5任。地方官的35任中,绝大部分在出知地方或者提举宫观之前为比较重要的朝官,因此担任地方长官后不久即被重新召回京师,担任吏部尚书。即言,绝大多数吏部尚书的迁入官都是在京官,要么直接由在京官迁入,要么由在京官被贬到地方,之后又被召回中央。其实,这是符合宋代官职迁转规律的。试想,一个根本没有在京师担任过任何职务的官员,宋廷是无论如何也不会任命其为吏部尚书的。只有在京师有过较多的经历,并且是重要官职的经历,才能够支撑其在之后担任吏部尚书。对于每一位官员而言,仕履是非常重要的,不同的仕履对每位官员影响是不同的,但是在京的仕履对吏

① (宋)王称撰,孙言诚、崔国光点校:《东都事略》卷96《许将传》,齐鲁书社2000年版,第825页。
② (元)脱脱等:《宋史》卷419《余天锡传》,中华书局1977年版,第12552页。
③ (元)脱脱等:《宋史》卷24《宋高宗纪一》,中华书局1977年版,第444页。
④ (元)脱脱等:《宋史》卷421《常楙传》,中华书局1977年版,第12597页。

部尚书而言却几乎是一个必要条件，不可或缺。

（三）吏部尚书迁入官与唐代的异同

（1）唐代考察迁入官情况共129任，其中120任迁入官可考，占吏部尚书任数的93.02%（120:129），比例很大。[①] 宋代元丰改制前吏部尚书为阶官，改制后重新恢复职能，同唐代相同，因此比较时只将宋代元丰改制后吏部尚书同唐代比较。宋代元丰改制后199任吏部尚书中194人迁入官可考，占97.49%（194:199），元丰改制后绝大部分吏部尚书的迁入官可考，并且比例稍高于唐代。从这个层面上看，对吏部尚书迁入官的考察具有可能性、现实性与可信性。

（2）唐代吏部尚书迁入官机构主要为"宰相机构、尚书省、地方长官（节度使），其他次要者为九卿之太常、东宫官属、御史台、使职、中央武官及门下省与散官"。[②] 到了宋代，吏部尚书迁入官共分为六部长贰、两制官、台谏官、在京其他官、祠禄官、地方官几个类别。其中，六部长贰、地方官、台谏官所占迁入官比例高达85.93%，为吏部尚书主要的迁入官；而两制官、在京其他官、祠禄官所占迁入官比例仅为11.56%，为吏部尚书次要的迁入官。同唐代相比，宰相机构、地方节度使、东宫官属、中央武官等都没有迁入吏部尚书者，同时又新出现了两制官、祠禄官等迁入吏部尚书的情况。在唐代，不少"吏部职位多由宰相兼任，而不轻易授予其他人员"，[③]"35任迁入吏部尚书后仍兼任宰相……吏部尚书仍是地位非同一般"[④]。这一情况到了宋代有所改变，由宰相兼任吏部尚书已不可见，兼任吏部尚书者更多的是六部其他长贰或者翰林学士等官员。地方节度使在唐代尤其是唐后期很多，特别是安史之乱后，地方呈现出分裂割据的局面，各地节度使和中央貌合神离，他们在自己的地盘上甚至任命自己的官员，把持财政，中央为了拉拢这些节度使，授予他们中央的吏部尚书。到了宋代，地方割据势力的节度使不复存在，节度使成为了虚职，仅仅是给予很高的俸禄和待遇，却已经没有了唐代那种割据的能力，因此也就不再存在笼络节度使的情形。唐代的东宫建制十分完整，而且整套建制即使在太子即位之后仍然存在；宋代则不同，宋代东宫建制十分不完整，而且太子一旦即位，建制即被解散，其官员本来就很少，存在时间也很短，同唐代相比也没有唐代东宫官地位高，所以由东宫官迁入吏部尚书者在宋代不可见。中央武官在唐代有两例，"是对特殊功勋人物

① 董劭伟：《唐代吏部尚书研究》，中国社会科学出版社2012年版，第245页。
② 董劭伟：《唐代吏部尚书研究》，中国社会科学出版社2012年版，第245页。
③ 董劭伟：《唐代吏部尚书研究》，中国社会科学出版社2012年版，第246页。
④ 董劭伟：《唐代吏部尚书研究》，中国社会科学出版社2012年版，第247—248页。

的重用，故为特例”。[①] 宋代所有吏部尚书中，只有杜杲一人曾经担任过武职，是宋代的“文武全才”，其他吏部尚书均为文官。吏部尚书本来就是文官中的高级官员，由武官来担任看来不符合宋代的典制，也不为廷议所容。从两制官与祠禄官迁入吏部尚书的情况在唐代并不可见，翰林学士到宋代发展为“内制”，成为皇帝十分信任之人才能够担任的要职，而从翰林学士这一要职迁入另一要职吏部尚书，是较为正常的。祠禄官在宋代大大增加，由于反对派的打击、大臣被弹劾而被贬谪、官员年老等原因而提举宫观者大大增加，而他们当中不少人都曾经在中央担任要职。提举宫观大多是暂时的，不少官员在之后又被召回中央，委以重任。

(3)就尚书省迁入官来看，唐代共29任吏部尚书迁入官来自尚书省，占唐代统计任数120任的24.17%；到了宋代，从尚书省六部迁入吏部尚书120任，占元丰改制后吏部尚书总任数199任的60.30%，比例有大幅度的提高。唐代从尚书省迁入吏部尚书的官员中还出现了右仆射，“是时右仆射已为散官性质，更多表现阶位方面的意义”，[②]而宋代右仆射很长时间是作为宰相官职的一部分，从右仆射迁入吏部尚书的情况不可见。唐代，“由吏部副官吏部侍郎到吏部长官尚书直接迁转不是其主要特征，尚需其他官职之历练，积累官资”，[③]宋代则不同，由吏部侍郎迁入吏部尚书非常常见，由其他五部长贰迁入或者兼、兼权吏部尚书的情况也十分常见。三省六部形成于隋代，唐代则处于不断发展完善的时代；到了宋代，六部开始呈现出了灵活的趋势，六部长贰之间的频繁调动以及各种兼官的时有发生，正是制度完善之后灵活运用的体现。

(4)从在京官与地方官角度来看，有唐一代在京官迁入者计90任，地方官30任，迁入官以在京官为主，在京官迁入者比例达75%；[④]宋代吏部尚书由在京官迁入者达159任，地方官迁入者达35任，不详5任，在京官迁入者比例达79.90%。同唐代相比，宋代吏部尚书迁入官更多地集中在了在京官，特别是宋代许多地方官在此之前也担任过京师职务。也就是说，吏部尚书迁入官越来越集中在了在京官，在京职位仕履对其之后任吏部尚书有着重大的影响。

总之，宋代吏部尚书任职前后的迁转大多处于上升状态，这意味着大多数官员吏部尚书的任职经历使他们获得了升迁。以吏部尚书为代表的中高级官员，大多位高权重，宋王朝也需要大量有真才实学而又愿意为之效忠的官员来

① 董劭伟：《唐代吏部尚书研究》，中国社会科学出版社2012年版，第250页。
② 董劭伟：《唐代吏部尚书研究》，中国社会科学出版社2012年版，第246页。
③ 董劭伟：《唐代吏部尚书研究》，中国社会科学出版社2012年版，第246页。
④ 参见董劭伟：《唐代吏部尚书研究》，中国社会科学出版社2012年版，第247页。

治理国家。吏部尚书为六部长官之首,距离执政仅一步之遥,能够胜任吏部尚书之职,也就几无悬念地可以胜任执政的职位了。宋代以吏部尚书为代表的中高级官员升迁的快速与待遇的优厚产生了部分腐败,但其积极意义也很大,刺激着广大中下级官员在做好本职工作的同时,力争能够有所作为,从而有朝一日步入中高级官员的行列,更鼓舞着广大学子寒窗苦读,这对于王朝良好学风的形成有着积极的意义,彰显了一个王朝的凝聚力。

二、宋代吏部尚书的迁出官

(一)吏部尚书迁出官分类与特征

根据附表1宋代吏部尚书迁入迁出官、兼官原始史料与出处表及考证,可以对宋代吏部尚书的迁出官做如下分类:

北宋前期:吏部尚书(致仕)1人、太子少师(致仕)1人、左仆射2人、右仆射10人、太子少保1人、地方节度使3人、使相3人、提举宫观1人、丁内艰1人。

北宋后期:执政官,尚书左丞2人、守尚书左丞1人、守尚书左丞1人、尚书右丞7人、同知枢密院事6人、守中书侍郎1人、门下侍郎1人、权签书枢密院事1人;两制官,翰林学士3人、翰林学士承旨3人;台谏官,御史中丞2人;在京其他官,权知开封府1人;六部长贰,吏部尚书4人(卒于任上)、守吏部尚书1人(卒于任上)、工部尚书1人、户部尚书2人;地方长官,地方知府5人、知州4人、京西北路安抚使1人;祠禄官,提举宫观2人;无迁出官,遁除名1人;不详1人。

南宋时期:地方官,地方知府18人、地方知州15人、提举宫观21人、江浙制置使1人、江南东路安抚大使1人、湖南安抚使1人;执政官,同知枢密院事9人、权同知三省枢密院事1人、签书枢密院事22人、同签书枢密院事10人、参知政事10人;京师其他官,提举秘书省1人(致仕)、临安知府1人、提领户部财用2人;台谏官,御史中丞1人;两制官,翰林学士1人;诸阁学士(不含两制官),资政殿学士1人(致仕)、敷文阁学士(致仕)1人、端明殿学士1人;六部长贰,吏部尚书(致仕)1人、权吏部侍郎1人、吏部侍郎1人、户部尚书1人、户部侍郎2人、权户部侍郎1人、礼部尚书2人、试礼部尚书1人、工部尚书(致仕)1人、兵部尚书2人、权兵部尚书1人、兵部尚书兼权吏部尚书(卒于任上)1人、刑部尚书2人、权刑部侍郎1人;无迁出官,请归1人、丁母忧1人、引归1人、遁1人、走安南1人、被罢4人;不详3人。

根据以上分类,作如下简表:

表 17　宋代吏部尚书迁出官人员简表一(元丰改制前)(史料与出处参见附表 1)

机构	官职	人员	品阶	趋势
六部	吏部尚书	张昭	正三品	持平
三省	左仆射	丁谓、王安石	从二品	上升
	右仆射	宋琪、吕蒙正、张齐贤、王钦若、向敏中、寇準、冯拯、吕夷简、王曾、曾公亮	从二品	
使相	河阳三城节度使、同平章事	文彦博	从一品	上升
	镇海军节度使、检校太尉、同平章事	陈执中		
	集庆节度使、同平章事	陈执中(第二次迁出)		
祠禄官	观文殿大学士、西太一宫使	吴充	正三品	持平
东宫官	太子少保	王拱辰	从二品	上升
	太子少师	赵槩		
地方节度使	彰德军节度使	王曾	从二品	上升
	河阳三城节度使	夏竦		
	忠武节度使	文彦博		
其他	丁内艰	宋白	无	无法确定

表 18　宋代吏部尚书迁出官人员简表二(元丰改制后)(史料与出处参见附表 1)

类别	职事官	北宋后期	南宋时期
六部长贰	权吏部侍郎		晏敦复
	吏部侍郎		叶义问
	守吏部尚书	曾孝宽	
	吏部尚书	徐铎、时彦、张克公、许光凝	张伯垓
	权兵部尚书		袁甫
	兵部尚书		许应龙、叶梦鼎
	兵部尚书兼权吏部尚书		袁甫

续表

类别	职事官	北宋后期	南宋时期
六部长贰	权户部侍郎		汪应辰
	户部侍郎		徐嘉、丁常任
	户部尚书	唐恪、梅执礼	蔡洸
	权刑部侍郎		郑滋
	刑部尚书		李皐、赵以夫
	试礼部尚书		胡沂
	礼部尚书		洪拟、徐清叟
	工部尚书	刘拯	颜棫
执政官	守中书侍郎	傅尧俞	
	门下侍郎	韩忠彦	
	守尚书左丞	许将	
	尚书左丞	何执中、余深	
	守尚书右丞	许将	
	尚书右丞	李清臣、吕大防、黄履、陆佃、温益、赵挺之、朱谔	
	同知枢密院事	范纯仁、林摅、管师仁、王襄、李棁、唐恪	周麟之、魏杞、陈俊卿、赵汝愚、余端礼、郑侨、许及之、袁说友、钱象祖
	权签书枢密院事	莫俦	
	签书枢密院事		权邦彦、胡松年、叶颙、王之奇、李彦颖、罗点、叶翥、张釜、费士寅、刘德秀、林大中、楼钥、宇文绍节、任希夷、薛极、李鸣复、许应龙、徐荣叟、高定子、金渊、饶虎臣、常挺

续表

类别	职事官	北宋后期	南宋时期
执政官	权同知三省枢密院事		刘珏
	同签书枢密院事		陈卓、魏了翁、余天锡、游似、史宅之、蔡抗、江万里、叶梦鼎、章鉴、陈宜中
	参知政事		席益、沈舆求、李光、董德元、张纲、陈康伯、贺允中、龚茂良、周必大、萧燧
两制官	翰林学士	林希、王孝迪、谢克家	程珌
	翰林学士承旨	苏颂、苏轼、宇文粹中	
诸阁学士（不含两制官）	资政殿学士		张焘
	敷文阁学士		金安节
	端明殿学士		程垲
台谏官	御史中丞	苏辙、邢恕	卫泾
在京其他官	开封/临安府知府	王震	赵與懽
	提举秘书省		陈昉
	提领户部财用		赵與𥲅、常楙
祠禄官	提举宫观	孙永、卢法原	路允迪、周武仲、卢法原、洪拟、刘才邵、洪遵、何溥、周执羔、汪大猷、张津、傅伯寿、汪逵、徐应龙、崔與之、吴潜、钱相、赵以夫、颜颐仲、杨炳、陆峻、杜杲
地方官	地方知府	曾孝宽、王存、李清臣、彭汝砺、蒋猷	孙近、孙近、张焘、王师心、陈之茂、汪应辰、留正、王希吕、郑丙、郑侨、袁说友、黄由、李大性、杨烨、赵彦悈、赵性夫、王爚、洪焘

续表

类别	职事官	北宋后期	南宋时期
地方官	地方知州	邓润甫、胡宗愈、叶祖洽、虞策	洪拟、刘大中、晏敦复、吴表臣、罗汝楫、周三畏、胡沂、韩元吉、程大昌、颜师鲁、楼钥、刘德秀、朱著、陆德舆、陈垲
	京西北路安抚使	何志同	
	江浙制置使		吕颐浩
	湖南安抚使		沈舆求
	江南东路安抚大使		李光
无迁出官	遁，除名	卫仲达	丁应奎
	请归		陈显伯
	引归		王应麟
	丁母忧		刘黻
	走安南		陈仲微
	被罢		林大鼐、凌景夏、陈良祐、张磻
不详		王时雍	张杞、曾映、徐皋

表 19　宋代吏部尚书迁出官人员统计表一（元丰改制前）

机构	官职	任数	趋势
六部	吏部尚书	1	持平
三省	左仆射	2	上升
	右仆射	10	
使相	河阳三城节度使、同平章事	1	上升
	镇海军节度使、检校太尉、同平章事	1	
	集庆节度使、同平章事	1	
祠禄官	观文殿大学士、西太一宫使	1	持平
东宫官	太子少保	1	上升
	太子少师	1	

续表

机构	官职	任数	趋势
地方节度使	彰德军节度使	1	上升
	河阳三城节度使	1	
	忠武节度使	1	
其他	丁内艰	1	无法确定

表20　宋代吏部尚书迁出官人员统计表二(元丰改制后)

类别	职事官	北宋后期(人次)	南宋时期(人次)	合计
六部长贰	权吏部侍郎	0	1	1
	吏部侍郎	0	1	1
	守吏部尚书	1	0	1
	吏部尚书	4	1	5
	权兵部尚书	0	1	1
	兵部尚书	0	2	2
	兵部尚书兼权吏部尚书	0	1	1
	权户部侍郎	0	1	1
	户部侍郎	0	2	2
	户部尚书	2	1	3
	权刑部侍郎	0	1	1
	刑部尚书	0	2	2
	试礼部尚书	0	1	1
	礼部尚书	0	2	2
	工部尚书	1	1	2
	小计	8	18	26
执政官	守中书侍郎	1	0	1
	门下侍郎	1	0	1
	守尚书左丞	1	0	1
	尚书左丞	2	0	2
	守尚书右丞	1	0	1
	尚书右丞	7	0	7

续表

类别	职事官	北宋后期（人次）	南宋时期（人次）	合计
执政官	同知枢密院事	6	9	15
	权签书枢密院事	1	0	1
	签书枢密院事	0	22	22
	权同知三省枢密院事	0	1	1
	同签书枢密院事	0	10	10
	参知政事	0	10	10
	小计	20	52	72
两制官	翰林学士	3	1	4
	翰林学士承旨	3	0	3
	小计	6	1	7
诸阁学士（不含两制官）	资政殿学士	0	1	1
	敷文阁学士	0	1	1
	端明殿学士	0	1	1
	小计	0	3	3
台谏官	御史中丞	2	1	3
在京其他官	开封/临安府知府	1	1	2
	提举秘书省	0	1	1
	提领户部财用	0	2	2
	小计	1	4	5
祠禄官	提举宫观	2	21	23
地方官	地方知府	5	18	23
	地方知州	4	15	19
	京西北路安抚使	1	0	1
	江浙制置使	0	1	1
	湖南安抚使	0	1	1
	江南东路安抚大使	0	1	1
	小计	10	57	67

续表

类别	职事官	北宋后期(人次)	南宋时期(人次)	合计
无迁出官	遁,除名	1	1	2
	请归	0	1	1
	引归	0	1	1
	丁母忧	0	1	1
	走安南	0	1	1
	被罢	0	4	4
	小计	1	9	10
不详		1	3	4
合计		51	148	199

据以上统计可见宋代吏部尚书迁出官具有如下几种特征:

1. 元丰改制前

(1)总体上看,元丰改制前的北宋前期作为官阶的吏部尚书担任者迁出官大多为尚书省长官。此时吏部尚书担任者的迁出情况以尚书省左右仆射最多,达到了 12 人次;迁出官为其他机构的情况较少,六部、使相、祠禄官、东宫官、地方节度使等迁出者,共计 11 人次,分布较为平均。迁转官阶中,左右仆射之上就只有三公了,左右仆射是实际意义上的尚书省长官,尚书令一般不授予大臣。

(2)从品阶上看,此时吏部尚书担任者的迁出官品阶以右仆射为代表的从二品为主。这一时期吏部尚书迁出官品阶为从二品者达到 17 人次;从一品 3 人,正三品 2 人,还有 1 人丁内艰。而从二品中,又以右仆射最多,达 10 人次。

(3)从趋势上看,此时吏部尚书担任者迁出官官阶同吏部尚书官阶相比大多处于上升状态。20 人次的迁出官官阶都高于吏部尚书官阶,另外 2 人次迁转后的吏部尚书官阶低于迁转前的官阶,还有 1 人次丁内艰,无法讨论。

2. 元丰改制后

(1)宋代元丰改制后吏部尚书迁出官可考比例很高,北宋后期又略高于南宋时期。上表共收录宋代元丰改制后 199 任吏部尚书迁出官情况,其中北宋后期吏部尚书迁出官不详者 1 人次,南宋时期吏部尚书迁出官不详者 3 人次,其他吏部尚书担任者迁出官均可考,占这一时期吏部尚书任数的 97.99%(195:199),这表明元丰改制后绝大部分吏部尚书的迁出官可考。北宋后期为 98.04%(50:51),南宋时期为 97.97%(145:148),可考吏部尚书比例都很高,而北宋后期又略高于南宋时期。

(2)元丰改制后吏部尚书迁出官以执政官与地方官为主。这一时期吏部尚书迁出官共分为六部长贰、执政官、两制官、诸阁学士(不含两制官)、台谏官、在京其他官、祠禄官、地方官几个类别,还有无迁出官的情况,占这一时期吏部尚书总任数的比例分别为13.07%(26∶199)、36.18%(72∶199)、3.52%(7∶199)、1.51%(3∶199)、1.51%(3∶199)、2.51%(5∶199)、11.56%(23∶199)、33.67%(67∶199)、5.03%(10∶199)。其中,执政官与地方官所占迁出官比例高达69.85%(139∶199),为吏部尚书主要的迁出官;而两制官、在京其他官、祠禄官等所占迁出官比例为23.12%(46∶199),为吏部尚书次要的迁出官。

(3)吏部尚书迁出后大多晋升执政,其中北宋后期以尚书右丞为主,南宋时期以签书枢密院事为主。吏部尚书迁出官最多的是执政官,共72任,占这一时期吏部尚书迁出官总任数的36.18%(72∶199),其中北宋后期由吏部尚书迁到执政20任,南宋为52任,所占同时期比例分别是39.22%(20∶51)、35.14%(52∶148),人次在不断增加,比例也有不小的提高。北宋后期同南宋时期有一个显著的不同,就是北宋后期吏部尚书迁出官为中书侍郎、门下侍郎、尚书左丞、尚书右丞者很多,占13人次,而到了南宋时期,吏部尚书迁出官中不再有这4种职事官,出现了北宋后期吏部尚书迁出官中不曾出现的参知政事。北宋后期执政官中以尚书右丞为主,占35%(7∶20);南宋时期执政官中以签书枢密院事为主,占42.31%(22∶52)。

(4)吏部尚书迁出官为六部长贰的情况大大减少。相比吏部尚书迁入官中60.30%(120∶199)的比例,迁出官为六部长贰的情况仅占这一时期吏部尚书迁出官总任数的13.07%(26∶199)。其中,北宋后期8任,南宋时期18任,分别占同时期的15.69%(8∶51)、12.16%(18∶148)。六部长贰的分布情况较为平均,除北宋后期吏部尚书作为迁出官共4任,其他均为1到2任。

(5)吏部尚书迁出官为馆阁学士、台谏封驳官与在京其他官者均不多。吏部尚书迁出官为馆阁学士共10任,占这一时期吏部尚书迁出官总任数的5.03%(10∶199),其中两制官的翰林学士、翰林学士承旨共7任、其他学士3任。北宋后期吏部尚书迁出官共6任为两制官,南宋时期仅4任,分别占同时期迁出官任数的11.76%(6∶51)、2.70%(4∶148),南宋时期作为两制官的翰林学士仅1任。吏部尚书迁出官为台谏官与在京其他官共8任,占这一时期吏部尚书迁出官总任数的4.02%(8∶199),其中北宋后期3任,南宋时期5任,分别占同时期吏部尚书迁出任数的5.88%(3∶51)、3.38%(5∶148)。其中,台谏、封驳官中仅见御史中丞,迁入官中的给事中不再可见,在京其他官仍有京师知府,还出现了提领秘书省与提领户部财用。

（6）吏部尚书任后到地方的，几乎都为地方州府军的长官。吏部尚书迁出官为地方官情况较多，共 67 任，占 33.67%（67∶199），其中北宋后期 10 任，南宋时期 57 任，分别占同时期的 19.61%（10∶51）、38.51%（57∶148）。可见，迁出官为地方官的人次在不断增加，比例也在不断上升。两个时期的迁出地方官几乎都集中在地方知府与知州，其他情况非常少。迁出官为祠禄官共 23 任，占 11.56%（23∶199），祠禄官大部分是属于地方官的，即使仍留在京师，也是没有什么实际职务的，因此可以将其与地方官放在一起来看。北宋后期迁出官为祠禄官共 2 任，南宋为 21 任，分别占同时期的 3.92%（2∶51）、14.19%（21∶148）。

（7）无迁出官者较少，仅见走遁、除名、被罢免、引归等几种情况。无迁出官共 10 任，占这一时期吏部尚书迁出官总任数的 5.03%（10∶199），其中北宋仅有 1 任，南宋则有 9 任，分别占同时期的 1.97%（1∶51）、6.08%（9∶148）。北宋仅 1 人遁，后被除名；南宋则被罢免 4 任，其他走遁、除名、引归等情况较为平均，均为 1 任。

（二）吏部尚书迁出官分析

1. 元丰改制前

（1）北宋前期，吏部尚书官阶已经很高，宰相向上再迁转仅有尚书省左右仆射和三师三公，其他官员向上迁转也仅有东宫三公与三师三公。这意味着吏部尚书阶的官员，只要不是致仕或被贬黜，其迁出官阶都是要高于吏部尚书阶的。左右仆射是紧挨着吏部尚书阶的，因此迁出官中左右仆射所占比重最大，达 12 任。特别是右仆射，资序仅比吏部尚书阶高一阶，官员官阶达到吏部尚书后，即可迁往右仆射，迁出官中右仆射也因此以 10 任占据了元丰改制前的主要部分。

（2）从迁出官机构来看，尚书省、使相、东宫、地方节度使、祠禄官等机构及官员都有吏部尚书迁出的情况。吏部尚书按照机构来分，是属于尚书省的，因此在迁出时，似乎也遵循了这个规律，大多仍然隶属于尚书省。东宫官在迁入官时并不可见，迁出官时出现两例：一是赵槩，“以观文殿学士、吏部尚书知徐州。明年，以太子少师致仕”；[①]另一是王拱辰，“积官至吏部尚书。神宗登极，恩当转仆射，欧阳修以为此宰相官，不应序进，但迁太子少保”[②]。本来，宋神宗打算迁王拱辰为右仆射的，但是被欧阳修驳论后，授予王拱辰太子少保。

（3）从品阶上看，此时吏部尚书担任者的迁出官品阶以从二品为主，达到

① （宋）王称撰，孙言诚、崔国光点校：《东都事略》卷 71《赵槩传》，齐鲁书社 2000 年版，第 592 页。
② （元）脱脱等：《宋史》卷 318《王拱辰传》，中华书局 1977 年版，第 10361 页。

17人次。吏部尚书在北宋前期品阶为正三品，官员在官阶达到吏部尚书后，只要不是致仕或是被贬谪，其迁出官阶都高于吏部尚书阶，因此迁转之后就至少到了从二品。吏部尚书阶和吏部尚书以上的官阶，都需要特旨才能够实现，特别是三师三公一般不轻易授人，能够在吏部尚书阶之后迁转到左、右仆射已经不是易事。由此，迁出官阶集中在从二品、保持正三品没有改变的，为张昭和吴充。"显德元年，迁兵部尚书……宋初，拜吏部尚书……遂三拜章告老，以本官致仕，改封陈国公"，①以吏部尚书致仕，张昭的迁出官也就定格在了吏部尚书，因此品阶仍然停留在了正三品；吴充则是官阶达到吏部尚书后由相位"数遭同列困毁，素病瘤，积忧畏，疾益侵。元丰三年（1080）三月，舆归第，罢为观文殿大学士、西太一宫使"，②可见吴充是由于身体状况不好而被罢相，不过宋神宗并没有降低他的官阶，仍为正三品阶，只不过让他担任了没有实际职务的祠禄官罢了。因此，这二人的迁出官阶都停留在了正三品。还有3任吏部尚书迁出官为使相，即文彦博1任、陈执中2任。文彦博与陈执中均当过宰相，而且时间还不间断，文彦博是四朝重臣，陈执中也是深得宋仁宗喜爱，他们二人官阶能够达到从一品也就不足为奇了。

2. 元丰改制后

（1）元丰改制后的吏部尚书迁出官同迁入官有不少相同之处，也大致有六部长贰、馆阁学士、台谏官、在京其他官、地方官等，与迁入官不同的是增加了执政官与祠禄官。这其中又以执政官与地方官最多，执政官的地位高于吏部尚书，而地方官大多情况下地位低于吏部尚书。跻身到执政官的行列，自然是得到了升迁；而出知地方，则大多是遭到贬谪或者其他原因。当然，其中执政官的比重是最大的，可见吏部尚书任后得到升迁者居多。

（2）执政官作为吏部尚书的迁出官在所有迁出官类别当中是最多的，占元丰改制后吏部尚书迁出总任数的近四成。北宋后期有不少吏部尚书迁出官为中书侍郎、门下侍郎、尚书左丞、尚书右丞，而到了南宋却不再有。这是因为这4种官职在北宋后期为执政，南宋则对官职进行了部分的改变，这4种官职不再是执政官，因此执政官中也就不可见了。同样，北宋后期参知政事被取消，南宋时期恢复，故而南宋时期吏部尚书迁出官中存在参知政事。执政官所占比例最高，反映了宋代许多吏部尚书担任者在任后都得到了升迁。其中北宋后期迁出的执政官中以尚书右丞最多，根据笔者对北宋后期中书侍郎、门下侍郎、尚书左丞、尚书右丞的考察，认为前两个官职地位是要高于后者的，又宋代官制左比右

① （元）脱脱等：《宋史》卷263《张昭传》，中华书局1977年版，第9091页。

② （元）脱脱等：《宋史》卷312《吴充传》，中华书局1977年版，第10240页。

尊，尚书右丞班位是在尚书左丞之下的，因此吏部尚书担任者迁入执政的行列时，最有可能迁入的就是尚书右丞。南宋时期迁出的执政官中以签书枢密院事为主，签书枢密院事为枢密院副贰，协理枢密院事，班位次于同知枢密院事，自然也次于知枢密院事。“枢密使、副使、知院事、同知院事、签书、同签书之别，虽品秩有高下，然均称为枢密。”[①]从《文献通考》这则史料可以看出，枢密使、枢密副使、知院事、同知院事、签书、同签书虽然都被称为枢密，但是他们还是有些不同的，品秩从前向后是逐渐降低的。因此，在所有的迁出执政官中，签书枢密院事仅高于同签书枢密院事，处于较低的执政官行列当中。这就延续了北宋后期的规律，即吏部尚书任后迁出为较低的执政官。

（3）吏部尚书迁入官中，绝大多数为六部长贰，然而到了迁出官时，六部长贰的数量大大减少，从六成跌落到了一成多。吏部尚书资序在六部长贰中居首位，按照正常迁转，吏部尚书任后不应当还停留在六部的长贰中。但是，以下几种情况的出现，使得迁出官仍然为六部长贰成为可能：一是以吏部尚书卒于任上，如北宋后期的曾孝宽，元祐五年（1090）八月甲辰，“资政殿学士、中大夫、守吏部尚书曾孝宽卒”；[②]又如徐铎，“进吏部尚书，卒”。[③] 二是以六部他官兼或兼权吏部尚书，之后不再兼或兼权吏部尚书，如南宋时期的晏敦复，绍兴五年（1135）四月二十三日，“权吏部侍郎兼权尚书晏敦复等言事”[④]，到了绍兴六年（1136）正月二十七日，“权吏部侍郎晏敦复言事”，[⑤]足见晏敦复是由权吏部侍郎兼权吏部尚书，之后不再兼权吏部尚书；又如叶义问，绍兴二十九年（1159）七月己丑，“权尚书吏部侍郎、兼史馆修撰、兼侍讲叶义问兼权吏部尚书”；[⑥]绍兴三十年（1160）正月丙申，“尚书吏部侍郎、同修国史、兼侍读叶义问同知枢密院事”，[⑦]而绍兴二十九年（1159）十二月，张焘已经试吏部尚书，叶义问当在此之前不再兼权吏部尚书。三是以他官除吏部尚书或者兼权吏部尚书，而本官较

① （宋）马端临：《文献通考》卷58《职官考一二・签书枢密院同签书院事》，中华书局2011年版，第1720页。

② （宋）李焘：《续资治通鉴长编》卷446，元祐五年八月甲辰，中华书局2004年版，第10741页。

③ （元）脱脱等：《宋史》卷329《徐铎传》，中华书局1977年版，第10607页。

④ （清）徐松辑，刘琳、刁忠民等校点：《宋会要辑稿・选举》2之15，上海古籍出版社2014年版，第5273页。

⑤ （清）徐松辑，刘琳、刁忠民等校点：《宋会要辑稿・选举》24之20，上海古籍出版社2014年版，第5712页。

⑥ （宋）李心传撰，胡坤点校：《建炎以来系年要录》卷183，绍兴二十九年七月己丑，中华书局2013年版，第3518页。

⑦ （宋）李心传撰，胡坤点校：《建炎以来系年要录》卷184，绍兴三十年正月丙申，中华书局2013年版，第3550页。

低，迁出后仍然停留在六部长贰之中，如蔡洸，“以户部侍郎召，试吏部尚书，移户部”，[①]本来是户部副贰，虽试吏部尚书，毕竟本官较低，之后迁户部尚书；又如许应龙，“试吏部侍郎，升侍读，权兵部尚书……兼吏部尚书，差同知贡举……除兵部尚书”，[②]由权兵部尚书兼权吏部尚书，迁出时为兵部尚书，仍然停留在了六部长贰的范围内。因此，吏部尚书的迁出官中仍然有六部长贰，并且占据一定的比例。

（4）吏部尚书迁出官为馆阁学士共10任，并且主要集中在翰林学士、翰林学士承旨。这些吏部尚书的担任者大多在任前就担任过翰林学士或者他们本身就是进士出身，具有相应的文学修养。比如苏轼，元祐六年（1091）二月癸巳，“龙图阁学士、吏部尚书苏轼为翰林学士承旨”。[③] 苏轼是大家耳熟能详的人物，他在文学方面的造诣登峰造极，而且元祐元年（1086）九月癸未，“翰林学士苏轼言事”，[④]任吏部尚书之前就担任过翰林学士。又如南宋时期的程珌，“绍熙四年登进士第……宝庆改元，十月除试礼部尚书。以身兼二制，力辞西掖。得请，仍兼直学士院、兼侍读，升兼修国史、实录院修撰……（宝庆）二年正月，上御经筵，命公再知贡举。八月，兼权吏部尚书。十月，除翰林学士、知制诰、兼修玉牒官，仍兼侍读”。[⑤] 程珌吏部尚书任前即身兼二制，可见其之前就担任过吏部尚书，同苏轼类似。再看林希，“哲宗亲政，留为中书舍人……迁礼部尚书、移吏部、翰林学士，拜同知枢密院事”，[⑥]他吏部尚书任前没有担任过翰林学士，但是林希是嘉祐二年（1057）的进士，而且能够担任中书舍人，也足见其文学修养还是比较高的。其他迁出的馆阁学士，都是致仕官，或者迁出官仅可见其学士贴职。

（5）吏部尚书迁出官为台谏官3任，在京其他官5任，所占比重都不高。台谏官中，只有御史中丞。这三人要么是皇帝信任之人，要么是立功之后，被授予御史中丞。苏辙，“权吏部尚书。使契丹，馆客者侍读学士王师儒能诵洵、轼之文及辙《茯苓赋》，恨不得见全集。使还，为御史中丞”。[⑦] 苏辙出使契丹立功，

① （元）脱脱等：《宋史》卷390《蔡洸传》，中华书局1977年版，第11956页。

② （宋）赵汝腾：《庸斋集》卷6《资政许枢密神道碑》，文渊阁四库全书影印本第1181册，台湾商务印书馆1986年版，第295页。

③ （宋）李焘：《续资治通鉴长编》卷455，元祐六年二月癸巳，中华书局2004年版，第10902页。

④ （宋）李焘：《续资治通鉴长编》卷388，元祐元年九月癸未，中华书局2004年版，第9444页。

⑤ （明）程敏政辑：《新安文献志》卷94下《程公行状》，文渊阁四库全书影印本第1376册，台湾商务印书馆1986年版，第570、576页。

⑥ （宋）王称撰，孙言诚、崔国光点校：《东都事略》卷97《林希传》，齐鲁书社2000年版，第829—830页。

⑦ （元）脱脱等：《宋史》卷339《苏辙传》，中华书局1977年版，第10828—10829页。

之后便转入御史中丞。邢恕，绍圣四年（1097）十月壬寅，"御批权吏部尚书兼侍读邢恕为御史中丞"。[①] 宋哲宗御旨特批邢恕在权吏部尚书之后迁转为御史中丞。卫泾，开禧元年（1205）"得旨入朝，明年除中书舍人兼直学士院。应诏论北伐，非计不听。三年，自吏部尚书拜御史中丞"。[②] 卫泾是淳熙十一年（1184）的状元，吏部尚书之后拜御史中丞应当也是宋宁宗对他的信任。在京其他官中，王震与赵與懽均为京师知府，而其他提领秘书省、提领户部财用，都是相当重要的职事官。

（6）吏部尚书迁出官中地方官的比重也很大，共67任，仅次于执政官的任数。迁出地方官主要集中在地方知府、知州，其他安抚使、制置使等均兼有当地的长官，也可以并入地方知府、知州来考察。地方知府23任稍多于地方知州的19任，南宋总体上都多于北宋。吏部尚书任后出知地方有以下几种原因：一是被弹劾，出知地方。如北宋后期的李清臣，元祐八年（1093）五月己卯，"新除吏部尚书李清臣为资政殿学士、知真定府。以权给事中姚勔论清臣不当召用故也"，[③]即是由于被给事中弹劾而出知地方。南宋的洪拟也是如此，绍兴元年（1131）十月壬申，"吏部尚书洪拟罢为龙图阁直学士、知温州"，[④]出知地方。二是官员主动请求外任。如晏敦复，绍兴九年（1139）四月癸丑，"权吏部尚书晏敦复充宝文阁直学士知衢州，从所请也"，[⑤]即是主动请求外任，出知地方。三是官员由于父母年老而请外。如罗汝楫，绍兴十四年（1144）八月丁酉，"吏部尚书罗汝楫为龙图学士、知严州，以汝楫引亲年有请也"，[⑥]即是如此。四是官员由于个人身体状况不好而请外。如刘大中，绍兴六年（1136）十二月己未，"兵部尚书兼权吏、礼部尚书刘大中充龙图阁直学士、知处州，免朝辞。赵鼎既罢政，大中引疾求去位，疏再上，乃命出守"[⑦]，就是因为身体原因出知地方。迁出官为祠禄官共23任，情况同出知地方的吏部尚书很接近，总体上也是以上原因而提举

① （宋）李焘：《续资治通鉴长编》卷492，绍圣四年十月壬寅，中华书局2004年版，第11688页。

② （明）林世远、王鏊等纂修：《（正德）姑苏志》下卷51《卫泾传》，北京图书馆古籍珍本丛刊第26册，书目文献出版社1987年版，第795页。

③ （宋）李焘：《续资治通鉴长编》卷484，元祐八年五月己卯，中华书局2004年版，第11493页。

④ （宋）李心传撰，胡坤点校：《建炎以来系年要录》卷48，绍兴元年十一月壬申，中华书局2013年版，第1007页。

⑤ （宋）李心传撰，胡坤点校：《建炎以来系年要录》卷127，绍兴九年四月癸丑，中华书局2013年版，第2401页。

⑥ （宋）李心传撰，胡坤点校：《建炎以来系年要录》卷152，绍兴十四年八月丁酉，中华书局2013年版，第2872页。

⑦ （宋）李心传撰，胡坤点校：《建炎以来系年要录》卷107，绍兴六年十二月己未，中华书局2013年版，第2018页。

宫观。

(7)吏部尚书任后无迁出官共10任。北宋后期有1任吏部尚书任后遁,从而被除名,即卫仲达,"靖康初为礼部尚书,寇至而遁,坐除名均州居住"。[①] 南宋共9任,并且都发生在南宋末期,由于与蒙(元)的战争,导致出现了不少突发情况。因遁而除名的丁应奎,德祐元年(1275)十二月庚申,"权吏部尚书丁应奎、左侍郎徐宗仁遁";[②]有主动请老的陈显伯,宝祐四年(1256)"同知贡举,是科文天祥、谢枋得、陆秀夫等皆公所取士也。本年以老归田";[③]有由于宋亡而出走他国的陈仲微,"拜吏部尚书、给事中。厓山兵败,走安南。越四年卒"。[④] 可以说,没有迁出官的吏部尚书与宋代政局的变动有很大关系。

(三)吏部尚书迁出官与唐代的异同

(1)唐代吏部尚书迁出官机构按人次从多到少排序依次为"宰相机构、地方官属、尚书省、东宫官属",[⑤]是吏部尚书迁出官的主要途径。宋代元丰改制后吏部尚书迁出官主要为执政官与地方官,达到了七成的比例。唐代吏部尚书迁出官中有不少宰相,宋代吏部尚书迁出官最高为副相,没有宰相。同样,宋代吏部尚书迁出官中有诸阁学士与祠禄官,唐代则没有。

(2)唐代吏部尚书迁出官中有不少宰相,其迁出官中有中书令、侍中等,然而在宋代,这些官职从来就没有实授过。唐代"后期大量出现迁转为门下侍郎加平章事者,这反映了前后期宰相制度的变化"。[⑥] 宋代也延续了这一制度,在北宋前期一直为官员带平章事或同平章事者方为宰相,直到元丰改制才改为左仆射兼门下侍郎、右仆射兼中书侍郎为宰相。同唐代不同的是,宋代有大量的吏部尚书在任后迁入了执政,其中也包括副宰相。这一不同在迁入官时就已经埋下伏笔,唐代吏部尚书迁入官不少是宰相,或者说是以宰相身份兼吏部尚书,当其不再兼任吏部尚书之后,自然还是宰相;宋代则不同,以宰相身份兼吏部尚书的情况不可见,吏部尚书担任者仕履中确有做到宰相或者任前为宰相的,但没有一例是宰相在位期间兼任吏部尚书的。宋代的执政官变得很灵活,既有北宋后期独有的中书侍郎、门下侍郎、尚书左丞、尚书右丞,又有参知政事、枢密

---

① (宋)李心传撰,胡坤点校:《建炎以来系年要录》卷59,绍兴二年十月戊子,中华书局2013年版,第1181页。

② (元)脱脱等:《宋史》卷47《瀛国公纪》,中华书局1977年版,第936页。

③ (清)王世臣、(清)林乔蕃纂,(清)王楠修:《(康熙)罗源县志》卷7《陈显伯传》,中国地方志集成·福建府县志辑,上海书店2000年版,第300页。

④ (元)脱脱等:《宋史》卷422《陈仲微传》,中华书局1977年版,第12620页。

⑤ 董劭伟:《唐代吏部尚书研究》,中国社会科学出版社2012年版,第257页。

⑥ 董劭伟:《唐代吏部尚书研究》,中国社会科学出版社2012年版,第257页。

使、枢密副使、知枢密院事、同知枢密院事、签书枢密院事、同签书枢密院事等，同唐代相比变得多样，这样一来吏部尚书迁入执政时的任命选择就比较多样化。另外，执政类别的众多，也在很大程度上导致吏部尚书在迁出时需要执政官的过渡，而不能直接步入到宰相的行列。

(3)唐代吏部尚书迁出官出知地方的情况同宋代有很大不同。唐代，“前中期以刺史为主，后期则以节度使为主”，[①]而宋代吏部尚书迁出官出知地方则几乎都是出任地方知府或者知州，出为刺史或节度使不可见。唐代刺史与节度使为地方实际长官，他们往往还拥有较大的权力，宋代则发生了很大变化，刺史、节度使更多时候变成了武将迁转的高级官阶，更大程度上成为地位的象征，同时也可以领取丰厚的俸禄，不再真正是一地的长官，知府、知州、同判、通判成为地方真正的长官。唐代吏部尚书被贬谪后，甚至为某州别驾、司户参军等；这种情况在宋代也不复存在，宋代吏部尚书即使被贬谪，至少也会被授予一祠禄官，虽没有实权，但尚有俸禄可以领取。特别是祠禄官，在唐代吏部尚书迁出官中无，宋代有不少吏部尚书迁出后为祠禄官。可以说，祠禄官如同迁入官时一样，是宋代吏部尚书迁转前后所特有的。从这个方面来看，宋代对高级文官的待遇是要优于唐代的，至少在吏部尚书这个层面上如此。而且，考察宋代吏部尚书任后出知地方的情况可以发现，诸多吏部尚书任后出知的大多是地方上较为重要的州府，如颍昌府、成都府、绍兴府、平江府、定州、济州、温州，等等。出知这些重要的州府长官，足见宋代对地方的重视，刚刚担任过吏部尚书重任的官员管理某个州府，一般来说会比普通官员管理得更好、更有政绩。

(4)唐宋吏部尚书任后迁入尚书省的情况有相似之处，但也有所不同。唐代“中期则有进迁为左右仆射者，以右仆射为主，显示吏部尚书至右仆射的循阶递进”。[②] 这一情况在宋代元丰改制前同样如此，不过此时吏部尚书是作为官阶存在的；而到了元丰改制后，吏部尚书迁出官却无一例左右仆射者。也就是说，吏部尚书在元丰改制后作为职事官，迁转的时候更多的是侧重其实际任职的能力，特别有能力者一般会升入执政的行列，或者出知某个非常需要强力长官的州府。迁出官仍为六部长贰的情况在唐代也存在，不过都是六部尚书，没有副贰，这与宋代也是不同的。宋代迁出官为六部副贰的情况还不少，这与宋代特别是南宋时期大量出现的兼官有很大关系。以较低的职事官兼/兼权吏部尚书，其迁出时的职事官一般来说虽有升迁，但还是比较低的。因此，宋代不少吏

① 董劭伟：《唐代吏部尚书研究》，中国社会科学出版社 2012 年版，第 258 页。
② 董劭伟：《唐代吏部尚书研究》，中国社会科学出版社 2012 年版，第 258 页。

部尚书担任者迁出官竟然仍是六部副贰。

(5)东宫官属方面,唐代前期"不见一人……东宫官属自唐中期开始趋于闲散,更多的是作为散秩或加官存在"。[①] 北宋元丰改制前也有吏部尚书迁出为东宫官属的情况,但是其毕竟是作为官阶的吏部尚书的迁转情况,元丰改制后的吏部尚书迁出官不见一例迁出官为东宫官属者。换言之,太子东宫的太子少傅、太子少师、太子少保、太子太师、太子太傅、太子太保等,一般来说都不轻易授人。吏部尚书担任者任后升迁者,也最多升入参知政事等副相职位,品阶既高又具有特殊象征意义的上述官职,一般是不会授予普通官员的,尽管吏部尚书职务已经非常重要。诚然,元丰改制后的吏部尚书在仕履中也有上述官职的担任者,但是毕竟还需要更多的履历。

(6)唐代吏部尚书没有迁出官的情况,大致有免官与被杀;到了宋代,由于王朝变更而导致没有迁出官的情况大大增加。被罢免而没有迁出官的情况在宋代仍然存在,虽然不少官员在之后的某个时间又重新起复他官。直接在吏部尚书任上被杀的情况宋代无,唐代有4任吏部尚书在位时被诛杀。宋代建国后,自宋太祖即位后就立下誓约:"誓不杀大臣及言事官,违者不祥。"[②]故优礼士大夫成为宋代的传统,继体之君,也都以师法祖宗为宗旨,尽管宋高宗朝诛杀了陈东和欧阳澈,其他总的来说,历代都遵循了这个制度,因此宋代吏部尚书并没有在任上被诛杀的情况。

三、宋代吏部尚书的兼官

(一)吏部尚书的兼官及其特征

北宋元丰改制前,吏部尚书为官阶,不领吏部事,而担任其他差遣。元丰改制前官阶为吏部尚书的官员虽然也有很多差遣,而且不少官阶为吏部尚书的官员身兼数职,但是相对于吏部尚书这一官阶而言,他们所担任的差遣与本身的官阶根本不是同一类别,不存在兼官的情况。元丰改制后,吏部尚书成为职事官,恢复实际职务,兼任的其他职事官与吏部尚书为同一类别,属于平行的结构,官员在发挥吏部尚书职能的同时,还兼有其他的职能。对吏部尚书兼官的考察有助于进一步了解吏部尚书的诸方面。

---

① 董劭伟:《唐代吏部尚书研究》,中国社会科学出版社2012年版,第258页。

② (宋)李心传撰,胡坤点校:《建炎以来系年要录》卷4,建炎元年四月丁亥,中华书局2013年版,第128页。

本节在考察吏部尚书兼官时，将分为两个时期进行探讨：元丰改制到靖康二年的北宋后期（1082—1127）、南宋时期（1127—1279）。从附表1宋代吏部尚书迁入迁出官、兼官原始史料与出处表及考证，可以将宋代吏部尚书兼官情况做表21如下。需要说明的是，本表中吏部尚书的姓名是按照任期先后顺序排列的，两次或者三次担任吏部尚书的官员全部分开统计在内，因为他们在不同任上的时候兼官是不同的，全部分开统计比较清晰。吏部尚书的任职方式并不完全一致，有试吏部尚书、权吏部尚书、以他官兼吏部尚书等诸多方式，不同的任职方式体现了该官员寄禄官阶的高低状况，也体现了不同时期官员的任职特点，因此所有吏部尚书凡是能够探讨其任职方式者，均进行标注，以括号的方式备注在姓名之后。由于宋代以他官兼或兼权吏部尚书的情况很多，本节对此类官员考察其兼或兼权吏部尚书时兼任的其他官职。另外，贴职中许多都是虚职，是为了提高官员的地位、待遇等，不是实际职务，严格意义上讲不属于兼官。不过，鉴于有些吏部尚书的贴职拥有实职，而且对吏部尚书贴职的考察也具有一定意义，毕竟贴职在吏部尚书迁转中是有一定影响的，故本节在考察吏部尚书兼官时，贴职也考察在内。

表21　宋代吏部尚书兼官一览表（史料与出处参见附表1）

姓名	兼官
北宋后期	
李清臣	翰林学士
曾孝宽	端明殿学士、册立皇太子礼仪使
吕大防	翰林学士
范纯仁	侍读、侍讲
孙永	端明殿学士
苏颂	侍读
许将	以翰林学士兼吏部尚书
曾孝宽	资政殿学士
苏辙	以翰林学士兼吏部尚书、贺辽国生辰使
邓润甫	无
傅尧俞	侍读
苏轼	龙图阁学士
王存	资政殿学士、纳吉使

续表

姓名	兼官
胡宗愈	资政殿学士
李清臣	资政殿学士
彭汝砺	集贤殿修撰
林希	无
王震	无
许将	侍读
黄履	无
邢恕	侍读
叶祖洽	无
韩忠彦	资政殿大学士
陆佃	集贤殿修撰、太后山陵礼仪使
温益	侍读、权发遣开封府
赵挺之	侍读、兼修国史、编修国朝会要
何执中	侍读
徐铎	无
虞策	枢密直学士
朱谔	侍读
时彦	无
林摅	侍读、实录院修撰
余深	侍读、知贡举
管师仁	无
刘拯	无
王襄	详定一司敕令
张克公	侍讲、侍读、兼修国史、知贡举
许光凝	无
蒋猷	不详(应当有不少,但不可见)
宇文粹中	无
王孝迪	侍讲、兼修国史

续表

姓名	兼官
何志同	无
唐恪	龙图阁待制
卢法原	无
李棁	无
唐恪	延康殿学士
卫仲达	无
梅执礼	无
莫俦	侍讲、翰林学士
王时雍	无
谢克家	无
南宋时期	
路允迪	资政殿学士
周武仲	侍读
吕颐浩	无
刘珏	无
卢法原	徽猷阁直学士
洪拟	无
胡直孺	以兵部尚书兼权吏部尚书,侍读
李光	淮西招抚使、神武前军统制
权邦彦	兵部尚书兼吏部尚书、侍读
洪拟	无
沈与求	兼权翰林学士
席益	(先试后除)工部尚书兼权吏部尚书、侍讲
洪拟	以礼部尚书兼权吏部尚书
郑滋	试吏部侍郎兼权吏部尚书
胡松年	侍读、侍讲
沈与求	兼权翰林学士、侍读
晏敦复	权吏部侍郎兼权吏部尚书

续表

姓名	兼官
孙近	侍读、侍讲、兼权翰林学士
刘大中	兵部尚书兼权吏部尚书,兼权礼部尚书、侍讲
孙近	侍读、兼史馆修撰
张焘	兵部侍郎兼权吏部尚书、史馆修撰
李光	无
晏敦复	江、淮等路经制使
吴表臣	侍读、资善堂翊善、权直学士院
罗汝楫	侍讲、侍读、桥道遁递使、仪仗使、金国报谢使
周三畏	刑部尚书兼权吏部尚书
张杞	无
林大鼐	侍讲
董德元	无
张纲	吏部侍郎兼权吏部尚书、兼权工部侍郎、侍讲、侍读
刘才邵	工部侍郎兼权吏部尚书、权直学士院
陈康伯	侍读
王师心	侍读
贺允中	实录院修撰、侍讲、侍读、同修国史
叶义问	权吏部侍郎兼权吏部尚书、兼史馆修撰、侍讲、侍读、同修国史、按行攒宫使
张焘	端明殿学士、侍读
周麟之	翰林学士兼权吏部尚书、兼修国史、侍读
洪遵	翰林学士兼权吏部尚书
徐嘉	户部侍郎兼权吏部尚书
汪应辰	权吏部侍郎兼权吏部尚书
何溥	翰林学士兼权吏部尚书、侍讲、侍读
凌景夏	吏部侍郎兼权吏部尚书
金安节	吏部侍郎兼权吏部尚书、侍读
叶颙	吏部侍郎兼权吏部尚书、兼权给事中
魏杞	给事中兼权吏部尚书、侍讲、太子詹事

续表

姓名	兼官
陈之茂	吏部侍郎兼权吏部尚书
陈俊卿	无
周执羔	礼部尚书兼吏部尚书、侍读
汪应辰	侍读、兼权翰林学士、知贡举、史馆检讨
陈良祐	无
胡沂	吏部侍郎兼权吏部尚书
汪大猷	权吏部侍郎兼权吏部尚书
王之奇	先后以权吏部侍郎、试吏部侍郎、吏部侍郎兼权吏部尚书
张津	试吏部侍郎兼权吏部尚书、提领左藏南库
李彦颖	权礼部侍郎兼吏部侍郎兼权吏部尚书、太子詹事、接送金贺正使、侍读
胡沂	太子詹事
龚茂良	礼部侍郎兼权吏部尚书
留正	给事中兼权吏部尚书
蔡洸	无
韩元吉	无
程大昌	吏部侍郎兼权吏部尚书、兼修国史
周必大	翰林学士承旨、同修国史
王希吕	侍读、知贡举、兼修国史
郑丙	同修国史、侍读、兼修国史
萧燧	权刑部尚书兼权吏部尚书，后正除；侍讲、侍读、按行使
颜师鲁	侍讲
郑侨	实录院同修撰、实录院修撰、侍读
赵汝愚	侍读、知贡举
余端礼	焕章阁直学士
罗点	权兵部尚书兼权吏部尚书
郑侨	实录院修撰、侍读
楼钥	兼修国史
叶翥	国史院编修官、实录院修撰、侍读、知贡举

续表

姓名	兼官
许及之	给事中、侍读、兼修玉牒
傅伯寿	翰林学士兼吏部尚书,实录院修撰
刘德秀	实录院修撰
袁说友	侍读、崇陵覆按使
张釜	礼部尚书兼吏部尚书,兼侍读
袁说友	侍读、实录院修撰、兼修国史
费士寅	同修国史、侍中奉宝取宝授奉册宝副使、给事中
钱象祖	无
黄由	权礼部尚书兼权吏部尚书,兼实录院同修撰、侍读、知贡举
刘德秀	龙图阁学士
颜棫	直学士院
丁常任	无
杨炳	先以吏部侍郎兼权吏部尚书,后权吏部尚书,同修国史、实录院同修撰、桥道遁递使
卫泾	无
陆峻	同修国史、修国史、同实录院修撰、实录院修撰、给事中
林大中	无
楼钥	翰林学士、侍读、兼修国史、实录院修撰、知贡举
宇文绍节	宝文阁学士
曾映	兼修国史、实录院修撰、太子詹事
张伯垓	先以吏部侍郎兼权吏部尚书,后除吏部尚书
汪逵	同修国史、实录院同修撰、修国史、实录院修撰、太子詹事
李大性	以兵部尚书兼权吏部尚书,后除吏部尚书,兼详定敕令官、明堂大礼卤簿使
任希夷	无
徐应龙	侍读
薛极	试户部尚书兼权吏部尚书、兼权户部尚书、详定敕令官、桥道遁递使
程珌	礼部尚书兼权吏部尚书,兼直学士院、侍读、兼修国史、实录院修撰
朱著	兼修国史、实录院修撰、侍读

续表

姓名	兼官
陆德舆	兼修国史、实录院修撰、侍读
杨烨	户部尚书、礼顿使
崔舆之	无
陈卓	侍读、给事中
李埴	给事中、兼修国史、实录院修撰
魏了翁	礼部尚书兼吏部尚书，兼直学士院、同修国史、侍读
李鸣复	先是以权工部尚书兼权吏部尚书，后又以权刑部尚书兼权吏部尚书
余天锡	给事中、侍读
许应龙	权兵部尚书兼吏部尚书
许应龙	兵部尚书兼吏部尚书，兼给事中
游似	给事中、兼修国史、实录院修撰、侍读
袁甫	权兵部尚书暂兼吏部尚书
赵与懽	先以户部尚书兼权吏部尚书，后除吏部尚书
赵彦椷	先以兵部侍郎兼权吏部尚书，后权吏部尚书，兼给事中
吴潜	先由工部尚书兼吏部尚书，后除吏部尚书，兼知临安府、侍读
徐荣叟	权礼部尚书兼权吏部尚书
高定子	以翰林学士兼吏部尚书，兼知制诰、兼修国史、实录院修撰
金渊	给事中、知贡举
杜杲	以刑部尚书兼吏部尚书
钱相	无
赵与篙	先是权户部尚书暂兼吏部尚书，后为真吏部尚书，又兼户部尚书，兼知临安府、时暂兼浙西提举常平
赵以夫	由权刑部尚书兼权吏部尚书，兼侍读、兼修玉牒
史宅之	无
赵以夫	侍讲、兼修玉牒
徐清叟	无
赵性夫	无
张磻	权兵部尚书暂兼权吏部尚书

续表

姓名	兼官
陈垲	由户部尚书暂兼吏部尚书
颜颐仲	无
蔡抗	由工部侍郎兼权吏部尚书,暂兼礼部侍郎
陈显伯	以礼部侍郎兼权吏部尚书、知贡举,后除吏部尚书,兼端明殿大学士
徐桌	由户部侍郎暂兼权吏部尚书,后除吏部尚书
饶虎臣	由礼部侍郎暂通摄吏部尚书,兼权侍右侍郎、兼同修国史、实录院同修撰
江万里	无
王爚	无
叶梦鼎	权兵部尚书兼权吏部尚书
叶梦鼎	无
陈昉	无
常挺	无
洪焘	无
程垲	无
章鉴	无
陈宜中	刑部尚书兼权吏部尚书
刘黻	工部尚书、中书舍人、兼修玉牒、侍读
常楙	无
王应麟	礼部尚书兼摄吏部尚书、给事中
丁应奎	无
陈仲微	给事中

表 22 宋代吏部尚书兼官统计表

类别/部门	职事官	北宋后期	南宋时期	合计
经筵官	侍读	12	45	57
	侍讲	4	14	18
	小计	16	59	75
修史官	集贤殿修撰	2	0	2
	兼修国史	3	16	19

续表

类别/部门	职事官	北宋后期	南宋时期	合计
修史官	同修国史	0	10	10
	国史院编修官	0	1	1
	编修国朝会要	1	0	1
	实录院修撰	1	17	18
	同实录院修撰	0	5	5
	史馆修撰	0	3	3
	史馆检讨	0	1	1
	小计	7	53	60
诸阁学士	资政殿学士	4	1	5
	资政殿大学士	1	0	1
	端明殿学士	2	1	3
	端明殿大学士	0	1	1
	延康殿学士	1	0	1
	龙图阁学士	1	1	2
	宝文阁学士	0	1	1
	徽猷阁直学士	0	1	1
	焕章阁直学士	0	1	1
	枢密直学士	1	0	1
	小计	10	7	17
六部	权户部尚书	0	1	1
	户部尚书	0	2	2
	权礼部尚书	0	1	1
	工部尚书	0	1	1
	权工部侍郎	0	1	1
	礼部侍郎	0	1	1
	权吏部侍郎	0	1	1
	知贡举	2	8	10
	小计	2	16	18

续表

类别/部门	职事官	北宋后期	南宋时期	合计
临时性礼仪官	纳吉使	1	0	1
	贺辽国生辰使	1	0	1
	金国报谢使	0	1	1
	接送金贺正使	0	1	1
	太后山陵礼仪使	1	0	1
	桥道顿递使	0	3	3
	仪仗使	0	1	1
	按行使	0	1	1
	崇陵覆按使	0	1	1
	礼顿使	0	1	1
	册立皇太子礼仪使	1	0	1
	按行攒宫使	0	1	1
	侍中奉宝取宝授奉册宝副使	0	1	1
	明堂大礼卤簿使	0	1	1
	小计	4	12	16
两制官	翰林学士	3	1	4
	权翰林学士	0	4	4
	翰林学士承旨	0	1	1
	权直学士院	0	2	2
	直学士院	0	3	3
	中书舍人	0	1	1
	知制诰	0	1	1
	小计	3	13	16
门下省	权给事中	0	1	1
	给事中	0	12	12
	小计	0	13	13
地方官	权发遣开封府	1	0	1
	知临安府	0	2	2

续表

类别/部门	职事官	北宋后期	南宋时期	合计
地方官	淮西招抚使	0	1	1
	神武前军统制	0	1	1
	江、淮等路经制使	0	1	1
	浙西提举常平	0	1	1
	小计	1	6	7
东宫官	太子詹事	0	5	5
	资善堂翊善	0	1	1
	小计	0	6	6
中书门下附属官	详定一司敕令	1	0	1
	详定敕令官	0	2	2
	小计	1	2	3
九寺五监门	修玉牒	0	4	4
三省附属官	提领左藏南库	0	1	1
合计		44	191	235

根据宋代吏部尚书担任兼官的类别和次数，归纳出其兼官具有如下特征：

（1）宋代吏部尚书任职期间兼官比例较高，南宋时期又高于北宋后期。上表共统计宋代元丰改制后199任吏部尚书兼官情况，199任吏部尚书中共153人次吏部尚书任职期间拥有兼官，占元丰改制后吏部尚书总人次的76.88%（153∶199）。北宋后期51任吏部尚书中32任吏部尚书拥有兼官，其中蒋猷的确拥有兼官但具体不详，其他19任吏部尚书无兼官，拥有兼官的吏部尚书人次占北宋后期吏部尚书总人次的62.75%（32∶51）。南宋时期148任吏部尚书中121任吏部尚书拥有兼官，其他27任吏部尚书无兼官，拥有兼官的吏部尚书人次占南宋时期吏部尚书总人次的81.76%（121∶148）。可见，宋代吏部尚书任职期间担任兼官的情况较为普遍，其比例也比较高，尤其是南宋时期吏部尚书任职期间兼官的比例高达八成多，超过北宋后期二成。

（2）宋代元丰改制后吏部尚书兼官主要为经筵官和修史官，其他诸阁学士、地方官、东宫官等较少。宋代元丰改制后199任吏部尚书兼官共计235个，大致分为以下几个类别：经筵官、修史官、诸阁学士、六部、临时性礼仪官、两制官、门下省、地方官、东宫官、中书门下附属官、九寺五监门类官、三省附属官等，他们所占这一时期吏部尚书总任数的比例分别为31.91%（75∶235）、25.53%

(60∶235)、7.23%(17∶235)、7.66%(18∶235)、6.81%(16∶235)、6.81%(16∶235)、5.53%(13∶235)、2.98%(7∶235)、2.55%(6∶235)、1.28%(3∶235)、1.70%(4∶235)、0.43%(1∶235)。其中,经筵官和修史官占兼官总数的比例最高,达57.45%(135∶235),为吏部尚书兼官的主要类别;其他诸阁学士、地方官、东宫官等所占比例均未达到一成,为吏部尚书兼官的次要类别。

(3)元丰改制后吏部尚书兼任的经筵官比例较高,其中又以侍读为主。宋代元丰改制后吏部尚书兼任经筵官的总数达75个,占吏部尚书总兼官数的31.91%(75∶235),为吏部尚书兼官最多的类别。其中,北宋后期吏部尚书兼任经筵官为16个,占北宋后期吏部尚书兼官总数44个的36.36%(16∶44);南宋时期吏部尚书兼任经筵官为59个,占南宋时期吏部尚书兼官总数191个的30.89%(59∶191)。吏部尚书兼任的经筵官主要分为侍读和侍讲,两个时期均是侍读占据优势,分别占同时期经筵官总数的75%(12∶16)、76.27%(45∶59)。可见,宋代元丰改制后吏部尚书中兼官中有三成多为经筵官,北宋后期略高于南宋时期,但都达到了三成的比例;经筵官中又以侍读为主,两个时期侍读的兼任比例大致相同,均达到七成多的比例。

(4)宋代元丰改制后吏部尚书兼任的修史官主要为(同)修国史、(同)实录院修撰。宋代元丰改制后吏部尚书兼任修史官的总数达60个,占吏部尚书总兼官数的25.53%(60∶235),为吏部尚书兼官第二多的类别。其中,北宋后期吏部尚书兼任修史官为7个,占北宋后期吏部尚书兼官总数44个的15.91%(7∶44);南宋时期吏部尚书兼任经筵官为53个,占南宋时期吏部尚书兼官总数191个的27.75%(53∶191)。吏部尚书兼任的修史官北宋后期由于数量较少,特征不明显;南宋时期吏部尚书兼任的修史官主要以修国史、同修国史、实录院修撰、同实录院修撰为主。由于修国史与同修国史、实录院修撰与同实录院修撰职能几乎相同,仅资历不同,故将他们合并为修国史(含同修国史)、实录院修撰(含同实录院修撰)。修国史(含同修国史)、实录院修撰(含同实录院修撰)所占南宋时期吏部尚书兼任修史官总数的比例分别为49.06%(26∶53)、41.51%(22∶53),修史官中集贤殿修撰、史馆修撰等兼任的数量很少。

(5)宋代吏部尚书兼任的诸阁学士中,并无特殊之处,数量不多而且也较为平均。吏部尚书兼任的六部其他官职中,知贡举是具有代表性的,在两个时期中均占据优势。吏部尚书兼任的临时性礼仪官中,大体上又可以分为山陵五使、明堂大礼使、往返辽金各使等几种礼仪官。这些兼官有两个共性,一是临时性的,一般时间较短;二是礼仪性的,不论是出使辽、金等国,还是参加山陵、明堂等祭祀活动,都是礼仪性质的。吏部尚书兼任的两制官中,翰林学士(包括权翰林学士、翰林学士承旨）占主要部分。吏部尚书兼任的门下省官职中，只有给事中（含权给事中）一种官职。吏部尚书兼任的地方官中，或者是京师知府，或者是路级长官。吏部尚书兼任的东宫官中，以太子詹事为主。吏部尚书兼任的中书门下附属官中，以详定敕令官为主，九寺五监门类官与三省附属官中则只有兼修玉牒与提领左藏南库两种官职。

（6）总的看来，宋代元丰改制后吏部尚书兼官以经筵官与修史官为主，其中又分别以侍读与（同）修国史、（同）实录院修撰为主。其他兼官虽然数量不多，但各个门类还是呈现出了一定的特点，知贡举、翰林学士、给事中、京师知府等都是吏部尚书比较常见的兼官。以地域来考察的话，吏部尚书兼官主要集中在京师，除了临时性礼仪官有可能要到辽、金等地，祭祀活动也有可能不在京师，还有极个别的地方路级官不在京师，其他所有兼官均为京师官职。

（二）吏部尚书兼官分析

以上对宋代吏部尚书兼官特征进行了考察，可见宋代吏部尚书中不仅多位官员在任期间拥有兼官，而且部分吏部尚书在任期间兼官不止一项。下面对吏部尚书兼官的特征进行分析：

（1）北宋后期六成多的吏部尚书任职期间兼任他官，南宋时期八成多的吏部尚书任职期间兼任他官，高出北宋后期二成。即言，宋代元丰改制后，吏部尚书兼任他官成为常态，众多吏部尚书任职期间，不仅要把本职工作做好，还要担任其他职务，有的甚至身兼数职。但是，这并不意味着吏部尚书要偏离自己的轨道，被兼任的他官所困扰，吏部尚书兼任官职具有的特点决定了他们并不会给吏部尚书本职工作带来巨大的压力。综观吏部尚书的兼官，经筵官、修史官、诸阁学士、临时性礼仪官等几大类官职一般都是不能单独作为官职出现的。《建炎以来朝野杂记》中对经筵官有这样的阐释："故事，经筵官，自两省、台端以上并兼侍讲，若大卿监以下则止兼崇政殿说书。"[①]这意味着，侍读、侍讲等经筵官本身就是兼官，只要出现就是以他官兼任，不能单独存在。修国史，唐长安二年（702）始置，[②]宋代史官无专官充任，多以他官兼任，六部尚书、翰林学士等侍从官兼修正史者，称修国史[③]。由此可见，修国史等修史官也多为兼官，单独仅为修史官的人员并不多，吏部尚书兼任修史官中的（同）修国史、（同）实录院修

① （宋）李心传撰，徐规点校：《建炎以来朝野杂记·甲集》卷10《庶官兼侍讲》，中华书局2000年版，第206页。

② 参见（宋）高承撰，李果订，金圆、许沛藻点校：《事物纪原》卷4《修国史》，中华书局1989年版，第226页。

③ （宋）程俱撰，张富祥校正：《麟台故事》卷4《官联（四之二）》，中华书局2000年版，第163页。

撰等官职基本上本身都为兼官。诸阁学士本身就是贴职，作为在任官员，贴职是不能单独存在的，都是以某官兼某贴职。临时性礼仪官本身不能单独作为官职存在，也是兼职，官员只有在任某官的同时，才能被委任担任某项临时性的礼仪官。以上这几大类兼官的数量共 168 个，占吏部尚书兼官总数 235 个的 71.49%（168∶235），也就是说，宋代元丰改制后吏部尚书兼官当中，七成多的兼官本身就只能或者大多为兼官，这些兼官往往不能够单独作为官职出现，意味着吏部尚书中七成多的兼官对吏部尚书本职工作影响并不大。

（2）宋代元丰改制后吏部尚书兼官主要集中在经筵官和修史官两大类，经筵官中以侍读为主，修史官中以（同）修国史、（同）实录院修撰为主。侍读于唐开元初始置，“侍讲学士，开元初，褚无量、马怀素侍讲禁中，为侍读。其后，康子元等为侍讲学士”，[①]宋代则始置于太平兴国八年（983）。元丰改制之后，翰林侍读学士改为侍读，为皇帝讲解经史，每年春秋两次，隔日轮流进读。[②] 前文已讲，经筵官中侍讲是高于崇政殿说书的，而侍读同侍讲相比又高于侍讲，“侍读仍班侍讲上”。[③]这意味着吏部尚书兼任的经筵官级别是较高的，兼官是经筵官中的高级官员，这使得他们能够较为深刻地影响到皇帝。在为皇帝讲解经史的同时，也能够通过实例或其他方式规谏皇帝的不当之处，进谏自己的某些想法。当然，这些兼任的侍读中有些是太子侍读，对皇太子的影响力度甚至是大于在位皇帝的，其治国、为民等思想潜移默化地慢慢被皇太子接受，也就为太子即位之后的政途打下了基础。人事在历朝历代都是相当重要的，让吏部尚书兼任侍读，皇帝可以在非上朝时间与吏部尚书进行交流，探讨用人的方略，不失为一个好方法。宋代元丰改制后，修史官中提举修国史、提领修国史、提举国史院、提举实录院、提领实录院等兼官一般需要宰相兼任，权提举国史院与权提举实录院则需参知政事兼任。其他史官中，修国史与实录院修撰为最高级别的修史官。前文已讲，修国史由六部尚书或翰林学士兼任，作为六部尚书之首的吏部尚书兼修国史自然责无旁贷。实录是介于正史和起居注之间的一种史体，以某一朝皇帝言动为中心，旁及天地日月的祥瑞，山川地域的划分，帝王宗室昭穆继世之序等事，“取编年纪传之法，而为之以备史官采择”。[④] 可见，实录院所从事的工作也是最终可见国史的重要部分，实录院官员的工作与史馆官员分工虽不

---

① （唐）李林甫等撰，陈仲夫点校：《唐六典》卷 9《集贤殿书院》，中华书局 1992 年版，第 279 页。

② 参见（宋）孙逢吉：《职官分纪》卷 15《翰林侍读、翰林侍讲》，中华书局 1988 年版，第 355—356 页。

③ （宋）叶梦得撰，（宋）宇文绍奕考异，侯忠义点校：《石林燕语》卷 1，中华书局 1984 年版，第 13 页。

④ （宋）王应麟：《玉海》卷 48《艺文・实录》，江苏古籍出版社、上海书店 1987 年版，第 903 页。

同，但是最终目的一致，都是为编修国史服务的。国史的编修历来被统治者所重视，宋代不少皇帝的实录前后被重修了若干次。如此重要的兼官，皇帝在挑选官员时也十分慎重。吏部尚书是除了宰执之外众官中非常重要的官职，能够做到吏部尚书的官员一般是皇帝信任之人，因此吏部尚书就成为了修国史、实录院修撰等兼官的最佳人选。

（3）次要兼官中，主要探讨一下知贡举、翰林学士、给事中、京师知府等在各自类别中占据主要部分的兼官。知贡举，全称“知礼部贡举事”，是宋代贡举中的领导者，但其为临时差遣，贡举试毕，知贡举官遂解罢。宋代科举考试的取士规模为中国古代之最，作为贡举考试中的领导者，自然也发挥着重要的作用。翰林学士，为皇帝的内制，不仅撰写诏书，而且还参与朝政，地位较高。给事中，“为门下省长官，掌审读中央颁降与地方上奏的重要文书，如有不当，即驳回；如允可，即书读（签字放行）”。[①] 京师知府，地位也是比较高的，大家熟知的包拯即在仕履中担任了开封府知府。这几类兼官，共同的特征是都为实际职务，而且是比较重要的实际职务。这些重要的实际职务，由皇帝和宰执信任的吏部尚书来兼任，是比较放心的，能够尽可能发挥他们的作用。

（4）其他，诸阁学士等贴职，宋代不少的高级官员都有，再加上吏部尚书中大部分都是进士出身的，对他们而言能够拥有贴职并非难事。目前可见的吏部尚书在任期间的贴职情况应当是不完整的，推测应当还有许多吏部尚书拥有贴职，只是史料暂时未见。临时性礼仪官，一般来说，山陵使、明堂大礼使等差遣，高级文官都是要参加的，吏部尚书也不例外。而辽金使节等差遣，则是具有可选性的，出使辽金等国不仅是礼仪性的，更可以查看他国的基本情况，为宋朝军备国防等做出改进。吏部尚书兼任六部官员是比较特殊的，这与宋代尤其是南宋时期的官制特点有很大关系。南宋以来，以他官兼或兼权吏部尚书的情况非常多，某些官员本来寄禄官阶很低，如某官员本来为权某部侍郎，宋廷任命其为权吏部尚书后，该官员又继续兼任原部侍郎，这种情况在南宋时期较多，出现了一些吏部尚书在职期间兼或兼权他部长贰的情况。兼任的东宫官主要有太子詹事，宋代大多“以他官兼”，皇子“登位后省”，不掌本宫事，只有宋光宗为皇储时，“以敷文阁直学士王十朋、敷文阁待制陈良翰为太子詹事，不兼他官，非常制也”。[②] 这与宋代东宫建制不完善，特别是太子一旦即位，东宫机构建制就解散，更多的东宫官为名誉性的，用来表示一定的优待。玉牒所，“淳化六年始设局置

① （宋）谢维新：《古今合璧事类备要·后集》卷20《给事中》，文渊阁四库全书影印本第939册，台湾商务印书馆1986年版，第697—698页。

② （宋）马端临：《文献通考》卷60《职官考十四·太子詹事》，中华书局2011年版，第1799页。

官，仿唐制也”。[①] “修玉牒官一人，以侍从兼，凡宗正卿、少而下悉与修纂”，[②]侍从等官兼修玉牒，但真正从事玉牒修纂的还是宗正寺官员。故而吏部尚书兼修玉牒，更大程度上是一种监督，并不是真正地去修玉牒。

（5）宋代元丰改制后吏部尚书兼官几乎以京师差遣为主，很少有外地差遣。元丰改制后，吏部尚书官复其职，成为职事官，领吏部事，一般要在京师处理部事。既然要在京师办公，宋廷想令其兼任某官时，就必须考虑到这一点，因此无论是经筵官、修史官还是六部官职等，都是在京差遣。北宋元丰改制前，官、职、差遣分离，许多官员拥有京师官却在地方做官，是非常常见的情况。元丰改制后这种情况发生了巨大的变化，既然是吏部的长官，就要在京师吏部中处理政事，不能再像之前那样。但是与此同时，仍然出现了一小部分吏部尚书在任期间兼官不在京师的情况。出使辽、金等国，需要离开京师，遇到吏部尚书出使辽、金时，宋政府要么仍由该官员任吏部尚书，要么在一段时间后由他官兼或兼权吏部尚书，待其出使回国后继续出任吏部尚书。至于皇帝丧葬、南郊、明堂等大礼时，几乎所有重要的朝官都要参加，虽然也有可能不在京师，但不改变吏部尚书任职者的官职。南宋时期的吏部尚书李光需要另当别论，他吏部尚书任职期间还兼淮西招抚使、神武前军统制，这是由于战事紧急才出现的情况，其他无此。

（三）对吏部尚书兼官的思考

沈括在《梦溪笔谈》中对兼官有这样的评论：“古之兼官，多是暂时摄领，有长兼者，即同正官。”[③]用沈括对兼官的标准来看宋代吏部尚书兼官，大多是属于暂时摄领的，这与宋代吏部尚书任期有较大关系，吏部尚书任期会在后文讨论。吏部尚书作为宋代的高级文官，担任兼官比例较高，又以兼任经筵官和修史官为主，由此可以推测，宋代其他高级文官应当也有不少兼官，而且大多兼任经筵官、修史官等，并且应当也是集中在京师的兼职。

宋代“冗官”的说法很早就被提出而且流传甚广，不少人对宋代的印象就是“冗兵、冗官、冗费”，似乎“冗官”成为宋代官制的重要特征。[④] 诚然，钱穆先生的看法有一定道理，但是在粗略地分析了宋代以吏部尚书为代表的高级文官的兼官后，不由得产生一个疑问：既然宋代冗官现象十分严重，那么为什么这些官

---

① （宋）马端临：《文献通考》卷55《职官考九·宗正卿》，中华书局2011年版，第1627页。

② （宋）马端临：《文献通考》卷55《职官考九·宗正卿》，中华书局2011年版，第1628页。

③ （宋）沈括撰，胡道静校证：《梦溪笔谈校证》卷2《直官与兼官》，上海人民出版社2016年版，第40页。

④ 钱穆：《国史大纲》第31章《贫弱的中央》，商务印书馆1994年版，第523—556页。

员还要身兼数职，把这些兼官分给那些没有差遣的人员，岂不是至少缓解了宋代冗官的情况？

其实，从对宋代吏部尚书兼官的研究，对“冗官”的现象可以作两点解释。一是吏部尚书目前可考的兼官是以经筵官和修史官为主的，在宋代经筵官和修史官大多时候是兼官而且只能是兼官的情况下，这意味着其他等待官职任命的人员还是无法任职，仍需继续等待，因此这些官职即使有空缺，也还是无法解决“冗官”的问题。二是吏部尚书兼官中，有不少兼官是可以单独作为官职授予他人的，比如兼任的六部官员、两制官、地方官等，都是可以作为单独官职的。可是，宋廷宁愿把这些职务让吏部尚书等高级文官来兼任，也不授予那些等待职务之人，这与宋代官员构成有很大关系。唐代授予宗室成员官职已经较为普遍，到了宋代，这一趋势得到了延续，众多的宗室成员甚至在很小的时候就拥有了寄禄官阶。而且，宋代荫补范围很广，许多官员的后代也都得到了荫补，这个现象在游彪先生的《宋代荫补制度研究》中已经有深入的研究。与此同时，宋代科举取士的规模与数量空前，为中国古代之最，大量通过科举考试的人员也要宋廷授予官职。如此之多拥有寄禄官阶的人员都要等待授予差遣，而差遣所需要的人员数量却是一定的，这就导致许多官员空有寄禄官阶而无职事可做。上述官员中通过科举考试的人员自然是宋政府首选授予职务的人员，而通过荫补入仕的大量宗室成员与官员后代，不少则在诸多方面亚于上述人员。如此，宋政府选择了让更有能力的官员比如吏部尚书等来兼任部分实际职务，也就一定程度上导致了不少等待授予职务的官员还需要继续等待下去。所以，从吏部尚书为代表的高级文官的兼官情况，可以推测宋代“冗官”冗的是部分能力较弱的宗室成员和荫补入仕的官员，真正有真才实学又有能力的官员却要兼任他官甚至身兼数职。试想，较为重要的岗位却由没有相应能力的官员尸位素餐，倒不如让更有能力的官员来兼任此岗位，应当会有不错的效果。当然，这样也就导致了部分官员只有寄禄官阶而没有职务，成了“冗官”。因此，宋代特别是南宋时期出现的大量兼官，一定程度上是历史的进步，由更有能力而又能够把相应职务做好的官员来兼任该职务，应当比部分宗室成员与荫补入仕的官员好些。

四、宋代吏部尚书的任期

（一）吏部尚书任期考与特征

本节所考察的宋代吏部尚书任期，仍同前文一样，分为两大时期、三个小时期。两大时期指的是元丰改制前后,元丰改制前吏部尚书为官阶,任期指的是某位官员成为吏部尚书到这位官员吏部尚书阶被罢或者迁转到其他官阶为止的时间段;元丰改制后,吏部尚书成为职事官,任期则指的是某位官员职事官开始为吏部尚书到职事官迁转他官(包括被罢、引归等无迁出官)的时间段。三个小时期仍然为北宋前期(960—1082)、北宋后期(1082—1127)、南宋时期(1127—1279)。特别需要说明的是,宋代吏部尚书中有不少为他官兼或兼权吏部尚书,对于此类吏部尚书,讨论任期时将以其兼或兼权吏部尚书开始到其不再兼或兼权吏部尚书或者改任他官为止的时间作为其任期。根据附表1宋代吏部尚书迁入迁出官、兼官原始史料与出处表及考证,做宋代吏部尚书任期一览表如下:

表23 宋代吏部尚书任期一览表(史料与出处参见附表1)

姓名	迁入时间	迁出时间	任期
北宋前期			
张昭	建隆元年(960)初	乾德三年(965)三月	5年3个月
宋琪	端拱元年(988)初	至道二年(996)春	8年左右
吕蒙正	淳化二年(991)九月	至道元年(995)四月	3年7个月
张齐贤	景德二年(1005)	大中祥符元年(1008)	3年有余
宋白	大中祥符元年(1008)	大中祥符三年(1010)	将近2年
王钦若	大中祥符四年(1011)四月	天禧元年(1017)	6年有余
向敏中	天禧元年(1017)二月	天禧元年(1017)八月	6个月
寇準	天禧三年(1019)六月	天禧三年(1019)十二月	6个月
丁谓	天禧三年(1019)六月戊戌	天禧四年(1020)十一月	1年5个月
冯拯	天禧四年(1020)七月	天禧四年(1020)十一月	4个月
王曾	天圣六年(1028)三月	天圣九年(1031)九月	2年6个月
吕夷简	明道元年(1032)十一月	景祐二年(1035)二月	2年3个月
王曾	景祐元年(1034)八月	景祐二年(1035)二月	6个月
夏竦	庆历三年(1043)七月	庆历五年(1045)八月	2年1个月
陈执中	皇祐元年(1049)	皇祐四年(1052)三月	将近3年
文彦博	皇祐三年(1051)十月	皇祐五年(1053)八月	1年10个月
陈执中	皇祐五年(1053)闰七月	至和二年(1055)六月	2年11个月
文彦博	至和二年(1055)六月	嘉祐三年(1058)六月	3年

续表

姓名	迁入时间	迁出时间	任期
王拱辰	治平二年(1065)	治平四年(1067)	将近2年
曾公亮	治平四年(1067)正月	治平四年(1067)	数月①
赵槩	熙宁元年(1068)	熙宁二年(1069)	1年有余
王安石	熙宁七年(1074)四月	熙宁八年(1075)六月	1年2个月
吴充	元丰三年(1080)三月	元丰三年(1080)三月	数日
北宋后期			
李清臣	元丰五年(1082)四月甲戌	元丰六年(1083)八月辛卯	1年4个月
曾孝宽	元丰六年(1083)八月辛卯	元丰八年(1085)十二月甲戌	2年4个月
吕大防	元丰八年(1085)十二月甲戌	元祐元年(1086)闰二月丙午	3月
范纯仁	元祐元年(1086)闰二月丙午	元祐元年(1086)闰二月乙卯	数日
孙永	元祐元年(1086)三月辛未	元祐二年(1087)正月戊寅	10月
苏颂	元祐二年(1087)正月戊寅	元祐四年(1089)五月丁酉	2年4个月
许将	元祐四年(1089)五月丁酉	元祐四年(1089)六月丙午	1月
苏辙	元祐四年(1089)六月癸亥	元祐四年(1089)九月	3月
邓润甫	元祐四年(1089)九月己丑	元祐四年(1089)十月二十日	1月
傅尧俞	元祐四年(1089)十月庚子	元祐四年(1089)十一月癸未	1月
曾孝宽	元祐五年(1090)六月丁酉	元祐五年(1090)八月甲辰	2月
苏轼	元祐六年(1091)正月丙戌	元祐六年(1091)二月癸巳	1月
王存	元祐六年(1091)闰八月壬申	元祐七年(1092)八月乙卯	1年
胡宗愈	元祐七年(1092)十一月癸卯	绍圣元年(1094)闰四月	1年5个月
李清臣	元祐八年(1093)四月甲子	元祐八年(1093)五月己卯	数日
彭汝砺	绍圣元年(1094)	绍圣元年(1094)	1月有余
林希	绍圣元年(1094)	绍圣元年(1094)	数月
王震	绍圣元年(1094)	绍圣元年(1094)底	数月
许将	绍圣元年(1094)底	绍圣二年(1095)十月甲戌	将近1年
黄履	绍圣二年(1095)底	绍圣四年(1097)闰二月	1年有余
邢恕	绍圣四年(1097)五月壬戌	绍圣四年(1097)十月壬寅	5个月

① 数月指大于一个月,小于半年;数日指大于一天,小于一个月。

续表

姓名	迁入时间	迁出时间	任期
叶祖洽	绍圣四年(1097)十一月戊午	元符二年(1099)十一月乙亥	2年
韩忠彦	元符三年(1100)正月乙未	元符三年(1100)二月戊午	1个月
陆佃	元符三年(1100)六月	建中靖国元年(1101)七月丁亥	1年1个月
温益	建中靖国元年(1101)七月二十九日	建中靖国元年(1101)十一月庚申	4个月
赵挺之	崇宁元年(1102)初	崇宁元年(1102)六月丙申	将近6个月
何执中	崇宁元年(1102)六月之后	崇宁四年(1105)二月甲寅	2年有余
徐铎	崇宁四年(1105)	崇宁四年(1105)	数月
虞策	崇宁五年(1106)初	崇宁五年(1106)十二月	将近1年
朱谔	崇宁五年(1106)底	大观元年(1107)三月丁酉	3个月
时彦	大观元年(1107)三月	大观元年(1107)六月	3个月
林摅	大观元年(1107)六月	大观元年(1107)八月庚申	2个月
余深	大观元年(1107)八月	大观二年(1108)九月辛亥	1年1个月
管师仁	大观二年(1108)九月	大观三年(1109)四月癸巳	7个月
刘拯	大观四年(1110)六月	大观四年底(1110)	将近6个月
王襄	大观四年(1110)底	政和元年(1111)三月癸酉	3个月
张克公	政和二年(1112)初	政和八年(1118)初	6年
许光凝	政和八年(1118)初	政和八年(1118)	数月
蒋猷	政和八年(1118)末	宣和二年(1120)八月二十日	1年8个月
宇文粹中	宣和二年(1120)八月之后	宣和三年(1121)底	1年有余
王孝迪	宣和三年(1121)底	宣和四年(1122)六月之后	半年有余
何志同	宣和五年(1123)	宣和五年(1123)	将近1年
唐恪	宣和五年(1123)	宣和六年(1124)	将近1年
卢法原	宣和六年(1124)	宣和六年(1124)十一月三日	数月
李棁	宣和七年(1125)	靖康元年(1126)正月己巳	将近1年
唐恪	靖康元年(1126)正月己巳	靖康元年(1126)正月甲戌	数日
卫仲达	靖康元年(1126)正月	靖康元年(1126)三月	2个月

续表

姓名	迁入时间	迁出时间	任期
梅执礼	靖康元年(1126)三月十一日	靖康元年(1126)	数月
莫俦	靖康元年(1126)六月八日	靖康二年(1127)三月丁酉	9个月
王时雍	靖康元年(1126)	靖康元年(1126)	数月
谢克家	靖康二年(1127)三月庚戌	建炎元年(1127)五月丁酉	2个月
南宋时期			
路允迪	建炎元年(1127)五月丁未	建炎二年(1128)二月丙辰	9个月
周武仲	建炎二年(1128)二月辛酉	建炎二年(1128)七月丁亥	5个月
吕颐浩	建炎二年(1128)十一月丙戌	建炎三年(1129)二月四日	3个月
刘珏	建炎三年(1129)六月乙卯	建炎三年(1129)八月壬子	2个月
卢法原①	建炎四年(1130)五月壬子	绍兴元年(1131)十一月壬子	1年半
洪拟	绍兴元年(1131)十月乙丑	绍兴元年(1131)十月壬申	6天
胡直孺	绍兴元年(1131)十月	绍兴元年(1131)十一月甲午	1个月
李光	绍兴二年(1132)二月丁卯	绍兴二年(1132)三月七日	1个月
权邦彦	绍兴二年(1132)三月	绍兴二年(1132)五月	2个月
洪拟	绍兴二年(1132)九月己未	绍兴二年(1132)十一月	2个月
沈與求	绍兴二年(1132)十一月	绍兴二年(1132)十二月癸巳	1个月
席益	绍兴三年(1133)正月己巳	绍兴三年(1133)二月辛亥	1个月
洪拟	绍兴三年(1133)三月丙辰朔	绍兴三年(1133)十月壬午	7个月
郑滋	绍兴三年(1133)十月	绍兴四年(1134)正月	3个月
胡松年	绍兴四年(1134)正月	绍兴四年(1134)七月戊申朔	6个月
沈與求	绍兴四年(1134)七月己酉	绍兴四年(1134)九月甲戌	2个月
晏敦复	绍兴四年(1134)九月之后	绍兴五年(1135)十一月之前	1年有余
孙近	绍兴五年(1135)十一月甲申	绍兴六年(1136)八月庚戌	9个月
刘大中	绍兴六年(1136)八月	绍兴六年(1136)十二月己未	4个月
孙近	绍兴六年(1136)十二月壬寅	绍兴七年(1137)九月丙子	9个月
张焘	绍兴八年(1138)六月	绍兴九年(1139)十月癸丑	1年1个月

① 卢法原此次吏部尚书虽有任命，但因道梗未能赴任，实未上任。

续表

姓名	迁入时间	迁出时间	任期
李光①	绍兴八年(1138)十月乙亥	绍兴八年(1138)十二月己未	3 个月
晏敦复	绍兴九年(1139)三月戊子	绍兴九年(1139)四月癸丑	1 个月
吴表臣	绍兴九年(1139)十月己未	绍兴十二年(1142)二月己丑	2 年 4 个月
罗汝楫	绍兴十三年(1143)九月丁卯	绍兴十四年(1144)八月丁酉	11 个月
周三畏	绍兴十五年(1145)六月	绍兴十八年(1148)八月戊申	3 年 2 个月
张杞	绍兴十九年(1149)	绍兴二十二年(1152)九月之前	3 年有余
林大鼐	绍兴二十二年(1152)九月己未	绍兴二十三年(1153)二月己巳	5 个月
董德元	绍兴二十五年(1155)六月	绍兴二十五年(1155)八月丙戌	2 个月
张纲	绍兴二十六年(1156)二月	绍兴二十六年(1156)八月甲午	6 个月
刘才邵	绍兴二十六年(1156)八月	绍兴二十七年(1157)四月辛丑	8 个月
陈康伯	绍兴二十七年(1157)四月辛酉	绍兴二十七年(1157)九月戊寅	5 个月
王师心	绍兴二十七年(1157)九月辛巳	绍兴二十八年(1158)七月甲申	10 个月
贺允中	绍兴二十八年(1158)七月甲申	绍兴二十九年(1159)七月丁亥	1 年
叶义问	绍兴二十九年(1159)七月己丑	绍兴二十九年(1159)十二月	5 个月
张焘	绍兴二十九年(1159)十二月丙寅	绍兴三十年(1160)二月丁卯	2 个月
周麟之	绍兴三十年(1160)二月甲戌	绍兴三十年(1160)七月戊戌	5 个月
洪遵	绍兴三十年(1160)八月丁巳	绍兴三十年(1160)十二月丙寅	4 个月
徐嘉	绍兴三十年(1160)底	绍兴三十一年(1161)年正月	1 个月
汪应辰	绍兴三十一年(1161)正月	绍兴三十一年(1161)年闰二月癸巳	2 个月
何溥	绍兴三十一年(1161)三月己卯	绍兴三十二年(1162)三月乙巳	1 年有余
凌景夏	绍兴三十二年(1162)四月	隆兴二年(1164)正月罢	1 年 9 个月
金安节	隆兴二年(1164)正月	隆兴二年(1164)八月之前	至多 7 个月
叶颙	隆兴二年(1164)八月	乾道元年(1165)八月己丑	数日
魏杞	乾道二年(1166)正月	乾道二年(1166)三月癸酉	2 个月

① 绍兴八年(1138)金宋和议,之后张焘奉命去洛阳一带祭扫北宋皇陵,这段时间内李光任吏部尚书。

续表

姓名	迁入时间	迁出时间	任期
陈之茂	乾道二年(1166)四月	乾道二年(1166)七月	3 个月
陈俊卿	乾道二年(1166)七月	乾道二年(1166)十二月甲申	5 个月
周执羔	乾道三年(1167)初	乾道三年(1167)	数月
汪应辰	乾道三年(1167)底	乾道六年(1170)四月戊戌	2 年 4 个月
陈良祐	乾道六年(1170)四月	乾道六年(1170)五月	1 个月
胡沂	乾道六年(1170)五月	乾道六年(1170)九月十三日	4 个月
汪大猷	乾道六年(1170)九月	乾道七年(1171)正月	4 个月
王之奇	乾道七年(1171)正月	乾道八年(1172)二月癸酉	1 年 1 个月
张津	乾道八年(1172)八月五日	乾道八年(1172)十一月七日	3 个月
李彦颖[①]	乾道九年(1173)	淳熙元年(1174)十二月丁巳	将近 2 年
胡沂	乾道九年(1173)九月之前	乾道九年(1173)	数月
龚茂良	淳熙元年(1174)	淳熙元年(1174)十一月戊戌	数月
留正	淳熙元年(1174)十二月	淳熙二年(1175)	数月
蔡洸	淳熙二年(1175)	淳熙三年(1176)初	数月
韩元吉	淳熙三年(1176)	淳熙五年(1178)	将近 2 年
程大昌	淳熙五年(1178)八月	淳熙六年(1179)十一月	1 年 3 个月
周必大	淳熙六年(1179)十一月	淳熙七年(1180)五月戊辰	6 个月
王希吕	淳熙七年(1180)五月	淳熙八年(1181)九月	1 年 4 个月
郑丙	淳熙八年(1181)九月	淳熙十年(1183)二月二十三日	1 年 5 个月
萧燧	淳熙十年(1183)二月	淳熙十五年(1188)正月甲子	将近 5 年
颜师鲁	淳熙十五年(1188)正月	淳熙十六年(1189)十月前	1 年 9 个月
郑侨	淳熙十六年(1189)十月	绍熙二年(1191)八月	1 年 10 个月
赵汝愚	绍熙二年(1191)九月	绍熙四年(1193)三月辛巳	1 年 6 个月
余端礼	绍熙四年(1193)三月	绍熙四年(1193)七月壬午	4 个月
罗点	绍熙四年(1193)七月之后	绍熙五年(1194)七月甲申	将近 1 年
郑侨	绍熙五年(1194)七月二十五日	绍熙五年(1194)十二月庚午	5 个月

① 乾道九年(1173)到淳熙元年(1174)李彦颖奉命接送金朝贺正使,在此期间,胡沂、龚茂良先后任职吏部尚书。

续表

姓名	迁入时间	迁出时间	任期
楼钥	绍熙五年(1194)十二月十七日	庆元元年(1195)五月二十三日	5个月
叶翥	庆元元年(1195)七月	庆元二年(1196)四月壬申	9个月
许及之	庆元二年(1196)九月	庆元四年(1198)八月丙子	将近2年
傅伯寿①	庆元三年(1197)二月	庆元三年(1197)二月	数日
刘德秀	庆元四年(1198)九月	庆元五年(1199)七月	10个月
袁说友	庆元五年(1199)七月之后	嘉泰元年(1201)二月之前	将近1年半
张釜	嘉泰元年(1201)二月	嘉泰元年(1201)七月甲子	5个月
袁说友	嘉泰元年(1201)十一月	嘉泰二年(1202)八月丙子	9个月
费士寅	嘉泰二年(1202)九月	嘉泰三年(1203)二月乙巳	5个月
钱象祖	嘉泰三年(1203)二月后	嘉泰四年(1204)四月丙午	1年有余
黄由	嘉泰四年(1204)四月之后	开禧元年(1205)二月	10个月
刘德秀	开禧元年(1205)二月	开禧元年(1205)四月戊子	2个月
颜棫	开禧元年(1205)五月	开禧元年(1205)六月	1个月
丁常任	开禧元年(1205)六月之后	开禧二年(1206)初	至多半年
杨炳	开禧二年(1206)七月之前	开禧三年(1207)正月	半年有余
卫泾	开禧三年(1207)正月	开禧三年(1207)正月	数日
陆峻	开禧三年(1207)正月	开禧三年(1207)十一月十四日	10个月
林大中	开禧三年(1207)十一月	开禧三年(1207)十二月壬戌	1个月
楼钥	嘉定元年(1208)初	嘉定元年(1208)八月辛巳	至多8个月
宇文绍节	嘉定元年(1208)八月之后	嘉定二年(1209)正月丁巳	至多5个月
曾映	嘉定三年(1210)三月	嘉定三年(1210)七月	4个月
张伯垓	嘉定三年(1210)七月	嘉定四年(1211)四月之前	至多9个月
汪逵	嘉定四年(1211)四月	嘉定七年(1214)二月	2年10个月
李大性	嘉定七年(1214)二月之后	嘉定十一年(1218)底	4年半有余
任希夷	嘉定十一年(1218)底	嘉定十二年(1219)二月庚戌	至多2个月
徐应龙	嘉定十三年(1220)	嘉定十三年(1220)九月之前	至多9个月
薛极	嘉定十三年(1220)九月之后	嘉定十五年(1222)九月辛亥	将近2年

① 许及之于庆元三年(1197)二月出使金朝,故傅伯寿吏部尚书任期在许及之吏部尚书任期之间。

续表

姓名	迁入时间	迁出时间	任期
程珌	宝庆二年(1226)八月	宝庆二年(1226)十月	2个月
朱著	宝庆二年(1226)十一月	宝庆三年(1227)七月	8个月
陆德舆	绍定元年(1228)初	绍定二年(1229)底	将近2年
杨烨	绍定三年(1230)	绍定六年(1233)十一月	将近4年
崔與之①	端平元年(1234)	端平元年(1234)八月己巳	数月
陈卓	端平元年(1234)六月之后	端平二年(1235)三月乙巳	至多9个月
李埴	端平二年(1235)三月	端平二年(1235)四月	1个月
魏了翁	端平二年(1235)四月	端平二年(1235)十一月乙丑	7个月
李鸣复	端平二年(1235)十一月之后	端平三年(1236)七月丁卯	至多8个月
余天锡	端平三年(1236)七月之后	嘉熙二年(1238)正月戊申	近1年半
许应龙	嘉熙二年(1238)正月以后	嘉熙二年(1238)	数月
许应龙	嘉熙二年(1238)	嘉熙二年(1238)八月	数月
游似	嘉熙二年(1238)八月之后	嘉熙三年(1239)正月癸酉	5个月
袁甫	嘉熙三年(1239)正月	嘉熙三年(1239)正月	数日
赵與懽	嘉熙三年(1239)正月之后	嘉熙三年(1239)六月二日	将近半年
赵彦械	嘉熙三年(1239)六月之后	嘉熙四年(1240)五月之前	将近1年
吴潜	嘉熙四年(1240)五月十九日	嘉熙四年(1240)八月	3个月
徐荣叟	嘉熙四年(1240)八月之后	嘉熙四年(1240)闰十二月丙寅	至多5个月
高定子	淳祐元年(1241)五月之后	淳祐二年(1242)六月丙寅	将近1年
金渊	淳祐三年(1243)	淳祐四年(1244)三月己未	1年有余
杜杲	淳祐四年(1244)三月之后	淳祐四年(1244)	数月
钱相	淳祐四年(1244)	淳祐五年(1245)五月之前	将近1年
赵與簠	淳祐五年(1245)五月十九日	淳祐七年(1247)十二月三日	2年7个月
赵以夫	淳祐七年(1247)底	淳祐八年(1248)初	1个月
史宅之	淳祐八年初(1248)	淳祐八年(1248)八月辛亥	至多8个月
赵以夫	淳祐八年(1248)九月	淳祐九年(1249)初	4个月
徐清叟	淳祐九年初(1249)	淳祐九年(1249)十二月之前	将近1年

① 崔與之虽有吏部尚书任命，但其屡次辞免，实未拜官。

续表

姓名	迁入时间	迁出时间	任期
赵性夫	淳祐十一年(1251)	淳祐十二年(1252)	将近1年
张磻	淳祐十二年(1252)	淳祐十二年(1252)	数月
陈垲	宝祐元年(1253)	宝祐二年(1254)	数月
颜颐仲	宝祐二年(1254)十一月九日	宝祐三年(1255)八月之前	数月
蔡抗	宝祐三年(1255)	宝祐三年(1255)八月乙丑	数月
陈显伯	宝祐三年(1255)八月之后	宝祐五年(1257)	1年半有余
徐臬	宝祐五年(1257)四月五日	宝祐六年(1258)	1年有余
饶虎臣	宝祐六年(1258)	宝祐六年(1258)十一月壬戌	数月
江万里	景定元年(1260)十一月	景定二年(1261)八月乙巳	9个月
王爚	景定二年(1261)八月之后	景定二年(1261)	数月
叶梦鼎	景定二年(1261)底	景定三年(1262)	数月
叶梦鼎	景定三年(1262)	景定三年(1262)十月甲子	数月
陈昉	景定三年(1262)底	咸淳元年(1265)初	2年有余
常挺	咸淳元年(1265)	咸淳三年(1267)正月壬辰	将近2年
洪焘	咸淳四年(1268)闰正月十七日	咸淳四年(1268)十一月十九日	10个月
程垲	咸淳五年(1269)	咸淳六年(1270)	将近2年
章鉴	咸淳七年(1271)	咸淳八年(1272)六月丁酉	1年半有余
陈宜中	咸淳八年(1272)六月以后	咸淳九年(1273)九月辛巳	1年有余
刘黻	咸淳九年(1273)九月之后	咸淳十年(1274)	将近1年
常楙	德祐元年(1275)初	德祐元年(1275)九月	半年有余
王应麟	德祐元年(1275)十月	德祐元年(1275)十一月	1个月
丁应奎	德祐元年(1275)十一月	德祐元年(1275)十二月庚申	1个月
陈仲微	景炎元年(1276)	祥兴二年(1279)	2年有余

表 24　宋代吏部尚书任期统计表(●表示任期,单位为人次)

任期	北宋前期	北宋后期	南宋时期	合计
●≤1 个月	1	8	18	27
1 个月 < ●≤半年	5	21	58	84
半年 < ●≤1 年	0	10	33	43
1 年 < ●≤1 年半	3	6	14	23
1 年半 < ●≤2 年	3	2	12	17
2 年 < ●≤3 年	6	3	6	15
3 年 < ●≤6 年	3	1	5	9
6 年 < ●	2	0	0	2
未拜或未上任	0	0	2	2
合计	23	51	148	222

根据以上统计可归纳宋代吏部尚书任期的特征如下(由于宋代元丰改制前后吏部尚书截然不同,因此需要分开讨论):

1. 吏部尚书作为官阶的时期

元丰改制前,吏部尚书平均任期较长。元丰改制前,吏部尚书中除张昭外都为官阶,吏部尚书的任期意味着官员官阶停留在吏部尚书的时间。张昭作为吏部尚书领吏部事,和元丰改制后的吏部尚书情况相同,因此可以将其同元丰改制后吏部尚书任期放在一起比较。北宋前期(960—1082)去除张昭吏部尚书的 5 年即为吏部尚书作为官阶的时期,共 117 年,可考官阶为吏部尚书任数为 22 任。既然吏部尚书在这一时间内为官阶,吏部尚书几乎不领吏部事,也不需要遵循吏部尚书作为职事官时有且只能有一员的制度。北宋前期吏部尚书任期并无突出的特点,从不到 1 个月到 6 年以上的任期几乎都有,而且没有哪个任期的人数格外多,毕竟北宋前期吏部尚书总任数才 22 任。其中只有 6 任吏部尚书的官阶不到 1 年就发生了变化,其他 16 任吏部尚书都在该官阶上停留超过了 1 年时间,才迁转到别的官阶。这意味着北宋前期吏部尚书迁转并不是很快,这与北宋前期吏部尚书是正三品的官阶有很大关系。官阶迁转得太快,就会出现官员官阶迁转到顶端而没有官阶可再迁转的情况,这是不符合统治政策与秩序的。九品官阶中全部都分上下,部分时间内又分左右,就是为了防止官员官阶升迁太快而采取的策略。官阶更是官员领取俸禄的依据,太多官阶过高的官员无疑会给宋政府的财政带来不小的压力。这在一定程度上也可以解释为什么北宋前期 117 年才 22 任官阶为吏部尚书的官员。除此之外,北宋前期吏部尚书是有很大的员阙情况的，至少有一多半的时间里，官阶为吏部尚书的官员是暂缺的。北宋前期十分特殊的官制体系，决定了吏部尚书任期较长，人员较少。

2. 吏部尚书作为职事官的时期

（1）宋代元丰改制后吏部尚书平均任期将近1年。元丰改制后（1082—1279）宋朝共198年，吏部尚书成为职事官，加上宋初张昭5年有余的任期为203年，可考吏部尚书任数为200任，每次任期将近1年。宋代元丰改制后吏部尚书恢复实际职务，成为职事官，吏部尚书员阙情况非常少，不少吏部尚书刚刚离任，下任吏部尚书就立刻上任。而且，这一时期吏部尚书大部分迁入迁出时间都有史料记载，少数没有明确记载也可以通过其他史料进行推断，故元丰改制后吏部尚书任期将近1年，这个平均数是可取的。“有唐约290年，可考吏部尚书任数为144任，则每次任期大概估算为2.01（290∶144）年……故平均任期小于2.01年”。[①] 将唐宋吏部尚书任期比较可知，宋代吏部尚书平均任期明显短于唐代，按唐代吏部尚书平均任期2年来算，宋代同样是职事官的吏部尚书平均任期仅为唐代的一半。

（2）吏部尚书任期从数日到6年均有，数日到1年半之间人次最多。吏部尚书为职事官的时期，吏部尚书任期从数日到6年都有，其任期按照从短到长的顺序排列依次为数日、1个月到6个月之间、6个月到1年之间、1年到1年半之间、1年半到2年之间、2年到3年之间、3年到6年之间，它们所占这一时期吏部尚书总任数的比例分别为13.00%（26∶200）、39.50%（79∶200）、21.50%（43∶200）、10.00%（20∶200）、7.00%（14∶200）、4.50%（9∶200）、3.50%（7∶200）。从各个任期的吏部尚书任数所占比例可以看出，任期在1个月到6个月之间的吏部尚书人次最多，将近四成；其次是6个月到1年之间，二成有余；再次是数日，一成有余。其他任期吏部尚书人次较少，尤其是任期在3年到6年之间的吏部尚书总共才7任，是所有任期中人次最少的。也就是说，元丰改制后吏部尚书任期在数日到1年半之间的人次最多，占这一时期吏部尚书总任数的84.00%（168∶200）。可见，元丰改制后吏部尚书大部分任期在1年半以下，任期在1年半以上者属于少数。唐代“任期介于1年与2年之间和半年与1年及小于半年者任数最多……三者占80.37%（86∶107），可见任期小于2年的占比例在八成以上”。[②] 到了宋代，同样为职事官的吏部尚书任期仅1年半以下者的任数就达到了84.00%，已经高于了唐代吏部尚书任期在2年以下的比例，宋

① 董劭伟：《唐代吏部尚书研究》，中国社会科学出版社2012年版，第273页。
② 董劭伟：《唐代吏部尚书研究》，中国社会科学出版社2012年版，第273—274页。

代吏部尚书任期同唐代相比，更多地集中在了较短的时间内。

（3）南宋时期吏部尚书平均任期稍高于北宋后期。按各个时期来看，北宋后期共45年51任吏部尚书，南宋时期152年148任吏部尚书，单从这一点来看，南宋时期吏部尚书的平均任期是要稍高于北宋后期的。北宋后期吏部尚书任期在数日到1年半以下者共45人次，占北宋后期吏部尚书任数的88.24%（45∶51），南宋时期吏部尚书任期在数日到1年半以下者共123人次，占南宋时期吏部尚书总任数的83.11%（123∶148），南宋时期任期在1年半以上者比例较北宋后期有所增加。北宋后期吏部尚书任期高于3年者仅1任，说明北宋后期吏部尚书任期罕有超长者，而任期相对较短者居多，其中任期明确少于半年者占56.86%（29∶51）。南宋时期吏部尚书任期高于3年者为5任，相对北宋后期，南宋时期吏部尚书任期超长者较多，而任期明确少于半年者占51.35%（76∶148），略低于北宋后期。总体上看，各个任期任数分布情况从北宋后期到南宋时期呈现出了一致的趋势。

（4）两宋共有两任吏部尚书虽有任命，实际却没有上任。两人都是南宋时期任命的吏部尚书，一是卢法原，一是崔與之。两宋共222任吏部尚书，有任命而实际没有上任者仅这两人，占0.90%（2∶222）。唐代吏部尚书有任命而实际没有上任者4任，占唐代可考吏部尚书任数的2.78%（4∶144），高于宋代。从这个角度来看，宋代吏部尚书的上任比例还是很高的，由此推测其他高级文官的上任比例应当都比较高，有任命而未拜或实际上没有上任的情况还是比较少的。

（二）吏部尚书任期典型事例分析

中国自古就有“三载考绩，三考黜陟幽明”的考核理论，宋代也是如此，三年一大考对官员而言是常态。宋代作为职事官的吏部尚书任期可谓长短不一，任期从最短的仅仅几天到任期最长的6年，各个时间段都有。由于作为官阶的吏部尚书任期长短仅仅是本官的变动，与考课没有直接关系，故本节将对作为职事官的吏部尚书不同任期典型事例进行分析。

1. 任期极短者

按照常规来讲，官员在任某一官职时，大多从任命到上任根据路程的远近需要一定的时间，在1个月之内迁入又迅速离任，是较为不正常的，有必要分析其原因。任期不到1个月，仅为数日，这意味着吏部尚书刚刚上任就要离任，是吏部尚书任期中最为特殊的一类。而且，这类吏部尚书竟然数量还不少，北宋后期6任、南宋时期18任。任期极短者大体分为以下几种情况：

（1）升迁迅速，吏部尚书成为迁转的平台。北宋后期范纯仁，元祐元年

(1086)闰二月丙午,"给事中兼侍读范纯仁为吏部尚书",[①]同月乙卯,"朝议大夫、试吏部尚书兼侍讲范纯仁为中大夫、同知枢密院"[②]。不到1个月的时间,范纯仁从给事中迁转到吏部尚书,又从吏部尚书迁转到同知枢密院事,步入执政的行列。南宋时期的叶颙,"翼日,除吏部侍郎兼权给事中,时隆兴二年八月也。又三日,复以公权本曹尚书",[③]还是乾道元年(1165)八月己丑,"叶颙自吏部侍郎、(兼)权尚书除端明殿学士、签书枢密院事",[④]不到1个月的时间,叶颙由吏部侍郎权吏部尚书,又到签书枢密院事,步入执政的行列。因此,像范纯仁、叶颙这样吏部尚书任期短的情况,是升迁得非常快的范例。

(2)在他人吏部尚书任职期间兼任。南宋时期的傅伯寿,庆元二年(1196)正月,"以翰林学士兼(实录院修撰);三年二月为吏部尚书仍兼(实录院修撰)",[⑤]"(嘉泰)二年五月以宝文阁学士提举佑神观",[⑥]"(嘉泰)三年二月以端明殿学士兼(实录院修撰)"[⑦]。庆元二年(1196)九月到庆元四年(1198)八月,许及之一直任吏部尚书,根据吏部尚书同一时间只除一员的制度,推测此期间内许及之应该出使金国一段时间,从而傅伯寿能够在庆元三年(1197)二月暂任数天的吏部尚书,之后即以端明殿学士提举宫观。许及之一直担任吏部尚书,由于中间出使金国一段时间,吏部积攒事务渐多,遂由傅伯寿兼任数日吏部尚书。

(3)由于被弹劾而改官。北宋后期的李清臣,元祐八年(1093)四月甲子,"资政殿学士、通议大夫、知永兴军李清臣为吏部尚书",[⑧]同年五月己卯,"新除吏部尚书李清臣为资政殿学士、知真定府。以权给事中姚勔论清臣不当召用故也"[⑨]。1个月之内,李清臣由地方知军除吏部尚书,很快又为地方知府,原因就在于被弹劾,从而1个月之内再次出知地方。

(4)担任吏部尚书时被放罢,从而任期很短。如南宋时期的陈良祐,乾道六年(1170)四月戊戌,"吏部尚书汪应辰三论发运司,罢知平江府",[⑩]同年五月,

---

① (宋)李焘:《续资治通鉴长编》卷369,元祐元年闰二月丙午,中华书局2004年版,第8903页。
② (宋)李焘:《续资治通鉴长编》卷370,元祐元年闰二月乙卯,中华书局2004年版,第8944页。
③ (宋)杨万里撰,辛更儒笺校:《杨万里集笺校》卷119《宋故尚书左仆射赠少保叶公行状》,中华书局2007年版,第4536—4537页。
④ (元)脱脱等:《宋史》卷213《宰辅表四》,中华书局1977年版,第5572—5573页。
⑤ (宋)佚名撰,张富祥点校:《南宋馆阁录续录》卷9《官联三》,中华书局1998年版,第378页。
⑥ (宋)佚名撰,张富祥点校:《南宋馆阁录续录》卷9《官联三》,中华书局1998年版,第379页。
⑦ (宋)佚名撰,张富祥点校:《南宋馆阁录续录》卷9《官联三》,中华书局1998年版,第360页。
⑧ (宋)李焘:《续资治通鉴长编》卷483,元祐八年四月甲子,中华书局2004年版,第11486页。
⑨ (宋)李焘:《续资治通鉴长编》卷484,元祐八年五月己卯,中华书局2004年版,第11493页。
⑩ (明)柯维骐:《宋史新编》卷11,乾道六年四月戊戌,明嘉靖四十三年杜晴江刻本,第577页。

“祖宗陵寝，而臣下妄与异论，可见不忠不孝，吏部尚书陈良祐可放罢，送筠州居住。时议遣泛使往请陵寝，良祐上疏争之，故也”[1]。乾道六年（1170）四月戊戌，汪应辰由吏部尚书被罢知平江府，陈良祐吏部尚书之任当在之后。五月，陈良祐放罢，其吏部尚书任期还不到1个月，任期之短的原因在于他上奏忤逆了圣旨，从而被放罢。

（5）担任吏部尚书后不久即致仕，从而任期很短。南宋时期的颜棫，开禧元年（1205）二月，“除工部尚书依旧兼（直学士院），五月除权吏部尚书依旧兼职，六月致仕”。[2] 颜棫于开禧元年（1205）五月份才权吏部尚书，六月即致仕，吏部尚书的任期也就定格在了1个月。

（6）担任吏部尚书后卒于任上，从而任期很短。南宋时期的胡直孺，绍兴元年（1131）八月辛未，“刑部尚书、兼侍读胡直孺守兵部尚书”，[3]“进刑部尚书兼侍读，多所献纳御书、文物，多师古。朝廷半老，儒于扇以赐。改兵部兼权吏部”，[4]绍兴元年（1131）十一月甲午，“兵部尚书兼侍读胡直孺卒，特赠端明殿学士”，[5]而前任吏部尚书洪拟于绍兴元年（1131）十月壬申，“罢为龙图阁直学士、知温州”[6]。绍兴元年（1131）十月壬午，洪拟才由吏部尚书离任，那么胡直孺吏部尚书之任必在此之后。到了十一月甲午，胡直孺卒，吏部尚书任期也告一段落。因此，卒于吏部尚书任上也是部分吏部尚书任期超短的原因所在。

（7）由于宋王朝的灭亡而导致部分吏部尚书走遁或者引归，从而任期很短。南宋时期的丁应奎，德祐元年（1275）十一月，吏部尚书王应麟离任，丁应奎当在德祐元年（1275）十一月之后任吏部尚书，德祐元年（1275）十二月庚申，“权吏部尚书丁应奎、左侍郎徐宗仁遁”。[7] 大敌当前，吏部尚书丁应奎选择了逃跑这种令人唾弃的方式结束了自己吏部尚书的任职。王应麟，德祐元年（1275）十月，“除礼部尚书兼给事中……辞兼中书舍人，从之。兼摄吏部尚书”，到了十一

① （宋）佚名：《皇宋中兴两朝圣政》卷48《窜陈良祐》，台湾文海出版社1967年版，第1823页。

② （宋）何异：《宋中兴学士院题名》，宋代传记资料丛刊第44册，北京图书馆出版社2006年版，第126页。

③ （宋）李心传撰，胡坤点校：《建炎以来系年要录》卷46，绍兴元年八月辛未，中华书局2013年版，第976页。

④ （清）谢旻等监修：《（光绪）江西通志》卷66《人物一》，文渊阁四库全书影印本第515册，台湾商务印书馆1986年版，第313页。

⑤ （宋）李心传撰，胡坤点校：《建炎以来系年要录》卷49，绍兴元年十一月甲午，中华书局2013年版，第1019页。

⑥ （宋）李心传撰，胡坤点校：《建炎以来系年要录》卷48，绍兴元年十月壬申，中华书局2013年版，第1007页。

⑦ （元）脱脱等：《宋史》卷47《瀛国公纪》，中华书局1977年版，第936页。

月，“丞相留梦炎用徐囊为御史……（王应麟）缴奏上疏，驳之并纠梦炎……疏入，又不报，即引归。十二月……以翰林学士宣召……力辞不赴。二年丙子，五十四岁，是岁，宋亡。先生杜门不出”。[①] 王应麟弹劾徐囊未果，此时宋王朝又是岌岌可危，在这种情况下，王应麟选择了引归，主动放弃吏部尚书的职务，从而吏部尚书的任期也就停留在了 1 个月的时间。

2. 任期极长者

三年一次考课，只要为政中规中矩，没有原则性的错误，即可升迁。但是，宋代作为职事官的吏部尚书却有一小部分官员在吏部尚书的任上超过了 3 年的时间。在绝大部分吏部尚书任期都较短的情况下，仍然有这些官员在吏部尚书的职位上久任，值得注意。官员久任，可以从两个方面进行理解：一方面可能是某位官员在其任上克己奉公，清正廉明，皇帝对其器重，不愿换他人担任此任；另一方面是某位官员的政绩不足以支撑其迅速升迁，或者由于其他原因不得已必须留在某任上较长时间。下面就宋代作为职事官的吏部尚书任期超过 3 年的情况进行分析：

（1）北宋前期有 1 任，即张昭。张昭为前朝旧臣，“七岁，能诵古乐府、咏史诗百余篇；未冠，遍读九经，尽通其义”，[②]可见张昭幼时已经聪明过人，非同一般。五代时期，张昭逐渐崭露头角，政绩斐然，后周时做到兵部尚书，“世宗以昭旧德，甚重焉……恭帝即位，封舒国公”，[③]足见张昭有过人之处，而且德行也不错。因此，北宋建立之后，赵匡胤就任命张昭来担任吏部尚书这一要职。乾德三年（965）三月，由于被陶谷诬陷，张昭在廷堂上与其争论，结果惹怒了赵匡胤，遂以本官致仕。张昭能够久任吏部尚书并非偶然，这与其本身有着丰富的任职经历和宋初难以寻找合适的人选有很大关系，当然，最主要还是张昭个人的优秀品质与卓越的才能。自从张昭离任之后，吏部尚书开始成为阶官，几乎不再领吏部事，也可见张昭的过人之处。

（2）北宋后期有 1 任，即张克公。张克公“举进士。大观初，擢监察御史”，[④]后来因为“星变”事件弹劾蔡京，蔡京竟因此致仕。张商英为宰相后，张

---

① （宋）王应麟著，张骁飞点校：《四明文献集（外二种）》附录《王深宁先生年谱》，中华书局 2010 年版，第 560 页。

② （元）脱脱等：《宋史》卷 263《张昭传》，中华书局 1977 年版，第 9085 页。

③ （元）脱脱等：《宋史》卷 263《张昭传》，中华书局 1977 年版，第 9091 页。

④ （宋）王称撰，孙言诚、崔国光点校：《东都事略》卷 105《张克公传》，齐鲁书社 2000 年版，第 900 页。

克公又“论张商英十罪，商英罢相”[①]。前后两次将宰相弹劾下去，足见张克公不同常人之处，敢于弹劾权贵，更能够以理说服皇帝，实在不易。正是这样，宋徽宗迁张克公为吏部尚书。王称对张克公有这样的评价：敢于言事，无所回避。对于张克公这样的官员，虽然蔡京、张商英等官员十分痛恨，但由于宋徽宗对张克公欣赏，他们却也无可奈何。本可以继续升迁，但是蔡京在不久复相之后，一直对张克公有所顾忌，从而暗中阻挠其升迁。因此，张克公在吏部尚书的职位上待了六年[②]，直到卒于任上，未再迁转。

（3）南宋时期有5任，即周三畏、张杞、萧燧、李大性、杨烨。张杞，“宣和六年甲辰沈晦”榜进士，[③]“靖康之变，从二帝北狩，七年乃谋航海，历八月登钱塘岸”，[④]终于回到了宋朝。从这一点来看，张杞是十分聪明的，才能抓住微妙的时机从北方返回南宋。绍兴十九年（1149），张杞作为国信使出使金国，顺利完成出使，“还，升吏部尚书”。[⑤] 张杞其他可见的史料就很少了，他能够在吏部尚书的职位上超过3年时间，与他出使金国应当做到了不辱使命，两者有很大关系。

萧燧，绍兴十八年（1148）“进士第五人”，权刑部尚书时，“北使贺正旦充馆伴使”，回朝之后即以权刑部尚书兼权吏部尚书。在对经济方面的问题进言后，“上极称善”，淳熙十三年（1186）七月，“正除吏部尚书”。直到淳熙十五年（1188）正月，“遂贰大政”，升迁入执政的行列。[⑥] 从萧燧吏部尚书的任职经历不难发现，萧燧是非常有才能的，他在出使金国后兼权吏部尚书，同张杞较为相似，可见是圆满完成了出使的任务，并且不辱使命。从淳熙十三年（1186）七月开始真除吏部尚书到淳熙十五年（1188）正月擢升执政，萧燧以刑部尚书兼权吏部尚书一段时间，正除吏部尚书后任职时间为1年半，也就是说萧燧虽然处理吏部事务时间超过三年，但并不意味着他不够优秀而升迁较慢，正除之后仅1年半便跻身执政行列，萧燧的个人才能还是十分卓越的。

---

① （宋）王称撰，孙言诚、崔国光点校：《东都事略》卷105《张克公传》，齐鲁书社2000年版，第900页。

② 《宋史》载张克公居吏部六年，《东都事略》载张克公为吏部尚书七年，通过考证，今认为张克公任吏部尚书时间应为六年。

③ （清）谢旻等监修：《（光绪）江西通志》卷49《选举》，文渊阁四库全书影印本第514册，台湾商务印书馆1986年版，第604页。

④ （清）谢旻等监修：《（光绪）江西通志》卷87《人物二十二》，文渊阁四库全书影印本第516册，台湾商务印书馆1986年版，第20页。

⑤ （清）谢旻等监修：《（光绪）江西通志》卷87《人物二十二》，文渊阁四库全书影印本第516册，台湾商务印书馆1986年版，第20页。

⑥ （宋）周必大撰，（宋）周纶编：《文忠集》卷67《资政殿学士宣奉大夫参知政事萧正肃公神道碑》，文渊阁四库全书影印本第1147册，台湾商务印书馆1986年版，第714—717页。

李大性，“以父任入官”，“陈传良以言事去国，彭龟年、黄度、杨方相继皆去”，对此，李大性极力上疏进行抗争，认为彭龟年等人都为贤德之人，不应离去。“孝宗崩，光宗疾，未能执丧”，对此，李大性认为宋光宗的做法非常不合礼法，应当予以改变。“朝论将用兵，大性条陈利害，主不宜轻举之说”，结果忤逆了韩侂胄，出知地方，而韩侂胄的北伐最终也以失败告终。在地方官的岗位上，李大性做了不少实事，再次被召回京师，“除刑部尚书兼详定敕令，寻迁兵部”，于嘉定七年（1214）开始兼权吏部尚书，之后正除吏部尚书。嘉定十一年（1218）底，李大性以端明殿学士知平江府。[①] 从李大性的履历来看，他也是一位非常有才能的官员，目光长远，见地颇深，这也是他能够任吏部尚书3年以上的原因所在。

周三畏参与过岳飞案件的审理，其他可见史料很少；杨烨情况也相似，除了有其担任吏部尚书的记载，其他史料很少，从而无法考察他们任期超过3年的原因。

3. 任期在1个月到半年之间者

之所以专门来考察任期在1个月到半年之间的吏部尚书，是因为宋代作为职事官的吏部尚书任期在1个月到半年之间的情况是最多的，北宋后期21任，南宋时期58任，分别占到了各自时期吏部尚书总任数的41.18%（21∶51）、39.19%（58∶148），大致都为四成。任期中去除数日的情况，就要数1个月到半年之间的任期为最短。任期短，前文已经对吏部尚书任期数日的情况进行了分析，分了几种情况，现在就任期在1个月到半年之间的吏部尚书情况进行分析，看它们是否存在不同之处。

（1）升迁迅速，吏部尚书成为迁转的平台。北宋后期的吕大防，元丰八年（1085）十二月甲戌，“翰林学士、知制诰、权知开封府吕大防为吏部尚书”，[②]元祐元年（1086）闰二月丙午，“朝散大夫、试吏部尚书吕大防为中大夫、尚书右丞”[③]。3个月内，吕大防由翰林学士、知制诰、权知开封府为吏部尚书，又迁入执政。诚然，吕大防后来官至宰相，吏部尚书之任在他的履历中也记下了精彩的一页，成为他迁转的平台。又南宋时期的刘珏，建炎三年（1129）六月乙卯，“尚书吏部侍郎刘珏试吏部尚书”，[④]建炎三年（1129）八月壬子，“吏部尚书刘珏

① （元）脱脱等：《宋史》卷395《李大性传》，中华书局1977年版，第12048—12049页。
② （宋）李焘：《续资治通鉴长编》卷362，元丰八年十二月甲戌，中华书局2004年版，第8668页。
③ （宋）李焘：《续资治通鉴长编》卷369，元祐元年闰二月丙午，中华书局2004年版，第8903页。
④ （宋）李心传撰，胡坤点校：《建炎以来系年要录》卷24，建炎三年六月乙卯，中华书局2013年版，第576页。

为端明殿学士、权同知三省枢密院事"[①]。仅仅两个月之内，刘珏由吏部侍郎到吏部尚书，再到权同知三省枢密院事，步入了执政的行列，吏部尚书成为他迁转的平台。

（2）引疾求去，出知地方或担任祠禄官。南宋时期的刘大中，绍兴六年（1136）七月癸酉，"尚书吏部侍郎、兼侍讲刘大中试兵部尚书"，[②]绍兴六年（1136）十二月己未，"兵部尚书兼权吏、礼部尚书刘大中充龙图阁直学士、知处州免朝辞。赵鼎既罢政，大中引疾求去位，疏再上，乃命出守"[③]。刘大中由吏部侍郎试兵部尚书，后兼权吏部尚书、礼部尚书，但是仅仅才 5 个月，刘大中因为身体原因请求出知地方，并且得到允许，出知处州。因此，由于疾病等原因成为刘大中吏部尚书任期为 5 个月的原因。又如南宋时期的周武仲，建炎二年（1128）七月丁亥，"吏部尚书兼侍读周武仲充龙图阁学士、提举江州太平观。初，武仲以疾亟求去，上曰：'如武仲者，未见其比。虽病，固当留最。'后同知枢密院事郭三益为之请，乃有是命"。[④] 周武仲同样是因疾求去，从而为祠禄官，吏部尚书任期也到此结束。

（3）由于被弹劾而改官，出知地方。北宋后期的彭汝砺，"进权吏部尚书。言者谓尝附会刘挚，以宝文阁直学士知成都府"。[⑤] 由于被弹劾附会刘挚，从而改官，出知成都，彭汝砺的吏部尚书任期也到此结束。

（4）由于被弹劾而被罢。林大鼐，绍兴二十二年（1152）九月己未，"右谏议大夫林大鼐试吏部尚书仍兼侍讲"，[⑥]绍兴二十三年（1153）二月己巳，"吏部尚书林大鼐罢。右正言史才论大鼐狂躁欺诞，父在而不迎侍。陛下擢宋朴为枢密，大鼐以其出己上，愤然不平，若不亟去，必摇国是。故大鼐遂罢"。[⑦] 吏部尚书任上被罢，从而任期也宣告结束。

（5）吏部尚书任后即致仕。南宋时期的张焘，绍兴二十九年（1159）十二月

① （宋）李心传撰，胡坤点校：《建炎以来系年要录》卷 26，建炎三年八月壬子，中华书局 2013 年版，第 603 页。

② （宋）李心传撰，胡坤点校：《建炎以来系年要录》卷 103，绍兴六年七月癸酉，中华书局 2013 年版，第 1942 页。

③ （宋）李心传撰，胡坤点校：《建炎以来系年要录》卷 107，绍兴六年十二月己未，中华书局 2013 年版，第 2018 页。

④ （宋）李心传撰，胡坤点校：《建炎以来系年要录》卷 16，建炎二年七月丁亥，中华书局 2013 年版，第 396 页。

⑤ （元）脱脱等：《宋史》卷 346《彭汝砺传》，中华书局 1977 年版，第 10976 页。

⑥ （宋）李心传撰，胡坤点校：《建炎以来系年要录》卷 163，绍兴二十二年九月己未，中华书局 2013 年版，第 3108 页。

⑦ （宋）李心传撰，胡坤点校：《建炎以来系年要录》卷 164，绍兴二十三年二月己巳，中华书局 2013 年版，第 3118 页。

丙寅,“端明殿学士、提举万寿观、兼侍读张焘试吏部尚书”,[①]绍兴三十年(1160)二月丁卯,“吏部尚书、兼侍读张焘充资政殿学士致仕”,[②]吏部尚书的任期定格在了3个月。

(6)平行的官职调动。北宋后期的林希,“哲宗亲政,留为中书舍人……迁礼部尚书、移吏部、翰林学士,拜同知枢密院事”。[③] 从吏部尚书迁翰林学士,算不得升迁,不过相对而言之后林希晋升执政,也是其从礼部尚书到吏部尚书,再到翰林学士不断历练的结果。

(7)由于老耄昏愦而降官。北宋后期的刘拯,“旋罢知蕲州,徙润州。张商英入相,召为吏部尚书。拯已昏愦,吏乘为奸,又左转工部,以枢密直学士知同州”。[④] 刘拯已经老耄昏愦,转工部应当为降官。

(8)由于战事紧急而改官,出知地方。南宋时期的吕颐浩,建炎二年(1128)十一月丙戌,“户部尚书吕颐浩试吏部尚书”,[⑤]建炎三年(1129)正月十一日,“吏部尚书吕颐浩等言事”,[⑥]建炎三年(1129)二月四日,“吕颐浩除资政殿大学士,充江浙制置使、兼知镇江府”[⑦]。战事紧急,吕颐浩又是宋高宗信赖之人,于是被派遣前线,吏部尚书任期也就告一段落。

(9)在他人吏部尚书任职期间兼任吏部尚书。南宋时期的胡沂,乾道八年(1172)二月三日,“诏给事中胡沂兼太子詹事”,[⑧]“给事中兼侍讲,除权礼部尚书仍兼兵部。踰年,试礼部尚书,升侍读”,[⑨]乾道九年(1173)九月二十七日,

---

① (宋)李心传撰,胡坤点校:《建炎以来系年要录》卷183,绍兴二十九年十二月丙寅,中华书局2013年版,第3543页。
② (宋)李心传撰,胡坤点校:《建炎以来系年要录》卷184,绍兴三十年二月丁卯,中华书局2013年版,第3560页。
③ (宋)王称撰,孙言诚、崔国光点校:《东都事略》卷97《林希传》,齐鲁书社2000年版,第829—830页。
④ (元)脱脱等:《宋史》卷356《刘拯传》,中华书局1977年版,第11200页。
⑤ (宋)李心传撰,胡坤点校:《建炎以来系年要录》卷18,建炎二年十一月丙戌,中华书局2013年版,第424页。
⑥ (清)徐松辑,刘琳、刁忠民等校点:《宋会要辑稿·职官》43之17,上海古籍出版社2014年版,第4120页。
⑦ (清)徐松辑,刘琳、刁忠民等校点:《宋会要辑稿·职官》7之21,上海古籍出版社2014年版,第3216页。
⑧ (清)徐松辑,刘琳、刁忠民等校点:《宋会要辑稿·职官》7之29,上海古籍出版社2014年版,第3221页。
⑨ (宋)施宿等:《嘉泰会稽志》卷15《相辅》,宋元方志丛刊本,中华书局1990年版,第6998页。

"诏权吏部尚书胡沂兼太子詹事"[①]。可见,乾道九年(1173),胡沂由权礼部尚书兼权兵部尚书为权吏部尚书兼太子詹事,同年,试礼部尚书。胡沂此次出任吏部尚书当在李彦颖出使金国期间。

(10)由于宋王朝的灭亡而导致部分吏部尚书遁或引归。卫仲达,"华亭人。靖康初为礼部尚书,寇至而遁,坐除名均州居住。至是,并以赦复之"。[②] 根据史料判断卫仲达吏部尚书任期为两个月,在金兵到来之际,卫仲达选择了逃跑,从而被除名,吏部尚书的任期也就到此结束。

(11)担任吏部尚书后卒于任上。如北宋后期的曾孝宽,元祐五年(1090)六月丁酉,"资政殿学士、知成德军曾孝宽为吏部尚书",[③]元祐五年(1090)八月甲辰,"资政殿学士、中大夫、守吏部尚书曾孝宽卒"[④]。当然,这是曾孝宽第二次出任吏部尚书,这一次吏部尚书的任期定格在了两个月。又如北宋后期的徐铎,"崇宁中,拜礼部尚书……进吏部尚书,卒"。[⑤] 宋徽宗朝廷议宗庙制度在崇宁四年(1105),故徐铎于崇宁四年进吏部尚书。又崇宁五年(1106)虞策已经是吏部尚书,徐铎当在崇宁四年(1105)离任,判断徐铎吏部尚书之任在 1 个月到半年之间。徐铎由礼部尚书进为吏部尚书,之后卒于任上,吏部尚书的任期就定格在了数月。

4. 未拜或未赴任者

有吏部尚书的任命,但是官员却未拜或实际没有赴任,这种情况在唐代吏部尚书中共有 4 任,宋代有 2 任,虽然少于唐代,但是这种特殊的情况应当予以探讨。宋代吏部尚书中未拜者与未上任者分别是崔與之和卢法原。

崔與之,菊坡学派的代表人物,"家贫力学,自奋先。广士有当试成均者,率惮远不行,公毅然勇往……擢乙科,广人由胄监取第者自公始"。[⑥] "擢发遣宾州军事,郡政清简……召为金部员外郎,时郎官多养资望,不省事,與之钜细必亲省决,吏为欺者必杖之,莫不震栗……召为秘书少监,军民遮道垂涕……蜀人

① (清)徐松辑,刘琳、刁忠民等校点:《宋会要辑稿·职官》7 之 30,上海古籍出版社 2014 年版,第 3221 页。此处《宋会要辑稿》乾道八年时间误,应为九年。一是前文从乾道九年开始,此则材料却多加了乾道八年;二是乾道八年这个时候张津为吏部尚书,胡沂不可能与张津同时间为吏部尚书,乾道九年这个时候则恰好没有人任吏部尚书。

② (宋)李心传撰,胡坤点校:《建炎以来系年要录》卷 59,绍兴二年十月戊子,中华书局 2013 年版,第 1181 页。

③ (宋)李焘:《续资治通鉴长编》卷 443,元祐五年六月丁酉,中华书局 2004 年版,第 10652 页。

④ (宋)李焘:《续资治通鉴长编》卷 446,元祐五年八月甲辰,中华书局 2004 年版,第 10741 页。

⑤ (元)脱脱等:《宋史》卷 329《徐铎传》,中华书局 1977 年版,第 10607 页。

⑥ (宋)李昴英:《李忠简公文溪存稿》卷 11《崔清献公行状》,宋集珍本丛刊第 85 册,线装书局 2004 年版,第 508 页。

思之,肖其像于成都仙游阁,以配张咏、赵抃,名三贤祠……端平初,帝既亲政,召为吏部尚书,数以御笔起之,皆力辞”。[1] 崔與之的名声特别好,他是岭南第一位由太学考中进士的士人,三贤祠的设立正说明了崔與之受人爱戴的真实情况。他不仅辞去了吏部尚书的任命,之后“拜参知政事,拜右丞相,皆力辞”,[2]实属不易。能够像崔與之这样将吏部尚书乃至宰相的任命都推辞不授的官员,纵观中国古代史上也不多见。这是崔與之十分独特的个人魅力,一定程度上也是宋学对崔與之影响的结果。

卢法原在南宋时期吏部尚书之任没有赴任,建炎四年(1130)五月壬子,“徽猷阁直学士、知成都府卢法原为吏部尚书”,[3]绍兴元年(1131)十一月壬子,“新除吏部尚书卢法原依前徽猷阁直学士、提举临安府洞霄宫。法原自成都召还,道梗不能赴,从所请也”。[4] 当然,卢法原这次吏部尚书之任是比较奇怪的,建炎四年(1130)五月,卢法原吏部尚书的任命已经下达,然而,1 年多过去了,卢法原竟然还没有到达京师,原因是“道梗不能赴”。卢法原也意识到了很可能还需要更长时间才能够到达京师,于是主动申请他职。卢法原此次吏部尚书还没有到任,就又被授予了祠禄官,从而此次吏部尚书最终也没有上任。当然,从卢法原此次吏部尚书上任未果也可以看出,宋代或者说中国古代长途跋涉是一件非常困难的事情,“道梗不能赴”的解释十分简单,到底是道路上由于天气原因行进缓慢,还是遇到了强盗劫匪而被迫滞留?当然,不论具体原因究竟是什么,卢法原在 1 年多之后最终也没有上任吏部尚书而被迫改官却是事实,这足以证明在中国古代长途赴任是非常困难的。

① (元)脱脱等:《宋史》卷 406《崔與之传》,中华书局 1977 年版,第 12258—12262 页。

② (元)脱脱等:《宋史》卷 406《崔與之传》,中华书局 1977 年版,第 12262 页。

③ (宋)李心传撰,胡坤点校:《建炎以来系年要录》卷 33,建炎四年五月壬子,中华书局 2013 年版,第 758 页。

④ (宋)李心传撰,胡坤点校:《建炎以来系年要录》卷 49,绍兴元年十一月壬子,中华书局 2013 年版,第 1028 页。

结　语

吏部为尚书省六部之首，在宋代政治制度的职官系统中占有重要地位。吏部尚书在元丰改制前为正三品阶官，元丰改制后为吏部最高长官，其地位与作用举足轻重。通过对吏部尚书诸方面的考察，得出如下结论：

一、宋代吏部尚书职能、选任诸方面在不断完善，处于承上启下的重要阶段

吏部尚书这一官职从开始设置，到唐宋时期职能、选任等方面的完善，再到明清时期权力的增大与直接向皇帝负责，地位基本处于上升趋势，这也正是中国古代官制发展的一般态势。

尚书最早出现于周朝，尚书之名开始确定于秦朝。汉置常侍尚书，曹魏改选部为吏部。晋与魏同，晋宋以来吏部尚书资位尤重。北魏初为选部尚书，后又改为吏部尚书。北周设置吏部中大夫、小吏部下大夫。吏部尚书至唐已位居六部之首，但在唐后期逐渐成为虚职。宋承唐制，吏部尚书阶官化，直到元丰改制之后，吏部尚书官复其职。元丰改制前，宋代吏部职能主要被京朝官差遣院、磨勘京朝官院、磨勘幕职州县官院、考课院、三班院、审官院、吏部流内铨等部门分割。元丰改制后，吏部领尚书左选、尚书右选、侍郎左选、侍郎右选、司封司、司勋司、考功司、官告院等机构。

吏部长官真正为吏部尚书之名始于曹魏时期。曹魏时期（220—266）距宋初已有700余年，吏部尚书在经历了多年的变化和发展后，尤其是隋唐时期的规范化、制度化，宋代吏部尚书的职能、选任等方面较之前代也在不断地发展与完善。历代以来，吏部尚书大多隶属于三省并且归宰相管辖，宋代也是如此，吏部尚书在元丰改制后隶属于尚书省，由宰相管辖。元代时间较短，许多制度并未有太大变化，或者可以认为还是承袭的宋代制度，至少在吏部尚书这个层面上，并未有较大变化。明洪武十三年（1380）胡惟庸案之后，明太祖朱元璋废除了中书省和宰相，将中书省之权直接归于六部。也就是说，吏部尚书直接对皇

帝负责，而不再对宰相负责。此后，吏部尚书之权有了较大改变，无论是官品、俸禄乃至地位，都有很大程度的提高。诚然，明代中后期宦官势力很大，部分皇帝长达几十年从未上朝，朝臣与皇帝之间往往要通过宦官才能够相互沟通，这种畸形的上传下达方式，自然不是中国古代中央行政体制中的常态，至少在制度层面上讲，吏部尚书等重要朝臣仍然对皇帝负责，而不是对宦官负责，无论这些宦官权力如何之大。

二、宋代吏部尚书存在不同类别，职掌范围较之前代有所扩大

宋代吏部尚书存在不同类别，显示了宋代官制的多样性与灵活性，是宋廷充分发挥不同官员能力的较好方式。宋代吏部尚书职掌范围较之前代有所扩大，宋政府要求吏部尚书在做好本职工作的同时，尽可能多地为朝廷出谋划策、排忧解难。

吏部尚书按类别大致可以分为吏部尚书、权吏部尚书、行吏部尚书、守吏部尚书、试吏部尚书、检校吏部尚书和作为赠官的吏部尚书。吏部尚书元丰改制前职掌视差遣而定，改制后领吏部七司，恢复实际职务，总领文武百官选试、注拟、迁授、荫子、叙复等政令。除此之外，吏部尚书还经常兼任他职。总的来说，吏部尚书具体职掌为全面掌管吏部的本职工作、修订吏部七司条法、荐举人才、参政议政、负责贡举考试、担任修史工作、为皇帝讲解经史、担任临时性礼仪官等。

宋代吏部尚书之所以会有如此多的类别，有以下几个方面的因素：首先是担任吏部尚书官员本官高低有所不同，同样担任吏部尚书，但由于本官官阶之间存在着差异，因此以权、行、守、试等字样或者什么都不加来区分官员本官的不同，当然俸禄等待遇也有所不同。其次，从唐中后期开始，不少大臣都开始带检校某官职的头衔，宋代也是如此，检校吏部尚书在宋代更多时候应当是虚衔，用来显示该官员的某种特殊地位，或者用以表彰该官员的某种成就与贡献。检校吏部尚书的形式是对官职更加灵活的运用，既没有打破官制的“祖宗之法”，同时又能够适当给予某些官员荣誉。再次，宋代对官员较为优待，官员殁时可以升迁本官阶、获得赠官、恩荫子孙等，之后遇到郊祀大礼等仪式可以再次由其家人申请升迁其赠官。赠官对官员而言是一生仕宦的总结，对官员家族而言是荣誉和恩荫后代的利益。其实，宋代官、职、差遣分离的特色，就已经显示了宋代官制的多样性与灵活性，尽管元丰改制后三省六部九寺五监官复其职，但是各种新设立的差遣还是层出不穷，这是对实际情况作出的改变，这些并不是冗官的体现，而是量才使用，充分发挥不同官员能力的较好方式。

元丰改制后，吏部尚书总领文武百官选试、注拟、迁授、荫子、叙复等政令，全面掌管吏部的本职工作，修订吏部七司条法等，其他还参与荐举人才、参政议政、负责贡举考试、担任修史工作、为皇帝讲解经史、担任临时性礼仪官等。可以认为，宋代吏部尚书的职掌范围较之前代有所扩大，至少从修史工作这个角度来看，唐代之前并没有专门设立修史机构，自然更不会有官员任职期间负责修史工作。唐代设立了专门的修史机构，明确规定要由宰相全面负责，吏部尚书往往也参与修史工作，或许他们并不真正从事具体编纂，但是既然兼任了修史机构的某个官职，自然也不能完全是挂个虚名，多少也是要从事一些修史事宜的。荐举人才应当很早就有，中国古代从汉代开始实行察举、征召制，后来虽然变更的有任子制、世袭领兵制、九品中正制、科举选任等诸多方式，不过对人才的推荐却是吏部尚书等官员一直拥有的职能，特别是某些杰出但是又不愿入仕的人才，荐举就显得格外重要，有时或许对王朝的走势产生影响。参政议政更是高级官员的重要职责，特别是面对兵临城下等重大时刻，官员为国出谋划策就显得格外重要。当然，日常如水利兴建等事宜，也需要集议讨论利弊，决定如何兴修，或者是予以放弃等。宋代熙丰变法时期官员参政议政的频率非常高，变法派自然是为了国富兵强在努力地推行新法，反对派也是从自身利益和新法的弊端等方面对新法提出反对的意见甚至是激烈的攻击。也就是说，在熙丰变法时期，为政官员都必须对新法持一种态度，要么支持，要么反对，要么支持部分内容反对部分内容，那种“和稀泥”或者是“和事佬”的态度显然是宋廷不能容忍的。身为官员，对王朝的重大事件没有看法，仿佛置身事外，又如何配做一名官员？吏部尚书作为高级官员，在许多朝政面前，又怎么能充耳不闻呢？总体上看，官员做好本职工作是基本要求，能够在做好本职工作的基础之上，同时还能为王朝出谋划策、排忧解难，自然最好不过。

三、宋代吏部尚书籍贯主要分布在南方五路，政局的稳定与学风的兴盛是重要原因

宋代吏部尚书籍贯主要分布在以两浙路与福建路为代表的南方五路，这与宋代经济重心的南移有很大关系，而政局的稳定与学风的兴盛也是这些地区人才辈出的重要原因。吏部尚书籍贯分布上的变化，正是唐宋王朝政治、经济、文化等方面变化的体现。

宋代吏部尚书籍贯分布主要集中于南方两浙路、福建路、江南西路、江南东路、成都府路五路，尤其是两浙路与福建路最多，除利州路、夔州路、广南西路、荆湖北路、秦凤路之外皆有吏部尚书。北宋前期吏部尚书籍贯分布特点并不明

显，这与此时期吏部尚书人数太少而且大多并不领实际职务有很大关系，北宋后期两浙路、福建路同前期相比吏部尚书人数急剧增加，南宋时期两浙路、福建路两路继续领跑，江南西路与江南东路也异军突起，这些变化同宋代科举发达、经济快速发展、教育兴盛有很大关系。唐宋相比，籍贯方面唐代吏部尚书主要集中于北方地区，北宋前期还延续了这一趋势，到北宋后期南方开始崛起，南宋时期吏部尚书更是几乎都来自于南方。这与两个因素关系密切，一是唐代的经济、文化重心在北方，北宋经济、文化重心快速向南移动，到南宋最终完成了转移；二是科举制度的变化。吏部尚书籍贯分布上的变化，是唐宋王朝政治、经济、文化等方面变化的体现。

从籍贯分布来考察宋代吏部尚书，可以发现来自以两浙路和福建路为代表的南方五路的官员最多。业师程先生认为，北宋时期，中国古代经济、文化重心仍然在北方地区，北方地区虽然经历了安史之乱的打击，但较之南方仍有一定的优势，这一南移的过程在南宋时期画上了一个句号。从这个层面也可以来解释吏部尚书籍贯分布的特点，而且是很重要的原因。应该说，不仅仅是吏部尚书，其他出自南方特别是两浙路、福建路、江南西路等地的中高级文官也很多。毫无疑问，两浙路自然经济条件较好，经济的发达往往能够带动教育的发展。其实，向前追溯至隋唐五代时期，这一地区一直较为稳定，几乎没有受到多少战火的摧残。唐玄宗时期的安史之乱，对中原破坏很大，不过两浙地区仍能够继续发展；唐末黄巢起义，虽然辗转于南方地区，不过最终还是选择了北上京师，放弃了广大南方地区，两浙地区受到的影响仍然较小；五代十国时期战争频仍，尤其是南方地区的争夺尤为激烈，而两浙地区却在这一时期非常特殊，钱镠成为吴越国国王之后，深知国力弱小，又与兵力强盛的吴（唐）为邻，故对中原王朝比较谨慎，较好地执行了保境安民的政策。吴越国的两浙地区维持了相对安定的局面，维持了社会经济的发展。钱俶于太平兴国年间献土，也使得两浙地区免受了战火的破坏。和平、稳定的局面，是一个地区经济发展的基础，更是一个地区孕育出人才的关键，宋代两浙路诠释了这个道理。

福建路人多地狭，多山地与丘陵，生存压力激发了福建路百姓的读书热潮。对读书学习等事业的热衷提高了广大百姓的文化水平，学风的浓厚在一定程度上还起到了稳定社会的作用。尽管宋代普通士人想要考取进士仍然是件非常艰难的事情，不过宋代特奏名科对广大士人来说无疑是非常具有吸引力的，所以有许多学子参加科举考试直至花甲之年仍然选择坚持下去，正是特奏名的功劳所在。也正是如此，宋代普通百姓拥有一种与其他朝代百姓不同的心理，许多人坚信科举考试可以改变自己的人生，从而改变整个家族的状况，即使无法考取进士，能够在多年之后获取特奏名，也同样可以走上仕宦的道路，甚至飞黄腾达。这正是福建路人多地狭，却出现较多吏部尚书的原因所在。

四、宋代吏部尚书大多以进士科入仕，恩荫入仕较少

宋代吏部尚书入仕途径以科举尤其是进士科为主。尽管恩荫在历朝都占据不小的比重，但是具体到以吏部尚书为代表的中高级官员，仍然是科举尤其是进士科出身的官员占据绝对优势，科举在宋代发挥了巨大的作用。

宋代吏部尚书入仕途径以科举尤其是进士科为主，童子科、贤良方正科、博学宏词科等入仕途径在吏部尚书中并不多见，荐举方式也不是吏部尚书入仕的主流，以恩荫方式入仕的吏部尚书更没有占据较大的比例，这与宋代科举特色是分不开的。科举的兴盛能够选拔出许多优秀人才，吏部尚书作为高级文官，自然大多从科举中产生。荐举方式在宋代早已不是常态，博学宏词科、贤良方正科、童子科、荐举等取人很少，能够做到吏部尚书的更少。由于宋政府对恩荫官员采取不少限制措施，恩荫官员成为吏部尚书的可能性降低。唐代吏部尚书入仕途径较为复杂，以科举入仕的比例一直在提高，宋代吏部尚书以科举入仕的比例则一直很高，延续了唐后期科举越来越重要的规律。唐代吏部尚书以恩荫入仕的比例从低到高再到低，宋代则呈现了从低向高不断发展的态势，一定程度上可以认为是唐代后期抑制恩荫，不过也与地方藩镇势力增大、中央统治逐渐薄弱有关，北宋到南宋时期恩荫的继续增加则是皇帝对高官的优待。

自从隋炀帝设置进士科以来，考中进士成为无数读书人梦寐以求的愿望。不仅仅宋代的吏部尚书大多出身于进士，前代唐朝也是如此。牛李党争时期以李德裕为代表的李党虽然不太提倡科举，但是据岑仲勉先生考证，无论是牛党还是李党，他们的成员中绝大部分都是进士出身，特别是李党并不压制科举，进士出身似乎已经成为晋升中高级官员的基本条件。后代明朝内阁首辅中，大部分人为进士出身；清朝虽为满族统治，还是非常重视科举，清朝时期唯一配享太庙的汉臣张廷玉，为康熙三十九年(1700)进士，同样为进士出身。目前学界对家族的研究和宰相、执政群体的研究还有某朝某些具体官员的研究都已经证明，进士或者说通过科举方式入仕的官员比重非常大，尽管恩荫在历朝都占据不小的比重，但是具体到中高级官员，仍然是进士或者说科举出身的官员占据绝对优势。科举制度从创立到终结，不断地发展、变化，明清时期逐渐僵化，但是仍然选拔了不少优秀的人才，更重要的是给予了无数普通百姓通往仕宦之路的希望，很大程度上起到了稳定社会的作用。因此，自从科举制度创立之后，一直受到统治者的重视。清代吴敬梓在《儒林外史》中记载了范进在参加了多年

的科举考试之后，终于中了举人，兴奋过度竟然发疯，非常犀利地对当时的科举制度进行了讽刺和抨击。尽管如此，清代一直到即将被民国取代之前，才废除了科举。关于科举取士的办法，历朝历代都有学者、官员、史学家等对其评论，褒贬不一。笔者认为，科举的积极意义远大于它的消极意义，至少从宋代吏部尚书层面上看，由科举入仕的吏部尚书整体上还是不错的，他们在职期间选任官员、参政议政还是发挥了较大的有益作用。

五、宋代吏部尚书起家官以地方幕职州县官为主，为其日后担任要职打下基础

宋代吏部尚书起家官（差遣）以地方路州县官与幕职官为主，在京差遣逐渐增多，总体上以低级起家官（差遣）为主。低级起家官（差遣）对官员的意义十分重大，既锻炼了年轻的官员，又大大降低了他们有可能感情用事产生的不利影响，更为日后担任吏部尚书等要职打下了坚实基础。

宋代吏部尚书起家官（差遣）以地方路州县官与幕职官为主，在京差遣逐渐增多，总体上以低级差遣官为主。吏部尚书起家官（差遣）品阶不高，但对吏部尚书是很好的锻炼，尤其是地方幕职州县官等经历能够在地方上经受锻炼、增长见识，为他们日后成为吏部尚书打下了一定的基础。唐代前期吏部尚书起家官情况比较复杂，中期地方官最多，后期节度使度支使属官最多，其次为校书郎。吏部尚书起家官地方官较多，这是唐宋两代共同的特征；但是校书郎在唐代吏部尚书起家官中较多，到了宋代，校书郎作为起家官却较为少见。高起点的起家官从唐代后期开始，延续到宋代。

宋代对中高级官员的选任特别重视资序，尤其是亲民官的资序，知县、知州，再到监司的担任，这些资序都是宋政府十分看重的，王安石、文天祥等杰出的宰相都曾经担任过上述某种亲民官。低级官职或差遣对官员的锻炼意义是重大的，特别是不少官员考中进士时不过二十余岁，许多恩荫官职的官员甚至年龄更小，年轻具有魄力的同时却又往往不够稳重，很容易受到感情因素的影响，因此朝廷在授予初入仕途的官员官职时，往往会让他们从低级的官职或者差遣做起，之后再授予他们中的优秀者亲民官。年轻的官员经过这样的锻炼，既大大降低了他们感情用事产生的不利影响，更为他们日后担任吏部尚书等要职打下了坚实基础。

六、宋代吏部尚书任职前多有吏部相关仕履，是其能够胜任吏部尚书的重要依据

宋代吏部尚书中多在任职前有过吏部的相关仕履，部分吏部尚书经历多种相关职位。官员任职前是否有过吏部的相关仕履，是能否胜任吏部尚书的重要依据，也是皇帝和宰辅挑选吏部尚书的重要标准，具有重要的意义。

宋代吏部尚书中许多人在任职前担任过吏部相关职务，部分吏部尚书任职经历中先后经历多种相关职位。吏部尚书中多人直接担任过吏部本部职务，吏部副贰、吏部侍郎的担任更是逐渐增多，其他知贡举、知制诰、翰林学士、中书舍人等的任职情况也不少。宋代吏部职能逐渐完善，对吏部尚书人选要求越来越严格，要求其有更多、更直接的相关职务历练。没有吏部相关仕履的吏部尚书，从他们本身来说大多是比较优秀的，具有担任吏部尚书的能力。唐代中前期吏部尚书任职前的吏部相关仕履比例几乎相同，到了后期，吏部尚书任职前的吏部相关仕履比例大大增加，这一趋势在北宋得到了延续。到了南宋，吏部尚书任职前的吏部相关仕履则有所下降。唐宋两代对于吏部尚书的遴选一直较为严格，任职前是否有过吏部的相关仕履，是其能否胜任吏部尚书一职的重要依据，也是皇帝和宰辅集团挑选吏部尚书人选的重要参考标准。

对宋代吏部尚书仕履研究可以发现，大部分吏部尚书在任职前都有过吏部的相关仕履，这些仕履对于官员而言有着十分重要的意义，正是诸多相关仕履的经历，使得他们日后在担任吏部尚书时能够轻车熟路。毕竟吏部尚书是非常重要的职位，新入官员如果需要较长时间才能够胜任该职，那么这段时间内吏部的事务该怎么办？因此，重要职位人选上任之前，一般来说是需要相关仕履历练的。低级差遣或者官职，即使新上任的官员不熟悉相关事宜，也无碍大局，但是重要职位的官员，则必须做到上任立即开始工作，或者说是能够马上开始得心应手地工作，不允许他们再有学习、熟悉职位的时间与过程。

七、宋代吏部尚书最高任职多为宰执，但其致仕比例并不高

宋代大部分吏部尚书的最高官职都步入了宰执行列，说明吏部尚书在仕履中升迁很快，跻身宰执也体现了皇帝对他们的信任。宋代吏部尚书致仕比例不高，但品阶较高，以实职和祠禄官而卒的官员较多。宋代致仕不仅是对官员一生政绩的肯定，更为王朝树立了一个标杆，还为广大正在勤奋读书以盼考取功名走上仕宦之路的士人提供了真实美好的范例，这对于王朝统治的稳定有着一定意义。

宋代吏部尚书担任者的最高官职囊括了宋代吏部尚书这一官职向上迁转

职事官中的所有情况。元丰改制前,吏部尚书作为阶官,大部分是宰相兼官,拥有吏部尚书阶官者仕履中最高官职大多做到了宰执;元丰改制后,吏部尚书成为职事官,吏部尚书担任者仕履中的最高官职以宰执为主,说明吏部尚书担任者在仕履中升迁很快,跻身执政也体现了皇帝对他们的信任。部分吏部尚书的最高官职定格在了吏部尚书,这与其年龄接近致仕、遭到贬谪等个人因素和朝代变更等政治环境因素有很大关系。而以他官兼、兼权吏部尚书的大量出现,体现了宋代尤其是南宋较为灵活的官制特点。

宋代吏部尚书致仕比例并不高,特别是北宋后期致仕比例最低,这与北宋后期元丰改制中对不同政见的打击、朋党之争、元祐更化、哲宗绍述、靖康之难等政治环境是分不开的。品阶方面,得以致仕的吏部尚书品阶以从三品及从三品以上为主,这是因为北宋前期吏部尚书为正三品的官阶,元丰改制后吏部尚书为从二品职事官,寄禄官阶也不低,而且他们在担任吏部尚书之后往往还有升迁。没有致仕的吏部尚书则以担任实职或者祠禄官去世为主,其他遭贬谪、投金、遁、弃官不仕等的官员比例很小。以实职而卒的吏部尚书,往往是皇帝对其信任不允其致仕或因疾病卒于任上,担任祠禄官卒则是一种较为委婉的引退方式,对官员晚年而言有较大意义。宋代吏部尚书作为高级文官,以此推测宋代其他高级文官应当也有相似的特征:致仕比例并不太高,品阶较高,以实职和祠禄官而卒的官员较多。

宋代吏部尚书致仕后待遇较为优厚。致仕对官员而言并不是简单的退休,而是涉及诸多方面,比如离任后的俸禄、致仕官阶的升迁、子孙的恩荫等。因此,历代统治者都重视官员致仕制度,致仕制度作为封建社会优抚政策的一种对于稳定、安抚曾经为王朝作出贡献者乃至整个官员阶层而言都非常重要。秦始皇统一全国之后,原六国贵族由于自己国家已经覆灭,新建立的秦朝也没有给予他们一定的优抚政策,故而在秦末农民大起义中站在了反对秦国的阵营当中。秦朝是我国历史上第一个统一的王朝,但是它存在时间很短与没有处理好原六国贵族的致仕等问题应当有一定关系。隋朝末年,农民起义如火如荼,隋朝开国重臣杨素之子杨玄感竟然也掀起了反抗隋朝的旗帜,隋炀帝立刻调集了所有能够调集的军队将其镇压。可见,同农民起义军相比,统治者内部官员的动乱是统治者最为害怕的,因此想方设法优待统治集团的成员尤其是中高级官员,就显得格外重要。官员的入仕、升迁、俸禄等,统治者都无时无刻不在盘算如何在一定范围内,既能够相对减少开支,同时又能够笼络绝大部分中高级重要官员,从而稳定王朝的统治。如同宋代官员俸禄较之其他朝代优厚,宋代官员的致仕待遇也优于他朝。对于部分大家族,其主要成员致仕之时,有时竟然恩荫其子孙、族人数十人为官,如北宋时期担任过吏部尚书的范纯仁范氏家族、南宋时期担任过吏部尚书的史弥远史氏家族等。这些大家族在地方上的影响力非常大,能够让这些大家族死心塌地地同王朝一心,绝对地支持王朝,在俸禄、致仕等层面即使花费很大也是颇为值得的,毕竟笼络到了这些大家族,也就笼络了他们所在的地方基层势力,更为王朝树立了一个标杆,还为广大正在勤奋读书以盼考取功名能够走上仕宦之路的士人提供了真实美好的范例,这对于王朝统治的稳定有着重大意义。

八、宋代吏部尚书任职前后迁转大多呈上升趋势

宋代吏部尚书任职前后的迁转大多处于上升状态,这意味着大多数官员吏部尚书的任职经历使他们得到了升迁。以吏部尚书为代表的高级官员,大多位高权重,王朝也需要大量有真才实学而又愿意为之效忠的官员来治理国家。吏部尚书为六部长官之首,距离执政仅一步之遥,能够胜任吏部尚书之职,也就几无悬念地可以胜任执政的职位了。宋代以吏部尚书为代表的中高级官员升迁的快速与待遇的优厚产生了部分腐败,但其积极意义也很大,它刺激着广大中下级官员在做好本职工作的同时,力争能够有所作为,从而有朝一日步入中高级官员的行列,更鼓舞着广大学子寒窗苦读,这对于王朝良好学风的形成有着积极的意义,彰显了一个王朝的凝聚力。

吏部尚书迁入官元丰改制前以宰相兼官和六部其他尚书迁入者最多,迁入官品阶以正三品为主,同迁入官阶相比大多处于上升状态。元丰改制后吏部尚书迁入官共分为六部长贰、两制官、台谏官、在京其他官、祠禄官、地方官几个类别,主要为六部长贰、地方官、台谏官,其中六部长贰中,担任吏部、礼部、兵部三部长贰的官员,更有可能迁入吏部尚书;地方官又以地方知府、知州为主,地方上的锻炼是吏部尚书等高级文官不可缺少的经验,能够为其之后任吏部尚书提供很大帮助;台谏官大多是皇帝或宰辅信任之人,因此在任后迁转到吏部尚书这一重要岗位也极有可能。唐代吏部尚书迁入官机构主要为宰相机构、尚书省、地方长官(节度使),其他次要者为九卿之太常、东宫官属、御史台、使职、中央武官及门下省与散官。唐代以宰相兼任吏部尚书的情况较为常见,但是宋代元丰改制后由宰相兼任吏部尚书已不可见,兼任吏部尚书更多的是六部其他长贰或者翰林学士等官员。地方节度使在唐代尤其是后期很多,唐政府为了拉拢这些节度使,授予中央的吏部尚书。到了宋代,节度使成为虚职,已经没有唐代那种割据的能力,因此也就不再存在笼络节度使的需要,由节度使迁入吏部尚书不再可见。唐代东宫建制十分完整,而且整套建制即使在太子即位之后仍然

存在;宋代东宫建制不完整,太子即位其建制即被解散,由东宫官迁入吏部尚书不可见。三省六部形成于隋代,唐代不断发展完善,宋代六部呈现出灵活的趋势,六部长贰之间频繁调动以及各种兼官时有发生,正是制度完善之后灵活运用的体现。同唐代相比,宋代吏部尚书迁入官更多地集中于在京官员,在京仕履对其之后任吏部尚书有重要影响。

吏部尚书迁出官元丰改制前以尚书省左右仆射最多,迁出官大多为尚书省长官,品阶以从二品为主,同吏部尚书官阶相比大多处于上升状态。元丰改制后吏部尚书迁出官共分为六部长贰、执政官、两制官、诸阁学士(不含两制官)、台谏官、在京其他官、祠禄官、地方官几个类别,执政官与地方官为主要迁出官,反映出宋代许多吏部尚书任后得到升迁。其中执政官中北宋后期以尚书右丞为主,南宋时期以签书枢密院事为主,说明迁出大多为较低的执政官;迁出地方官大多集中在地方知府与知州,出知地方原因有被弹劾、主动请外、父母年老请外、个人身体原因请外等。同时有个别吏部尚书没有迁出官,这与宋代政局的变动有很大关系。唐代吏部尚书迁出官中有宰相,宋代由吏部尚书迁出最高为副相;宋代吏部尚书迁出官中有诸阁学士与祠禄官,唐代则没有。唐代,前中期以刺史为主,后期则以节度使为主,而宋代吏部尚书几乎都是出任地方知府、知州,出为节度使不再可见。唐代中期则有进迁为左、右仆射者,以右仆射为主,显示吏部尚书至右仆射的循阶递进,这一情况在宋代元丰改制前同样如此,不过此时吏部尚书是作为官阶的;到了元丰改制后,吏部尚书迁出官却无一例左、右仆射者。唐代吏部尚书没有迁出官的情况,大致有免官与被杀,宋代吏部尚书则没有在任上被诛杀的情况。

官员迁转,历代都要遵循一定规律。三年、五年、七年,甚至时间要求更长,没有任何一个朝代允许官员随意迁转。宋代文官迁转频率一般高于武官,这在一定程度上与宋代的崇文抑武政策有关系。迁转,不仅包括升迁,当然还包括贬谪。迁转对每位官员而言,都有着重要的意义,官阶的升降、俸禄的增减、工作地点的变化,都关系到每一位官员的切身利益。宋代吏部尚书迁转总体趋势是向上的,考察这些官员的迁入官、吏部尚书本官、迁出官,整体上大多都是上升的。此现象可以作如下解释:吏部尚书岗位重要,关系到诸多官员的选任,吏部尚书本身的选任一般来说需要堂除或者是皇帝亲擢,能够经历堂除或者皇帝亲擢这一过程,大多是要升迁的。同时,如此重要的岗位,任职过后,皇帝往往对其较为信赖,以此为台阶从而升入执政甚至宰相的可能性非常大。更为重要的原因在于,以吏部尚书为代表的中高级官员位高权重,受到皇帝的倚重,一个王朝治理得好坏,皇帝本身的个人因素固然重要,但是一人之力绝不可能将全国治理得井井有条,这就需要大量有真才实学而又愿意为王朝效忠的官员来协助皇帝治理国家。吏部尚书为六部长官之首,距离执政其实也就一步之遥,能够胜任吏部尚书之职,也就几无悬念地可以胜任执政的职位了。中高级官员尤其是高级官员,历代都受到皇帝的重视,官员患病在家时皇帝会亲临看望,每逢郊祀、节日等皇帝往往还要嘉奖他们。宋代中高级官员的待遇尤其优于他朝,特别是以宰相为代表的高级官员,无论是俸禄、地位、恩荫子孙的数量等方面,都优于他朝。不少人抨击宋朝这种"高薪养廉"的方式不仅没有能让官员廉政,反而滋生了更多的腐败。实际上这种方式产生的积极意义也是非常大的,正是因为中高级官员的待遇很好,不由得会令人产生羡慕、渴望之情,这种情感刺激着广大中下级官员力争能够有突出的作为,争取步入中高级官员的行列;作为中高级官员本身,既然拿着丰厚的俸禄,又如何能够恬不知耻地尸位素餐、碌碌无为呢?他们愿意花费几年甚至几十年的时间考取功名,与"高薪养廉"有很大的关系。

九、宋代吏部尚书兼官较多,1 年左右的平均任期低于前后朝

宋代吏部尚书兼官较多,体现了宋代官制的灵活性与多样性,由有能力而又能够把相应职务做好的官员来兼任该职务一定程度上是历史的进步。宋代吏部尚书平均任期将近 1 年,低于前后朝即唐代与明代吏部尚书的平均任期。尽可能频繁地更换官员的职位,以防前朝地方割据之路与官员结党营私之弊,成为宋代皇帝的共识。与此同时,宋代科举取士人员和恩荫人员都相对比较多,众多待阙人员需要新的岗位,官员迁转快速,尽量不久任,成为解决这些问题的较好方案。因此,宋代吏部尚书任期虽短于唐、明等朝,但是却并没有受到时人太多的抨击,其意义可见一斑。

吏部尚书的兼官,元丰改制后分为经筵官、修史官、诸阁学士、六部、临时性礼仪官、两制官、门下省、地方官、东宫官、中书门下附属官、九寺五监门、三省附属官等,其中以经筵官与修史官为主,各自又分别以侍读与(同)修国史、(同)实录院修撰为主;其他兼官虽然数量不多,但各个门类还是呈现一定特点。以地域考察,吏部尚书兼官主要集中在京师。许多兼官往往不能单独作为官职出现,因此对吏部尚书本职工作影响不大。宋代特别是南宋时期出现大量兼官,由有能力的官员来兼任该职务一定程度上是历史的进步。

吏部尚书任期在元丰改制前十分特殊,吏部尚书迁转并不快,这与北宋前期吏部尚书为正三品的阶官有很大关系,高阶官决定了吏部尚书任期较长。元丰改制后,吏部尚书任期从数日到 6 年均有,平均任期 1 年左右,任期在数日到

1 年半之间人次最多。各个任期时期分布情况从北宋后期到南宋时期呈现出了一致的趋势，其中南宋时期吏部尚书平均任期稍高于北宋后期，南宋时期吏部尚书任期超长者也较北宋后期多。宋代吏部尚书上任比例很高，有任命而未拜或实际没有上任情况很少。唐代吏部尚书平均任期 2 年，宋代吏部尚书平均任期明显短于唐代。唐代任期人次最多的是介于 1 年与 2 年之间和半年与 1 年之间及小于半年者，宋代吏部尚书任期同唐代相比，更多地集中在了较短的时间之内。

根据董劭伟对唐代吏部尚书的研究，唐代吏部尚书平均任期为 2 年，任期人次最多的是介于 1 年与 2 年之间和半年与 1 年之间及小于半年者；又据廖义刚对明代吏部尚书任期的考察，明代吏部尚书平均任期为 2. 32 年。根据笔者的统计，宋代吏部尚书平均任期将近 1 年，低于前后朝吏部尚书的平均任期。官员任期究竟是长些好还是短些好？官员任期长，这意味着官员对自己的职务比较熟悉，比新任官员得心应手，对事件的整体把握能力也比新任官员强，对朝政特别是大政方针的熟悉也更有利于他们为国家出谋献策。不过，官员久任的弊端也是显而易见的，官员停留在某个职位上太久，对这个岗位过于熟悉，难免会有些懈怠，特别是长时间停留在某一职位上，容易滋生结党营私的违法犯罪活动。唐朝时期的安史之乱，正是因为作为节度使的安禄山长期任职河北一带，盘根错节的关系网逐渐使他产生了分裂割据的想法乃至妄想将唐王朝取而代之。南宋末年的李全、李璮父子，长期盘踞在山东一带，他们在蒙(元)、宋之间形成了不可小觑的第三股力量，这正是久任的结果。反过来讲，官员任期短，也是各有利弊。任期短，固然可以削弱其在某个关系网中根深蒂固的恶劣影响，有利于加强对官员的管理和控制，不过不少官员因此也不愿有所作为，深知即使有所作为也很难付诸实施，甚至可能还没有来得及实现想法就已经被改任为他官。这种快速的流动体系，无论对于地方的治理还是对于朝官的为政，都不是一种最佳方式，但是宋朝却采取了这种方式。笔者认为，前朝鲜活的例子呈现在眼前，而宋太祖赵匡胤更是利用自己位居殿前都点检的职位和长期以来笼络后周重要官员的方法，趁着后周“孤儿寡母”的有利时机取而代之，因此登基之后对官员久任非常注意防范，尤其是武臣的久任，是绝对不允许的。以宋太祖、宋太宗的许多典制奉行为宋代的典制，这正是之后诸多皇帝恪守的“祖宗之法”，尽可能频繁地更换官员的职位，也就成为他们的共识，尤其是重要的官员，这其中包括重要的朝官和重要的地方亲民官。此外，宋代科举取士人员和恩荫人员都相对比较多，众多待阙人员需要新的岗位，官员迁转快速，尽量不久任，就成为解决这些问题的较好方案。另外，迁转快速对诸多官员而言，一定程度上是较为渴望的，几乎所有入仕的官员都希望自己仕宦中能够步入中高级官员的行列，而迁转快速正符合他们的心意，所以也受到大多数官员的欢迎。两宋期间，对于官员任期问题评论的学者、大臣并不多，他们并不是看不到任期较短的弊端，而是更加发现任期较短的益处甚至多于弊端。因此，宋代吏部尚书任期虽短于唐、明等朝，但并没有受到时人太多的抨击。

十、宋代吏部尚书为官多数值得肯定

宋代吏部尚书大部分官员都有谥号，少部分官员有封爵。担任吏部尚书的官员年龄集中在50岁到70岁之间，后代中不乏杰出人士，文史成就更是斐然，为官所作所为大部分还是值得肯定的。

本书对宋代吏部尚书的组织结构、职掌、籍贯、入仕途径、起家官、仕履、最高官职、致仕官、迁转、任期、兼官等方面进行了一定的研究，宋代吏部尚书为六部官员之首，作为高级文官，由此推测宋代其他五部尚书以及诸多高级文官在籍贯、入仕、迁转等方面应当具有相似的特征。宋代高级官员籍贯分布从北宋到南宋逐渐以南方诸路为主，以科举入仕的官员比例较高，起家官以地方幕职州县官等低级差遣为主，任职前大多担任过吏部相关职务，致仕比例并不高，特别是北宋后期致仕比例最低，以实职和祠禄官而卒的官员较多，官员兼官逐渐增多，任期相对较短等，这些特征同宋代疆域变化、经济发展、教育发达、科举兴盛、政局变迁等不无关系。

本书在最初的研究设想当中，对宋代吏部尚书的字、号、谥号、封爵（最高）、生卒、担任吏部尚书时的年龄、文史成就等方面史料都进行了搜集，请参见附表2宋代吏部尚书简明年表。之后由于各种原因，并没有付诸文字，而是仅仅停留在了构思当中。其实，通过史料的搜集可以发现，宋代吏部尚书大部分官员都有谥号，少部分官员有封爵，他们担任吏部尚书的年龄集中在50岁到70岁之间，后代中不乏有杰出人士，文史成就更是斐然，为官所作所为大部分还是值得肯定的。字、号对官员士大夫而言是常见的。封爵、谥号等则不同，生得爵、死得谥，是宋代无数官员所渴望的事情。宋代规定，凡王公和正三品以上职事官死后，方可据其功德予以谥号，即功勋大臣或有突出贡献的官员，才会由朝廷赐予谥号与封爵，谥号与封爵是身份与地位的象征，更是一种荣耀。相对而言，谥号是对官员殁后的一种既简单又明了的评价方式，而封爵的意义则重大许多，意味着更好的俸禄、更好的待遇、恩荫更多的子孙为官等。部分吏部尚书在殁后被赐予谥号，他们当中不少官员还拥有爵位，一方面是因为吏部尚书为重要大臣、中高级官员，皇帝较为倚重，因此给予他们爵位，殁后赐谥；另一方面，也反映他们在任期间为政值得肯定,或者说拥有值得称道之处。特别是部分吏部尚书在任期间卒于任上,但又并不是因为年老等原因,更多的是出于一种对王朝、对国家的报效之情。官员担任吏部尚书时的年龄大多为五十多岁或六十多岁,这个年龄段的官员正是年富力强、见识广博、沉着稳重,宋朝统治者以此年龄段的官员担任吏部尚书的重要职位,自然是经过了深思熟虑的。有两位吏部尚书上任时仅三十余岁,即莫俦与朱谔。莫俦为政和二年(1112)的进士第一名,朱谔为元祐六年(1091)进士第三名,自然在诸多方面与常人有所不同,能够以如此年轻的年龄担任吏部尚书,更多的是个人因素而不是常态。文史成就方面,宋代吏部尚书的相关成就非常显耀,诸如周必大、王应麟、楼钥,无论哪位都是非常高产的学者,《玉海》《困学纪闻》《楼钥集》等流传至今的著作仍然较为可观。

从《宋史》《宋会要辑稿》《续资治通鉴长编》《建炎以来系年要录》《东都事略》《隆平集》《名臣碑传琬琰集》和吏部尚书个人的行状、墓志铭、神道碑等内容,总体上看宋代吏部尚书为政还是颇值得肯定的,他们当中不少人清正廉明、克己奉公,在吏部尚书的职位上更是使得吏不能欺、上下井然,为朝廷作出了自己的贡献。当然,这些史料中难免有溢美之词,特别是个人的行状、墓志铭、神道碑等内容,或多或少有美化的成分,尽管如此,还是不能抹杀这些吏部尚书的功绩。对历史人物的评价向来是一件非常困难的事情,不仅需要其人其事真实的第一手史料,更需要对其一生或者说对其步入仕途之后的整体史料进行综合解读。鉴于宋代吏部尚书人数众多,对其每个人的生平事迹都作出全面的考察是比较困难的,因此本书没有对宋代吏部尚书这些人物作出具体的评价。笔者认为,只有在充分、大量地占有了宋代吏部尚书人物的生平事迹,特别是真实可靠史料的基础之上,才能够对他们进行点评。吏部尚书是宋代官员中的重要组成部分,他们身居高位,职掌众多中下级文官的选任工作,对他们诸方面的研究仅仅是宋代官制、群体人物研究中的沧海一粟。然而,从对宋代吏部尚书的研究出发,至少可以管窥宋代六部尚书、侍郎乃至其他中高级文官的某些特征。历史在不断地向前发展,可是以史为鉴的道理却亘古不变。而宋代吏部尚书诸方面的特征,更是值得研究与借鉴的。

附　表

附表1　宋代吏部尚书迁入迁出官、兼官原始史料与出处表及考证

姓名	史料	出处
北宋前期		
张昭	“显德元年，迁兵部尚书……宋初，拜吏部尚书”，宋初当在建隆元年（960）；建隆四年（963）八月二十二日，“吏部尚书张昭为卤簿使”；乾德三年（965）三月，“太祖不悦，遂三拜章告老，以本官致仕，改封陈国公”。	《宋史》卷263《张昭传》；《宋会要辑稿·礼》28之77；《宋史》卷263《张昭传》
宋琪	“端拱初，上亲耕籍田，以旧相进位吏部尚书”，端拱初当是端拱元年（988），至道二年（996）春，“拜右仆射，特令月给实俸一百千，又以其衰老，诏许五日一朝”。	《宋史》卷264《宋琪传》
吕蒙正	淳化二年（991）九月己亥，“中书侍郎兼户部尚书、平章事吕蒙正罢为吏部尚书”，至道元年（995）四月癸未，“吏部尚书、平章事吕蒙正罢为右仆射”。	《宋史》卷5《太宗纪二》；《长编》卷37，至道元年四月癸未
张齐贤	景德元年（1004），“起为兵部尚书、知青州，上幸澶渊，兼青、淄、潍州安抚使、提举转运兵马巡检事。二年，改吏部尚书。”大中祥符元年（1008），“又上疏言：‘臣在先朝，尝忧灵夏两镇，终为继迁吞并。当时言事者以臣所虑为太过，略举既往之事，以明本末。’从东封还，拜右仆射”。	《名臣碑传琬琰集》下卷2《张文定公齐贤传》
宋白	“上以旧臣眷顾未允，再上表辞，乃以兵部尚书致仕，因就宰臣访问其资产，虞其匮乏，时白继母尚无恙，上东封，白肩舆辞于北苑，召对久之，进吏部尚书，赐帛五十匹”，宋真宗东封在大中祥符元年（1008），大中祥符三年（1010），“丁内艰。五年正月，卒，年七十七，赠左仆射”。	《宋史》卷439《宋白传》

续表

姓名	史料	出处
王钦若	大中祥符四年(1011)四月乙丑,“户部尚书王钦若为吏部尚书”,大中祥符八年(1015)四月,“以吏部尚书王钦若、户部尚书陈尧叟并为枢密使、同平章事”,天禧元年(1017)二月戊寅,“枢密使、同平章事王钦若加右仆射”。	《宋史》卷8《真宗纪三》;《长编》卷84,大中祥符八年四月;《长编》卷89,天禧元年二月戊寅
向敏中	天禧元年(1017)二月戊寅,“中书侍郎、兼兵部尚书、平章事向敏中加吏部尚书”;天禧元年(1017)八月壬申,“中书侍郎、兼吏部尚书、平章事向敏中加右仆射、门下侍郎”。	《长编》卷89,天禧元年二月戊寅;《长编》卷90,天禧元年八月壬申
寇準	天禧三年(1019)六月戊戌,“自山南东道节度使、检校太尉、同平章事加中书侍郎兼吏部尚书、同平章事,仍充景灵宫使”;天禧三年(1019)十二月辛卯,“右仆射、门下侍郎、平章事向敏中加左仆射,中书侍郎、兼吏部尚书寇準加右仆射”。	《宋史》卷210《宰辅表一》;《长编》卷94,天禧三年十二月辛卯
丁谓	天禧三年(1019)六月戊戌,“保信节度使丁谓为吏部尚书、参知政事”;天禧四年(1020)十一月庚午,“吏部尚书、平章事丁谓加左仆射、门下侍郎、兼太子少师”。	《长编》卷93,天禧三年六月戊戌;《长编》卷96,天禧四年十一月庚午
冯拯	天禧四年(1020)七月丙寅,“兵部尚书冯拯为枢密使、吏部尚书、同平章事”;天禧四年(1020)十一月庚午,“自行吏部尚书、检校太傅、同平章事、枢密使加右仆射兼中书侍郎、太子少傅、同平章事、景灵宫使、集贤殿大学士”。	《长编》卷96,天禧四年七月丙寅;《宋史》卷210《宰辅表一》
王曾	天圣六年(1028)三月甲寅,“门下侍郎、兼吏部尚书、平章事王曾罢为吏部尚书,知兖州”;天圣九年(1031)九月庚午,“以吏部尚书、知天雄军王曾为彰德军节度使,仍知天雄军”。景祐元年(1034)八月庚午,“天平节度使、检校太师、同平章事王曾为吏部尚书、同平章事、枢密使”;景祐二年(1035)二月戊辰,“枢密使、吏部尚书、同平章事王曾为右仆射、兼门下侍郎、平章事、集贤殿大学士”。	《长编》卷108,天圣六年三月甲寅;《长编》卷110,天圣九年九月庚午;《长编》卷115,景祐元年八月庚午;《长编》卷116,景祐二年二月戊辰
吕夷简	明道元年(1032)十一月癸未,“宰臣吕夷简加右仆射、兼门下侍郎,张士逊加中书侍郎、兼兵部尚书。夷简固辞所加官,乃令翰林贴麻,改门下侍郎、兼吏部尚书”;景祐二年(1035)二月戊辰,“门下侍郎、兼吏部尚书、平章事吕夷简加右仆射”。	《长编》卷111,明道元年十一月癸未;《长编》卷116,景祐二年二月戊辰

续表

姓名	史料	出处
夏竦	庆历三年(1043)七月丙戌,"宣徽南院使、忠武节度使夏竦判亳州,除吏部尚书、知亳州";庆历五年(1045)八月庚午,"资政殿大学士、吏部尚书、知亳州夏竦为宣徽南院使、河阳三城节度使、河东都部署、经略安抚使、判并州"。	《长编》卷142,庆历三年七月丙戌;《长编》卷157,庆历五年八月庚午
陈执中	"皇祐初,以足疾辞位,自陈不愿为使相、大学士。学士孙抃当制。遂以尚书左丞知陈州。宰相文彦博、宋庠以为礼薄,帖麻改兵部尚书,迁吏部、观文殿大学士";皇祐四年(1052)三月壬子,"观文殿大学士、吏部尚书、知陈州陈执中为集庆节度使、同平章事、判大名府"。皇祐五年(1053)闰七月壬申,"集庆节度使、同平章事、判大名府陈执中为吏部尚书、平章事、昭文馆大学士、监修国史";至和二年(1055)六月戊戌,"行吏部尚书、同平章事陈执中以检校太尉、同平章事、镇海军节度判亳州"。	《宋史》卷285《陈执中传》;《长编》卷172,皇祐四年三月壬子;《长编》卷175,皇祐五年闰七月壬申;《宋史》卷211《宰辅表二》
文彦博	皇祐三年(1051)十月庚子,"礼部尚书、平章事文彦博罢为吏部尚书、观文殿大学士、知许州";皇祐五年(1053)八月戊申,"观文殿大学士、吏部尚书、新知秦州文彦博为忠武节度使、知永兴军兼秦凤路兵马事,始用孙抃之言也"。至和二年(1055)六月戊戌,"忠武节度使、知永兴军文彦博为吏部尚书、平章事、昭文馆大学士";嘉祐三年(1058)六月丙午,"吏部尚书、平章事文彦博,罢为河阳三城节度使、同平章事、判河南府"。	《长编》卷171,皇祐三年十月庚子;《长编》卷175,皇祐五年八月戊申;《长编》卷180,至和二年六月戊戌;《长编》卷187,嘉祐三年六月丙午
王拱辰	"英宗即位,拜兵部尚书。治平二年,知大名府兼北京留守","乃以端明殿学士知永兴军,历泰定二州、河南大名府,积官至吏部尚书",故王拱辰至早于治平二年(1065)迁吏部尚书;"神宗登极,恩当转仆射,欧阳修以为此宰相官,不应序进,但迁太子少保",宋神宗即位在治平四年(1067)。	《公是集》卷51《王开府行状》;《宋史》卷318《王拱辰传》;《宋史》卷318《王拱辰传》
曾公亮	嘉祐八年(1063)三月,"英宗即位,加中书侍郎兼礼部尚书。英宗哀疚感疾,太皇太后权宜听政,公调护镇附,夙夜不懈,加户部尚书。治平二年,英宗不豫,即床下奉手诏,立今上为皇太子。明年正月,今上即位,加门下侍郎兼吏部尚书,俄拜尚书右仆射、提举修英宗实录",可见,曾公亮于治平四年(1067)兼吏部尚书,不久迁右仆射。	《名臣碑传琬琰集》中卷52《曾太师公亮行状》

续表

姓名	史料	出处
赵槩	“英宗即位,迁户部侍郎,又迁吏部。熙宁初,迁左丞。公年七十矣,求去位,不许,章数上,乃以为观文殿学士、吏部尚书知徐州”;“以观文殿学士、吏部尚书知徐州。明年,以太子少师致仕”,故赵槩于熙宁元年(1068)到熙宁二年(1069)间为吏部尚书。	《苏轼文集》卷18《赵康靖公神道碑》;《东都事略》卷71《赵槩传》
王安石	熙宁七年(1074)四月丙戌,“礼部侍郎、平章事、监修国史王安石罢为吏部尚书、观文殿大学士、知江宁府”;熙宁八年(1075)六月辛亥,“吏部尚书、平章事、昭文馆大学士王安石加左仆射、兼门下侍郎”。	《长编》卷252,熙宁七年四月丙戌;《长编》卷265,熙宁八年六月辛亥
吴充	元丰三年(1080)三月乙丑,“工部侍郎、平章事、监修国史吴充罢为吏部尚书、观文殿大学士、西太一宫使,仍大朝会许缀中书门下班,依知大藩例支添给”;元丰三年(1080)三月,“舆归第,罢为观文殿大学士、西太一宫使。逾月,卒,年六十”。	《长编》卷303,元丰三年三月乙丑;《宋史》卷312《吴充传》
北宋后期		
李清臣	元丰五年(1082)四月甲戌,“翰林学士、承议郎李清臣试吏部尚书”;元丰六年(1083)八月辛卯,“朝散大夫、吏部尚书李清臣为中大夫、尚书右丞”。元祐八年(1093)四月甲子,“资政殿学士、通议大夫、知永兴军李清臣为吏部尚书”;元祐八年(1093)五月己卯,“新除吏部尚书李清臣为资政殿学士、知真定府。以权给事中姚勔论清臣不当召用故也”。兼官情况:见迁转情况。	《长编》卷325,元丰五年四月甲戌;《长编》卷338,元丰六年八月辛卯;《长编》卷483,元祐八年四月甲子;《长编》卷484,元祐八年五月己卯
曾孝宽	元丰六年(1083)八月辛卯,“端明殿学士、知郓州曾孝宽为吏部尚书”;元丰八年(1085)十二月甲戌,“吏部尚书曾孝宽为资政殿学士、知颍昌府”。元祐五年(1090)六月丁酉,“资政殿学士、知成德军曾孝宽为吏部尚书”;元祐五年(1090)八月甲辰,“资政殿学士、中大夫、守吏部尚书曾孝宽卒”。兼官情况:元丰八年(1085)三月丁酉,“皇太后命吏部尚书曾孝宽为册立皇太子礼仪使”。	《长编》卷338,元丰六年八月辛卯;《长编》卷362,元丰八年十二月甲戌;《长编》卷443,元祐五年六月丁酉;《长编》卷446,元祐五年八月甲辰;《宋史》卷16《宋神宗纪三》

续表

姓名	史料	出处
吕大防	元丰八年(1085)十二月甲戌,“翰林学士、知制诰、权知开封府吕大防为吏部尚书”;元祐元年(1086)闰二月丙午,“朝散大夫、试吏部尚书吕大防为中大夫、尚书右丞”。兼官情况:见迁转情况。	《长编》卷362,元丰八年十二月甲戌;《长编》卷369,元祐元年闰二月丙午
范纯仁	元祐元年(1086)闰二月丙午,“给事中兼侍读范纯仁为吏部尚书”;元祐元年(1086)闰二月乙卯,“朝议大夫、试吏部尚书兼侍讲范纯仁为中大夫、同知枢密院”。兼官情况:见迁转情况。	《长编》卷369,元祐元年闰二月丙午;《长编》卷370,元祐元年闰二月乙卯
孙永	元祐元年(1086)三月辛未,“工部尚书孙永为吏部尚书”;元祐二年(1087)正月戊寅,“端明殿学士、吏部尚书孙永为资政殿学士兼侍读、提举中太一宫兼集禧观公事,立班佩鱼视资政殿大学士韩维例”。兼官情况:见迁转情况。	《长编》卷371,元祐元年三月辛未;《长编》卷394,元祐二年正月戊寅
苏颂	元祐二年(1087)正月戊寅,“刑部尚书苏颂为吏部尚书”;元祐四年(1089)五月丁酉,“吏部尚书苏颂为翰林学士承旨”。兼官情况:“俄迁吏部兼侍读,改翰林学士承旨”。	《长编》卷394,元祐二年正月戊寅;《长编》卷428,元祐四年五月丁酉;《曲阜集》卷3《赠苏司空墓志铭》
许将	元祐四年(1089)五月丁酉,“翰林学士许将兼吏部尚书”;元祐四年(1089)六月丙午,“翰林学士、左朝议大夫许将为中大夫、守尚书右丞”。元祐三年(1088),“再为翰林学士,拜尚书右丞,以资政殿学士知定州、移扬州、徙大名府……绍圣元年召为吏部尚书”;绍圣二年(1095)十月甲戌,“许将自守吏部尚书兼侍读除守尚书左丞”。兼官情况:根据前面史料,许将第一次以翰林学士兼吏部尚书;第二次以吏部尚书兼侍读。	《长编》卷428,元祐四年五月丁酉;《长编》卷429,元祐四年六月丙午;《东都事略》卷96《许将传》;《宋史》卷212《宰辅表三》
苏辙	元祐四年(1089)六月癸亥,“翰林学士苏辙兼吏部尚书”;“代轼为翰林学士,寻权吏部尚书。使契丹,馆客者侍读学士王师儒能诵洵、轼之文及辙《茯苓赋》,恨不得见全集。使还,为御史中丞。”《长编》载苏辙兼吏部尚书,但《宋史》为权吏部尚书,《名臣碑传琬琰集》为“时子瞻自翰林学士出知余杭,朝廷即命辙代为学士,寻又兼权吏部尚书,未几奉使契丹”,综合判断苏辙迁入官应当是翰林学士,又据《宋史》可知,苏辙迁出官为御史中丞。兼官情况:元祐四年(1089)八月癸丑,“刑部侍郎赵君锡、翰林学士苏辙为贺辽国生辰使,閤门通事舍人高遵固、朱伯材副之”,苏辙是以翰林学士兼权吏部尚书,其间又兼贺辽国生辰使。	《长编》卷429,元祐四年六月癸亥;《宋史》卷339《苏辙传》;《长编》卷431,元祐四年八月癸丑

续表

姓名	史料	出处
邓润甫	元祐四年(1089)九月己丑,“翰林学士承旨邓温伯为吏部尚书。温伯先以母丧去位,及是,丧始除也。诏温伯别与差遣。注:十月二十日,改权知亳州”;“进承旨,修撰《神宗实录》。以母丧去,终制,为吏部尚书。梁焘论其草蔡确制,妄称有定策功,乃以龙图阁学士知亳州”。兼官情况:无。	《长编》卷433,元祐四年九月己丑;《宋史》卷343《邓润甫传》
傅尧俞	元祐四年(1089)十月庚子,“御史中丞兼侍讲傅尧俞为吏部尚书兼侍读”;元祐四年(1089)十一月癸未,“朝请大夫、试吏部尚书傅尧俞为中大夫、守中书侍郎”。兼官情况:上面史料可见,傅尧俞任吏部尚书期间兼侍读。	《长编》卷434,元祐四年十月庚子;《长编》卷435,元祐四年十一月癸未
苏轼	元祐六年(1091)正月丙戌,“龙图阁学士、知杭州苏轼为吏部尚书”;元祐六年(1091)二月癸巳,“龙图阁学士、吏部尚书苏轼为翰林学士承旨”。兼官情况:见迁转情况。	《长编》卷454元祐六年正月丙戌;《长编》卷455,元祐六年二月癸巳
王存	元祐六年(1091)闰八月壬申,“资政殿学士、知扬州王存为吏部尚书”;元祐七年(1092)八月乙卯,“吏部尚书、资政殿学士王存知大名府……由是复与任事者不合,请老不许,求补外。既除大名,辞之,改杭州”。兼官情况:“吏部尚书王存摄太尉,充纳吉使”,上面史料还可见王存任吏部尚书期间兼资政殿学士。	《长编》卷465,元祐六年闰八月壬申;《长编》卷476,元祐七年八月乙卯;《长编》卷472,元祐七年四月甲子
胡宗愈	元祐七年(1092)十一月癸卯,“礼部尚书胡宗愈为吏部尚书”;绍圣元年(1094)闰四月,“资政殿学士、新知定州胡宗愈(卒)”;“召还为吏部尚书。哲宗亲政,以宗愈帅定武,未行,卒,年六十六”。兼官情况:“赐资政殿学士、守吏部尚书胡宗愈乞知扬州不允诏”。	《长编》卷478,元祐七年十一月癸卯;《宋会要辑稿·礼》41之46;《东都事略》卷71《胡宗愈传》;《范太史集》卷30《翰林词草》
彭汝砺	“在徐一年,加集贤殿修撰。召权兵部侍郎,徙礼部、又徙刑部……再徙礼部,赐告其家。使契丹还,徙吏部,满岁为真。复言今人材空乏,宜稍责吏部荐拔淹滞,或赐对,或试以事。苟非其人,必罚无赦,朝廷颇为更法。绍圣元年,今上初专听断,召二三大臣修举熙宁、元丰政事,人人争献所闻,公居之如不能言者。或问之,曰:‘在前日则无言之者,于今则夫人而能之。’未几,除权吏部尚书,又月余,以宝文阁直学士出知成都府”;“进权吏部尚书。言者谓尝附会刘挚,以宝文阁直学士知成都府。”兼官情况:上面史料可见,彭汝砺任吏部尚书期间兼集贤殿修撰。	《名臣碑传琬琰集》中卷31《彭待制汝砺墓志铭》;《宋史》卷346《彭汝砺传》

续表

姓名	史料	出处
林希	“哲宗亲政，留为中书舍人……迁礼部尚书、移吏部、翰林学士，拜同知枢密院事”。根据绍圣年间吏部尚书人员的任职情况，判断林希当在绍圣元年（1094）期间担任吏部尚书。兼官：无。	《东都事略》卷 97《林希传》
王震	“绍圣初，复为给事中，权吏部尚书，拜龙图阁直学士、知开封府”；绍圣元年（1094）九月八日，“命权吏部尚书王震……考定所对”；绍圣二年（1095）正月十六日，“龙图阁直学士、权知开封府王震言事”。可见，王震当在绍圣元年担任吏部尚书，绍圣二年（1095）正月已经权知开封府，又许将于绍圣元年底已经是吏部尚书，可见王震的吏部尚书离任当在绍圣元年（1094）底，而且任职应当在林希之后。兼官：无。	《宋史》卷 320《王震传》；《宋会要辑稿·选举》11 之 20
黄履	“复为御史中丞……遂定郊议，拜尚书右丞”；绍圣四年（1097）闰二月，“黄履自试吏部尚书除中大夫、尚书右丞”。根据许将绍圣二年（1095）十月甲戌由吏部尚书离任，黄履又于绍圣四年闰二月由试吏部尚书拜尚书右丞，可见黄履应当是在绍圣二年（1095）底到绍圣四年（1097）闰二月任吏部尚书。兼官：无。	《东都事略》卷 96《黄履传》；《宋史》卷 212《宰辅表三》
邢恕	绍圣四年（1097）五月壬戌，“试吏部侍郎邢恕权吏部尚书”；绍圣四年（1097）十月壬寅，“御批权吏部尚书兼侍读邢恕为御史中丞”。兼官：上面史料可见，邢恕权吏部尚书任职期间兼侍读。	《长编》卷 487，绍圣四年五月壬戌；《长编》卷 492，绍圣四年十月壬寅
叶祖洽	绍圣四年（1097）十一月戊午，“吏部侍郎叶祖洽权吏部尚书”；元符二年（1099）十一月乙亥，“权吏部尚书叶祖洽罢吏部尚书，知济州”。兼官：无。	《长编》卷 493，绍圣四年十一月戊午；《长编》卷 518，元符二年十一月乙亥
韩忠彦	元符三年（1100）正月乙未，“以资政殿大学士知大名府，除吏部尚书”；元符三年（1100）二月戊午，“自通议大夫、守吏部尚书仍前官加门下侍郎”。兼官情况：上面史料可见，韩忠彦吏部尚书任职期间兼资政殿大学士。	《长编》卷 520，元符三年正月乙未；《宋史》卷 212《宰辅表三》

续表

姓名	史料	出处
陆佃	“徽宗即位,召为吏部侍郎,修哲宗实录,迁尚书。拜尚书右丞”;“谢权吏部尚书表,自注:元符三年六月”;“谢试吏部尚书表,自注:建中靖国元年五月”;建中靖国元年(1101)七月丁亥,“陆佃自试吏部尚书除中大夫、尚书右丞”。兼官情况:“落职知泰州,改海州。加集贤殿修撰、知蔡州。徽宗即位,召为吏部侍郎,修哲宗实录,迁尚书”;建中靖国元年(1101)正月十六日,“命尚书右仆射曾布为山陵使,吏部尚书陆佃为礼仪使”。	《东都事略》卷97《陆佃传》;《陶山集》卷8《谢权吏部尚书表》;《陶山集》卷8《谢试吏部尚书表》;《宋史》卷212《宰辅表三》;《东都事略》卷97《陆佃传》;《宋会要辑稿·礼》33之22
温益	“遂以龙图阁待制、知开封府,仍兼侍读……是岁,迁吏部尚书”;建中靖国元年(1101)七月二十九日,“除吏部尚书兼侍读兼权发遣(开封府)”;建中靖国元年(1101)十一月庚申,“温益自试吏部尚书兼侍读除中大夫、尚书右丞”。兼官情况:以上史料可见,温益吏部尚书期间兼侍读、权发遣开封府。	《东都事略》卷97《温益传》;《开封府题名记》;《宋史》卷212《宰辅表三》
赵挺之	“拜御史中丞,为钦圣后陵仪仗使。曾布以使事联职,知禁中密指,谕使建议绍述,于是挺之排击元祐诸人不遗力。由吏部尚书拜右丞”;崇宁元年(1102)二月二十二日,“命吏部尚书赵挺之撰哀册文”;崇宁元年(1102)六月丙申,“自试吏部尚书兼侍读、修国史、编修国朝会要除中大夫、尚书右丞”。赵挺之崇宁元年(1102)二月已经是吏部尚书,温益于建中靖国元年(1101)十一月由吏部尚书离任,赵挺之当在崇宁元年(1102)初开始为吏部尚书。兼官情况:以上史料可见,赵挺之吏部尚书任职期间兼侍读、兼修国史、编修国朝会要。	《宋史》卷351《赵挺之传》;《宋会要辑稿·礼》33之45;《宋史》卷212《宰辅表三》
何执中	“端王即位,是为徽宗,超拜宝文阁待制,迁中书舍人、兵部侍郎、工部吏部尚书兼侍读”;崇宁元年(1102)十一月十日,“吏部尚书何执中奏”;崇宁二年(1103)九月六日,“吏部尚书何执中等奏”;崇宁四年(1105)二月甲寅,“何执中自太中大夫、试吏部尚书兼侍读除尚书左丞”。赵挺之于崇宁元年(1102)六月由吏部尚书离任,何执中崇宁元年(1102)十一月已经是吏部尚书,可见何执中当在崇宁元年六月之后任吏部尚书。兼官情况:以上史料可见,何执中试吏部尚书任职期间兼侍读。	《宋史》卷351《何执中传》;《宋会要辑稿·职官》8之6;《宋会要辑稿·乐》5之18;《宋史》卷212《宰辅表三》

续表

姓名	史料	出处
徐铎	"崇宁中,拜礼部尚书。方议庙制,铎请增为九室。议者疑已祧之主不可复祔,铎言:'唐之献祖、中宗、代宗与本朝之僖祖,皆尝祧而复。今宜存宣祖于当祧,复翼祖于已祧,礼无不称。'从之。进吏部尚书,卒"。宋徽宗朝廷议宗庙制度在崇宁四年(1105),故徐铎于崇宁四年进吏部尚书。又崇宁五年(1106)虞策已经是吏部尚书,徐铎当在崇宁四年(1105)离任。兼官:无。	《宋史》卷329《徐铎传》
虞策	"历刑部、户部尚书,拜枢密直学士,知永兴军、成都府。入为吏部尚书";崇宁五年(1106)十一月三日,"吏部尚书虞策奏事";崇宁五年(1106)十二月,"以吏部尚书为龙图阁学士守润"。虞策崇宁五年(1106)十一月已经是吏部尚书,其吏部尚书之职当在崇宁五年(1106)初开始。兼官情况:以上史料可见,虞策吏部尚书任职期间兼枢密直学士。	《宋史》卷355《虞策传》;《宋会要辑稿·选举》24之15;《嘉定镇江志》卷15守臣题名
朱谔	"俄兼侍读,徙兵、礼、吏三部尚书";大观元年(1107)三月丁酉,"自吏部尚书除中大夫、尚书右丞"。朱谔大观元年(1107)三月由吏部尚书离任,其始任吏部尚书必在此之前,又虞策崇宁五年(1106)十二月由吏部尚书离任,朱谔当在崇宁五年(1106)底接任吏部尚书。兼官情况:以上史料可见,朱谔吏部尚书任职期间兼侍读。	《宋史》卷351《朱谔传》;《宋史》卷212《宰辅表三》
时彦	"数月,迁工部尚书,进吏部,卒";"吏部尚书时彦,大观元年六月辍"。时彦在任吏部尚书于大观元年(1107)六月卒,其吏部尚书之任必在此之前。又大观元年(1107)三月朱谔由吏部尚书离任,故时彦大观元年(1107)三月之后开始任吏部尚书,六月卒。兼官:无。	《宋史》卷354《时彦传》;《宋会要辑稿·礼》41之48
林摅	"改兵部尚书,进同知枢密院、尚书左丞、中书侍郎";大观元年(1107)八月庚申,"林摅自太中大夫、试吏部尚书兼侍读、实录修撰仍前官同知枢密院事"。时彦大观元年(1107)六月卒,而林摅大观元年(1107)八月由试吏部尚书离任,其始任吏部尚书当在大观元年(1107)六月。兼官情况:以上史料可见,林摅吏部尚书任职期间兼侍读、实录院修撰。	《宋史》卷351《林摅传》;《宋史》卷212《宰辅表三》

续表

姓名	史料	出处
余深	“累官御史中丞兼侍读。治张怀素狱，事连蔡京，与开封尹林摅曲为掩覆，狱辞有及京者，辄焚之。京遂力引深与摅，骤至执政。大观二年，以吏部尚书拜尚书左丞”；大观二年（1108）正月二十三日，“吏部尚书余深知贡举”；大观二年（1108）九月辛亥，“自试吏部尚书除尚书左丞”。大观二年（1108）正月余深已经是吏部尚书，又据林摅大观元年（1107）八月离任，故余深大观元年八月之后接任吏部尚书。兼官情况：大观二年（1108）正月二十三日，“以吏部尚书余深知贡举，给事中蔡薿、中书舍人霍端友同知贡举，合格贡士五十一人”。	《宋史》卷352《余深传》；《宋会要辑稿·选举》1之13；《宋史》卷212《宰辅表三》；《宋会要辑稿·选举》1之13
管师仁	“改吏部（侍郎），进刑部尚书，以枢密直学士知邓州，未行，改扬州，又徙定州……召为吏部尚书，俄同知枢密院”；大观三年（1109）四月癸巳，“自中大夫、试吏部尚书除同知枢密院事”。管师仁大观三年（1109）四月由试吏部尚书离任，其始任吏部尚书当在此之前。又大观二年（1108）九月余深由吏部尚书离任，故管师仁吏部尚书之任最早开始于大观二年（1108）九月。兼官：无。	《宋史》卷351《管师仁传》；《宋史》卷212《宰辅表三》
刘拯	“旋罢知蕲州，徙润州。张商英入相，召为吏部尚书。拯已昏愦，吏乘为奸，又左转工部，以枢密直学士知同州”；大观四年（1110）九月二十日“吏部尚书刘拯言事”。张商英入相为大观四年（1110）六月，因此判断刘拯大观四年（1110）六月开始任吏部尚书。又政和元年（1111）正月王襄已经是吏部尚书，故刘拯由吏部尚书离任当在大观四年（1110）年底。兼官：无。	《宋史》卷356《刘拯传》；《宋会要辑稿·崇儒》2之15
王襄	“历工部、吏部尚书，拜同知枢密院事”；政和元年（1111）正月二十日，“朝请郎、试吏部尚书王襄奏事”；政和元年（1111）三月癸酉，“自试吏部尚书除中大夫、同知枢密院事”。王襄政和元年（1111）正月已经是吏部尚书，刘拯大观四年（1110）九月仍为吏部尚书，其交接时间大致在大观四年（1110）底较为合理。兼官情况：政和元年（1111）正月二十日，“朝请郎、试吏部尚书兼详定一司敕令王襄奏事”。	《宋史》卷352《王襄传》；《宋会要辑稿·选举》23之7；《宋史》卷212《宰辅表三》；《宋会要辑稿·选举》23之7

续表

姓名	史料	出处
张克公	"由兵部侍郎拜御史中丞,治堂吏讼,归曲商英,且疏其罪十。商英罢,京复召,衔克公弗置。徽宗知之,为徙吏部尚书……居吏部六年,卒";"政和初,为兵部侍郎,迁御史中丞。论张商英十罪,商英罢相。二年,为吏部尚书兼侍讲。卒,赠资政殿学士……为尚书者凡七年";政和二年(1112)二月二十五日,"吏部尚书张克公奏事"。张商英罢相在政和元年(1111)八月,故张克公当在政和元年(1111)八月之后为吏部尚书。又《东都事略》载政和二年(1112)迁吏部尚书,《宋会要辑稿》载二年二月张克公已经是吏部尚书,故张克公应为政和二年(1112)初始任吏部尚书。另外,《宋史》的六年应为实际在任时间,即六年任期,而《东都事略》应为头尾都算,再加上政和八年(1118)初的一年,总满七年。故张克公由吏部尚书卒当在政和八年(1118)初。兼官情况:政和四年(1114)正月二十三日,"以吏部尚书兼侍读修国史张克公知贡举"。又据上面史料,张克公吏部尚书任职期间兼官有侍讲、侍读、兼修国史、知贡举等。	《宋史》卷384《张克公传》;《东都事略》卷105《张克公传》;《宋会要辑稿·仪制》10之29;《宋会要辑稿·选举》1之14
许光凝	政和七年(1117)八月八日,"礼部尚书许光凝等议";政和八年(1118)四月九日,"吏部尚书许光凝言事";"许光凝始以布衣自岭外护其丧以归,人皆多之。后登第,终吏部尚书"。许光凝政和八年(1118)四月已经是吏部尚书,蒋猷政和八年(1118)必定有一段时间任吏部尚书,蒋猷宣和二年(1120)由吏部尚书离任,故蒋猷始任吏部尚书当在许光凝之后,许光凝又终吏部尚书,也不见其致仕的信息,故推测许光凝应当是卒于吏部尚书的任上。因此,许光凝当是在张克公之后即政和八年(1118)初始任吏部尚书,同年卒于任上。兼官:无。	《玉海》卷96;《宋会要辑稿·礼》14之70;《挥麈录·后录》卷2
蒋猷	"迁兵部尚书兼礼制局详议官,知政和七年贡举。改工部,月余迁吏部……宣和二年,言者论公兼官众而事有不举者,罢吏部尚书,以徽猷阁直学士知婺州";宣和二年(1120)八月二十日,"吏部尚书蒋猷除徽猷阁待制,与郡"。蒋猷于政和七年(1117)知贡举,改工部当在七年或者八年,但是根据张克公八年初才由吏部尚书卒,而蒋猷又月余即迁吏部尚书,故迁吏部尚书之事必然发生在八年。又许光疑政和八年(1118)四月期间担任吏部尚书,故蒋猷应在政和八年(1118)许光疑之后担任吏部尚书。兼官:不详。	《浮溪集》卷27《显谟阁直学士蒋公墓志铭》;《宋会要辑稿·职官》69之5

续表

姓名	史料	出处
宇文粹中	宣和元年(1119)十二月癸酉朔,“刑部尚书宇文粹中进对”;宣和三年(1121)九月十六日,“吏部尚书宇文粹中奏事”;宣和六年(1124)九月辛亥,“宇文粹中自翰林学士承旨、宣奉大夫除尚书右丞”。宣和二年(1120)八月蒋猷由吏部尚书离任,宇文粹中又于宣和三年(1121)已经是吏部尚书,他应当是在蒋猷之后任吏部尚书。宣和元年(1119)宇文粹中还是刑部尚书,故推测宇文粹中应该由刑部尚书迁吏部尚书。又最近可见为宣和六年(1124)宇文粹中由翰林学士承旨迁出,故推测宇文粹中吏部尚书之后的迁出官为翰林学士承旨,又宣和四年(1122)四月王孝迪已经是吏部尚书,故宇文粹中当在宣和三年(1121)底或者宣和四年(1122)初离任,今按宇文粹中宣和三年(1121)底离任。兼官:无。	《宋史全文》卷14,宣和元年十二月癸酉;《宋会要辑稿·选举》23之11;《宋史》卷212《宰辅表三》
王孝迪	宣和二年(1120)正月二十二日,“以礼部尚书王孝迪知贡举”;宣和四年(1122)四月十八日,“吏部尚书、兼侍讲、修国史王孝迪言事”;宣和四年(1122)六月十五日,“诏提举官王黼、修史官吏部尚书王孝迪等并转两官”;宣和七年(1125)十二月壬戌,“大赦天下,常赦所不愿者,咸除之。百官进官一等,赏诸军有差。翰林学士王孝迪实草赦文”。宣和四年(1122)四月,王孝迪已经是吏部尚书,之前最近的史料显示其为礼部尚书,由礼部尚书迁吏部尚书是符合宋朝的典章制度的,故推测其由礼部尚书迁入。又之前宇文粹中担任吏部尚书,王孝迪当在其后。宣和四年(1122),王孝迪转两官,很有可能改官,最近史料宣和七年(1125)又为翰林学士,故推测王孝迪宣和四年(1122)由吏部尚书迁翰林学士。兼官情况:以上史料可见,王孝迪吏部尚书任职期间,兼官有侍讲、兼修国史。	《宋会要辑稿·选举》1之15;《宋会要辑稿·礼》20之3;《宋会要辑稿·职官》18之77;《资治通鉴后编》卷102,宣和六年十二月壬午

续表

姓名	史料	出处
何志同	“盖尝为刑、兵、吏部尚书、端明殿学士，可谓荣遇矣”；宣和六年（1124）十一月三日，“吏部尚书卢法原、延康殿学士提举上清宝箓宫何志同并为显谟阁待制、提举西京嵩山崇福宫”；建炎元年（1127）四月壬戌，“徽猷阁学士、京西北路安抚使、知颍昌府何志同徽猷阁直学士、知淮宁府”；绍兴三年（1133）正月乙丑，“徽猷阁待制何志同卒”。何志同卒时为徽猷阁待制，可见建炎元年（1127）之后，何志同是由徽猷阁直学士贬为徽猷阁待制。因此，何志同吏部尚书之任当在北宋。又何志同于元祐六年（1091）中进士，中进士时二十多岁，到宣和年间五十多岁，而且何志同在吏部尚书之任后还为端明殿学士，宣和六年（1124）何志同又为延康殿学士，之前还要有端明殿学士的任职，其吏部尚书任职当在宣和六年（1124）之前。又宣和五年（1123）之间没有人任吏部尚书，而何执中的五十多岁的年龄任吏部尚书也是非常有可能的，故推测何志同于宣和五年（1123）间任吏部尚书。兼官：无。	《絜斋集》卷17《端明尚书何公墓表》；《宋会要辑稿·职官》69之15；《系年要录》卷4，建炎元年四月壬戌；《系年要录》卷62，绍兴三年正月乙丑
唐恪	“因极言黼恶，且自请罢，遂出知滁州。盗起，京东以恪知青州，未行，除吏部尚书，又徙户部”；“进龙图阁待制、知扬州……（宣和）五年，起知青州；未行，召为吏部尚书，徙户部”。宣和五年（1123）召为吏部尚书，后徙户部，时间大致在宣和六年（1124）初。宣和七年（1125）十一月辛巳，“以延康殿学士、正议大夫、知潭州唐恪知杭州”；“唐恪知杭州。靖康元年正月己巳，除吏部尚书”；靖康元年（1126）正月甲戌，“唐恪自正议大夫、守吏部尚书除同知枢密院事”。兼官：无。	《东都事略》卷107《唐恪传》；《宋史》卷352《唐恪传》；《乾道临安志》卷3守臣题名；《乾道临安志》卷3；《宋史》卷212《宰辅表三》
卢法原	宣和元年（1119）十一月二十一日，“太府卿卢法原言事”；宣和六年（1124）十一月三日，“吏部尚书卢法原、延康殿学士提举上清宝箓宫何志同并为显谟阁待制、提举西京嵩山崇福宫”。宣和六年（1124）初，唐恪由吏部尚书离任，卢法原又于宣和六年（1124）十一月已经是吏部尚书，其始任吏部尚书当在宣和六年（1124）初。宣和元年（1119）到宣和六年（1124）共六年时间，卢法原太府卿的职务应当有所变动，但是又无史料可见，今暂按其迁入官为太府卿。建炎四年（1130）五月壬子，“徽猷阁直学士、知成都府卢法原为吏部尚书”；绍兴元年（1131）十一月壬子，“新除吏部尚书卢法原依前徽猷阁直学士、提举临安府洞霄宫”。兼官：无。	《宋会要辑稿·礼》28之74；《宋会要辑稿·职官》69之15；《系年要录》卷33，建炎四年五月壬子；《系年要录》卷49，绍兴元年十一月壬子

续表

姓名	史料	出处
李棁	"徽宗将内禅，蔡攸探知上意，引敏入对。宰臣执政皆在，敏前奏事，且曰：'金人渝盟，举兵犯顺，陛下何以待？'上蹙然曰：'奈何！'时东幸计已定，命户部尚书李棁先出守金陵"；宣和七年(1125)七月三日，"吏部尚书李棁等奏事"；靖康元年(1126)正月己巳，"李棁自正奉大夫、守吏部尚书除同知枢密院事"。宋徽宗内禅发生在宣和七年(1125)十二月，"将内禅"时间当在宣和七年(1125)十二月之前。李棁宣和七年(1125)七月已经是吏部尚书，靖康元年(1126)又由守吏部尚书离任，其由户部尚书出守金陵当在之前。又卢法原宣和六年(1124)十一月由吏部尚书离任，故李棁宣和七年(1125)初由户部尚书出守金陵，后又召为吏部尚书，直到靖康元年(1126)由吏部尚书离任。兼官：无。	《宋史》卷352《吴敏传》；《宋会要辑稿·选举》24之17；《宋史》卷212《宰辅表三》
卫仲达	绍兴二年(1132)十月戊子，"卫仲达复秘阁修撰……卫仲达，华亭人。靖康初为礼部尚书，寇至而遁，坐除名均州居住。至是，并以赦复之"；绍兴二年(1132)十二月戊戌，"秘阁修撰、提举亳州明道宫卫仲达卒"。"宋卫仲达，字达可，元名上达，徽宗大观间登进士第，御笔改是名。仕至吏部尚书"。综合史料判断，卫仲达应当是靖康元年(1126)任礼部尚书时兼任一段时间吏部尚书。据《系年要录》，卫仲达做到礼部尚书后遁，建炎之后卫仲达遭贬，直到绍兴二年(1132)才复秘阁修撰，之后于当年十二月卒，也就是说建炎之后卫仲达没有做吏部尚书的可能性，其吏部尚书之任必在北宋时期。根据《至元嘉禾志》载卫仲达仕至吏部尚书，这意味着卫仲达应当是做到礼部尚书时兼吏部尚书。又靖康元年(1126)正月至三月之间，没有人任吏部尚书，故推测卫仲达在此时间里面由礼部尚书兼吏部尚书。兼官：无。	《系年要录》卷59，绍兴二年十月戊子；《系年要录》卷61，绍兴二年十二月戊戌；《至元嘉禾志》卷13《人物》
梅执礼	"钦宗即位，移知镇江，召为翰林学士。道除吏部尚书兼侍讲。未几，改户部"；靖康元年(1126)三月十一日，"梅执礼除吏部尚书"。兼官：无。	《东都事略》卷109《梅执礼传》；《靖康要录》卷3，靖康元年三月十一日

续表

姓名	史料	出处
莫俦	"靖康初,除给事中、兼侍讲、直学士院。宰相吴敏伺公入直,并下六制欲行,是以危公。公秉一炬解衣却坐,一挥而就,醇深典丽,各得其体,渊圣嘉其敏妙。会公入对,褒誉甚宠,除吏部尚书";靖康元年(1126)六月八日,"初除知寿春府、给事中、权直学士院莫俦为吏部尚书";靖康二年(1127)三月丁酉,"吏部尚书兼翰林学士莫俦权签书枢密院事。按实录,时雍、俦皆自吏书除,不知吏书何以有二员?据俦除吏书在去年六月癸卯,时雍不见除日,当是俦从驾往金营,而时雍并摄之耳"。兼官情况:以上史料可见,莫俦吏部尚书任职期间兼官有侍讲、翰林学士。	《鸿庆居士集卷》38《宋故翰林学士莫公墓志铭》;《靖康要录》卷8,靖康元年六月八日;《系年要录》卷3,靖康二年三月丁酉
王时雍	靖康元年(1126)十一月三十日,"诏吏部尚书王时雍充馆伴使"。根据《系年要录》,"雍不见除日,当是俦从驾往金营,而时雍并摄之耳",可知王时雍当是于靖康元年(1126)莫俦前往金国时担任一段时间吏部尚书。具体迁入迁出官不详。兼官:无。	《靖康要录》卷13,靖康元年十一月三十日;《系年要录》卷3,靖康二年三月丁酉
谢克家	靖康二年(1127)三月庚戌,"尚书吏部侍郎谢克家、户部侍郎邵溥并权本部尚书";建炎元年(1127)五月丁酉,"谢克家为翰林学士知制诰"。兼官:无。	《系年要录》卷3,靖康二年三月庚戌;《系年要录》卷5,建炎元年五月丁酉
南宋时期		
路允迪	建炎元年(1127)五月丁未,"资政殿学士京城抚谕使路允迪守吏部尚书";建炎二年(1128)二月丙辰,"吏部尚书路允迪罢为资政殿学士提举杭州洞霄宫"。兼官情况:见迁转情况。	《系年要录》卷5,建炎元年五月丁未;《系年要录》卷13,建炎二年二月丙辰
周武仲	建炎二年(1128)二月辛酉,"刑部尚书周武仲迁吏部尚书兼侍读";建炎二年(1128)七月丁亥,"吏部尚书兼侍读周武仲充龙图阁学士、提举江州太平观"。兼官情况:以上史料可见,周武仲吏部尚书任职期间兼官有侍读。	《系年要录》卷13,建炎二年二月辛酉;《系年要录》卷16,建炎二年七月丁亥
吕颐浩	建炎二年(1128)十一月丙戌,"户部尚书吕颐浩试吏部尚书";建炎三年(1129)正月十一日,"吏部尚书吕颐浩等言事";建炎三年(1129)二月四日,"吕颐浩除资政殿大学士,充江浙制置使、兼知镇江府"。兼官:无。	《系年要录》卷18,建炎二年十一月丙戌;《宋会要辑稿·职官》43之17;《宋会要辑稿·职官》7之21

续表

姓名	史料	出处
刘珏	建炎三年(1129)六月乙卯,“尚书吏部侍郎刘珏试吏部尚书”;建炎三年(1129)八月壬子,“吏部尚书刘珏为端明殿学士、权同知三省枢密院事”。兼官:无。	《系年要录》卷24,建炎三年六月乙卯;《系年要录》卷26,建炎三年八月壬子
洪拟	绍兴元年(1131)十月乙丑,“给事中洪拟试吏部尚书”;绍兴元年(1131)十月壬申,“吏部尚书洪拟罢为龙图阁直学士知温州”。绍兴二年(1132)九月己未,“龙图阁待制、知温州洪拟试吏部尚书”;绍兴二年(1132)十一月庚午,“礼部尚书洪拟言:‘近时吏强官弱,官不足以制吏。官有以财用不给罢者,吏未尝过而问也;官有以刑名失当罢者,吏未尝过而问也。官有罪,吏告之,有司治之,惟恐后吏有罪,官按之,则相疑’”。绍兴三年(1133)三月丙辰朔,“礼部尚书洪拟兼权吏部尚书”;绍兴三年(1133)十月壬午,“礼部尚书、兼权吏部尚书洪拟罢为徽猷阁直学士、提举江州太平观”。兼官情况:第三次以礼部尚书兼权吏部尚书。	《系年要录》卷48,绍兴元年十月乙丑;《系年要录》卷48,绍兴元年十月壬申;《系年要录》卷58,绍兴二年九月己未;《系年要录》卷60,绍兴二年十一月;《系年要录》卷63,绍兴三年三月丙辰;《系年要录》卷69,绍兴三年十月壬午
胡直孺	绍兴元年(1131)八月辛未,“刑部尚书兼侍读胡直孺守兵部尚书”;“进刑部尚书兼侍读,多所献纳御书、文物,多师古。朝廷半老,儒于扇以赐。改兵部兼权吏部”;绍兴元年(1131)十一月甲午,“兵部尚书兼侍读胡直孺卒,特赠端明殿学士”。兼官情况:以上史料可见,胡直孺以兵部尚书兼权吏部尚书、其间还兼侍读。	《系年要录》卷46,绍兴元年八月辛未;《(光绪)江西通志》卷66《人物一》;《系年要录》卷49,绍兴元年十一月甲午
李光	绍兴二年(1132)二月丙寅,“尚书吏部侍郎李光试礼部尚书”;绍兴二年(1132)二月甲戌,“吏部尚书李光为淮西招抚使、神武前军统制”;绍兴二年(1132)三月七日,诏“吏部尚书、淮西招抚使李光充端明殿学士、江南东路安抚大使、马步军都总管,兼知建康府,兼充寿春府滁濠和庐州无为军宣抚使”;“除江西安抚、知洪州兼制置大使,擢吏部尚书,逾月,除参知政事”。根据以上史料,绍兴二年(1132)二月李光应当是由吏部侍郎试吏部尚书,而不是礼部尚书,否则后面不合理。绍兴八年(1138)四月丁酉,“端明殿学士、江南西路安抚大使、兼知洪州李光升本路安抚制置大使”;绍兴八年(1138)十月乙亥,“知洪州李光试吏部尚书”;绍兴八年(1138)十二月己未,“李光自吏部尚书除参知政事”。兼官情况:以上史料可见,李光第一次任吏部尚书期间,兼淮西招抚使、神武前军统制。	《系年要录》卷51,绍兴二年二月丙寅;《系年要录》卷51,绍兴二年二月甲戌;《宋会要辑稿·职官》41之24;《宋史》卷363《李光传》;《系年要录》卷119,绍兴八年四月丁酉;《系年要录》卷122,绍兴八年九月乙亥;《宋史》卷213《宰辅表四》

续表

姓名	史料	出处
权邦彦	绍兴元年(1131),“召为兵部尚书兼侍读。二年,除端明殿学士、签书枢密院事”;绍兴二年(1132)五月七日,“吏部尚书权邦彦言事”;绍兴元年(1131)“入为(此处缺字,推测为‘兵’字)部尚书兼侍读,二年五月除签书枢密院”;绍兴二年(1132)五月二日,“权邦彦自左朝议大夫、试兵部尚书迁端明殿学士,除签书枢密院事”。根据李光绍兴二年三月七日由吏部尚书离任、五月七日权邦彦已经是吏部尚书、沈與求七月丙戌始任吏部尚书,可判断权邦彦大概于绍兴二年三月到七月之间任吏部尚书。《宋史》《墓志铭》等均没有权邦彦吏部尚书的记载,推断权邦彦应当是以他官兼吏部尚书。又《宋会要辑稿》记载绍兴二年(1132)五月七日权邦彦为吏部尚书,而权邦彦于五月二日就已经由兵部尚书迁签书枢密院事。这有两种可能性。一种可能是某个史料记载有误,时间上不对,也就是说权邦彦应该是三月至五月任兵部尚书兼吏部尚书;另一种可能是权邦彦先由兵部尚书兼吏部尚书,后签书枢密院事后仍兼吏部尚书。综观所统计的近两百位吏部尚书,在签书枢密院事时还兼吏部尚书的不可见,不符合宋朝的典制。故第一种可能性较大,权邦彦签书枢密院事的时间在《宋史》《系年要录》中均记载一致,故《宋会要辑稿》五月七日的记载有误的可能性更大些。因此推断权邦彦应当于绍兴二年(1132)三月到五月之间由兵部尚书兼吏部尚书。兼官情况:以上史料可见,权邦彦是以兵部尚书兼吏部尚书,还兼侍读。	《宋史》卷396《权邦彦传》;《宋会要辑稿·选举》23之13;《杨万里集》卷124《枢密兼参知政事权公墓志铭》;《宋史》卷213《宰辅表四》

续表

姓名	史料	出处
沈與求	绍兴二年(1132)七月丙戌,“御史中丞沈與求试吏部尚书兼权翰林学士”;绍兴二年(1132)十二月癸巳,“吏部尚书沈與求为龙图阁学士、湖南安抚使兼知潭州”。此处《系年要录》时间应当有误,考证如下:洪拟绍兴二年(1132)九月试吏部尚书,其迁出必定在九月之后;而沈與求绍兴二年(1132)十二月由吏部尚书迁出,其迁入必定在十二月之前。倘若七月沈與求迁吏部尚书,而洪拟又九月也迁吏部尚书,这不符合宋朝吏部尚书同时期内仅有一员的典制。《系年要录》关于沈與求七月迁吏部尚书由这样的补充说明:“日历不载题名在七月必以沈与求出台故也今附此”,这意味着沈與求七月迁吏部尚书的这则材料的时间很可能是有误的;又《宋史·沈與求传》中这样记载“移吏部尚书兼权翰林学士兼侍读,遂出为荆湖南路安抚使、知潭州”,这意味着沈與求移吏部尚书后时间应当很短,七月即迁入的话很难用“遂”字。综上所述,笔者认为沈與求此次迁入吏部尚书当在十一月较为合理,这样洪拟绍兴二年(1132)九月迁入,十一月迁入,接着沈與求十一月迁入,十二月迁出。绍兴四年(1134)七月己酉,“龙图阁学士、知镇江府沈與求复为吏部尚书”;绍兴四年(1134)九月甲戌,“吏部尚书、兼权翰林学士、兼侍读沈與求为参知政事。按宋史系癸酉日”。兼官情况:以上史料可见,沈與求吏部尚书任职期间兼权翰林学士、侍读。	《系年要录》卷56,绍兴二年七月丙戌;《系年要录》卷61,绍兴二年十二月癸巳;《系年要录》卷56,绍兴二年七月丙戌;《宋史》卷372《沈與求传》;《系年要录》卷78,绍兴四年七月己酉;《系年要录》卷80,绍兴四年九月甲戌
席益	绍兴三年(1133)正月己巳,“尚书吏部侍郎、兼侍讲席益试工部尚书、兼权吏部尚书”;绍兴三年(1133)二月辛亥,“工部尚书、兼权吏部尚书、兼侍讲席益参知政事”。兼官情况:以上史料可见,席益以工部尚书兼权吏部尚书,任职期间还兼侍讲。	《系年要录》卷62,绍兴三年正月己巳;《系年要录》卷63,绍兴三年二月辛亥

续表

姓名	史料	出处
郑滋	绍兴三年(1133)九月己巳,“尚书兵部侍郎郑滋试吏部侍郎。滋摄天官踰半年,至是改命”;绍兴四年(1134)正月十八日,“吏部尚书郑滋言事”。绍兴四年(1134)正月二十二日,“吏部侍郎兼权礼部侍郎郑滋改权刑部侍郎。滋移官为刘大中论列事祖”。根据洪拟绍兴三年(1133)十月壬午由吏部尚书离任、郑滋绍兴四年(1134)正月十八日已经是吏部尚书、胡松年绍兴四年(1134)二月壬辰始任吏部尚书,可判断郑滋吏部尚书之职应当在绍兴三年(1133)十月壬午至绍兴四年(1134)二月壬辰之间。又除了《宋会要辑稿》不见郑滋吏部尚书的记载,《系年要录》中郑滋在此时间段内为吏部侍郎,故推测郑滋应当是绍兴三年(1133)十月由吏部侍郎兼权吏部尚书,绍兴四年(1134)二月二十二日之前不再兼权吏部尚书,而改兼权礼部侍郎,二十二日又改权刑部侍郎。兼官情况:郑滋是以试吏部侍郎兼权吏部尚书。	《系年要录》卷68,绍兴三年九月己巳;《宋会要辑稿·选举》24之6;《系年要录》卷72,绍兴四年正月乙亥
胡松年	绍兴四年(1134)二月壬辰,“工部尚书、兼侍读、兼权吏部尚书胡松年试吏部尚书”;绍兴四年(1134)七月戊申朔,“吏部尚书兼侍讲胡松年充端明殿学士、签书枢密院事”;绍兴四年(1134)二月壬辰,胡松年已经是工部尚书兼权吏部尚书,其兼权吏部尚书当在此之前。又之前正月郑滋不再兼权吏部尚书,胡松年由工部尚书兼权吏部尚书当在正月。兼官情况:以上史料可见,胡松年吏部尚书任职期间兼侍讲。	《系年要录》卷73,绍兴四年二月壬辰;《系年要录》卷78,绍兴四年七月戊申
晏敦复	绍兴五年(1135)四月二十三日,“权吏部侍郎兼权尚书晏敦复等言事”;绍兴六年(1136)正月二十七日,“权吏部侍郎晏敦复言事”。绍兴四年(1134)九月,沈與求由吏部尚书离任,晏敦复于绍兴五年(1135)四月已经是兼权吏部尚书,其至早在绍兴四年(1134)九月之后由吏部侍郎兼权吏部尚书。又孙近于绍兴五年(1135)十一月试吏部尚书,晏敦复当在此之前离任,又晏敦复绍兴六年(1136)正月为权吏部侍郎,可见其是在绍兴五年十一月之前仍为权吏部侍郎,但不再兼权吏部尚书。绍兴九年(1139)三月戊子,“尚书吏部侍郎晏敦复、户部侍郎梁汝嘉皆进权本部尚书”;绍兴九年(1139)四月癸丑,“权吏部尚书晏敦复充宝文阁直学士知衢州,从所请也”。兼官情况:“权吏部尚书兼江、淮等路经制使。”晏敦复第一次以权吏部侍郎兼权吏部尚书,第二次吏部尚书任职期间兼江、淮等路经制使。	《宋会要辑稿·选举》2之15;《宋会要辑稿·选举》24之20;《系年要录》卷127,绍兴九年三月戊子;《系年要录》卷127,绍兴九年四月癸丑;《宋史》卷381《晏敦复传》

续表

姓名	史料	出处
孙近	绍兴五年(1135)十一月甲申,"翰林学士兼侍讲孙近试吏部尚书、兼权翰林学士";绍兴六年(1136)八月庚戌,"吏部尚书、兼权翰林学士、兼侍读孙近充龙图阁学士、复知绍兴府,从所请也"。绍兴六年(1136)十二月壬寅,"龙图阁学士知绍兴府孙近试吏部尚书";绍兴七年(1137)九月丙子,"吏部尚书、兼侍读、兼史馆修撰孙近复为龙图阁学士、知绍兴府、兼沿海制置使"。兼官情况:以上史料可见,孙近担任吏部尚书期间兼权翰林学士、兼侍讲、侍读、兼史馆修撰。	《系年要录》卷95,绍兴五年十一月甲申;《系年要录》卷104,绍兴六年八月庚戌;《系年要录》卷107,绍兴六年十二月壬寅;《系年要录》卷114,绍兴七年九月丙子
刘大中	绍兴六年(1136)七月癸酉,"尚书吏部侍郎、兼侍讲刘大中试兵部尚书";绍兴六年(1136)十二月己未,"兵部尚书兼权吏、礼部尚书刘大中充龙图阁直学士、知处州免朝辞。赵鼎既罢政,大中引疾求去位,疏再上,乃命出守"。兼官情况:以上史料可见,刘大中是以兵部尚书兼权吏部尚书,同时还兼权礼部尚书、侍讲。	《系年要录》卷103,绍兴六年七月癸酉;《系年要录》卷107,绍兴六年十二月己未
张焘	绍兴八年(1138)四月,"召拜兵部侍郎……六月兼权吏部尚书,十一月又兼史馆修撰……(绍兴九年)七月,除权吏部尚书";绍兴九年(1139)十月癸丑,"权吏部尚书、兼史馆修撰张焘充宝文阁学士、知成都府、兼本路安抚使"。"和议成,范如圭请遣使朝八陵,遂命判大宗正赵士褭与焘偕行",其中,绍兴八年金宋和议,之后张焘奉命去洛阳一带祭扫北宋皇陵,这段时间内李光任吏部尚书。绍兴二十九年(1159)十二月丙寅,"端明殿学士、提举万寿观、兼侍读张焘试吏部尚书";绍兴三十年(1160)二月丁卯,"吏部尚书兼侍读张焘充资政殿学士致仕"。兼官情况:以上史料可见,张焘第一次由兵部侍郎兼权吏部尚书,还兼史馆修撰;第二次担任吏部尚书期间兼端明殿学士、侍读。	《文忠集》卷61《张忠定公神道碑》;《系年要录》卷132,绍兴九年十月癸丑;《宋史》卷382《张焘传》;《系年要录》卷183,绍兴二十九年十二月丙寅;《系年要录》卷184,绍兴三十年二月丁卯

续表

姓名	史料	出处
吴表臣	绍兴九年(1139)十月己未,“尚书礼部侍郎、兼侍读、兼资善堂翊善吴表臣权吏部尚书,兼职如故”;绍兴十一年(1141)十一月丙申,“权吏部尚书、兼侍读、资善堂翊善吴表臣落权字”;绍兴十二年(1142)二月己丑,“吏部尚书兼资善堂翊善吴表臣……罢坐讨论典礼并不详具祖宗故事专任已意怀奸附丽故也……先是表臣等奉诏讨论普安郡王进封典礼与大臣所议不同故黜”;绍兴十五年(1145)十月乙酉,“左朝议大夫知婺州吴表臣复敷文阁待制”。可见,吴表臣绍兴九年(1139)十月始权吏部尚书,绍兴十一年(1141)十一月始为吏部尚书,绍兴十二年(1142)二月被罢免,绍兴十五年(1145)复敷文阁待制。兼官情况:绍兴十二年(1142)正月庚申,“吏部尚书、兼侍读、资善堂翊善吴表臣兼权直学士院”。以上史料可见,吴表臣兼官有侍读、资善堂翊善、权直学士院。	《系年要录》卷132,绍兴九年十月己未;《系年要录》卷142,绍兴十一年十一月丙申;《系年要录》卷144,绍兴十二年二月己丑条;《系年要录》卷154,绍兴十五年十月乙酉;《系年要录》卷144,绍兴十二年正月庚申
罗汝楫	绍兴十三年(1143)九月丁卯,“御史中丞兼侍讲罗汝楫试吏部尚书”;绍兴十四年(1144)八月丁酉,“吏部尚书罗汝楫为龙图学士知严州,以汝楫引亲年有请也”。兼官情况:“迁吏部尚书兼侍讲”;绍兴十三年(1143)九月己巳,“吏部尚书兼侍讲罗汝楫进兼侍读”;绍兴十三年(1143)十月三日,“吏部尚书罗汝楫桥道遁递使”;绍兴十三年(1143)十月丙戌,“吏部尚书罗汝楫为仪仗使”;绍兴十四年(1142)正月戊午,“吏部尚书罗汝楫为大金报谢使”。可见,罗汝楫吏部尚书任职期间兼官有侍讲、侍读、桥道遁递使、仪仗使、金国报谢使。	《系年要录》卷150,绍兴十三年九月丁卯;《系年要录》卷152,绍兴十四年八月丁酉;《盘洲文集》卷77《罗尚书墓志铭》;《系年要录》卷150,绍兴十三年九月己巳;《中兴礼书》卷22《郊祭五使》;《系年要录》卷150,绍兴十三年十月丙戌;《系年要录》卷151,绍兴十四年正月戊午

续表

姓名	史料	出处
周三畏	绍兴十五年(1145)六月丙申,“刑部侍郎周三畏进权本部尚书”;绍兴十八年(1148)八月戊申,“刑部尚书兼权吏部尚书周三畏罢,以侍御史余尧弼论其兼领二曹,一切要誉归怨朝廷也”;绍兴十九年(1149)十二月壬子,“右朝请大夫知婺州周三畏复敷文阁待制知平江府”。周三畏并没有朝廷直接任命兼权吏部尚书的记载,根据其由刑部尚书兼权吏部尚书罢,又绍兴十四年(1144)八月罗汝楫由吏部尚书离任,推测周三畏当是在绍兴十五年(1145)六月为刑部尚书后兼权吏部尚书。兼官情况:周三畏是以刑部尚书兼权吏部尚书的。	《系年要录》卷153,绍兴十五年六月丙申条;《系年要录》卷158,绍兴十八年八月戊申;《系年要录》卷160,绍兴十九年十二月壬子
张杞	绍兴十九年(1149),“充金国信使,勅赐笏带、名马,以宠其行还升吏部尚书”,林大鼐于绍兴二十二年(1152)九月始任吏部尚书,而张杞其他迁转信息不详,其吏部尚书离任时间当在绍兴二十二年(1152)之前。兼官:无。	《(光绪)江西通志》卷87《人物二十二》
林大鼐	绍兴二十二年(1152)九月己未,“右谏议大夫林大鼐试吏部尚书仍兼侍讲”;绍兴二十三年(1153)二月己巳,“吏部尚书林大鼐罢。右正言史才论大鼐狂躁欺诞,父在而不迎侍。陛下擢宋朴为枢密,大鼐以其出己上,愤然不平,若不亟去,必摇国。是故,大鼐遂罢……辛巳,左朝奉郎林大鼐知泉州。大鼐以此月六日乙丑得旨放罢,今才十七日,乃即除郡,不知何故,当考”。兼官情况:以上史料可见,林大鼐吏部尚书任职期间兼侍讲。	《系年要录》卷163,绍兴二十二年九月己未;《系年要录》卷164,绍兴二十三年二月己巳
董德元	绍兴二十五年(1155)二月,“进兼侍讲,迁御史,转中书舍人。六月为吏部侍郎,升尚书。八月拜参知政事、权左仆射,充大礼使”;绍兴二十五年(1155)八月丙戌,“董德元自吏部尚书除参知政事”。兼官:无。	《绍兴十八年同年小录》;《宋史》卷213《宰辅表四》
张纲	绍兴二十五年(1155)十二月辛卯,“张纲由徽猷阁待制试尚书吏部侍郎”;绍兴二十六年(1156)正月,“兼侍读,寻权工侍。二月,权吏部尚书”;绍兴二十六年(1156)八月甲午,“尚书吏部侍郎、兼侍讲、兼权吏部尚书张纲参知政事”。根据《系年要录》的记载,张纲为参知政事之前应当是吏部侍郎兼权吏部尚书,又根据《京口耆旧传》的记载,推测张纲应当是于绍兴二十六年(1156)正月由吏部侍郎兼权工部侍郎,后于二月兼权吏部尚书。兼官情况:以上史料可见,张纲是以吏部侍郎兼权吏部尚书,还兼侍读、侍讲。	《系年要录》卷170,绍兴二十五年十二月辛卯;《京口耆旧传》卷7《张纲传》;《系年要录》卷174,绍兴二十六年八月甲午

续表

姓名	史料	出处
刘才邵	绍兴二十六年(1156)三月丁未,“尚书工部侍郎刘才邵权直学士院”;“官至工部侍郎、权吏部尚书加显谟阁直学士”;绍兴二十七年(1157)四月辛丑,“尚书工部侍郎、权吏部尚书、兼权直学士院刘才邵以老疾求去,罢为显谟阁直学士、提举江州太平兴国宫”。兼官情况:以上史料可见,刘才邵是以工部侍郎兼权吏部尚书,还兼显谟阁学士、兼权直学士院。	《系年要录》卷172,绍兴二十六年三月丁未;《檆溪居士集》提要;《系年要录》卷176,绍兴二十七年四月辛丑
陈康伯	绍兴二十七年(1157)四月辛酉,“尚书吏部侍郎兼侍读陈康伯迁吏部尚书”;绍兴二十七年(1157)九月戊寅,“吏部尚书兼侍读陈康伯参知政事”。兼官情况:以上史料可见,陈康伯吏部尚书任职期间兼侍读。	《系年要录》卷176,绍兴二十七年四月辛酉;《系年要录》卷177,绍兴二十七年九月戊寅
王师心	绍兴二十七年(1157)九月辛巳,“给事中兼侍读王师心权吏部尚书”;绍兴二十八年(1158)七月甲申,“权吏部尚书兼侍读王师心充显谟阁直学士知绍兴府,从所请也”。兼官情况:以上史料可见,王师心权吏部尚书任职期间兼侍读。	《系年要录》卷177,绍兴二十七年九月辛巳;《系年要录》卷180,绍兴二十八年七月甲申
贺允中	绍兴二十八年(1158)七月甲申,“给事中、兼实录院修撰、兼侍讲贺允中权吏部尚书”;绍兴二十九年(1159)七月丁亥,“权吏部尚书、同修国史、兼侍读贺允中参知政事”。兼官情况:绍兴二十八(1158)年八月辛卯,“权吏部尚书兼实录院修撰兼侍讲贺允中进兼侍读”。以上史料可见,贺允中权吏部尚书期间兼实录院修撰、兼侍讲、兼侍读、兼同修国史。	《系年要录》卷180,绍兴二十八年七月甲申;《系年要录》卷183,绍兴二十九年七月丁亥;《系年要录》卷180,绍兴二十八年八月辛卯
叶义问	绍兴二十九年(1159)七月己丑,“权尚书吏部侍郎、兼史馆修撰、兼侍讲叶义问兼权吏部尚书”;绍兴三十年(1160)正月丙申,“尚书吏部侍郎、同修国史、兼侍读叶义问同知枢密院事”。绍兴二十九年(1159)十二月,张焘试吏部尚书,叶义问当在此之前不再兼权吏部尚书。兼官情况:绍兴二十九年(1159)九月戊申,“尚书吏部侍郎叶义问充按行攒宫使”。以上史料可见,叶义问是由权吏部侍郎兼权吏部尚书,任职期间还兼史馆修撰、侍讲、侍读、同修国史、按行攒宫使。	《系年要录》卷183,绍兴二十九年七月己丑;《系年要录》卷184,绍兴三十年正月丙申;《系年要录》卷183,绍兴二十九年九月戊申

续表

姓名	史料	出处
周麟之	绍兴三十年(1160)二月甲戌,诏"翰林学士周麟之所草也。是日,以麟之兼权吏部尚书";绍兴三十年(1160)七月戊戌,"翰林学士、兼修国史、兼侍读、兼权吏部尚书周麟之同知枢密院事"。兼官情况:以上史料可见,周麟之为翰林学士兼权吏部尚书,任职期间还兼修国史、兼侍读。	《系年要录》卷184,绍兴三十年二月甲戌;《系年要录》卷185,绍兴三十年七月戊戌
洪遵	绍兴三十年(1160)八月丁巳,"尚书吏部侍郎兼枢密都承旨洪遵为翰林学士兼权吏部尚书";绍兴三十年(1160)十二月丙寅,"翰林学士、兼权吏部尚书洪遵罢为徽猷阁直学士、提举江州太平兴国宫"。兼官情况:洪遵以翰林学士兼权吏部尚书。	《系年要录》卷185,绍兴三十年八月丁巳;《系年要录》卷187,绍兴三十年十二月丙寅
徐嘉	绍兴二十六年(1156)正月辛亥,"尚书礼部侍郎兼侍讲王珉、权吏部侍郎徐嘉罢";"累迁侍御史,遂擢贰户部兼权吏部。使馆伴既觌北使,不肯以书授中使,嘉径前敓书以进,北使大沮,上嘉之";"徐嘉,弘治衢州府志,字吉卿,西安人。宣和进士,以赵鼎荐,除教授王邸,累迁侍御史。擢贰户部兼权吏部尚书";"累迁侍御史,擢户部侍郎兼权吏书。言者论其有党,上曰:'嘉朕亲擢,安得是。'绍兴三十一年,虏亮遣使指索将相,要求壤地议遣。报聘上,独召嘉及前……上不悦,次问嘉,嘉对愿奉命与子婿俱往,授次对为枢密都承旨";绍兴三十一年(1161)五月乙卯,"诏秘阁修撰、提举台州崇道观刘岑,左朝散大夫徐嘉并召赴行在,二人皆愿使金,故有是命"。绍兴三十年(1160)底,洪遵由吏部尚书离任,绍兴三十一年(1161)正月,汪应辰开始兼权吏部尚书。根据《两浙名贤录》,徐嘉的户部侍郎兼权吏部尚书当在绍兴三十一年或者之前,这一时间段只有绍兴三十年底到绍兴三十一年正月之间没有人任吏部尚书,故推测徐嘉于此时间段兼权吏部尚书。又徐嘉是绍兴三十一年五月才赴行在,其被封为枢密都承旨当在之后,正月时,徐嘉应当仍为户部侍郎,但是不再兼权吏部尚书。故徐嘉于绍兴三十年(1160)底,擢为户部侍郎,兼权吏部尚书,绍兴三十一年(1161)正月,徐嘉仍为户部侍郎,但不兼权吏部尚书。兼官情况:从以上史料可见,徐嘉是由户部侍郎兼权吏部尚书。	《系年要录》卷171,绍兴二十六年正月辛亥;《(万历)龙游县志》卷8;《(雍正)浙江通志》卷161《名臣四》;《两浙名贤录》卷39;《系年要录》卷190,绍兴三十一年五月乙卯

续表

姓名	史料	出处
汪应辰	“服阕,除秘书少监,迁权吏部尚书。李显忠冒具安丰军功赏五千余人,应辰奏驳之。权户部侍郎兼侍讲。”绍兴三十一年(1161)正月丙申,“秘书少监汪应辰权尚书吏部侍郎”;“绍兴三十二年(1162)闰二月癸巳,权尚书吏部侍郎汪应辰与权户部侍郎徐度两易应辰仍兼权国子祭酒。”绍兴三十一年(1161),《系年要录》中没有汪应辰吏部尚书的记载,《宋史》载其秘书少监后迁权吏部尚书,这种升迁是不太可能的。《系年要录》中有绍兴三十一年(1161)正月汪应辰由秘书少监迁为权吏部侍郎的记载,综合在一起,即汪应辰由秘书少监迁权吏部侍郎,之后兼权吏部尚书,这样比较合理。绍兴三十一年(1161)三月己卯,何溥已经兼权吏部尚书,汪应辰兼权的吏部尚书当在此之前不再兼任。又绍兴三十一年(1161)闰二月癸巳,汪应辰由吏部侍郎易为权户部侍郎,《宋史》中记载汪应辰为户部侍郎时没有兼权吏部尚书,故汪应辰当是在闰二月由吏部侍郎改为户部侍郎后不再兼权吏部尚书。“在镇二年,会朝廷谋蜀帅,乃以敷文阁直学士为四川制置使、知成都府……刘珙拜同知枢密院事……冬,入觐,陛对,以畏天爱民为言……除吏部尚书,寻兼翰林学士并侍读……会复出发运均输之旨,叹曰:‘吾不可留矣,但力辨群枉,则补外之请自得。’乃力论其事有害无利,遂以端明殿学士知平江府。”乾道三年(1167)十一月,“刘珙自翰林学士、知制诰除同知枢密院事”;乾道六年(1170)四月戊戌,“吏部尚书汪应辰三疏论发运司,罢知平江府”。刘珙拜同知枢密院事在乾道三年(1167),故汪应辰于乾道三年(1167)底为吏部尚书,乾道六年(1170)罢。兼官情况:汪应辰第一次是由吏部侍郎兼权吏部尚书;乾道五年(1169)正月九日,“以吏部尚书兼侍读兼权翰林学士汪应辰知贡举”;乾道五年(1169)四月“以吏部尚书兼(史馆检讨)”,可见汪应辰第二次任吏部尚书期间,兼侍读、兼权翰林学士、知贡举、史馆检讨。	《宋史》卷387《汪应辰传》;《系年要录》卷188,绍兴三十一年正月丙申;《系年要录》卷198,绍兴三十二年闰二月癸巳;《宋史》卷387《汪应辰传》;《宋史》卷213《宰辅表四》;《宋史新编》卷11,乾道六年四月戊戌;《宋会要辑稿·选举》1之17;《南宋馆阁录》卷8《官联下》

续表

姓名	史料	出处
何溥	绍兴三十一年(1161)三月己卯,“右谏议大夫何溥为翰林学士兼权吏部尚书,仍兼侍讲”;绍兴三十二年(1162)三月乙巳,“翰林学士兼侍读兼权吏部尚书何溥充龙图阁学士提举江州太平兴国宫,以疾自请也”。兼官情况:绍兴三十一年(1161)五月甲午,“翰林学士兼权吏部尚书充馆伴使何溥等奏缴录”。以上史料可见,何溥是由翰林学士兼权吏部尚书,在此期间还兼过侍讲、侍读、馆伴使。	《系年要录》卷189,绍兴三十一年三月己卯;《系年要录》卷198,绍兴三十二年三月乙巳;《系年要录》卷190,绍兴三十一年五月甲午
凌景夏	绍兴三十二年(1162)四月“甲戌,权吏部侍郎凌景夏言……乙酉,用吏部侍郎兼权尚书凌景夏请也”;“秦桧死后,复职,任起居舍人。未几,擢龙图阁直学士,鼎州知州,吏部侍郎”;隆兴二年(1164)六月二日,诏:“凌景夏除敷文阁待制、提举江州太平兴国宫”。绍兴三十二年(1162)四月甲戌凌景夏还是权吏部侍郎,乙酉已经是吏部侍郎兼权吏部尚书,可见凌景夏是在四月甲戌到乙酉之间由吏部侍郎兼权吏部尚书。又根据隆兴二年(1164)正月金安节除吏部侍郎兼权吏部尚书,判断凌景夏于隆兴二年(1164)正月离任。又最近可见除授为隆兴二年(1164)六月凌景夏为敷文阁待制提举江州太平兴国宫,再之前史料不可见,故推测凌景夏当于隆兴二年(1164)正月由吏部侍郎被罢,后于六月才为敷文阁待制提举江州太平兴国宫。兼官情况:凌景夏为吏部侍郎兼权吏部尚书。	《系年要录》卷199绍兴三十二年甲戌、乙酉;《(雍正)浙江通志》卷158《名臣一》;《宋会要辑稿·选举》34之14
金安节	“以敷文阁直学士、提举太平兴国宫……(隆兴)二年正月,除吏部侍郎兼权尚书……四月,除吏部尚书……七上辞,情恳至,不可遂留。诏以敷文阁学士转一官致仕。”叶颙隆兴二年(1164)八月兼权吏部尚书,金安节当在八月之前离任。根据以上史料,判断金安节除吏部尚书后,八月以敷文阁学士致仕。兼官情况:“逾年,权吏部尚书兼侍读。”金安节先是以吏部侍郎兼权吏部尚书,后真除吏部尚书,兼侍读。	《新安文献志》卷73《肃金安节家传》;《宋史》卷386《金安节传》
叶颙	“翼日,除吏部侍郎兼权给事中,时隆兴二年八月也。又三日,复以公权本曹尚书”;乾道元年(1165)八月己丑,“叶颙自吏部侍郎、(兼)权尚书除端明殿学士、签书枢密院事”。兼官情况:以上史料可见,叶颙是以吏部侍郎兼权吏部尚书,任职期间还兼权给事中。	《杨万里集笺校》卷119《宋故尚书左仆射赠少保叶公行状》;《宋史》卷213《宰辅表四》

续表

姓名	史料	出处
魏杞	"守起居舍人，迁给事中、同知枢密院事，进参知政事、右仆射兼枢密使"；乾道元年(1165)九月，"试中书舍人蒋芾兼侍读，权吏部侍郎魏杞、权礼部侍郎王曮、权兵部侍郎刘仪凤、敷文阁待制、提举佑神观周执羔并兼侍讲"；乾道二年(1166)正月二十九日，"诏给事中魏杞兼太子詹事"；乾道二年(1166)二月八日，"给事中、兼权吏部尚书魏杞等言事"；乾道二年(1166)二月癸酉，"以给事中、权吏部尚书魏杞同知枢密院事兼权参知政事"。乾道二年(1166)正月魏杞仍为给事中，二月已经是给事中兼权吏部尚书，又叶颙已于乾道元年(1165)八月由兼权吏部尚书离任，判断魏杞当在乾道二年(1166)正月由给事中兼权吏部尚书。兼官情况：以上史料可见，魏杞由给事中兼权吏部尚书，在此期间还兼侍讲、太子詹事。	《宋史》卷385《魏杞传》；《宋会要辑稿·职官》6之61；《宋会要辑稿·职官》7之26；《宋会要辑稿·兵》15之15；《宋史》卷213《宰辅表四》
陈之茂	乾道二年(1166)四月七日，"吏部侍郎陈之茂言事"；乾道二年(1166)四月二十七日，"尚书吏部侍郎、权吏部尚书陈之茂等言事"；乾道二年(1166)七月一日，"诏试吏部侍郎陈之茂除徽猷阁直学士、知建康府"；乾道二年(1166)七月二十日，"王佐改平江。之茂以徽猷阁直学士知建康，九月二十四致仕"；乾道二年(1166)八月六日，"徽猷阁直学士、朝请大夫陈之茂知府事。九月二十四日致仕"；乾道二年(1166)八月十六日，"尚书吏部侍郎、权吏部尚书陈之茂等言事"。陈之茂乾道二年(1166)四月七日仍为吏部侍郎，二十七日则已经兼权吏部尚书，其开始兼权吏部尚书当在乾道二年(1166)四月。陈之茂的迁出官情况较为复杂，有的史料记载其已经出知建康府，但是有的史料竟然在这之后还记载其为兼权吏部尚书，需要考证。乾道二年(1166)七月一日，陈之茂知建康府的诏命刚下，但是此时王佐知建康府，陈之茂还没有上任；七月二十日，王佐改知平江府，陈之茂开始上任；八月六日，陈之茂开始真正出知建康府事。九月二十四日，陈之茂致仕。综合《宋会要辑稿》《景定建康志》《南宋制府年表》，推断《宋会要辑稿》的这则史料应当有误："乾道二年八月十六日，尚书吏部侍郎、权吏部尚书陈之茂等言事"。八月十六日，陈之茂已经出知建康府，误。综上，陈之茂应当于乾道二年(1166)七月，除徽猷阁直学士知建康府。兼官情况：以上史料可见，陈之茂是以吏部侍郎兼权吏部尚书。	《宋会要辑稿·食货》61之8；《宋会要辑稿·职官》48之37；《宋会要辑稿·选举》34之18；《北宋经抚年表南宋制抚年表》卷上《江南东路》；《景定建康志》卷14，乾道二年；《宋会要辑稿·职官》48之37；《宋会要辑稿·职官》48之37

续表

姓名	史料	出处
陈俊卿	"公力求去,除宝文阁直学士知漳州,改建康府。公既去而端礼亦卒,不三年召为吏部尚书";乾道二年(1166)十月十日,"试吏部尚书陈俊卿言事";乾道二年(1166)十二月甲申,"陈俊卿自左朝议大夫、试吏部尚书除同知枢密院事兼权参知政事"。根据陈俊卿乾道二年(1166)十二月甲申由试吏部尚书迁执政,其吏部尚书任职必在之前;而陈之茂又于乾道二年(1166)七月由兼权吏部尚书离任,陈俊卿当在之后试吏部尚书。兼官:无。	《杨万里集》卷123《丞相太保魏国正献陈公墓志铭》;《宋会要辑稿·职官》48之38;《宋史》卷213《宰辅表四》
周执羔	周执羔迁转情况:乾道元年(1165)九月,"敷文阁待制、提举佑神观周执羔并兼侍讲";乾道三年(1167)十月四日,"礼部尚书兼吏部尚书周执羔言"。乾道初,"守婺州,召还,提举佑神观兼侍讲……二年四月,复为礼部侍郎……上恻然,既拜本部尚书,升侍读,固辞,不许……拜疏求去,上谓辅臣曰:'朕惜其老成,宜以经筵留之。'除宝文阁学士,提举佑神观。上曰:'遂除龙图可也。'经筵二年,每劝上以辨忠邪、纳谏争,上深知其忠"。根据陈俊卿离任时间判断周执羔大致乾道三年(1167)初由礼部尚书兼吏部尚书。根据史料判断,周执羔侍讲至少两年,也就是说他担任礼部尚书、兼侍讲/侍读、兼吏部尚书结束于乾道三年(1167)。兼官情况:以上史料可见,陈俊卿是以礼部尚书兼吏部尚书,在此期间还兼侍读。	《宋会要辑稿·职官》6之61;《宋会要辑稿·选举》16之13;《宋史》卷388《周执羔传》
陈良祐	"迁右谏议大夫兼侍讲,同知贡举。除给事中、兼直学士院,迁吏部侍郎。寻除尚书。时议遣泛使请地……奏入,忤旨,贬瑞州居住……淳熙四年,起知徽州";乾道六年(1170)五月,"祖宗陵寝,而臣下妄与异论,可见不忠不孝,吏部尚书陈良祐可放罢,送筠州居住。时议遣泛使往请陵寝,良祐上疏争之,故也"。乾道六年(1170)五月陈良祐被罢,其吏部尚书之职当在被罢之前;又据汪应辰四月戊戌由吏部尚书出知平江府,判断陈良祐当在四月戊戌到五月之间担任吏部尚书。兼官:无。	《宋史》卷388《陈良祐传》;《皇宋中兴两朝圣政》卷48《窜陈良祐》

续表

姓名	史料	出处
胡沂	乾道六年(1170)五月,“除吏部侍郎兼权尚书……(乾道)六年,出为徽猷阁待制、知处州”;乾道六年(1170)九月十三日,“诏尚书吏部侍郎兼权吏部尚书胡沂除徽猷阁待制、知处州。以沂请祠,故有是命”。乾道八年(1172)二月三日,“诏给事中胡沂兼太子詹事”;“给事中兼侍讲,除权礼部尚书仍兼兵部。踰年,试礼部尚书,升侍读”;乾道九年(1173)九月二十七日,“诏权吏部尚书胡沂兼太子詹事”。可见,乾道九年(1173),胡沂由权礼部尚书兼权兵部尚书为权吏部尚书兼太子詹事,同年,试礼部尚书。胡沂第二次任吏部尚书当在李彦颖出使金国期间。兼官情况:第一次由吏部侍郎兼权吏部尚书,第二次兼太子詹事。(注:此处《宋会要辑稿》乾道八年时间误,应为九年。一是前文从乾道九年开始,此则史料却多加了乾道八年;二是乾道八年这个时候张津为吏部尚书,胡沂不可能与张津同时间为吏部尚书,乾道九年这个时候则恰好没有人任吏部尚书。)	《宋史》卷388《胡沂传》;《宋会要辑稿·选举》34之24;《宋会要辑稿·职官》7之29;《嘉泰会稽志》卷15《相辅》;《宋会要辑稿·职官》7之30
汪大猷	乾道六年(1170)七月,“除权吏部侍郎,九月兼权尚书……力求外祠,上亦知之。七年正月,除敷文阁待制、提举江州太平兴国宫”;乾道七年(1171)正月十五日,“吏部尚书汪大猷言事”。兼官情况:权吏部侍郎期间,兼权吏部尚书。	《楼钥集》卷91《汪公行状》;《宋会要辑稿·选举》30之21
王之奇	乾道七年(1171)五月二十八日,“其后吏部侍郎兼权尚书王之奇言事”;“权吏部侍郎,封安化县开国男兼权吏部尚书。未几,试吏部侍郎兼权尚书如故”;乾道八年(1172)二月癸酉,“王之奇自吏部侍郎、权尚书、赐同进士出身除端明殿学士、签书枢密院事”。兼官情况:先后以权吏部侍郎、试吏部侍郎、吏部侍郎兼权吏部尚书。	《宋会要辑稿·职官》59之26;《定斋集》卷14《故端明殿学士王公行状》;《宋史》卷213《宰辅表四》
张津	乾道八年(1172)五月二十八日,“权尚书吏部侍郎张津言事”;乾道八年(1172)八月五日,“试尚书吏部侍郎兼权吏部尚书张津言事”;乾道八年(1172)八月二十九日,“权吏部尚书张津言事”;乾道八年(1172)十一月七日,“诏权吏部尚书张津除敷文阁直学士、提举江州太平兴国宫”。张津乾道八年(1172)五月二十八日仍为权吏部侍郎,八月五日已经兼权吏部尚书,王之奇于二月由兼权吏部尚书离任,故推测张津于乾道八年(1172)六月由试吏部侍郎兼权吏部尚书,后于八月权吏部尚书。兼官情况:乾道八年(1172)十月二十八日,“权吏部尚书兼提领左藏南库张津言事”。以上史料可见,张津是由试吏部侍郎兼权吏部尚书,后权吏部尚书兼提领左藏南库。	《宋会要辑稿·职官》59之26;《宋会要辑稿·职官》59之28;《宋会要辑稿·选举》23之19;《宋会要辑稿·选举》34之28;《宋会要辑稿·食货》40之53

续表

姓名	史料	出处
李彦颖	“权礼部侍郎兼侍讲……兼吏部侍郎，权尚书兼侍读。月食淫雨，言：‘甲申岁以淫雨求言，今十年矣’……除吏部尚书。接送金贺正使还，言两淮兵备城筑及裁减接送浮费甚悉，上嘉纳焉”；乾道九年（1173）四月二十八日，“诏从之，仍令吏部长贰具析，于是吏部尚书李彦颖降两官”；淳熙元年（1174）十二月丁巳，“李彦颖自吏部尚书除端明殿学士签书枢密院事”。张津于乾道八年（1172）十一月由权吏部尚书离任，李彦颖权吏部尚书之职必在此之后。甲申为隆兴二年（1164），今十年矣，故今年为淳熙元年（1174），可见李彦颖除吏部尚书当在淳熙元年（1174）。又据《宋会要辑稿》乾道九年（1173）四月二十八日李彦颖已经是吏部尚书，足见其由礼部侍郎兼权吏部尚书当在乾道九年（1173）初。另外，乾道九年（1173）到淳熙元年（1174）李彦颖接送金贺正使，这段时间先后由胡沂权吏部尚书、龚茂良兼权吏部尚书。兼官情况：淳熙元年（1174）七月二十一日，“以吏部尚书李彦颖依旧兼太子詹事”。可见，李彦颖任吏部尚书期间，兼太子詹事、接送金贺正使；之前以礼部侍郎兼权吏部尚书时，还兼吏部侍郎、侍读。	《宋史》卷386《李彦颖传》；《宋会要辑稿·职官》11之53；《宋史》卷213《宰辅表四》；《宋会要辑稿·职官》7之30
龚茂良	“除礼部侍郎。上亟用茂良手诏问国朝典故有自从官径除执政例，明日即拜参知政事”；淳熙元年（1174）十一月戊戌，“龚茂良自礼部侍郎兼权吏部尚书除参知政事”。龚茂良兼权吏部尚书当在李彦颖接送金贺正使期间。兼官：无。	《宋史》卷385《龚茂良传》；《宋史》卷213《宰辅表四》
留正	“为中书舍人兼侍讲，兼权兵部侍郎，除给事中……兼权吏部尚书……时相益不乐，以显谟阁直学士出知绍兴府。”淳熙二年（1175），“钱端礼、留正。志：四月，端礼奉祠，留正以显谟阁直学士知（绍兴府）”。龚茂良淳熙元年（1174）十一月由兼权吏部尚书离任，留正又于淳熙二年（1175）四月出知绍兴府，可见其任吏部尚书在淳熙元年（1174）十一月之后，到二年四月之间。兼官情况：以给事中兼权吏部尚书。	《宋史》卷391《留正传》；《北宋经抚年表南宋经抚年表》卷上《两浙东路》

续表

姓名	史料	出处
蔡洸	“以户部侍郎召，试吏部尚书，移户部”；淳熙二年（1175）五月五日，“吏部侍郎蔡洸言事……十一月二十七日，（试）吏部尚书蔡洸言事”。淳熙二年（1175）五月蔡洸仍为吏部侍郎，十一月蔡洸已经是（试）吏部尚书，可见蔡洸于淳熙二年（1175）五月之后试吏部尚书，十一月二十七日蔡洸仍为试吏部尚书，根据《宋史翼》韩元吉至迟于淳熙三年（1176）已经试吏部尚书，蔡洸当在三年初由吏部尚书离任。兼官：无。	《宋史》卷390《蔡洸传》；《宋会要辑稿·职官》8之37
韩元吉	“淳熙元年，以（龙图阁）待制知婺州，于郡西南隅创贡院，工药方兴。明年，移知建安府，表率端庄，加意学校，创修郡志，以军兴调发功，转朝奉大夫。旋诏赴行在，以朝议大夫、试吏部尚书进正奉大夫，除吏部尚书……五年，乞州郡，除龙图阁学士，复知婺州”；“权吏部尚书韩元吉辞免除吏部尚书恩命不允诏，注：淳熙三年十一月”。淳熙二年（1175）韩元吉知建安府，旋诏赴行在，至迟发生在淳熙三年（1176），试吏部尚书，后除吏部尚书。兼官：无。	《宋史翼》卷14《韩元吉传》；《文忠集》卷107《权吏部尚书韩元吉辞免除吏部尚书恩命不允诏》
程大昌	淳熙五年（1178）正月“同知礼部贡举……六月，进吏部右侍郎兼同修国史……八月，兼权尚书。六年夏，正除权吏部尚书……是冬，除敷文阁直学士知泉州”。兼官情况：以上史料可见，程大昌是由吏部侍郎兼权吏部尚书，后权吏部尚书，任职期间还兼修国史。	《文忠集》卷62《龙图阁学士宣奉大夫赠特进程公神道碑》
周必大	“除礼部尚书兼翰林学士……六年……除吏部尚书兼翰林学士承旨”；淳熙六年（1179）十一月为“吏部尚书并兼（同修国史）”；淳熙七年（1180）五月戊辰，“以吏部尚书周必大参知政事”。兼官情况：以上史料可见，周必大吏部尚书任职期间兼翰林学士承旨、同修国史。	《楼钥集》卷98《少傅观文殿大学士致仕益国公赠太师谥文忠周公神道碑》；《南宋馆阁录》卷8《官联下》；《宋史》卷213《宰辅表四》

续表

姓名	史料	出处
王希吕	淳熙五年(1178),“召为起居郎,除中书舍人、给事中,转兵部尚书,改吏部尚书,求去,乃除端明殿学士、知绍兴府”;淳熙八年(1181)正月八日,“吏部尚书兼侍读王希吕知贡举”;淳熙八年(1181)“九月,王希吕代(知绍兴府)”。淳熙八年(1181)正月八日王希吕已经是吏部尚书,当在之前除吏部尚书。又周必大于淳熙七年(1180)五月戊辰离任,故王希吕当在此之后担任吏部尚书。淳熙八年(1181)九月郑丙已经是吏部尚书,故王希吕当在之前离任。兼官情况:淳熙七年(1180),“七年六月以吏部尚书兼(修国史)”。以上史料可见,王希吕吏部尚书任职期间兼侍读、知贡举。	《宋史》卷388《王希吕传》;《宋会要辑稿·选举》1之19;《北宋经抚年表南宋经抚年表》;《南宋馆阁录续录》卷9《官联三》
郑丙	淳熙七年(1180)五月,“除礼部侍郎仍兼外制……八年,吏部尚书王希吕知贡举……转中大夫兼给事……九月,兼左侍郎……九月进权吏部尚书、同修国史”;淳熙十年(1183)二月二十三日,“诏吏部尚书兼侍读、兼修国史郑丙除龙图阁学士、知绍兴府。丙论思之久,遽请退闲,故有是命”。兼官情况:淳熙十年(1183)二月二十三日,“诏吏部尚书兼侍读、兼修国史郑丙除龙图阁学士、知绍兴府”。以上史料可见,郑丙先权吏部尚书兼同修国史、后除吏部尚书兼侍读、兼修国史。	《文忠集》卷65《吏部尚书郑公神道碑》;《宋会要辑稿·职官》62之24;《宋会要辑稿·职官》62之24
萧燧	淳熙九年(1182)八月,“除权刑部尚书。北使贺正旦,充馆伴使。十年,兼权吏部尚书。明年,兼侍讲。十一月,真拜秋官,典铨如故。俄升侍读……十三年七月,正除吏部尚书”;淳熙十五年(1188)正月甲子,“吏部尚书萧燧参知政事”。兼官情况:先以权刑部尚书兼权吏部尚书,其间还兼侍讲;后为刑部尚书兼权吏部尚书,任职期间还兼侍读;后除吏部尚书。	《文忠集》卷67《资政殿学士宣奉大夫参知政事萧正肃公神道碑》;《宋史》卷45《宋孝宗纪三》
颜师鲁	淳熙十六年(1189)闰五月十二日,“权吏部尚书颜师鲁言事”;淳熙十六年(1189),“是年,用吏部尚书颜师鲁等奏,再减江浙诸郡月桩钱”;“迁吏部侍郎,寻除吏部尚书兼侍讲,屡抗章请老,以龙图阁直学士知泉州”。淳熙十六年(1189)颜师鲁已经是吏部尚书。又萧燧于淳熙十五年(1188)正月离任,故颜师鲁当在正月后任吏部尚书。兼官情况:以上史料可见,颜师鲁吏部尚书任职期间兼侍讲。	《宋会要辑稿·职官》48之43;《两朝纲目备要》卷1《宋光宗纪》;《宋史》卷389《颜师鲁传》

续表

姓名	史料	出处
郑侨	淳熙十六年(1189)八月,"以给事中兼(实录院同修撰),十月为权吏部尚书仍兼(实录院同修撰)……元年十月,以权吏部尚书兼(实录院修撰)。二年八月除显谟阁学士知建宁府";"光宗已受禅,道除给事中……除命权吏部尚书"。绍熙元年(1190)十月,"以权吏部尚书兼(实录院修撰)。二年八月,除显谟阁学士知建宁府。五年十月,以吏部尚书再兼(实录院修撰)";绍熙五年(1194)"七月二十五,除吏部尚书";"召还吏部,辞不允。三上祠请,诏复任以毕荒政,进龙图阁学士。宁宗即位,复以(吏部)尚书趣召,恨来之晚,即日命侍读,寻知实录院修撰";绍熙五年(1194)十二月庚午,"郑侨自吏部尚书除同知枢密院事"。兼官情况:绍熙元年(1190)十月二十五日,"权吏部尚书、兼实录院修撰、兼侍读郑侨等言事";绍熙五年(1194)八月十八日,"既而吏部尚书、兼实录院修撰、兼侍读郑侨等言事"。郑侨第一次是权吏部尚书,兼实录院同修撰、实录院修撰、侍读;第二次除吏部尚书,兼实录院修撰、侍读。	《南宋馆阁录续录》卷9《官联三》;《莆阳文献传》卷26《郑侨传》;《南宋馆阁录续录》卷9《官联三》;《莆阳文献传》卷26《郑侨传》;《宋史》卷213《宰辅表四》;《宋会要辑稿·崇儒》7之18;《宋会要辑稿·礼》15之61
赵汝愚	绍熙二年(1191)九月,"乃召为吏部尚书";"进敷文阁学士,知福州。绍熙二年,召为吏部尚书";绍熙四年(1193)三月辛巳,"赵汝愚自吏部尚书除同知枢密院事"。兼官情况:绍熙四年(1193)正月二十四日,"以吏部尚书兼侍读赵汝愚知贡举,给事中黄裳、左司谏胡珣同知贡举,得合格奏名进士徐邦宪以下三百九十六人"。可见,赵汝愚吏部尚书任职期间兼侍读、知贡举。	《宋代蜀文辑存》卷71《宋丞相忠定赵公墓志铭》;《宋史》卷392《赵汝愚传》;《宋史》卷213《宰辅表四》;《宋会要辑稿·选举》1之23
余端礼	"以焕章阁直学士、知建康府、江南东路安抚使、兼行宫留守召为吏部尚书";绍熙五年(1194)七月己巳,"余端礼自通议大夫、吏部尚书除同知枢密院事";绍熙四年(1193)七月壬午,"以赵汝愚知枢密院事,吏部尚书余端礼同知枢密院事";绍熙五年(1194)五月,"寿皇不豫,疾浸革,龟年连三疏请对,不获命……同知枢密院余端礼曰:'扣额龙墀,曲致忠恳,臣子至此,为得已邪?'上云:'知之'";绍熙四年(1193)"三月,余端礼召(吏部尚书)"。根据《宋史》本纪和《彭龟年传》,余端礼绍熙四年(1193)七月之后已经是同知枢密院事,唯独《宋史》宰辅表载其绍熙五年(1194)七月才由吏部尚书为同知枢密院事。但是绍熙四年(1193)十一月,罗点已经权兵部尚书兼权吏部尚书,足见余端礼当在此之前由吏部尚书离任。综合判断,《宋史》宰辅表关于余端礼进为执政的记载有误,余端礼当是绍熙四年(1193)七月由吏部尚书为同知枢密院事。兼官:无。	《杨万里集》卷124《宋故少保左丞相观文殿大学士赠少师郇国余公墓志铭》;《宋史》卷213《宰辅表四》;《宋史》卷36《宋光宗纪》;《宋史》卷393《彭龟年传》

续表

姓名	史料	出处
罗点	绍熙三年(1192)十二月,“试兵部尚书”;绍熙四年(1193)十一月九日,“诏加上尊号册宝,差行礼官……奏中严外办礼部侍郎二员,权兵部尚书兼权吏部尚书罗点”;绍熙五年(1194)七月甲申,“罗点自兵部尚书除端明殿学士、签书枢密院事”。绍熙四年(1193)七月余端礼由吏部尚书离任,之后绍熙五年(1194)十二月楼钥才权吏部尚书,罗点又于绍熙四年(1193)十一月兼权吏部尚书,当在这期间兼权吏部尚书。又罗点于绍熙五年(1194)七月晋升执政,故吏部尚书之任大致为绍熙四年(1193)七月到绍熙五年(1194)七月之间。兼官情况:以权兵部尚书兼权吏部尚书。	《宋史》卷393《罗点传》;《宋会要辑稿·礼》50之8;《宋史》卷213《宰辅表四》
楼钥	绍熙五年(1194)十二月,“以吏部尚书兼(修国史)”;绍熙五年(1194)十二月十七日,“除权吏部尚书,兼如旧……庆元元年五月二十三日,丐祠,除显谟阁直学士、知婺州”。“侂胄诛,诏起钥为翰林学士,迁吏部尚书兼翰林侍讲”。开禧三年(1207)十一月乙亥,“礼部侍郎史弥远等以密旨,命权主管殿前司公事夏震诛韩侂胄于玉津园”;嘉定元年(1208)正月“以吏部尚书兼(修国史)”;开禧三年(1207)十二月辛酉,“林大中自吏部尚书除端明殿学士、签书枢密院事”;嘉定元年(1208)八月辛巳,“楼钥自吏部尚书,除端明殿学士、签书枢密院事、兼太子宾客”。韩侂胄于开禧三年(1207)十一月被诛,之后楼钥被召为翰林学士,林大中于十二月由吏部尚书离任,楼钥当在此之后任吏部尚书。又中间还有翰林学士的任职,而嘉定元年正月楼钥又已经是吏部尚书,故楼钥应当在嘉定元年(1208)正月到八月之间第二次任吏部尚书。兼官情况:“迁吏部尚书、兼翰林学士、兼侍读,顷之兼修国史、实录院修撰”;嘉定元年(1208)三月一日,“以吏部尚书兼翰林学士楼钥知贡举”。可见,楼钥吏部尚书任职期间兼翰林学士、侍读、兼修国史、实录院修撰、知贡举。	《南宋馆阁录续录》卷9《官联三》;《宋中兴学士院题名》;《宋史》卷395《楼钥传》;《宋史》卷38《宋光宗纪》;《南宋馆阁录续录》卷9《官联三》;《宋史》卷213《宰辅表四》;《宋史》卷213《宰辅表四》;《絜斋集》卷11《资政殿大学士赠少师楼公行状》;《宋会要辑稿·选举》1之26

续表

姓名	史料	出处
叶翥	“洪迈、王信、赵不流、倪思、叶翥，已（同以）上光宗时任（知绍兴府）”；绍熙五年（1194），“七月，翥以显谟阁直学士知绍兴”；庆元元年（1195）七月，“以吏部尚书兼（国史院编修官）”；庆元元年（1195）十月十七日，“太中大夫、试吏部尚书、兼实录院修撰、兼侍读叶翥等言事”；庆元二年（1196）四月壬申，“叶翥自吏部尚书除端明殿学士、签书枢密院事”。宋光宗即位在庆元元年（1195），又《南宋馆阁续录》载庆元元年（1195）七月叶翥已经是吏部尚书，也就是说叶翥吏部尚书之前当为知绍兴府。兼官情况：庆元二年（1196），“既而知贡举吏部尚书叶翥上言”。以上史料可见，叶翥吏部尚书期间兼国史院编修官、实录院修撰、侍读、知贡举。	《（雍正）浙江通志》卷114《职官四》；《南宋馆阁录续录》卷9《官联三》；《宋会要辑稿·崇儒》7之22；《宋史》卷213《宰辅表四》；《宋史》卷156《选举志二》
许及之	“召除大理少卿。宁宗即位，除吏部尚书兼给事中……为尚书，二年不迁”；庆元二年（1196）八月，“吏部侍郎许及之、殿中侍御史姚愈、礼部侍郎杨辅兼侍讲”；庆元二年（1196）九月十九日，“押册案吏部尚书许及之”；庆元四年（1198）八月丙子，“许及之自吏部尚书除同知枢密院事”。庆元二年（1196）八月许及之还是吏部侍郎，九月已经是吏部尚书，除吏部尚书当在庆元二年（1196）八月或者九月。兼官情况：“吏部尚书、兼侍读、兼给事中、兼修玉牒许及之”。以上史料可见，许及之吏部尚书任职期间兼给事中、侍读、兼修玉牒。	《宋史》卷394《许及之传》；《宋会要辑稿·职官》6之71；《宋会要辑稿·礼》49之70；《宋史》卷37《宋宁宗纪一》；《宋会要辑稿·礼》49之86
傅伯寿	庆元二年（1196）正月，“以翰林学士兼（实录院修撰）；三年二月为吏部尚书仍兼（实录院修撰）……（嘉泰）二年五月以宝文阁学士提举佑神观……（嘉泰）三年二月以端明殿学士兼（实录院修撰）”。庆元二年（1196）九月到庆元四年（1198）八月，许及之一直任吏部尚书，根据吏部尚书同一时间只除一员的制度，推测这期间许及之应该出使金国一段时间，从而傅伯寿能够在庆元三年（1197）二月暂任数天的吏部尚书，之后便以端明殿学士提举宫观。兼官情况：以上史料可见，傅伯寿吏部尚书任职期间兼实录院修撰。	《南宋馆阁录续录》卷9《官联三》

续表

姓名	史料	出处
刘德秀	庆元四年(1198)正月,“以兵部尚书兼(实录院修撰),九月为吏部尚书仍兼(实录院修撰)”;庆元五年(1199)七月二十三日,“德秀自吏部尚书出知婺州”;“刘德秀,庆元五年由宝文阁学士任(知金华)”。“历官谏议大夫、吏部尚书、进龙图阁学士、四川制置使。改知潭州,召签枢密院”;开禧元年(1205)四月戊子,“吏部尚书刘德秀签书枢密院事”。开禧元年(1205)刘德秀由吏部尚书改为签书枢密院事,但是之前并没有再次除吏部尚书的记载。根据《明一统志》的记载,刘德秀签书枢密院事之前为龙图阁学士知潭州,据此判断,刘德秀当是由龙图阁学士知潭州迁吏部尚书。黄由在刘德秀之前兼权吏部尚书,嘉泰四年(1204)八月有黄由兼权吏部尚书的记载,今按黄由开禧元年(1205)二月出知成都,刘德秀二月召为吏部尚书。兼官情况:以上史料可见,刘德秀吏部尚书任职期间兼实录院修撰。	《南宋馆阁录续录》卷9《官联三》;《庆元党禁》;《金华府志》卷11《官师一》;《明一统志》卷49《人物》;《宋史》卷38《宋宁宗纪二》
袁说友	庆元六年(1200)九月二十四日,“诏吏部尚书兼侍读袁说友充覆按使”;“华文阁学士、四川置制使兼知成都府加徽猷阁学士,因任吏部尚书兼侍读。充崇陵覆按使,复以宝文阁学士提举江州太平兴国宫、知绍兴府、浙东路安抚使”;嘉泰元年(1201)十一月二日,“宝文阁学士袁说友言事”。庆元六年(1200)九月袁说友已经是吏部尚书,之前最接近的吏部尚书担任者是刘德秀并且于庆元五年(1199)七月离任,故袁说友很可能之后接任吏部尚书。又张釜于嘉泰元年(1201)二月兼任吏部尚书,袁说友当在这之前离任。嘉泰元年(1201)十一月二日,“宝文阁学士袁说友言事”;嘉泰元年(1201)十一月,“以吏部尚书兼(实录院修撰)”;嘉泰元年(1201)十二月十四日,“吏部尚书兼实录院修撰兼侍讲袁说友言事”;“充崇陵覆按使,复以宝文阁学士提举江州太平兴国宫、知绍兴府、浙东路安抚使。吏部尚书、兼侍读、兼实录院修撰、兼修国史”;嘉泰二年(1202)八月丙子,“袁说友自吏部尚书除同知枢密院事”。嘉泰元年(1201)十一月,袁说友由宝文阁学士提举江州太平兴国宫知绍兴府兼浙东路安抚使又入为吏部尚书。嘉泰二年(1202)八月,迁执政。兼官情况:以上史料可见,袁说友吏部尚书任职期间还兼崇陵覆按使、侍读、实录院修撰、兼修国史。	《宋会要辑稿·礼》30之62;《东塘集》卷20《家传》;《宋会要辑稿·食货》70之101;《宋会要辑稿·食货》70之101;《南宋馆阁录续录》卷9《官联三》;《宋会要辑稿·食货》61之142;《东塘集》卷20《家传》;《宋史》卷213《宰辅表四》

续表

姓名	史料	出处
张釜	“迁兵部尚书，徙礼、吏部、兼侍读，除端明殿学士、签书枢密院事。以疾奉祠，归，薨”；嘉泰元年（1201）正月十九日，“礼部尚书张釜等言事”；嘉泰元年（1201）二月十四日，“礼部尚书兼吏部尚书张釜言事”；嘉泰元年（1201）七月甲子，“张釜自礼部尚书（兼吏部尚书）除端明殿学士、签书枢密院事”。兼官情况：以上史料可见，张釜是以礼部尚书兼吏部尚书，这期间还兼侍读。	《京口耆旧传》卷7《张釜传》；《宋会要辑稿·礼》11之11；《宋会要辑稿·刑法》1之58；《宋史》卷213《宰辅表四》
费士寅	嘉泰二年（1202）四月，“以权礼部尚书兼（同修国史），九月除权吏部尚书仍兼（同修国史）”；嘉泰三年（1203）二月乙巳，“以吏部尚书费士寅签书枢密院事”；嘉泰三年（1203）二月乙巳，“费士寅除端明殿学士、签书枢密院事”。兼官情况：嘉泰三年（1203）正月二十五日，“侍中奉宝取宝授奉册宝副使并后从宝，权吏部尚书兼给事中费士寅”；嘉泰二年（1202）十二月四日，“押册案吏部侍郎，吏部尚书兼给事中费士寅”。可见，费士寅吏部尚书任职期间兼官有同修国史、侍中奉宝取宝授奉册宝副使、给事中。	《南宋馆阁录续录》卷9《官联三》；《宋史》卷38《宋宁宗纪二》；《宋史》卷213《宰辅表四》；《宋会要辑稿·礼》53之15；《宋会要辑稿·礼》50之15
钱象祖	“再除兵部尚书，进吏部，同知枢密院”；嘉泰四年（1204）四月丙午，“钱象祖自吏部尚书除同知枢密院事”。钱象祖嘉泰四年（1204）四月由吏部尚书迁执政，之前最近费士寅于嘉泰三年（1203）二月由吏部尚书迁执政，钱象祖吏部尚书之任当在此时间之内。兼官：无。	《嘉定赤城志》卷33《人物二》；《宋史》卷213《宰辅表四》
黄由	庆元五年（1199）四月二十七日，“通议大夫、权礼部尚书、兼实录院同修撰、兼侍读黄由札子奏”；嘉泰四年（1204）八月二十三日，“吏部尚书黄由等集议”；“除权礼部尚书兼吏部，将大用……由亦出知成都”。嘉泰四年（1204）四月钱象祖由吏部尚书离任，黄由八月已经是吏部尚书，当在四月之后任吏部尚书。开禧元年（1205）四月刘德秀由吏部尚书迁执政，黄由至迟当在此之前离任。兼官情况：庆元五年（1199）三月一日，“以礼部尚书黄由知贡举”。以上史料可见，黄由是以权礼部尚书兼权吏部尚书，这期间还兼实录院同修撰、侍读、知贡举。	《宋会要辑稿·崇儒》7之22；《永乐大典》卷14629《吏部条法》；《（正德）姑苏志》卷51《人物九》；《宋会要辑稿·选举》1之25
颜棫	开禧元年（1205）二月，“除工部尚书依旧兼（直学士院），五月除权吏部尚书依旧兼职，六月致仕”。兼官情况：以上史料可见，颜棫权吏部尚书期间兼直学士院。	《宋中兴学士院题名》

续表

姓名	史料	出处
丁常任	嘉泰二年(1202)正月十五日,“司农少卿兼知临安府丁常任言本府狱空”;开禧元年(1205)五月二日,“权吏部尚书丁常任等言事”;开禧二年(1206)四月三日,“户部侍郎丁常任降两官,放罢”。丁常任开禧元年(1205)五月为权吏部尚书,之前最近史料可见其为司农少卿,故推测其由司农少卿迁权吏部尚书。开禧二年(1206)四月丁常任为户部侍郎,当在开禧二年四月之前由权吏部尚书离任。	《宋会要辑稿·刑法》4之90;《宋会要辑稿·刑法》1之59;《宋会要辑稿·职官》73之36
杨炳	开禧二年(1206)七月二十七日,“以明堂大礼……吏部侍郎、兼权吏部尚书杨炳为桥道顿递使”;“迁权吏部尚书……开禧三年除宝谟阁直学士奉祠”;开禧元年(1205)七月,“以中书舍人兼,八月为吏部侍郎。二年十月,为权吏部尚书并兼(同修国史)”。杨炳于开禧二年(1206)七月已经是吏部侍郎兼权吏部尚书,而丁常任又于四月之前离任,可见,杨炳当在开禧二年(1206)四月到七月之间由吏部侍郎兼权吏部尚书,后于十月权吏部尚书。又开禧三年(1207)正月陆峻已经是吏部尚书,杨炳当在陆峻之前离任,故杨炳开禧三年(1207)正月由权吏部尚书离任。兼官情况:开禧元年(1205)七月,“以中书舍人兼(实录院同修撰),八月为吏部侍郎。二年十月为权吏部尚书并兼(实录院同修撰)”;开禧二年(1206)七月二十七日,“以明堂大礼,吏部侍郎、兼权吏部尚书杨炳为桥道顿递使”。以上史料可见,杨炳先是以吏部侍郎兼权吏部尚书,后权吏部尚书。兼官有同修国史、实录院同修撰、桥道通递使。	《宋会要辑稿·礼》14之12;《(乾隆)福建通志》卷45《人物三》;《南宋馆阁录续录》卷9《官联三》;《南宋馆阁录续录》卷9《官联三》;《宋会要辑稿·礼》14之12
卫泾	开禧元年(1205)“得旨入朝,明年除中书舍人兼直学士院。应诏论北伐,非计不听。三年,自吏部尚书拜御史中丞,请诛韩侂胄”。陆峻吏部尚书之任占据了开禧三年(1207)正月到十一月的时间,韩侂胄被诛于三年十一月,请诛韩侂胄必定发生在之前。由此可见,卫泾吏部尚书之任当在开禧三年(1207)正月之中,卫泾的吏部尚书之任当在正月开始,并且当月很快转御史中丞。兼官:无。	《(正德)姑苏志》卷51《人物九》

续表

姓名	史料	出处
陆峻	开禧二年(1206)十月,“为权礼部尚书。三年正月,为吏部尚书并兼(同修国史)”;开禧三年(1207)十一月十四日,“吏部尚书陆峻与宫观,理作自陈”。兼官情况:开禧三年(1207)十一月,“以吏部尚书升兼(修国史)”;开禧三年(1207)十一月,“以吏部尚书兼(实录院修撰、同修撰)”;开禧三年(1207)三月二十六日,“吏部尚书兼给事中陆峻(等奏事)”。可见,陆峻吏部尚书任职期间兼同修国史、修国史、同实录院修撰、实录院修撰、给事中。	《南宋馆阁录续录》卷9《官联三》;《宋会要辑稿·职官》73之39;《南宋馆阁录续录》卷9《官联三》;《南宋馆阁录续录》卷9《官联三》;《宋会要辑稿·刑法》6之44
林大中	“后提举冲佑观。乞休致……及侂胄诛,即召见,落致仕,试吏部尚书”;开禧三年(1207)十二月壬戌,“林大中自吏部尚书除端明殿学士、签书枢密院事”。韩侂胄被诛于开禧三年(1207)十一月,因此林大中落致仕试吏部尚书发生在开禧三年(1207)十一月。兼官:无。	《宋史》卷393《林大中传》;《宋史》卷213《宰辅表四》
宇文绍节	“除华文阁学士、湖北京西宣抚使、知江陵府……升宝文阁学士,试吏部尚书,寻除端明殿学士、签书枢密院事”;嘉定二年(1209)正月丁巳,“宇文绍节自通议大夫、试吏部尚书除端明殿学士、签书枢密院事,仍兼太子宾客”。寻除端明殿学士,意味着宇文绍节试吏部尚书时间并不长,故宇文绍节当在嘉定元年(1208)试吏部尚书,二年正月即迁执政。兼官:无。	《宋史》卷398《宇文绍节传》;《宋史》卷213《宰辅表四》
曾映	嘉定三年(1210)正月,“以刑部尚书兼,三月为吏部尚书仍兼(修国史)”;嘉定三年(1210)三月“除吏部尚书,四年四月致仕”。嘉定三年(1210)七月,张伯垓兼权吏部尚书,曾映当在此之前离任,迁出官不可见。兼官情况:“赐正议大夫吏部尚书兼修国史实录院修撰兼太子詹事曾映辞免以皇太子受册了毕本宫官吏等各与转一官恩命不允诏”,曾映吏部尚书任职期间兼修国史、实录院修撰、太子詹事。	《南宋馆阁录续录》卷9《官联三》;《宋中兴东宫官僚题名》;《西山文集》卷20《转一官恩命不允诏》

续表

姓名	史料	出处
张伯垓	庆元六年(1200)二月,"中书舍人张伯垓兼侍讲……(嘉泰)二年五月,权吏部侍郎张伯垓兼侍讲";嘉定三年(1210)七月十七日,"吏部侍郎、兼权吏部尚书张伯垓……集议,加上光宗宪仁圣哲慈孝皇帝徽号";嘉定三年(1210)九月二十四日,"举册,兵部尚书钱象祖、吏部尚书张伯垓";"张伯垓,嘉兴人,吏部尚书"。嘉定三年(1210)七月,张伯垓兼权吏部尚书,九月,除吏部尚书,而曾映又于嘉定三年(1210)三月除吏部尚书,这意味着张伯垓兼权吏部尚书当在曾映之后。今按张伯垓七月由吏部侍郎兼权吏部尚书,九月除吏部尚书。又根据《(雍正)浙江通志》推测吏部尚书应该是张伯垓最高官职,之后没有再升迁。另外,汪逵于嘉定四年(1211)四月为权吏部尚书,张伯垓当在此之前离任,迁出官不详。兼官情况:张伯垓先是以吏部侍郎兼权吏部尚书,后除吏部尚书。	《宋会要辑稿·职官》6之72;《宋会要辑稿·礼》49之82;《宋会要辑稿·礼》49之84;《(雍正)浙江通志》卷125《选举三》
汪逵	嘉定四年(1211)三月,"除权工部尚书,四月权吏部尚书兼詹事,五年十月除正尚书仍兼(太子詹事)。七年二月除职在京宫观,仍兼尚书致仕";"辞免除显谟阁学士提举佑神观恩命不允诏"。兼官情况:嘉定四年(1211)三月,"为权工部尚书,四月为权吏部尚书并兼(同修国史、实录院同修撰)……五年十一月,以吏部尚书兼(修国史、实录院修撰)"。可见,汪逵吏部尚书任职期间兼同修国史、实录院同修撰、修国史、实录院修撰、太子詹事。	《宋中兴东宫官僚题名》;《真文忠公文集》卷22《辞免除显谟阁学士提举佑神观恩命不允诏》;《南宋馆阁录续录》卷9《官联三》

续表

姓名	史料	出处
李大性	嘉定六年(1213)二月二十一日,“刑部尚书李大性言事”;嘉定八年(1215)二月四日,“吏部尚书、兼详定敕令官李大性等言事”;“赐通议大夫试刑部尚书兼详定敕令李大性辞免除兵部尚书兼职依旧恩命不允诏”;“赐正议大夫守兵部尚书兼详定勅令官兼权吏部尚书李大性辞免除吏部尚书兼职依旧日下供职恩命不允诏”;“除刑部尚书兼详定敕令,寻迁兵部……寻以端明殿学士知平江府,引疾丐祠”。嘉定十一年(1218)八月四日,“以明堂大礼,吏部尚书李大性为卤簿使”。从上面材料可以看出,李大性在嘉定八年(1215)二月已经是吏部尚书,而汪逵又于七年二月离任,故李大性当在嘉定七年(1214)接任吏部尚书。又从两个制书看出,李大性是由兵部尚书兼权吏部尚书,后除吏部尚书。嘉定十一年(1218)八月,李大性仍然为吏部尚书,其离任必在八月之后。又之后任希夷于嘉定十二年(1219)二月由权吏部尚书迁执政,其始权吏部尚书当在嘉定十一年(1218)。因此判断李大性嘉定十一年(1218)底以端明殿学士知平江府。兼官情况:嘉定八年(1215)二月四日,“吏部尚书、兼详定敕令官李大性等言事”;嘉定八年(1215)八月六日,“以明堂大礼,吏部尚书李大性为卤簿使”。可见,李大性先是以兵部尚书兼权吏部尚书,后除吏部尚书,兼详定敕令官、明堂大礼卤簿使。	《宋会要辑稿·刑法》1之59;《宋会要辑稿·刑法》1之60;《西山文集》卷21《恩命不允诏》;《西山文集》卷22《恩命不允诏》;《宋史》卷395《李大性传》;《宋会要辑稿·礼》27之16;《宋会要辑稿·刑法》1之60;《宋会要辑稿·礼》14之107
任希夷	嘉定十一年(1218)十月,“以礼部尚书兼(修国史)”;“迁礼部尚书兼给事中……进端明殿学士、签书枢密院事兼权参知政事”;嘉定十二年(1219)二月庚戌,“任希夷自权吏部尚书除签书枢密院事”。嘉定十二年(1219)二月,任希夷由吏部尚书迁为执政,又李大性吏部尚书的任职最后一次可见在嘉定十一年(1218)八月,这期间又没有其他人任吏部尚书,故很有可能是在嘉定十一年八月之后李大性由吏部尚书离任,任希夷接任吏部尚书。又嘉定十一年(1218)十月任希夷还是礼部尚书,当在嘉定十一年(1218)底权吏部尚书。兼官:无。	《南宋馆阁录续录》卷9《官联三》;《宋史》卷395《任希夷传》;《宋史》卷213《宰辅表四》

续表

姓名	史料	出处
徐应龙	“迁吏部侍郎，进刑部尚书兼侍读……会景献太子薨，请老，上不许，徙吏部尚书，以焕章阁学士提举嵩山崇福宫”；“景献太子讳询，燕懿王后，艺祖十一世孙也……嘉定十三年薨，年二十九，谥景献”；嘉定十三年（1220）九月二十四日，“差户部尚书兼权吏部尚书薛极书谥册文”。景献太子于嘉定十三年（1220）薨，故徐应龙吏部尚书的任命当在嘉定十三年（1220）。又嘉定十三年（1220）九月，薛极已经兼权吏部尚书，徐应龙当在之前离任。兼官情况：徐应龙徙吏部尚书后应当仍兼侍读。	《宋史》卷395《徐应龙传》；《宋史》卷246《赵询传》；《宋会要辑稿·礼》43之10
薛极	“迁权刑部尚书，寻试户部尚书兼权吏部尚书，遂为真，时暂兼权户部尚书”；嘉定十三年（1220）九月二十四日，“差户部尚书兼权吏部尚书薛极书谥册文”。嘉定十五年（1222）九月辛亥，“薛极自吏部尚书、赐出身除签书枢密院事”。兼官情况：嘉定十三年（1220）九月六日，“中奉大夫、试户部尚书兼详定敕令官、兼权吏部尚书薛极言事”；嘉定十四年（1221）八月十四日，“以明堂大礼，吏部尚书、兼权户部尚书薛极为桥道顿递使”。以上史料可见，薛极先以试户部尚书兼权吏部尚书，后真除吏部尚书。兼官有权户部尚书、详定敕令官、桥道遁递使。	《宋史》卷491《薛极传》；《宋会要辑稿·礼》43之10；《宋史》卷213《宰辅表四》；《宋会要辑稿·舆服》6之5；《宋会要辑稿·礼》14之108
程珌	“宝庆改元，十月除试礼部尚书。以身兼二制，力辞西掖。得请，仍兼直学士院、兼侍读，升兼修国史、实录院修撰……（宝庆）二年正月，上御经筵，命公再知贡举。八月，兼权吏部尚书。十月，除翰林学士、知制诰、兼修玉牒官，仍兼侍读。”兼官情况：以上史料可见，程珌是以礼部尚书兼权吏部尚书，这期间还兼直学士院、侍读、兼修国史、实录院修撰。	《新安文献志》卷94下《程公行状》
朱著	“除吏部侍郎。皇上登大宝，首擢兼侍读，除兵部尚书，守吏部尚书兼修国史、实录院修撰……上章告老，除显谟阁学士知潭州、湖南安抚使，奉祠卒，实绍定三年七月二十四日，年七十一”；宝庆二年（1226）十一月，“以吏部尚书升兼（修国史、实录院修撰）”；宝庆二年（1226），“拜吏部尚书，未几致仕”。兼官情况：“通议大夫、试吏部尚书、兼修国史、兼实录院修撰、兼侍读朱著撰并书”。可见，朱著吏部尚书任职期间兼修国史、兼实录院修撰、兼侍读。	见《朱公圹志》，安徽省博物馆藏拓本；《南宋馆阁录续录》卷9；《闽侯县志》卷63；《有宋淑人赐冠帔洪氏墓志铭》，安徽省博物馆藏拓本

续表

姓名	史料	出处
陆德舆	“陆德舆字载之，嘉定间由童科第进士。官至吏部尚书”；“长水三教院碑记，嘉兴府志，绍定六年三月吏部尚书陆德舆撰”；“宋陆德舆，字载之，号鲁斋。宁宗嘉定间，由童科第进士。弱冠有文名，历两制、知贡举，官至吏部尚”；“陆德舆，字载之。宋建炎时登第，历官春官、中奉大夫、吏部尚书，赐爵开国侯，赐田三十七顷，以萧山山水明丽卜居昭明里。孙守祖登甲第，累官至直学士，移居陆家河，遂世家焉”；“（景定年间）陆德舆以宝谟阁学士通议大夫知（太平府）”；“宋嘉兴县开国子陆德舆，嘉定中为吏部尚书知两浙贡举，封嘉兴县开国子”。陆德舆，众多史料记载其仕至吏部尚书，但大多没有记载其时间。根据“长水三教院碑记，嘉兴府志，绍定六年三月吏部尚书陆德舆撰”这条史料，说明陆德舆在绍定六年（1233）三月或者之前一定担任过吏部尚书，否则不合逻辑。而这则史料“宋嘉兴县开国子陆德舆，嘉定中为吏部尚书、知两浙贡，举封嘉兴县开国子”，则毫无疑问是记载错误的，陆德舆嘉定十年（1217）才中童子科，嘉定中无论如何都是做不到吏部尚书的，推测应该是绍定，当是书写错误。又宝庆三年（1227）朱著由吏部尚书离任，杨烨有明确记载其为吏部尚书在绍定三年（1230）八月，故推测陆德舆应当是在此期间担任吏部尚书。杨烨绍定三年（1230）八月已经是吏部尚书，其始任靠前一些，大概按绍定三年（1230）初，那么陆德舆吏部尚书任期大概在绍定元年（1228）初到绍定二年（1229）底。又绍定三年（1230）杨烨为吏部尚书，陆德舆最高官职为吏部尚书，没有晋升宰执，景定年间确实有陆德舆以阁职出知地方的记载，那么他最有可能的就是以阁职出知地方府州。兼官情况：以上史料可见，陆德舆吏部尚书任职期间兼知两浙贡举。	《至元嘉禾志》卷13《陆德舆传》；《（雍正）浙江通志》卷256《碑谒二》；《至元嘉禾志》卷13《陆德舆传》；《萧山县志》卷19；《（乾隆）太平府志》卷14《古迹志》；《（崇祯）嘉兴县志》卷13《名臣》

续表

姓名	史料	出处
杨烨	嘉定十七年(1224)闰八月庚申,“皇太后、皇帝始御素幄,垂帘听政。以宣缯为攒宫总获使,吏部侍郎杨烨按行使,内侍郑倶副之……(绍定三年)八月寅申,以知枢密院事薛极为大礼使,参知政事葛洪礼仪使,同知枢密院事袁韶仪仗使,签书枢密院事郑清之卤簿使,吏部尚书杨烨桥道顿递使”;绍定六年(1233)八月己卯,“以知枢密院事薛极为明堂大礼使,参知政事郑清之礼仪使,签书枢密院事乔行简礼卫使,同知签书枢密院事陈贵谊礼器使,吏部尚书兼户部尚书杨烨礼顿使……十一月癸亥,新授徽猷阁学士、知平江府杨烨奏对,乞于吴松江口置寨,以备海道”;“杨烨,徽猷阁学士、正奉大夫,绍定六年十二月十二日到任”。故杨烨吏部尚书任期在绍定三年(1230)到绍定六年(1233)十一月之间。兼官情况:以上史料可见,杨烨吏部尚书任职期间兼户部尚书、礼顿使。	《宋史全文》卷31,嘉定十七年闰八月庚申;《宋史全文》卷32,绍定六年八月己卯;《吴郡志》卷11《牧守》
崔與之	“理宗即位,授充显谟阁直学士、知潭州、湖南安抚使,辞,提举西京嵩山崇福宫。迁焕章阁学士、知隆兴府、江西安抚使,又辞,授徽猷阁学士、提举南京鸿庆宫。端平初,帝既亲政,召为吏部尚书,数以御笔起之,皆力辞”;端平元年(1234)六月己巳,“诏新除吏部尚书崔與之为端明殿学士、提举西京嵩山崇福宫,以其恳辞召命也”。注:崔與之实际并未上任。兼官:无。	《宋史》卷406《崔與之传》;《宋史全文》卷32,端平元年六月己巳
陈卓	端平元年(1234)四月癸巳,“守礼部尚书兼侍读陈卓等以经筵进读孝宗皇帝宝训终篇,乞宣付史馆……(端平二年三月)乙巳,以曾从龙兼同知枢密院事,真德秀参知政事、守吏部尚书兼给事中兼侍读陈卓为端明殿学士、同签书枢密院事”。端平元年(1234)六月,吏部尚书崔與之离任,陈卓当在之后任吏部尚书。兼官情况:以上史料可见,陈卓吏部尚书任职期间兼侍读、给事中。	《宋史全文》卷32,端平元年四月癸巳;《宋史全文》卷32,端平二年三月乙巳
李𡌴	端平二年(1235)正月甲寅,“礼部尚书兼侍讲李𡌴奏事……(三月)乙卯,诏令吏部尚书兼给事中兼修国史、实录院修撰李𡌴专一提领高宗皇帝正史……(四月)乙酉,刑部尚书李𡌴奏事”。李𡌴接任吏部尚书当在端平二年(1235)正月到三月之间,又陈卓三月离任,故李𡌴三月开始任吏部尚书。兼官情况:“李𡌴授守吏部尚书、兼给事中、兼修国史、实录修撰制”。可见,李𡌴吏部尚书任职期间兼给事中、兼修国史、实录院修撰。	《宋史全文》卷32,端平二年正月甲寅;《鹤林集》卷6《李𡌴授守吏部尚书兼给事中兼修国史实录修撰制》

续表

姓名	史料	出处
魏了翁	“臣庶封章多乞召还了翁及真德秀，上因民望而并招之，用了翁权礼部尚书兼直学士院……兼同修国史兼侍读，俄兼吏部尚书。还朝六余月，前后二十余奏，皆当时急务。上将引以共政，而忌者相与合谋排摈，而不能安于朝矣。执政遂谓近臣惟了翁知兵体国，乃以端明殿学士、同佥书枢密院事督视京湖军马”；端平二年（1235）十一月乙丑，“魏了翁除端明殿学士、同签书枢密院事，督视京、湖军马”。端平二年（1235）十一月魏了翁由兼吏部尚书迁出，其之前在朝六余月，当为四月入朝，不久即兼吏部尚书。兼官情况：以上史料可见，魏了翁是以礼部尚书兼吏部尚书，其间还兼直学士院、同修国史、侍读。	《宋史》卷437《魏了翁传》；《宋史》卷214《宰辅表五》
李鸣复	“权工部尚书兼权吏部尚书。又权刑部尚书兼给事中、签书枢密院事”；端平三年（1236）七月丁卯，“李鸣复自权刑部尚书除端明殿学士、签书枢密院事”。这里有两种情况。一种是李鸣复权工部尚书兼权吏部尚书之后，权刑部尚书仍兼权吏部尚书；另一种则是由权工部尚书兼权吏部尚书之后，仅仅权刑部尚书。笔者认为，李鸣复权刑部尚书时应该仍然兼权吏部尚书，这符合南宋的习惯，而且时间上也完全有可能。又端平二年（1235）十一月魏了翁离任，李鸣复当在之后才兼权吏部尚书。兼官情况：以上史料可见，李鸣复先是以权工部尚书兼权吏部尚书，后又以权刑部尚书兼权吏部尚书。	《宋史》卷419《李鸣复传》；《宋史》卷214《宰辅表五》
余天锡	“起知宁国府，进华文阁学士、知福州。召为吏部尚书兼给事中兼侍读”；嘉熙二年（1238）正月戊申，“余天锡自少中大夫、试吏部尚书除端明殿学士、同签书枢密院事”；嘉熙元年（1237）春正月乙卯“以魏了翁知福州兼福建安抚使”。魏了翁嘉熙元年（1237）正月知福州，余天锡当在之前被召为吏部尚书，而李鸣复又于端平三年（1236）七月由兼权吏部尚书离任，余天锡当在端平三年（1236）七月之后、嘉熙元年（1237）正月之前始任吏部尚书。兼官情况：以上史料可见，余天锡吏部尚书任职期间兼给事中、侍读。	《宋史》卷419《余天锡传》；《宋史》卷214《宰辅表五》

续表

姓名	史料	出处
许应龙	嘉熙二年(1238)春,“试吏部侍郎,升侍读,权兵部尚书……兼吏部尚书,差同知贡举……除兵部尚书、兼中书舍人,三上章丐外,不允。兼给事中、兼吏部尚书,请外旨,免兼中书,御笔除端明殿学士、签枢密院事”;“试吏部侍郎,升侍读,权兵部尚书……兼吏部尚书,迁兵部兼中书舍人。三上章丐外,不允。兼给事中,兼吏部尚书。请外,诏免兼中书,拜端明殿学士、签书枢密院事;”嘉熙三年(1239)八月戊戌朔,“许应龙签书枢密院事”。嘉熙二年(1238)春,许应龙由权兵部尚书兼权吏部尚书。后除兵部尚书,再次兼吏部尚书。具体时间如下:嘉熙三年(1239)正月,游似由吏部尚书迁执政,这意味着许应龙第一次兼权吏部尚书离任必在嘉熙二年(1238)中,再次担任兼吏部尚书则在嘉熙三年(1239)游似之后,而赵與懽嘉熙三年(1239)六月已经迁吏部尚书,许应龙第二次兼吏部尚书必在此之前离任。兼官情况:以上史料可见,许应龙先以兵部尚书兼权吏部尚书,后以兵部尚书兼吏部尚书,这期间还兼给事中。	《庸斋集》卷6《资政许枢密神道碑》;《宋史》卷419《许应龙传》;《宋史》卷42《宋理宗纪二》
游似	“礼部尚书游似除吏部尚书制,嘉熙中制”;“迁礼部尚书、兼给事中、兼修国史、实录院修撰,权工部侍郎,充四川宣抚司参赞军事兼给事中。迁吏部尚书,入侍经幄”;嘉熙三年(1239)正月癸酉,“吏部尚书兼给事中游似为端明殿学士、同签书枢密院事”。兼官情况:“辞免除礼部尚书兼侍读恩命不允诏”。以上史料可见,游似吏部尚书任职期间兼给事中、兼修国史、实录院修撰、侍读。	《东涧集》卷4《礼部尚书游似除吏部尚书制》;《宋史》卷471《游似传》;《宋史全文》卷33,嘉熙三年正月癸酉;《东涧集》卷2《恩命不允诏》
袁甫	嘉熙元年(1237),“迁中书舍人……迁兵部侍郎……迁吏部侍郎兼国子祭酒……权兵部尚书,暂兼吏部尚书,卒”。嘉熙三年(1239)正月,吏部尚书游似离任,不久赵與懽兼吏部尚书,六月赵與懽试吏部尚书,这期间时间较短,“暂兼”是有可能的。又《宋史》本传中嘉熙元年(1237)之后,再无其他年号记载,之后之事发生在嘉熙年间的可能性最大,故推测袁甫在嘉熙三年(1239)正月到下任吏部尚书赵與懽接任之前的短暂时间内“暂兼”。兼官情况:以权兵部尚书暂兼吏部尚书。	《宋史》卷405《袁甫传》

续表

姓名	史料	出处
赵與懽	嘉熙二年(1238)四月乙未,“以户部尚书赵與懽、吏部侍郎王极、起居郎牛大年为殿试详定官”;嘉熙三年(1239)六月二日,“以试吏部尚书兼修玉牒官知(临安府)”;“迁户部尚书兼权吏部……迁吏部尚书”。嘉熙三年(1239)正月,吏部尚书游似离任,赵與懽应当在之后由户部尚书兼权吏部尚书,后除吏部尚书。在其之前,应该还有袁甫任吏部尚书,正是因为时间很短,所以袁甫暂兼吏部尚书。兼官情况:赵與懽先以户部尚书兼权吏部尚书,后除吏部尚书。	《宋史全文》卷33,嘉熙二年四月乙未;《咸淳临安志》卷49守臣题名;《宋史》卷413《赵與懽传》
赵彦悈	“兵部侍郎兼权吏部尚书赵彦悈除权吏部尚书制,嘉熙中制”;“赵彦悈,字符道,余姚人,宋宗室也。从慈湖杨简授心性之学,精思力行,德操醇厚。初受世赏,入官后以甲科累官吏部尚书、兼给事中,以文华阁直学士知平江府,卒”。嘉熙中,赵彦悈由兵部侍郎兼权吏部尚书,嘉熙中从三年(1239)六月赵與懽由吏部尚书离任到四年五月吴潜兼吏部尚书这段时间没有人任吏部尚书,故推测赵彦悈在此时间段内先兼权吏部尚书,后权吏部尚书。兼官情况:以上史料可见,赵彦悈先是以兵部侍郎兼权吏部尚书,后权吏部尚书,还兼给事中。	《东涧集》卷4《兵部侍郎兼权吏部尚书赵彦悈除权吏部尚书制》;《(万历)绍兴府志》卷40
吴潜	嘉熙四年(1240)五月十九日,“以新除工部尚书除兼吏部尚书兼知(临安府)。二十五日,兼侍读。八月二十二日,潜依旧工部尚书兼吏部尚书,侍读免兼”。“进工部尚书,改吏部尚书兼知临安府……兼侍读经筵,以台臣徐荣叟论列,授宝谟阁学士、知绍兴府、浙东安抚使,辞,提举南京鸿庆宫”。吴潜迁出时间不详,但根据徐荣叟于嘉熙四年(1240)闰十二月由兼吏部尚书离任,可知其始任兼吏部尚书必在嘉熙四年(1240),那么吴潜迁出时间也在嘉熙四年(1240)。兼官情况:先由工部尚书兼吏部尚书,后除吏部尚书。这期间还兼知临安府、侍读。	《咸淳临安志》卷49守臣题名;《宋史》卷418《吴潜传》
徐荣叟	“迁权礼部尚书兼权吏部尚书,拜端明殿学士、签书枢密院事”;嘉熙四年(1240)闰十二月丙寅,“徐荣叟自朝奉大夫、权礼部尚书除端明殿学士、签书枢密院事”。兼官情况:徐荣叟是以权礼部尚书兼权吏部尚书。	《宋史》卷419《徐荣叟传》;《宋史》卷214《宰辅表五》

续表

姓名	史料	出处
高定子	“未几，改侍讲、权礼部尚书，升兼侍读……寻兼直学士，修孝宗、宁宗日历，书成上进，擢拜翰林学士、知制诰兼吏部尚书”；淳祐元年(1241)五月壬辰，“以礼部尚书兼直学士院高定子、侍御史金渊、左司谏方来为御试详定编排官。癸巳，御集英殿策进士……(淳祐二年六月丙寅)翰林学士、知制诰高定子为端明殿学士、签书枢密院事”。徐荣叟在嘉熙四年(1240)闰十二月离任，高定子又于淳祐二年(1242)六月由吏部尚书离任，其担任吏部尚书当在淳祐元年(1241)到二年六月之间。又高定子淳祐元年(1241)五月还是礼部尚书，故其任吏部尚书当在淳祐元年(1241)五月之后。兼官情况：高定子以翰林学士兼吏部尚书，这期间还兼修国史、知制诰、实录院修撰。	《宋史》卷409《高定子传》；《宋史全文》卷33，淳祐元年五月壬辰
金渊	淳祐四年(1244)正月丙寅，“以吏部尚书兼给事中金渊知贡举……(三月己未)以吏部尚书兼给事中金渊为端明殿学士、同签书枢密院事，寻差同提举编修《经武要略》”；“拜右谏议大夫，改左谏议大夫。迁礼部尚书兼给事中。淳祐四年，知贡举，拜端明殿学士、同签书枢密院事”。《宋史》本传记载金渊由左谏议大夫为礼部尚书兼给事中，宰辅表并没有记载其升签书枢密院事之前的官职；《宋史全文》有两处记载其为吏部尚书兼给事中。判断《宋史》本传没有记载金渊中间的任职情况，特测其应当是由礼部尚书兼给事中迁吏部尚书兼给事中，后迁执政。又淳祐四年(1244)正月金渊已经是吏部尚书，其任职当在之前，高定子又于淳祐二年(1242)六月离任，故金渊吏部尚书之职当在此之后。兼官情况：以上史料可见，金渊吏部尚书任职期间兼给事中、知贡举。	《宋史全文》卷33，淳祐四年正月丙寅；《宋史》卷419《金渊传》
杜杲	淳祐元年(1241)，“乞去愈力，擢工部尚书，遂以直学士奉祠……乃起知太平州。俄擢华文阁学士、沿江制置使、知建康府、行宫留守，节制安庆、和、无为三郡……复与大元兵战于真州。进敷文阁学士，迁刑部尚书，引见，帝加奖劳。乞归不许，兼吏部尚书”。淳祐四年(1244)，“除刑部尚书，不许辞免……公奏四事……如公议，兼吏部尚书……三疏论公，上不得已，进徽猷阁学士奉祠……六年请老，诏不允，再疏，进一秩，升宝文阁学士致仕……积官光禄大夫，爵杨子县开国子……遗表闻，上方思，赠开府仪同三司”。淳祐四年(1244)三月，金渊由吏部尚书离任，故杜杲当在三月之后兼吏部尚书。兼官情况：以刑部尚书兼吏部尚书。	《宋史》卷412《杜杲传》；《后村先生大全集》卷141《杜尚书(神道碑)》

续表

姓名	史料	出处
钱相	“为监察御史，迁右正言。升起居郎兼史筵、权邢侍。升给事中、吏侍。嘉熙辛丑，同典贡举。历兵、礼、吏书。以亲老丐归，除阁学、知婺州。辞不就，奉亲归里，得予玉隆祠”。由于钱相其他可见史料很少，因此时间需要推测，今推测其吏部尚书任职时间大致为淳祐四年（1244）到淳祐五年（1245），理由如下：钱相嘉定元年（1208）中进士，此时钱相大概二十岁，其亲老丐归，六十多岁比较合理。淳祐四年（1244）到淳祐五年（1245）之间，刚好没有人担任吏部尚书，此时推算钱相的年龄，六十多岁比较可能。兼官：无。	《咸淳毗陵志》卷17《人物二》
赵與篙	“权户部尚书，时暂兼吏部尚书，寻为真，兼户部尚书，时暂兼浙西提举常平”；淳祐三年（1243）五月一日，“除权户部尚书，兼（知临安府）依旧。五年五月十九日，时暂兼吏部尚书。十一月二十四日，除吏部尚书兼户部尚书，兼职依旧……（淳祐）七年十二月初三日，除端明殿学士，兼职依旧”。兼官情况：以上史料可见，赵與篙先是权户部尚书暂兼吏部尚书，后为真吏部尚书，又兼户部尚书，时暂兼浙西提举常平。	《宋史》卷423《赵與篙传》；《咸淳临安志》卷49守臣题名
赵以夫	“权刑部尚书……进兼侍读兼修玉牒……兼权吏部尚书……除刑部尚书……兼权给事中，屡辞不允。会拜某公右揆史宅之签枢，公因论二除目非是，改礼部尚书仍兼玉牒……月余……除吏部尚书侍讲兼玉牒……除端明殿学士，提举佑神观兼侍读”。赵以夫第一次兼权吏部尚书：史宅之签枢在淳祐八年（1248）八月，此时的赵以夫当是刑部尚书兼权给事中，这意味着他兼权吏部尚书在此之前。史宅之在此之前为吏部尚书，那么赵以夫兼吏部尚书应当在史宅之之前较为合理，因为史宅之吏部尚书之任中间没有断开，是延续的，只有赵以夫在前才合理。又赵與篙于淳祐七年（1247）十二月由吏部尚书离任，故推测赵以夫大概在淳祐七年（1247）底到淳祐八年（1248）初兼吏部尚书，之后便是史宅之任吏部尚书。赵以夫第二次除吏部尚书：淳祐八年（1248）八月，吏部尚书史宅之离任，赵以夫又在“月余”除吏部尚书，故大概在淳祐八年（1248）九月开始任吏部尚书。淳祐九年（1249）徐清叟任吏部尚书，故赵以夫当在之前离任，大致也在淳祐九年（1249）。兼官情况：以上史料可见，赵以夫先是以权刑部尚书兼权吏部尚书，后真除吏部尚书。兼官有侍读、侍讲、兼修玉牒。	《后村先生大全集》卷142《虚斋资政赵公（神道碑）》

续表

姓名	史料	出处
史宅之	淳祐八年(1248)八月辛亥,"吏部尚书史宅之为端明殿学士、同签书枢密院事"。淳祐七年(1247)十二月,吏部尚书赵與篾离任,但是由于赵以夫中间兼任了一段时间吏部尚书,史宅之又于淳祐八年(1248)八月由吏部尚书升同签书枢密院事,故史宅之任吏部尚书当在赵以夫兼吏部尚书之后到淳祐八年(1248)八月之间。兼官:无。	《宋史全文》卷34,淳祐八年八月辛亥
徐清叟	"召赴阙,权兵部尚书兼侍读。淳祐九年,兼同修国史、实录院同修撰,权吏部尚书,迁礼部尚书。拜端明殿学士、签书枢密院事,进同知枢密院事,封晋宁郡公";淳祐九年(1249)十二月乙巳,"徐清叟自朝请大夫、试礼部尚书除同知枢密院事兼参知政事"。徐清叟淳祐九年(1249)十二月由礼部尚书同知枢密院事,而之前又是从权吏部尚书为礼部尚书,故其从权吏部尚书为礼部尚书当在十二月之前。兼官情况:吏部尚书任职期间兼同修国史、实录院同修撰。	《宋史》卷420《徐清叟传》;《宋史》卷214《宰辅表五》
赵性夫	淳祐十二年(1252)八月丁丑,"宝章阁直学士知建宁府赵公卒……知绍兴府、宗正少卿、权刑部侍郎,为真,兼修玉牒、中书门下省检正诸房公事、权工部尚书、权吏部尚书,除职出牧"。从赵性夫神道碑可见,赵性夫卒于淳祐十二年(1252)八月,其仕履经历到权吏部尚书后除职出牧,再无其他,出牧之事当发生在淳祐十二年(1252)。又徐清叟淳祐九年(1249)由权吏部尚书离任,故推测赵性夫淳祐十年(1250)开始权吏部尚书。兼官:无。	《后村先生大全集》卷142《宝学赵尚书(神道碑)》
张磻	"复为礼部侍郎、权兵部尚书,时暂兼权吏部尚书。以右补阙程元凤论罢。宝祐三年,复权刑部尚书兼侍读,拜端明殿学士、签书枢密院事";淳祐十二年(1252),"拜右正言兼侍讲,以祖讳辞。诏权以右补阙系衔……升殿中侍御史,仍兼侍讲……宝祐元年,兼侍读,迁侍御史"。程元凤于淳祐十二年(1252)担任一段时间右补阙,同年升殿中侍御史,这意味着张磻被罢一定在淳祐十二年(1252)。张磻权兵部尚书可能时间长一些,但是吏部尚书是暂时兼权的,所以当是淳祐十二年(1252)张磻才暂兼权吏部尚书,同年被论罢,较为合理。后于宝祐三年(1255)复权刑部尚书。兼官情况:以权兵部尚书暂兼权吏部尚书。	《宋史》卷420《张磻传》;《宋史》卷418《程元凤传》

续表

姓名	史料	出处
陈垲	“加户部侍郎、淮东总领，寻提领江、淮茶盐所兼知太平州……进显谟阁待制、知广州，权兵部尚书，又进宝章阁直学士、知婺州，迁权户部尚书，寻为真，时暂兼吏部尚书，以宝文阁学士知潭州兼湖南安抚使。召赴阙，以旧职提举太平兴国宫，加龙图阁学士，依旧宫观。久之，加端明殿学士。咸淳四年，卒”；淳祐五年（1245）十月九日，“以太中大夫、集英殿修撰、知太平州、兼江东运副、兼提领江东淮东茶盐所、同提领安边所。七年五月，除户部侍郎、提领茶盐所、知太平州”。淳祐七年（1247）陈垲还是户部侍郎，其迁转到户部尚书中间时间应该不短，又陈垲卒于咸淳四年（1268），根据张磻、颜颐仲等人的情况，推测陈垲大概于宝祐元年（1253）兼吏部尚书，宝祐二年（1254）即迁出。又暂兼，时间应当不长。兼官情况：以户部尚书暂兼吏部尚书。	《宋史》卷425《陈垲传》；《景定建康志》卷26《总领所》
颜颐仲	淳祐十二年（1252），“以刑部侍郎召……（中间还有一年迁转）明年冬擢吏部尚书，以宝华阁学士提举玉隆万寿宫”；宝祐元年（1253）九月二十九日，“以太中大夫、守尚书刑部侍郎、兼权兵部尚书除权刑部尚书，再兼知（临安府）。（宝祐）二年四月除户部尚书，仍兼。十一月九日，颐仲除吏部尚书，免兼”。可见，颜颐仲宝祐二年（1254）十一月九日除吏部尚书，又宝祐三年（1255）八月，蔡抗由吏部尚书迁出，其始任吏部尚书当在此之前，故一定早于宝祐三年（1255）八月。兼官：无。	《后村先生大全集》卷143《宝学颜尚书（神道碑）》；《咸淳临安志》卷49守臣题名
蔡抗	“迁工部侍郎，时暂兼礼部侍郎，兼权吏部尚书。加端明殿学士、同签书枢密院事”；宝祐三年（1255）八月乙丑，“蔡抗自太中大夫、守尚书工部侍郎兼权吏部尚书除端明殿学士、同签书枢密院事”。宝祐二年（1254）十一月，颜颐仲始任吏部尚书，其离任大概在宝祐三年（1255），故蔡抗当于宝祐三年（1255）开始任吏部尚书，八月迁执政。兼官情况：由工部侍郎兼权吏部尚书，这期间还暂兼礼部侍郎。	《宋史》卷420《蔡抗传》；《宋史》卷214《宰辅表五》

续表

姓名	史料	出处
陈显伯	宝祐四年(1256)正月丁巳,"以礼部侍郎、权吏部尚书陈显伯知贡举";宝祐四年(1256)"为考官,文天祥及第第一,谢枋得、陆秀夫皆所取士。时以权奸用事,力请归田治南坡。老焉然"。宝祐三年(1255)八月,蔡抗离任,宝祐四年(1256)正月陈显伯已经是吏部尚书,则陈显伯宝祐三年(1255)八月之后开始权吏部尚书。又宝祐五年(1257)徐臬开始任吏部尚书,陈显伯当在此之前离任。兼官情况:"历转至吏部尚书、兼端明殿大学士、通奉大夫,爵长乐郡开国侯……乃诏加端明殿大学士致仕"。以上史料可见,陈显伯先以礼部侍郎兼权吏部尚书,后除吏部尚书,兼端明殿大学士。	《宋史全文》卷35,宝祐四年正月丁巳;《(道光新修)罗源县志》卷19《人物上》;《(康熙)罗源县志》卷7《名贤》
徐臬	宝祐五年(1257)正月一日,"除户部侍郎,(知临安府)职任依旧……四月五日,时暂兼权吏部尚书,职任依旧……十二月十一日,臬除吏部尚书,免兼知"。宝祐六年(1258),饶虎臣暂通摄吏部尚书,徐臬当在此之前离任。兼官:无。	《咸淳临安志》卷49守臣题名
饶虎臣	"以秘阁修撰、两浙转运使权礼部侍郎,寻为真。时暂兼权侍右侍郎。宝祐六年,兼同修国史、实录院同修撰,暂通摄吏部尚书";宝祐六年(1258)十一月壬戌,"饶虎臣自尚书礼部侍郎、暂通摄吏部尚书除端明殿学士、签书枢密院事"。	《宋史》卷420《饶虎臣传》;《宋史》卷214《宰辅表五》
江万里	"大元兵围鄂,似道以右丞兼枢密使移军汉阳,万里迁刑部侍郎。似道入相,万里兼国子祭酒、侍读。入对,迁权吏部尚书,又拜端明殿学士、同签书枢密院事兼太子宾客";开庆元年(1259),"以似道军汉阳,援鄂,即军中拜右丞相……(明年)帝以其有再造功,以少傅、右丞相召入朝";《江万里吏部尚书(制)》,按刘克庄行状,景定元年(1260)九月兼权中书舍人,十一月到临安,才有机会撰写江万里制书,故江万里大致于十一月任吏部尚书;景定二年(1261)八月乙巳,"江万里自通奉大夫、守吏部尚书除端明殿学士、同签书枢密院事"。贾似道于景定元年(1260)入朝为相,江万里权吏部尚书当在此之后,即景定元年(1260)或之后。兼官:无。	《宋史》卷418《江万里传》;《宋史》卷474《贾似道传》;《后村先生大全集》卷63《江万里吏部尚书(制)》;《宋史》卷214《宰辅表五》

续表

姓名	史料	出处
王爚	景定二年(1261)，“迁礼部尚书，权吏部尚书，加龙图阁学士、知平江府、淮浙发运使”。景定元年(1260)八月，江万里由吏部尚书离任，景定二年(1261)叶梦鼎又兼权吏部尚书，王爚当在此时间内权吏部尚书。兼官：无。	《宋史》卷418《王爚传》
叶梦鼎	景定二年(1261)，“权兵部尚书兼权吏部尚书。三年，迁兵部尚书兼修国史兼实录修撰。迁吏部尚书，五辞免，请祠，不允。拜端明殿学士、同签书枢密院事，屡辞不许”；景定三年(1262)十月甲子，“叶梦鼎自试吏部尚书除端明殿学士、同签书枢密院事兼太子宾客”。从史料可见，叶梦鼎两次任吏部尚书，第一次由权兵部尚书兼权吏部尚书，第二次为吏部尚书。两次时间如下：景定二年(1261)一段时间，之后离任，三年再次迁吏部尚书。叶梦鼎任吏部尚书当在王爚之后，这样才可以让叶梦鼎二年接任，三年迁出，之后再次迁吏部尚书。兼官情况：第一次是以权兵部尚书兼权吏部尚书。	《宋史》卷414《叶梦鼎传》；《宋史》卷214《宰辅表五》
陈昉	“陈昉，字叔方，景定初以宝章阁待制知建宁府，属邑产禾一本四十余穗，人以为善政所感。除吏部尚书，引年拜端明殿学士、提举秘书省，进职资政殿致仕。卒谥清惠”；景定四年(1263)三月己未，“权吏部尚书陈昉等奏，乞勉留丞相贾似道”。景定三年(1262)十月，叶梦鼎由吏部尚书离任，咸淳元年(1265)常挺始任吏部尚书，陈昉吏部尚书之任当在此时间内。兼官：无。	《两浙名贤录》卷27《陈昉传》；《宋史全文》卷36，景定四年三月己未
常挺	咸淳元年(1265)，“权礼部尚书兼同修国史、实录院同修撰。进《帝学发题》，迁吏部尚书。”；咸淳三年(1267)正月壬辰，“常挺自吏部尚书除端明殿学士、签书枢密院事”。兼官：无。	《宋史》卷421《常挺传》；《宋史》卷214《宰辅表五》
洪焘	咸淳三年(1267)十一月二十七日，“除户部尚书兼知(临安)。(咸淳四年)闰正月十七日焘除吏部尚书”；咸淳四年(1268)十一月十九日，“准省札，三省同奉圣旨，依旧敷文阁学士改差知庆元府、兼沿海制置使”。兼官：无。	《咸淳临安志》卷49守臣题名；《宝庆四明志》卷1《叙卷上》
程垲	“官终权吏部尚书、端明殿学士”。咸淳四年(1268)底，洪焘由吏部尚书离任，之后一直到咸淳八年(1272)六月，章鉴自权吏部尚书离任，这之间没有吏部尚书的资料记载，故大胆推测程垲和章鉴各担任两年左右。另外，之所以把程垲放在这里，是因为程垲在宋亡后弃官，总体上时间应当在南宋末年，故。兼官：无。	《两浙名贤录》卷43《程垲传》
章鉴	咸淳八年(1272)六月丁酉，“章鉴自权吏部尚书除端明殿学士、同签书枢密院事”。兼官：无。	《宋史》卷214《宰辅表五》

续表

姓名	史料	出处
陈宜中	咸淳七年(1271),“闽阙帅,以显文阁待制、知福州。在官得民心,岁余人为刑部尚书。十年,拜签书枢密院事兼权参知政事”;咸淳九年(1273)九月辛巳,“陈宜中自兼权吏部尚书除端明殿学士、同签书枢密院事”。章鉴咸淳八年(1272)六月由吏部尚书离任,因此陈宜中吏部尚书之任当在之后。兼官:以刑部尚书兼权吏部尚书。	《宋史》卷418《陈宜中传》;《宋史》卷214《宰辅表五》
刘黻	咸淳八年(1272),“召还,拜刑部侍郎。九年,改朝奉郎,试吏部尚书,兼工部尚书,兼中书舍人,兼修玉牒,兼侍读……(咸淳)十年,丁母忧。明年,江上溃师,丞相陈宜中起复黻为端明殿学士,不起”。兼官情况:任试吏部尚书期间,兼工部尚书、中书舍人、兼修玉牒、侍读。	《宋史》卷405《刘黻传》
常楙	“以宝章阁待制提举太平兴国宫。德祐元年,拜吏部尚书,以老病辞,累诏不许,专官趣行甚峻……明堂礼成,进端明殿学士、提领户部财用,特与执政恩数。楙以国步方艰,非臣子贪荣之时,力辞恩数。与庙堂议事不合,以疾谒告。二年春,拜参知政事,为夏士林缴驳,拜疏出关,后六年卒”;德祐元年(1275)四月庚午,“吏部尚书常楙入见”。德祐元年(1275)九月辛巳,“有事于明堂,赦”。兼官:无。	《宋史》卷421《常楙传》;《资治通鉴后编》卷181,德祐元年四月庚午;《宋史》卷47《瀛国公纪》
王应麟	德祐元年(1275)十月,“除礼部尚书兼给事中……辞兼中书舍人,从之。兼摄吏部尚书”;德祐元年(1275)十一月,“丞相留梦炎用徐囊为御史……(王应麟)缴奏上疏,驳之并纠梦炎……疏入,又不报,即引归。十二月……以翰林学士宣召……力辞不赴。二年丙子,五十四岁,是岁,宋亡。先生杜门不出”。以礼部尚书兼摄吏部尚书,还兼给事中。	《四明文献集(外二种)》附录《王深宁先生年谱》
丁应奎	德祐元年(1275)十二月庚申,“权吏部尚书丁应奎、左侍郎徐宗仁遁”。“丁应奎,字潢溪,宝祐二年乡试第一,知县眉山。家遇题其里曰省元乡。四年登进士第,历官礼部尚书。条议政绩,皆关风化,尤以议礼称旨,深为上所嘉重。及卒,赐葬车杠山”。德祐元年(1275)十二月,丁应奎已经是权吏部尚书,德祐元年(1275)十一月,王应麟离任,丁应奎当在德祐元年(1275)十一月之后任吏部尚书。《(民国)醴陵县志》记载丁应奎最高官职为礼部尚书,应当是之后的权吏部尚书没有记载,推测丁应奎由礼部尚书迁权吏部尚书。兼官:无。	《宋史》卷47《瀛国公纪》;《(民国)醴陵县志》卷9
陈仲微	德祐元年(1275),“迁秘书监,寻拜右正言、左司谏、殿中侍御史。益王即位海上,拜吏部尚书、给事中。厓山兵败,走安南。越四年卒”。兼官情况:吏部尚书任职期间兼给事中。	《宋史》卷422《陈仲微传》

附表2　宋代吏部尚书简明年表

吏部尚书	字	号	生卒	任时年龄	谥号	最高封爵	赠官（含追赠、追复）	文史成就（部分）
元丰改制前								
张昭	潜夫		894－972	66－71岁		郑国公		《远后唐列传》三十卷、《五代唐废帝实录》十七卷、《五代周太祖实录》三十卷、《太康平吴录》二卷、《显德刑统》二十卷、《补注庄子》十卷、《制旨兵法》三卷、《嘉善集》五十卷、《名臣事迹》五卷
宋琪	叔宝、俶宝		917－996	71－79岁	惠安		司空	
吕蒙正	圣功		946－1011	45－49岁	文穆	秦国公	中书令	
张齐贤	师亮		943－1014	62－65岁	文定		司徒	《洛阳搢绅旧闻记》五卷、《太平杂编》二卷
宋白	太素、素臣		936－1012	72－74岁	文宪，后改谥文安		尚书左仆射	《广平集》百卷；《续通典》二百卷；《宋白集》一百卷；《文苑英华》一千卷，《目》五十卷
王钦若	定国		962－1025	49－55岁	文穆	冀国公	太师、中书令	《华林义门书堂诗集》一卷、《彤管懿范》七十卷、《目》十卷、《册府元龟》一千卷、《天禧大礼记》五十卷、《目》二卷、《天书仪制》五卷、《七元图》一卷
向敏中	常之		949－1020	68岁	文简		太师	《文集》十五卷

续表

吏部尚书	字	号	生卒	任时年龄	谥号	最高封爵	赠官(含追赠、追复)	文史成就(部分)
寇準	平仲		961－1023	58－59岁	忠愍	莱国公	中书令、莱国公	《寇準诗》三卷、《寇準遗事》一卷、《寇莱公集》、《忠愍公集》、《巴东集》
丁谓	谓之、公言		966－1037	53－54岁		晋国公		《丁谓集》八卷、《虎丘集》五十卷、《刀笔集》二卷、《青衿集》三卷、《知命集》一卷
冯拯	道济		958－1023	62岁	文懿	魏国公	太师、中书令	
王曾	孝先		978－1038	第一次50－53岁,第二次56－57岁	文正	沂国公	侍中	《王曾文集》五十七卷、《九域图》三卷、《契丹志》一卷、《王文正公笔录》一卷
吕夷简	坦夫		979－1044	53－56岁	文靖	许国公	太师、中书令	《文集》二十卷
夏竦	子乔		985－1051	58－60岁	文庄	郑国公	太师、中书令	《夏竦集》一百卷、《重校古文四声韵》五卷、《天圣令文》三十卷,吕夷简、夏竦等撰
陈执中	昭誉		990－1059	第一次59－62岁;第二次63－65岁	荣灵、恭襄、恭	岐国公	太师、兼侍中	

续表

吏部尚书	字	号	生卒	任时年龄	谥号	最高封爵	赠官（含追赠、追复）	文史成就（部分）
文彦博	宽夫	伊叟	1006–1097	第一次45–47岁；第二次49–52岁	忠烈	潞国公		《潞公集》四十卷
王拱辰	君贶		1012–1085	53–55岁	懿恪	太原郡开国公	开府仪同三司	《治平政鉴》十篇、《内外制集》各五篇、《平蛮杂议》十卷、《文集》七十卷
曾公亮	明仲	乐正	999–1078	68岁	宣靖	鲁国公	太师、中书令	《武经总要》四十卷；《英宗实录》三十卷；《元日唱和诗》一卷；《勋德集》三卷
赵槩	叔平		996–1083	72–73岁	康靖		太师	《见闻录》二卷、《日记》一卷
王安石	介甫	半山	1021–1086	53–54岁	文	荆国公、追封舒王	太傅	《王安石集》一百卷、《易解》十四卷、《新经书义》十三卷、《新经毛诗义》二十卷、《三十家毛诗会解》一百卷吴纯编，《王安石解义》、《新经周礼义》二十二卷、《左氏解》一卷、《通类》一卷、《字说》二十四卷
吴充	冲卿		1021–1080	58岁	正宪（正献）		司空兼侍中	《枢密院时政记》十五卷（与韩绛合）、《熙宁详定军马敕》五卷

续表

吏部尚书	字	号	生卒	任时年龄	谥号	最高封爵	赠官（含追赠、追复）	文史成就(部分)
元丰改制后								
李清臣	邦直		1032－1102	第一次50－51岁;第二次61岁			金紫光禄大夫	《诗文》一百卷、《奏议》三十卷、《平南事鉴》二十卷
曾孝宽	令绰、公绰		1025－1090	第一次58－60岁;第二次64岁			右光禄大夫	
吕大防	微仲	吕公泉	1027－1097	58－59岁	正愍	宣国公	太师	
范纯仁	尧夫		1027－1101	59岁	忠宣	许国公	赠开府仪同三司,后特赠太师	《台谏论事》五卷、《边防奏议》二十卷、《文集》二十卷、《尚书解》
孙永	曼叔		1019－1086	67－68岁	康简		银青光禄大夫	《文集》三十卷
苏颂	子容		1020－1101	67－69岁	正简	魏国公	司空、魏国公	《苏魏公集》七十二卷,《新仪象法要》

续表

吏部尚书	字	号	生卒	任时年龄	谥号	最高封爵	赠官（含追赠、追复）	文史成就（部分）
许将	冲元		1037－1111	第一次52岁；第二次57－58岁	文定，后改谥文恪		开府仪同三司	《许文定集》
苏辙	子由、同叔	颍滨遗老	1039－1112	50岁	文定		宣奉大夫，追复端明殿学士	《诗传》《春秋传》《古史》《老子解》《龙川志略》《论语拾遗》《孟子解》《栾城文集》《乐城前后集》
邓润甫	温伯		1027－1094	62岁	安惠		开府仪同三司	
傅尧俞	钦之		1024－1091	65岁	献简		右银青光禄大夫	《傅尧俞奏议》十卷、《傅尧俞集》十卷
苏轼	子瞻	东坡居士	1037－1101	54岁	文忠	武功县开国伯	追赠资政殿学士、朝奉大夫、后又赠太师	《易传》九卷、《书传》十三卷、《解》四卷、《东坡诗话》一卷、《苏沈良方》十五卷（沈括、苏轼所著）、《前后集》七十卷、《三苏翰墨》一卷、《东坡志林》、《东坡七集》、《东坡词》
王存	正仲		1023－1101	68－69岁	庄定	丹阳郡开国公	左银青光禄大夫	
胡宗愈	完夫		1029－1094	63－65岁	修简		银青光禄大夫	
彭汝砺	器资		1042－1095	52岁		开国男		《易义》十卷、《诗义》二十卷、《鄱阳集》四十卷

续表

吏部尚书	字	号	生卒	任时年龄	谥号	最高封爵	赠官（含追赠、追复）	文史成就（部分）
林希	子中	醒老	1035－1101	59岁	文节		资政殿大学士、银青光禄大夫	《春秋三传正附论》十三卷、《两朝宝训》二十一卷、《五朝宝训》六十卷
王震	子发		1046－1095	48岁				《阆苑记》三十卷、《元丰怀遇集》七卷
黄履	安中		1034－1101	61－63岁			金紫光禄大夫	
邢恕	和叔		不详	无法确定				
叶祖洽	敦礼		1046－1117	51－53岁				
韩忠彦	师朴		1038－1109	62岁	文定	魏国公	太师、魏国公	《追荣集》一卷、《考德集》三卷、《文集》三十卷、《奏议》二十卷、《魏公行事》一卷、《家传》一卷
陆佃	农师	陶山	1042－1102	58－59岁			追复资政殿学士	《礼记解》四十卷、《大裘议》一卷、《春秋传》二十卷、《尔雅新义》二十卷、《国子监敕令格式》十九卷
温益	禹弼		1038－1103	63岁	定简			
赵挺之	正夫		1040－1107	62岁	清宪		司徒	
何执中	伯通		1044－1117	58－61岁	正献（文献）	荣国公、追封清源郡王	太师	《政和重修敕令格式》五百四十八册（佚失）

续表

吏部尚书	字	号	生卒	任时年龄	谥号	最高封爵	赠官（含追赠、追复）	文史成就（部分）
徐铎	振文、振甫		1051－1105	54岁			太中大夫	《徐铎文集》三十卷、《易谈》二十卷、《群书总要》一百卷
虞策	经臣		1042－1107	64岁			左正议大夫	
朱谔	圣舆		1068－1107	38－39岁	忠靖		光禄大夫	
时彦	邦美		?－1107	无法确定				
林摅	彦振（一字彦福）		不详	无法确定			特进	
余深	原中，源中		1050－1132	57－58岁		卫国公		
管师仁	元善		1045－1109	63－64岁	文懿		正奉大夫	
刘拯	彦修		?－1111	无法确定				《濠上摭遗》一卷
王襄		处士	不详	无法确定				《南阳先生传》二十卷
张克公	介仲		?－1118	无法确定			资政殿学士、太中大夫	
许光凝	嘉谟		不详	无法确定				
蒋猷	仲远，冠权		1065－1130	53－55岁	庄定		特进	《夏祭敕令格式》一部，卷亡

续表

吏部尚书	字	号	生卒	任时年龄	谥号	最高封爵	赠官（含追赠、追复）	文史成就（部分）
宇文粹中	仲达（一作仲理）		?－1139	无法确定			少保	
王孝迪			?－1140	无法确定			左银青光禄大夫	
何志同	彦时		?－1133	无法确定			左正奉大夫	
唐恪	钦叟		?－1127	无法确定			观文殿学士	《唐恪文集》八十卷、《古今广说》一百二十卷
卢法原	立之		?－1135	无法确定			金紫光禄大夫	
李棁	不详		不详	无法确定				
卫仲达	达可		不详	无法确定				
梅执礼	和胜		1079－1127	47岁	节愍		通奉大夫、资政殿学士	《文安集》十五卷、《梅执礼集》十五卷
莫俦	寿朋		1089－1164	37－38岁				《真一居士集》五十卷、《内外制》二十四卷、《四六集》十卷
王时雍	朝美		?－1127	无法确定				
谢克家	任伯		?－1134	无法确定			左正奉大夫	

续表

吏部尚书	字	号	生卒	任时年龄	谥号	最高封爵	赠官（含追赠、追复）	文史成就（部分）
路允迪	公弼		？－1141	无法确定			龙图阁学士、左通议大夫	
周武仲	宪之		1074－1128	54岁		文安县开国男	太中大夫	《春秋左传编类》三十卷
吕颐浩	元直		1071－1139	57－58岁	忠穆	秦国公	太师	《忠穆集》
刘珏	希范		1078－1132	51岁			龙图阁学士	《吴兴集》二十卷、《集议》五卷、《两汉蒙求》十卷
洪拟	成季（一字逸叟）	净智先生	1071－1145	第一次60岁；第二次61岁；第三次62岁	文定（一作文宪）		左光禄大夫	《净智先生集》、《杜甫诗注》
胡直孺	少汲（少伋）	西山老人	？－1131	无法确定			端明殿学士	《西山老人集》，已佚失
李光	泰发、泰定	博物居士	1078－1159	第一次54岁；第二次60岁	庄简（按墓志为安简）		追复左中大夫、资政殿学士	《易说》十卷、《易传》十卷
权邦彦	朝美		1080－1133	52岁	质肃		左奉政大夫、正议大夫	《瀛海残编》
沈與求	必先、和仲	龟谿	1086－1137	46岁；48岁	忠敏		左银青光禄大夫	《龟溪集》十二卷

续表

吏部尚书	字	号	生卒	任时年龄	谥号	最高封爵	赠官（含追赠、追复）	文史成就(部分)
席益	大光		？－1139	无法确定	忠清			
郑滋	德象		？－1149	无法确定				
胡松年	茂老		1087－1146	47岁			左太中大夫	
孙近	叔旨		不详	无法确定			追复资政殿学士	
刘大中	立道		不详	无法确定	忠			
张焘	子公		1092－1166	46－47岁；57－58岁	忠定	鄱阳郡开国公	宣奉大夫	
晏敦复	景初		1075－1145	第一次59－60岁；第二次64岁		临淄侯		
吴表臣	正仲	湛然居士	1084－1150	55－58岁				
罗汝楫	彦济		1089－1158	54－55岁		新安郡侯	左通奉大夫、开府仪同三司	
周三畏	不详		？－1157	无法确定				

续表

吏部尚书	字	号	生卒	任时年龄	谥号	最高封爵	赠官（含追赠、追复）	文史成就（部分）
张杞	南轩、南卿		不详	无法确定		永宁军开国男		
林大鼐	梅卿		不详	无法确定				
董德元	体仁		1097－1164	58岁			左正奉大夫	
张纲	彦正（一字彦政）	华阳老人	1083－1166	73岁	章简		左银青光禄大夫	《解义》三十卷、《六经辨疑》五卷、《列圣孝治类编》一百卷、《见闻录》五卷、《华阳集》四十卷、《确论》十卷
刘才邵	美中	檆溪居士	1086－1158	70－71岁			通奉大夫	《檆溪居士集》
陈康伯	长卿、安侯		1097－1165	60岁	文恭，（后改谥）文正	鲁国公	太师	
王师心	與道		1097－1169	60－61岁	庄简		特进	
贺允中	子忱		1090－1168	68－69岁	清简		左光禄大夫	
叶义问	审言		1098－1170	61－62岁	恭简		左银青光禄大夫	
周麟之	茂振		1118－1164	42岁				《海陵集》二十三卷
洪遵	景严	小隐	1120－1174	40岁	文安	鄱阳开国子	宣奉大夫	《小隐集》七十卷、《中兴以来玉堂制草》三十四卷、《泉志》十五卷、《东阳志》十卷

续表

吏部尚书	字	号	生卒	任时年龄	谥号	最高封爵	赠官（含追赠、追复）	文史成就（部分）
徐嘉	吉卿		1105－?	55－56岁			少保	
汪应辰	圣锡	玉山先生	1118－1176	第一次42－43岁；第二次49－52岁	文定、文安			《翰林词章》五卷、《二经雅言》二卷、《唐书列传辨证》二十卷、《汪文定公集》、《石林燕语辩》、《东坡苏公帖》
何溥	通远		不详	无法确定				
凌景夏	季文		?－1175	无法确定				
金安节	彦亨		1094－1170	70岁	忠肃	休宁县开国子	通奉大夫，累赠开府仪同三司、少保	《文集》三十卷、《奏议表疏》、《周易解》
叶颙	子昂		1100－1167	65岁	正简		特进	
魏杞	南夫（一字道弼）	碧溪先生	1121－1184	44－45岁	文节		特进	《山房集》《魏文节遗书》
陈之茂	卓卿（一字阜卿）	锡山	?－1166	无法确定				
陈俊卿	应求		1113－1186	53岁	正献	魏国公	太保	《文集》二十卷
周执羔	表卿		1094－1170	73－74岁				

续表

吏部尚书	字	号	生卒	任时年龄	谥号	最高封爵	赠官(含追赠、追复)	文史成就(部分)
陈良祐	天與		不详	无法确定				
胡沂	周伯		1107－1174	第一次63岁,第二次65－66岁	献肃、献简		宣奉大夫	
汪大猷	仲嘉	适斋	1120－1200	50－51岁	庄靖(文忠)		特进	《适斋存稿》《备忘训鉴》
王之奇	能甫		?－1173	无法确定		庆阳开国伯		《易传》《奏议》
张津	子问		不详	无法确定				《乾道四明图经》十二卷
李彦颖	秀实、秀叔		1119－1199	54－55岁	忠文		少保	
龚茂良	实之		1121－1178	53岁	庄敏、庄简			《静泰堂集》三十九卷、《淳熙重修吏部左选敕令格式申明》(与他人合著)
留正	仲至		1129－1206	45－46岁	忠宣	魏国公	太师	《诗文》、《奏议》、《外制》二十卷
蔡洸	子平		1124－1180	51－52岁	忠惠			
韩元吉	无咎	南涧	1118－1187	58－60岁		颍川郡公		《愚戆录》十卷、《金国生辰语录》一卷、《涧泉集》、《涧泉日记》、《南涧甲乙稿》二十二卷、《南涧诗余》、《桐阴旧话》、《焦尾集词》一卷

续表

吏部尚书	字	号	生卒	任时年龄	谥号	最高封爵	赠官（含追赠、追复）	文史成就（部分）
程大昌	泰之		1123－1195	55－56岁	文简	新安郡开国公	特进	《程大昌文集》二十卷、《易原》十卷、《书谱》二十卷、《演繁露》六卷、《北边备对》六卷、《雍录》十卷、《易老通言》十卷
周必大	子充、弘道	省斋居士、平园老叟	1126－1204	54－55岁	文忠	益国公	太师	《周益国文忠公集》二百卷
王希吕	仲行、仲衡		暂缺	无法确定				
郑丙	少融		1121－1194	60－62岁	简肃、简节		金紫光禄大夫、特进	
萧燧	照邻		1117－1193	66－71岁	正肃	豫章郡开国公	金紫光禄大夫	
颜师鲁	幾圣		1119－1193	69－70岁	定肃		光禄大夫	《颜师鲁文集》四十四卷
郑侨	惠叔	回溪	1133－1202	第一次56－58岁；第二次61岁	忠惠	郇国公	太师	《莆阳人物志》三卷、《历官表奏议》一卷、《书衡》三篇、《西垣词稿》十卷、《锦机诗话》、《郑鲁公词草》、《郑忠惠遗文》
赵汝愚	子直		1140－1196	51－53岁	忠定	福王、后进封周王	少保、太师	《诗文集》十五卷、《太祖实录举要》若干卷、《诸臣奏议》一百五十卷
余端礼	处恭		1135－1201	58岁	忠肃	郇国公	太傅	

续表

吏部尚书	字	号	生卒	任时年龄	谥号	最高封爵	赠官（含追赠、追复）	文史成就（部分）
罗点	春伯	北庵	1150－1194	43－44岁	文恭		资政殿学士、金紫光禄大夫	《奏议》二十三卷、《春秋孟子讲义》若干卷
楼钥	大防、启伯	攻媿主人	1137－1213	第一次57－58岁，第二次71岁	宣献	奉化郡公	少师	《范文正年谱》、《楼钥文集》一百二十卷
叶翥	叔羽		建炎年间出生	大致65－70岁之间的某一年		卫国公		
许及之	深甫		1141－1209	55－57岁		永嘉县开国公		《许及之文集》三十卷、《涉斋集》
傅伯寿	景仁		不详	无法确定				
刘德秀	仲洪	退轩	1135－1208	第一次63－64岁；第二次69－70岁	文穆	豫章郡开国公	太师	《默轩词》《退轩遗稿》
袁说友	起岩	东塘居士	1140－1204	第一次59－61岁；第二次61－62岁				《择善易解》、《东塘集》二十卷，佚失

续表

吏部尚书	字	号	生卒	任时年龄	谥号	最高封爵	赠官（含追赠、追复）	文史成就（部分）
张釜	君量	随斋	不详	无法确定				
费士寅	戒父		不详	无法确定	庄简	蜀郡开国公		
钱象祖	伯同	止庵居士	1145－1211	58－59岁		成国公		
黄由	子由	磐野居士	1150－1225	54－55岁			少师	
颜棫	叔坚		不详	无法确定				
丁常任	卿季		不详	无法确定		晋陵县开国男		
杨炳	若晦	倏溪居士	1150－1230	56－57岁				《易说》《礼记解》《西掖类稿》《谏垣存稿》
卫泾	清叔	后乐居士、西园居士	1155－1226	52岁	文节	秦国公	太师	《后乐集》五十卷
陆峻	申伯		不详	无法确定				
林大中	和叔		1131－1208	76岁	正惠	爵东阳郡侯	资政殿学士、正奉大夫	《奏议》十卷、《外制》三卷、《文集》二十卷，皆佚
宇文绍节	挺臣	顾斋	？－1213	无法确定	忠惠		少师	
曾映	茂昭		不详	无法确定	庄简			

续表

吏部尚书	字	号	生卒	任时年龄	谥号	最高封爵	赠官（含追赠、追复）	文史成就（部分）
张伯垓	德象		不详	无法确定				
汪逵	季路		1143－1214	68－71岁		玉山开国子		
李大性	伯和		不详	无法确定	文惠、清惠		开府仪同三司	
任希夷	伯起	斯菴	1156－?	62－63岁	宣献平		少师	
徐应龙	允叔、亢叔		?－1224	无法确定	文肃	魏国公	开府仪同三司、太师	
薛极	会之		1163－1234	57－59岁		和国公	少师	
程珌	怀古	洺水遗民	1164－1242	62岁		新安郡侯	特进、少师	《洺水集》二十六卷（原六十卷）、《内制类稿》十卷、《外制类稿》二十卷
朱著	公明（一字性诚）		1160－1230	66－67岁		闽县开国伯	金紫光禄大夫	
陆德舆	载之	鲁斋	不详	无法确定		嘉兴县开国侯		
杨烨			不详	无法确定				
崔舆之	正之	菊坡	1158－1239	76岁	清献	南海郡开国公	少师	《菊坡集》
陈卓	立道		1166－1251	68－69岁	清敏	开国伯	少师	

续表

吏部尚书	字	号	生卒	任时年龄	谥号	最高封爵	赠官(含追赠、追复)	文史成就(部分)
李埴	季允	悦斋	1161－1238	74岁	文肃		资政殿大学士	《悦斋集》《皇宋十朝纲要》
魏了翁	华父	鹤山	1178－1237	57岁	文靖	秦国公	太师	《易集义》六十四卷、《书要义》二十卷、《诗要义》二十卷、《仪礼要义》五十卷、《春秋要义》六十卷、《论语要义》一十卷
李鸣复	成叔	復山	?－1247	无法确定				
余天锡	淳父,纯父	畏斋	1180－1241	56－58岁	忠惠	奉化郡公	少师,后加太师	
许应龙	恭甫	东涧	1169－1249	69岁	文简		资政殿学士、银青光禄大夫	《东涧集》十四卷
赵彦悈	元道		不详	无法确定				
游似	景仁	克斋,又号果山	?－1251	无法确定	清献	南充县国公	少师	
袁甫	广微	蒙斋	不详	无法确定	正肃		通奉大夫	《孝说》《孟子解》《后省封驳》《信安志》《江东荒政录》《防拓录》《乐事录》《蒙斋集》
赵與懽	悦道		不详	无法确定	清敏	奉化郡王	少师,累赠太师	《奏议诗文》百卷
吴潜	毅夫	履斋	1196－1262	44岁		许国公	少师	《履斋遗集》
徐荣叟	茂翁	意一	1180－1246	60岁	文靖		金紫光禄大夫	《谏垣存稿》《西掖代言》《橘坡杂著》

续表

吏部尚书	字	号	生卒	任时年龄	谥号	最高封爵	赠官（含追赠、追复）	文史成就（部分）
高定子	瞻叔	著斋	1177－1247	64－65岁			少保	《存著斋文集》《北门类稿》《薇垣类稿》《经说》《绍熙讲义》
金渊	渊叔		不详	无法确定				
杜杲	子昕	於耕	1173－1248	71岁		杨子县开国男	开府仪同三司	
钱相	君玉		不详	不详			少师	
赵與篙	德渊	节斋	1179－1260	66－68岁之间	忠惠	周国公	少师	
赵以夫	用父	虚斋、芝山老人、云泉野客	1189－1256	第一次58－59岁，第二次59－60岁			开府仪同三司	《易通》《虚斋乐府》
史宅之	子仁	云麓	1205－1249	43岁	恭惠	齐国公	少师	
徐清叟	直翁、真翁	德壹	1182－1263	67岁	忠简	晋宁郡公	少师	
赵性夫	景善		1176－1252	75－76岁			正议大夫	
张磻	渭老、敬夫	松山	不详	无法确定		长乐郡公	少师	
陈垲	子奭、子爽	可斋	？－1268	无法确定	清毅			《可斋瓿稿》二十卷

续表

吏部尚书	字	号	生卒	任时年龄	谥号	最高封爵	赠官（含追赠、追复）	文史成就（部分）
颜颐仲	景正	员峤	1188－1262	66－67岁		龙溪郡开国侯		
蔡抗	仲节		不详	无法确定	文肃		少保	
陈显伯	立夫、汝仁	竹所	1192－1262	63－65岁		长乐郡开国侯	银青光禄大夫	《玉堂制稿》
徐臬			不详	无法确定				
饶虎臣	宗召		不详	无法确定				
江万里	子远	古心	1198－1274	62－63岁	文忠	益国公	赠太傅、益国公，加赠太师	《宣政杂录》
王爚	仲潜、伯晦	修斋	1199－1275	62岁				《著有言子》
叶梦鼎	镇之	西涧	1200－1277	第一次61－62岁，第二次62岁		信国公		《西涧集》
陈昉	叔方	节斋	不详	无法确定	清惠			《北庭须知》二卷、《云萍录》、《颍川语小》、《准斋杂说》
常挺	方叔	东轩	1205－1268	60－62岁		合沙郡公	少保	《诸儒性理文锦》八卷
洪焘	子公	云嵓	不详	无法确定				

续表

吏部尚书	字	号	生卒	任时年龄	谥号	最高封爵	赠官（含追赠、追复）	文史成就(部分)
程垲	子爽		不详	无法确定	清毅			
章鉴	公秉	杭山	1215－1294	56－57岁				
陈宜中	與权		不详	无法确定				
刘黻	声伯、升伯	蒙川、质翁	1217－1276	56－57岁	忠肃			《蒙川集》十卷
常楙	长孺		?－1282	无法确定				
王应麟	伯厚	厚斋、深宁居士	1223－1296	52岁		鄞县开国伯		《深宁集》一百卷、《玉堂类稿》二十三卷、《掖垣类稿》二十二卷、《诗考》五卷、《诗地理考》五卷、《汉艺文志考证》十卷、《通鉴地理考》一百卷、《通鉴地理通释》十六卷、《通鉴答问》四卷、《困学纪闻》二十卷、《蒙训》七十卷、《集解践阼篇》、《补注急就篇》六卷、《补注王会篇》、《小学绀珠》十卷、《玉海》二百卷、《词学指南》四卷、《词学题苑》四十卷、《笔海》四十卷、《姓氏急就篇》六卷、《汉制考》四卷、《六经天文编》六卷、《小学讽咏》四卷
丁应奎	横溪、圭叟		不详	无法确定				《丁侍郎奏议》、《晴雪堂文集》、《武陵郡离合记》
陈仲微	致广	遂初	1212－1283	64岁				《广王卫王本末》

参考资料

一、古籍文献

[1]（汉）班固撰，（唐）颜师古注：《汉书》，中华书局1962年版。

[2]（汉）郑玄注，（唐）贾公彦疏，赵伯雄整理，王文锦审定：《周礼注疏》，北京大学出版社2000年版。

[3]（晋）陈寿撰，（宋）裴松之注：《三国志》，中华书局1959年版。

[4]（梁）萧子显：《南齐书》，中华书局1972年版。

[5]（梁）沈约：《宋书》，中华书局1974年版。

[6]（北齐）魏收：《魏书》，中华书局1974年版。

[7]（唐）令狐德棻等：《周书》，中华书局1971年版。

[8]（唐）李百药：《北齐书》，中华书局1972年版。

[9]（唐）魏征等：《隋书》，中华书局1973年版。

[10]（唐）房玄龄等：《晋书》，中华书局1974年版。

[11]（唐）杜佑撰，王文锦、王永兴等点校：《通典》，中华书局1988年版。

[12]（唐）李林甫等撰，陈仲夫点校：《唐六典》，中华书局1992年版。

[13]（唐）张怀瓘：《书断》，南京艺术学院2004年博士学位论文《张怀瓘书学著作考论》附录《〈书断〉校笺》。

[14]（后晋）刘昫：《旧唐书》，中华书局1975年版。

[15]（宋）晁补之：《鸡肋集》，四部丛刊初编本，商务印书馆1919年版。

[16]（宋）汪藻：《浮溪集》，丛书集成初编本，商务印书馆1935年版。

[17]（宋）胡宿：《文恭集》，丛书集成初编本，商务印书馆1935年版。

[18]（宋）袁燮：《絜斋集》，丛书集成初编本，商务印书馆1935年版。

[19]（宋）张守：《毗陵集》，丛书集成初编本，商务印书馆1935年版。

[20]（宋）宋祁：《景文集》，丛书集成初编本，商务印书馆1936年版。

[21]（宋）王珪：《华阳集》，丛书集成初编本，商务印书馆1936年版。

[22](宋)张纲:《华阳集》,四部丛刊三编本,商务印书馆 1936 年版。

[23](宋)刘克庄:《后村先生大全集》,四部丛刊初编本,商务印书馆 1936 年版。

[24](宋)真德秀:《西山先生真文忠公文集》,商务印书馆 1937 年版。

[25](宋)佚名:《皇宋中兴两朝圣政》,台湾文海出版社 1967 年版。

[26](宋)欧阳修、宋祁:《新唐书》,中华书局 1975 年版。

[27](宋)薛居正:《旧五代史》,中华书局 1976 年版。

[28](宋)王溥:《五代会要》,上海古籍出版社 1978 年版。

[29](宋)张世南撰,张茂鹏等点校:《游宦纪闻》,中华书局 1981 年版。

[30](宋)罗大经撰,王瑞来点校:《鹤林玉露》,中华书局 1983 年版。

[31](宋)陆佃:《陶山集》,丛书集成初编本,中华书局 1985 年版。

[32](宋)汪应辰:《文定集》,丛书集成初编本,中华书局 1985 年版。

[33](宋)韩元吉:《南涧甲乙稿》,丛书集成初编本,中华书局 1985 年版。

[34](宋)樵川樵叟:《元祐党禁》,丛书集成初编本,中华书局 1985 年版。

[35](宋)熊克撰,顾吉辰、郭群一点校:《中兴小纪》,福建人民出版社 1985 年版。

[36](宋)苏轼撰,孔凡礼点校:《苏轼文集》,中华书局 1986 年版。

[37](宋)徐自明撰,王瑞来校补:《宋宰辅编年录校补》,中华书局 1986 年版。

[38](宋)张扩:《东窗集》,文渊阁四库全书影印本,台湾商务印书馆 1986 年版。

[39](宋)赵汝腾:《庸斋集》,文渊阁四库全书影印本,台湾商务印书馆 1986 年版。

[40](宋)祖无泽:《龙学文集》,文渊阁四库全书影印本,台湾商务印书馆 1986 年版。

[41](宋)刘才邵:《檆溪居士集》,文渊阁四库全书影印本,台湾商务印书馆 1986 年版。

[42](宋)谢维新:《古今合璧事类备要》,文渊阁四库全书影印本,台湾商务印书馆 1986 年版。

[43](宋)章定:《名贤氏族言行类稿》,文渊阁四库全书影印本,台湾商务印书馆 1986 年版。

[44](宋)章如愚:《群书考索后集》,文渊阁四库全书影印本,台湾商务印书馆 1986 年版。

[45]（宋）曾肇撰，（清）曾俨编：《曲阜集》，文渊阁四库全书影印本，台湾商务印书馆 1986 年版。

[46]（宋）周必大撰，（宋）周纶编：《文忠集》，文渊阁四库全书影印本，台湾商务印书馆 1986 年版。

[47]（宋）郭熙撰，（宋）郭思编：《林泉高致集》，文渊阁四库全书影印本，台湾商务印书馆 1986 年版。

[48]（宋）王应麟：《玉海》，江苏古籍出版社、上海书店 1987 年版。

[49]（宋）佚名：《绍兴十八年同年小录》，北京图书馆古籍珍本丛刊本，书目文献出版社 1987 年版。

[50]（宋）孙逢吉：《职官分纪》，中华书局 1988 年版。

[51]（宋）苏颂撰，王同策、管成学、颜中其等点校：《苏魏公文集》，中华书局 1988 年版。

[52]（宋）高承撰，李果订，金圆、许沛藻点校：《事物纪原》，中华书局 1989 年版。

[53]（宋）卢宪：《嘉定镇江志》，宋元方志丛刊本，中华书局 1990 年版。

[54]（宋）周淙：《乾道临安志》，宋元方志丛刊本，中华书局 1990 年版。

[55]（宋）罗浚：《宝庆四明志》，宋元方志丛刊本，中华书局 1990 年版。

[56]（宋）陈耆卿：《嘉定赤城志》，宋元方志丛刊本，中华书局 1990 年版。

[57]（宋）不著撰人：《无锡县志》，宋元方志丛刊本，中华书局 1990 年版。

[58]（宋）施宿等：《嘉泰会稽志》，宋元方志丛刊本，中华书局 1990 年版。

[59]（宋）史能之：《咸淳毗陵志》，宋元方志丛刊本，中华书局 1990 年版。

[60]（宋）张方平撰，郑涵点校：《张方平集》，中州古籍出版社 1992 年版。

[61]（宋）林駉：《古今源流至论续集》，上海古籍出版社 1992 年版。

[62]（宋）蔡戡：《定斋集》，丛书集成续编本，上海书店 1994 年版。

[63]（宋）慕容彦逢：《摛文堂集》，丛书集成续编本，上海书店 1994 年版。

[64]（宋）孙觌：《鸿庆居士文集》，丛书集成续编本，上海书店 1994 年版。

[65]（宋）陈骙、佚名撰，张富祥点校：《南宋馆阁录、续录》，中华书局 1998 年版。

[66]（宋）赵汝愚：《宋朝诸臣奏议》，上海古籍出版社 1999 年版。

[67]（宋）范成大撰，陆振岳点校：《吴郡志》，江苏古籍出版社 1999 年版。

[68]（宋）程俱撰，张富祥校正：《麟台故事》，中华书局 2000 年版。

[69]（宋）李心传撰，徐规点校：《建炎以来朝野杂记》，中华书局 2000 年版。

[70]（宋）王称撰，孙言诚、崔国光点校：《东都事略》，齐鲁书社 2000 年版。

[71]（宋）王明清撰，穆公校点：《挥麈录》，上海古籍出版社 2001 年版。

[72]（宋）梁克家撰，陈叔侗校注：《淳熙三山志》，方志出版社 2003 年版。

[73]（宋）李焘：《续资治通鉴长编》，中华书局 2004 年版。

[74]（宋）夏竦：《文庄集》，宋集珍本丛刊本，线装书局 2004 年版。

[75]（宋）刘敞：《公是集》，宋集珍本丛刊本，线装书局 2004 年版。

[76]（宋）吴泳：《鹤林集》，宋集珍本丛刊本，线装书局 2004 年版。

[77]（宋）刘一止：《苕溪集》，宋集珍本丛刊本，线装书局 2004 年版。

[78]（宋）洪适：《盘洲文集》，宋集珍本丛刊本，线装书局 2004 年版。

[79]（宋）袁说友：《东塘集》，宋集珍本丛刊本，线装书局 2004 年版。

[80]（宋）许应龙：《东涧集》，宋集珍本丛刊本，线装书局 2004 年版。

[81]（宋）葛胜仲：《丹阳集》，宋集珍本丛刊本，线装书局 2004 年版。

[82]（宋）程俱：《北山小集》，宋集珍本丛刊本，线装书局 2004 年版。

[83]（宋）许景衡：《横塘集》，宋集珍本丛刊本，线装书局 2004 年版。

[84]（宋）洪咨夔：《平斋文集》，宋集珍本丛刊本，线装书局 2004 年版。

[85]（宋）刘安上：《刘给谏文集》，宋集珍本丛刊本，线装书局 2004 年版。

[86]（宋）杨时：《龟山先生全集》，宋集珍本丛刊本，线装书局 2004 年版。

[87]（宋）马廷鸾：《碧梧玩芳集》，宋集珍本丛刊本，线装书局 2004 年版。

[88]（宋）李昴英：《李忠简公文溪存稿》，宋集珍本丛刊本，线装书局 2004 年版。

[89]（宋）洪迈撰，孔凡礼点校：《容斋随笔》，中华书局 2005 年版。

[90]（宋）樵川、（宋）樵叟撰：《庆元党禁》，北京图书馆出版社 2006 年版。

[91]（宋）王钦若等编纂，周勋初等校订：《册府元龟》，凤凰出版社 2006 年版。

[92]（宋）曾巩：《隆平集》，宋代传记资料丛刊本，北京图书馆出版社 2006 年版。

[93]（宋）佚名：《京口耆旧传》，宋代传记资料丛刊本，北京图书馆出版社 2006 年版。

[94]（宋）杜大珪：《名臣碑传琬琰集》，宋代传记资料丛刊本，北京图书馆出版社 2006 年版。

[95]（宋）李幼武：《四朝名臣言行录别集》，宋代传记资料丛刊本，北京图书馆出版社 2006 年版。

[96]（宋）何异：《宋中兴学士院题名》，宋代传记资料丛刊本，北京图书馆

出版社 2006 年版。

[97]（宋）陈均编，许沛藻、金圆、顾吉辰、孙菊园点校：《皇朝编年纲目备要》，中华书局 2006 年版。

[98]（宋）杨万里撰，辛更儒笺校：《杨万里集笺校》，中华书局 2007 年版。

[99]（宋）周应合撰，王晓波点校：《景定建康志》，宋元珍稀地方志丛刊本甲编，四川大学出版社 2007 年版。

[100]（宋）汪藻撰，王智勇笺注：《靖康要录笺注》，四川大学出版社 2008 年版。

[101]（宋）吕祖谦撰，黄灵庚、吴战垒等主编：《吕祖谦全集》，浙江古籍出版社 2008 年版。

[102]（宋）楼钥撰，顾大朋点校：《楼钥集》，浙江古籍出版社 2010 年版。

[103]（宋）王应麟撰，张骁飞点校：《四明文献集（外二种）》，中华书局 2010 年版。

[104]（宋）马端临：《文献通考》，中华书局 2011 年版。

[105]（宋）李心传撰，胡坤点校：《建炎以来系年要录》，中华书局 2013 年版。

[106]（元）佚名撰，汪圣铎点校：《宋史全文》，中华书局 2016 年版。

[107]（宋）沈括撰，胡道静校证：《梦溪笔谈校证》，上海人民出版社 2016 年版。

[108]（元）脱脱等：《宋史》，中华书局 1977 年版。

[109]（元）袁桷等：《延祐四明志》，宋元方志丛刊本，中华书局 1990 年版。

[110]（元）单庆修、徐硕编纂：《至元嘉禾志》，上海古籍出版社 2010 年版。

[111]（明）柯维骐：《宋史新编》，明嘉靖四十三年杜晴江刻本。

[112]（明）董斯张：《吴兴备志》，民国嘉业堂本 1920 年版。

[113]（明）万廷谦等纂修：《（万历）龙游县志》，台湾成文出版社 1983 年版。

[114]（明）郑岳辑：《莆阳文献》，北京图书馆古籍珍本丛刊本，书目文献出版社 1987 年版。

[115]（明）朱希召：《宋历科状元录》，北京图书馆古籍珍本丛刊本，书目文献出版社 1987 年版。

[116]（明）徐象梅：《两浙名贤录》，北京图书馆古籍珍本丛刊本，书目文献出版社 1987 年版。

[117]（明）林世远、王鏊等纂修：《（正德）姑苏志》，北京图书馆古籍珍本丛

刊本，书目文献出版社 1987 年版。

［118］（明）黄淮、（明）杨士奇等：《历代名臣奏议》，上海古籍出版社 1989 年版。

［119］（明）李贤等：《明一统志》，三秦出版社 1990 年版。

［120］（明）黄仲昭：《八闽通志》，福建人民出版社 1991 年版。

［121］（明）罗修、黄承昊纂：《（崇祯）嘉兴县志》，日本藏中国罕见地方志丛刊本，书目文献出版社 1991 年版。

［122］（明）凌迪知：《万姓统谱》，巴蜀书社 1995 年版。

［123］（明）钱士昇撰，林开甲、唐子恒点校：《南宋书》，齐鲁书社 2000 年版。

［124］（明）程敏政辑撰，何庆善、于石点校：《新安文献志》，黄山书社 2004 年版。

［125］（明）萧良幹修，（明）张元忭、孙鑛纂，李能成点校：《（万历）绍兴府志》，宁波出版社 2012 年版。

［126］（清）陈衍：《（民国）闽侯县志》，中国方志丛书 · 福建省，台湾成文出版社 1966 年版。

［127］（清）徐乾学：《资治通鉴后编》，台湾商务印书馆 1969 年版。

［128］（清）傅增湘辑：《宋代蜀文辑存》，台湾新文丰出版社 1974 年版。

［129］（清）黄宗羲原著，（清）全祖望补修，陈金生、梁运华点校：《宋元学案》，中华书局 1986 年版。

［130］（清）万颚辑撰：《宋诗纪事》，上海古籍出版社 1983 年版。

［131］（清）曹炳仁：《（乾隆）宁波府志》，台湾成文出版社 1983 年版。

［132］（清）陈凤举等纂，（清）张许等修：《（嘉庆）兰溪县志》，台湾成书出版社 1983 年版。

［133］（清）吴延燮撰，张忱石点校：《北宋经抚年表南宋制抚年表》，中华书局 1984 年版。

［134］（清）谢道承等编纂，（清）郝玉麟等监修：《（乾隆）福建通志》，文渊阁四库全书影印本，台湾商务印书馆 1986 年版。

［135］（清）张晋生等编纂，（清）黄廷桂等监修：《（雍正）四川通志》，文渊阁四库全书影印本，台湾商务印书馆 1986 年版。

［136］（清）谢旻等监修：《（光绪）江西通志》，文渊阁四库全书影印本，台湾商务印书馆 1986 年版。

［137］（清）夏力恕等编纂，（清）迈柱等监修：《（乾隆）湖广通志》，文渊阁

四库全书影印本,台湾商务印书馆 1986 年版。

[138]（清）陆心源:《宋史翼》,中华书局 1991 年版。

[139]（清）沈翼机、（清）傅王露等纂,（清）嵇曾筠、（清）李卫等修:《（雍正）浙江通志》,上海古籍出版社 1991 年版。

[140]（清）徐松:《中兴礼书》,续修四库全书本,上海古籍出版社 1995 年版。

[141]（清）李敏迪修,曹守谦纂:《（乾隆）太平府志》,中国地方志集成·安徽府县志辑,江苏古籍出版社 1998 年版。

[142]（清）王世臣、（清）林乔蕃纂,（清）王楠修:《（康熙·道光新修）罗源县志》,上海书店 2000 年版。

[143]（清）顾炎武撰,黄汝成集释,栾保群、吕宗力校点:《日知录集释》,上海古籍出版社 2006 年版。

[144]（清）徐松辑,刘琳、刁忠民、舒大刚、尹波等校点:《宋会要辑稿》,上海古籍出版社 2014 年版。

[145]（民国）陈鲲等修,刘谦纂:《（民国）醴陵县志》,湖南人民出版社 2009 年版。

[146] 曾枣庄、刘琳主编:《全宋文》,上海辞书出版社、安徽教育出版社 2006 年版。

二、今人论著

（一）专著

[1]谢寿昌、臧励龢等编,陆尔奎、方毅校订:《中国古今地名大辞典》,商务印书馆 1931 年版。

[2]方豪:《宋史》,台湾中华文化出版事业委员会 1954 年版。

[3]臧励龢等编:《中国人名大辞典》,上海书店 1980 年版。

[4]日中民族科学研究所编:《中国历代职官辞典》,日本东京国书刊行会出版 1980 年版。

[5]杨树藩:《宋代中央政治制度》,商务印书馆 1982 年版。

[6]谭其骧主编:《中国历史地图集·宋辽金时期》,中国地图出版社 1982 年版。

[7]关履权:《两宋史论》,中州书画社 1983 年版。

[8]邓广铭、程应镠主编:《中国历史大辞典·宋史卷》,上海辞书出版社1983年版。

[9]周宝珠、陈振:《简明宋史》,人民出版社1985年版。

[10]梅原郁:《宋代官僚制度研究》,日本同朋舍出版1985年版。

[11]昌彼得、王德毅、程元敏、侯俊德:《宋人传记资料索引》,台湾鼎文书局1986年版。

[12]卫文选:《中国历代官制简表》,山西人民出版社1987年版。

[13]林瑞翰:《宋代政治史》,台湾正中书局1989年版。

[14]龚延明:《宋史职官志补正》,浙江古籍出版社1991年版。

[15]张复华:《北宋中期以后之官制改革》,台湾文史哲出版社1991年版。

[16]程民生:《宋代地域经济》,河南大学出版社1992年版。

[17]张晋藩:《中国官制通史》,中国人民大学出版社1992年版。

[18]邓小南:《宋代文官选任诸层面》,河北教育出版社1993年版。

[19]钱穆:《国史大纲》,商务印书馆1994年版。

[20]汪受宽:《谥法研究》,上海古籍出版社1995年版。

[21]朱瑞熙:《中国政治制度通史·宋代卷》,人民出版社1996年版。

[22]苗书梅:《宋代官员选任和管理制度》,河南大学出版社1996年版。

[23]龚延明:《宋代官制辞典》,中华书局1997年版。

[24]程民生:《宋代地域文化》,河南大学出版社1997年版。

[25]诸葛忆兵:《宋代宰辅制度研究》,中国社会科学出版社2000年版。

[26]中国历史大辞典编纂委员会编纂:《中国历史大辞典》,上海辞书出版社2000年版。

[27]张希清等:《宋朝典章制度》,吉林文史出版社2001年版。

[28]游彪:《宋代荫补制度研究》,中国社会科学出版社2001年版。

[29]陈振:《宋史》,上海人民出版社2003年版。

[30]李之亮:《宋代京朝官通考》,巴蜀书社2003年版。

[31]张其凡:《宋代史》,澳亚周刊出版有限公司2004年版。

[32]吴宗国:《中国古代官僚政治制度研究》,北京大学出版社2004年版。

[33]包伟民主编:《宋代制度史研究百年(1900—2000)》,商务印书馆2004年版。

[34]程民生:《中国北方经济史——以经济重心的转移为主线》,人民出版社2004年版。

[35]杨鸿年、欧阳鑫:《中国政制史》,武汉大学出版社2005年版。

[36]王超:《中国历代中央官制史》,上海人民出版社 2005 年版。

[37]杜文玉:《五代十国制度研究》,人民出版社 2006 年版。

[38]林岩:《北宋科举与文学研究》,上海古籍出版社 2006 年版。

[39]龚延明:《中国历代职官别名大辞典》,上海辞书出版社 2006 年版。

[40]何忠礼:《宋代政治史》,浙江大学出版社 2007 年版。

[41]祝丰年、祝小惠:《宋代官吏制度》,中国社会科学出版社 2007 年版。

[42]祝尚书:《宋代科举与文学》,中华书局 2008 年版。

[43]李裕民:《宋人生卒行年考》,中华书局 2010 年版。

[44]漆侠主编:《辽宋西夏金代通史》,人民出版社 2011 年版。

[45]王瑞来:《宋史宰辅表考证》,中华书局 2012 年版。

[46]夏征农、陈至立主编:《辞海》,上海辞书出版社 2012 年版。

[47]董劭伟:《唐代吏部尚书研究》,中国社会科学出版社 2012 年版。

[48]贾玉英:《唐宋时期中央政治制度变迁史》,人民出版社 2012 年版。

[49]田志光:《北宋宰辅政务决策与运作研究》,人民出版社 2013 年版。

(二)论文

[1]金毓黼:《宋代官制与行政制度》,《文史杂志》,1942 年第 4 期。

[2]秦邕江:《试论北宋元丰年间的官制改革》,《学术论坛》,1983 年第 4 期。

[3]景北记:《北宋的致仕制度和冗官冗费》,《求是学刊》,1984 年第 4 期。

[4]柯昌吉:《宋代的官、职、差遣》,《历史教学问题》,1986 年第 2 期。

[5]贾玉英:《试论北宋的官、职、差遣分授制度》,《河南大学学报(哲学社会科学版)》,1987 年第 4 期。

[6]张希清:《论宋代科举取士之多与冗官问题》,《北京大学学报(哲学社会科学版)》,1987 年第 5 期。

[7]徐海松:《南宋李鸣复抗蒙策略评析》,《杭州师范学院学报(社会科学版)》,1989 年第 4 期。

[8]邓小南:《略谈宋代的"堂除"》,《史学月刊》,1990 年第 4 期。

[9]高文:《新编王安石年谱》,《河南大学学报(社会科学版)》,1992 年第 5 期。

[10]陈裕荣:《崔與之年表(1158—1239 年)》,《岭南文史》,1993 年第 3 期。

[11](日)池泽滋子:《丁谓年谱》,载于《宋代文化研究》第 6 辑,四川大学出版社 1994 年版。

［12］尹波:《江万里年谱》,载于《宋代文化研究》第 4 辑,四川大学出版社 1994 年版。

［13］方星移:《李光传笺证》,载于《宋代文化研究》第 4 辑,四川大学出版社 1994 年版。

［14］施伟、肖建新:《宋朝审官院演变考述》,《安徽师大学报(哲学社会科学版)》,1995 年第4 期。

［15］刘浦江:《邓广铭与二十世纪的宋代史学》,《历史研究》,1999 年第 5 期。

［16］刘笃才:《宋〈吏部条法〉考略》,《法学研究》,2001 年第 1 期。

［17］邓小南:《走向“活”的制度史——以宋代官僚政治制度史研究为例的点滴思考》,《浙江学刊》,2003 年第 3 期。

［18］高楠:《试析宋代官员官年与实年不符现象》,《史学月刊》,2004 年第 7 期。

［19］吴擎华:《北宋官员致仕制度浅探》,《文史杂志》,2005 年第 6 期。

［20］吴丽娱:《唐代的皇帝丧葬与山陵使》,《魏晋南北朝隋唐史资料》,2008 年,总第 24 辑。

［21］戴建国:《〈永乐大典〉宋本〈吏部条法〉考述》,《中华文史论丛》,2009 年第 3 期。

［22］龚延明:《南宋社会文化学家王应麟仕履系年考释》,《国际社会科学杂志(中文版)》,2009 年第 3 期。

［23］黄宽重:《从活的制度史迈向新的政治史——综述宋代政治史研究趋向》,《中国史研究》,2009 年第 4 期。

［24］刘云军:《吕颐浩年谱》,载于《齐鲁文化研究》第 9 辑,泰山出版社 2010 年版。

［25］邓小南:《试论北宋前期任官制度的形成》,载于邓小南:《朗润学史丛稿》,中华书局 2010 年版。

［26］邓小南:《论宋代资序体制的行程及其运作》,载于邓小南:《朗润学史丛稿》,中华书局 2010 年版。

［27］孙国栋:《宋代官制紊乱在唐制的根源》,载于孙国栋:《唐宋史论丛》,上海古籍出版社 2010 年版。

［28］刘后滨:《正名与正实——从元丰改制看宋人的三省制理念》,《北京大学学报(哲学社会科学版)》,2011 年第 3 期。

［29］杨倩描:《宋代检校官的源流及其嬗变》,载于姜锡东主编:《宋史研究

论丛》第12辑,河北大学出版社2011年版。

[30]李昌宪:《北宋前期官品令复原研究》,《河南大学学报(社会科学版)》,2012年第1期。

[31]白金:《南宋诗人许及之生平事迹考补》,《河南教育学院学报(哲学与社会科学版)》,2012年第3期。

[32]惠鹏飞:《尊崇之"名"到专权之"实":宋代平章军国(重)事制度考述》,《河南大学学报(社会科学版)》2015年第2期。

[33]崔英超:《南宋孝宗朝宰相群体研究》,暨南大学2004年博士学位论文。

[34]范建民:《北宋前期流内铨制度研究》,河南大学2005年硕士学位论文。

[35]吴自力:《陆佃研究》,暨南大学2006年硕士学位论文。

[36]申丽:《文彦博年谱》,郑州大学2006年硕士学位论文。

[37]黄亚娟:《北宋三司使研究》,河南大学2006年硕士学位论文。

[38]董学连:《王曾年谱》,河南大学2007年硕士学位论文。

[39]郭兰:《周必大研究》,河北大学2007年硕士学位论文。

[40]杨超:《北宋前期审官院制度研究》,河南大学2007年硕士学位论文。

[41]杨瑞:《周必大研究》,浙江大学2007年博士学位论文。

[42]徐红:《北宋太平兴国五年进士研究——以精英分子为中心》,山东大学2007年博士学位论文。

[43]王丽亚:《论王曾》,山东师范大学2008年硕士学位论文。

[44]马晓菲:《唐宋吏部尚书沿革探析》,山东大学2009年硕士学位论文。

[45]王瑞:《北宋官员任期制度研究——以宰相与知州、知府为重点》,河北大学2010年硕士学位论文。

[46]李玲:《李清臣研究》,河北师范大学2011年硕士学位论文。

[47]杨高凡:《宋代明堂礼制研究》,河南大学2011年博士学位论文。

[48]王连旗:《北宋嘉祐二年进士研究》,河南大学2011年硕士学位论文。

[49]黄毛:《宋代官告院及官告研究》,河南大学2012年硕士学位论文。

[50]陈朝阳:《北宋熙丰时期的两府研究》,首都师范大学2012年博士学位论文。

[51]杨计国:《宋代工部研究》,上海师范大学2013年博士学位论文。

[52]王丽:《宋代元丰官制改革后吏部研究——以法令和文书为中心》,河南大学2014年博士学位论文。

后　记

“惊风飘白日，光景驰西流”，自辛卯年求学于梁园，已然五个春秋。漫步于古朴雅致的河大校园，我不禁感慨万千。

2011 年秋，我来到了心仪已久的百年名校——河南大学，投师到程民生、贾玉英、马玉臣三位先生的门下。入学伊始，程民生先生开设了数门诸如宋史研究专题、历史写作与实践、历史学研究方法与学术规范等专业课；而与此同时，贾玉英、李振宏、苗书梅、孔学等诸位先生开设了诸如宋代政治史、历史学理论基础与前沿、中国古代官职研究专题、中国古代史史料学等专业课。在上述先生的传道授业与《续资治通鉴长编》等史籍通读的基础上，我开始从历史学的门外汉逐渐步入历史学研究的殿堂。

2012 年春，在导师的指导下，我开始考虑硕士论文的选题事宜。选题确定过程中，我得到了程民生、贾玉英、马玉臣三位先生和宋史方向诸位同门的宝贵意见，并且不断地修改和完善，为硕士论文的撰写打下了基础。之后，相关史籍的精读、史料的搜集分类与整理、已有相关研究成果的归纳与总结，都在诸位先生的指导下，有条不紊地逐步进行。2013 年年底，初稿完成之际，即得到程民生、贾玉英两位先生重要的修改意见，并于 2014 年春节前夕，将初稿修改完毕。之后，论文又几经修改，于 2014 年 5 月顺利通过答辩，暂时告一段落。

2014 年 9 月，我有幸再次拜入程民生先生门下，忝列于先生的博士生行列。硕士论文虽已通过答辩，然并未达到满意程度，诚如程先生所言“是表面、是数量，具体内容质量，可以肯定地说，还有较大的提升空间”。因此，读博以来，在程先生的指导下，我对该文进行了数次的修改，大到框架结构、小至遣词标点，都尽可能地进行了完善。而程先生对该文出版的冀望，正是我不断修缮本文的重要动力。

功夫不负有心人，2016 年 4 月，该文正式成为河南人民出版社的出版项目之一。备受荣宠的同时，又极为忐忑。荣宠的是，博士在读期间，能够出版专著，为人生之一大幸事；忐忑的是，该文虽几经修订，仍有较大的提升空间。

本书在撰写、修改与出版过程中，得到了河南大学程民生、贾玉英、马玉臣、李振宏、苗书梅、孔学、祁琛云、田志光，上海师范大学虞云国等诸位老师的指导和河南大学张彦晓等诸位博、硕研究生的帮助，在此一并感谢。而父母二十余年对我一如既往的无私奉献与鼎力支持，是我直面挫折、不断前进的动力，学术道路上的点点滴滴，都融汇了他们殷切的期望。

最后，特别感谢恩师程民生先生。受教于程先生已近五载，先生之教诲未敢有一日懈怠。可以说，无时无刻不被先生的精神所感染：从待人的仪礼到治学的态度，处处耳濡目染，备受熏陶。而该文提到出版日程后，程先生于百忙之中欣然赐序，先生崇高的师德了然于此。毕业之后，若一直从事相关研究，当重写此书，将已有研究成果进一步深入，将全文置于更广阔的领域和更宏大的格局之中。唯有如此，方能不辱师命。

囿于学识，书中难免有不成熟之处，敬请诸位师友雅正。

惠鹏飞

2016 年 5 月 6 日于河南大学

图书在版编目（CIP）数据

宋代吏部尚书研究 / 惠鹏飞著. — 郑州 ：河南人民出版社，2016. 8（2019. 1 重印）
ISBN 978 - 7 - 215 - 10322 - 1

Ⅰ. ①宋… Ⅱ. ①惠… Ⅲ. ①吏部 - 研究 - 中国 - 宋代 Ⅳ. ①D691. 44

中国版本图书馆 CIP 数据核字（2016）第 177083 号

河南人民出版社出版发行
（地址：郑州市经五路 66 号　邮政编码：450002　电话：65788053）
新华书店经销　　河南新华印刷集团有限公司印刷
开本　710 毫米 × 1000 毫米　1/16　印张　22. 75
字数 310 千字
2016 年 8 月第 1 版　　2019 年 1 月第 2 次印刷

定价：52. 00 元